U0006513

緬甸史
A History of
Myanmar

陳鴻瑜 著

自序

　　寫緬甸史，原不在筆者的計畫之內，蓋因台灣距離緬甸遙遠，緬甸長期鎖國，禁止觀光客，因此台灣對於緬甸相當陌生。台灣人民對緬甸之認識，大都來自新北市中和南勢角的緬甸街。長期以來，緬甸採鎖國政策，國際間少有緬甸的報導，其在區域政治和經濟上亦無足重要，因此，在課堂上緬甸並非一定要討論的對象，學生對緬甸亦缺乏興趣，所以長期以來，緬甸在高等教育中都被忽略，好像是不存在一般。

　　近年，受到國際情勢變化之影響，緬甸不得不開放，各國爭相前往投資，觀光客亦絡繹前往參觀其幾近時光停滯的風景勝地。新聞媒體開始大量報導緬甸的變化，尤其是翁山蘇姬遭到軍政府的壓制和軟禁，其奮鬥事蹟屢在媒體報導，引起世界的關注，緬甸的政治民主化和經濟改革開始吸引學者的研究興趣，有關緬甸的報導和研究日漸增加，受此氛圍之影響，筆者才動念整理緬甸史料，寫成此書。

　　跟其他東南亞國家一樣，有關緬甸英文歷史著作，使用的人名和地名的拼音有些差異，對於早期歷史的描述也有不同之處，尤其是緬甸和中國之關係，其記載和中國古籍之記載亦有差異，對於這些問題，筆者將相關論點併陳，一一加以列舉說明，俾讓讀者知道其異同。

　　緬甸主要族群是緬族，其王朝世系基本上是以緬族為主幹，至於周邊的孟族、撣族和克倫族，除非其因戰爭或兼併而與緬族發生入主緬族控制區及政體合併現象，才列入此書中，否則將不單獨針對孟族、撣族和克倫族加以論列。這些少數民族在緬甸歷史上佔有重要地位，因此會有少數民族一節加以敘述。

　　跟筆者寫作泰國史和柬埔寨史的風格相同,在本書中主要敘述緬甸的政治史,中間會略述其經濟發展情況。本書列有緬甸文化專章,俾讓讀者知悉其文化特點。

　　本書主要參考英文和中文文獻,除了書籍、期刊論文、報紙外,亦使用網路資源,它提供了即時資訊和查閱資料的便利。

　　本書如有疏漏之處,敬請博雅讀者諸君不吝賜教。

陳鴻瑜謹誌

2016 年 1 月 29 日

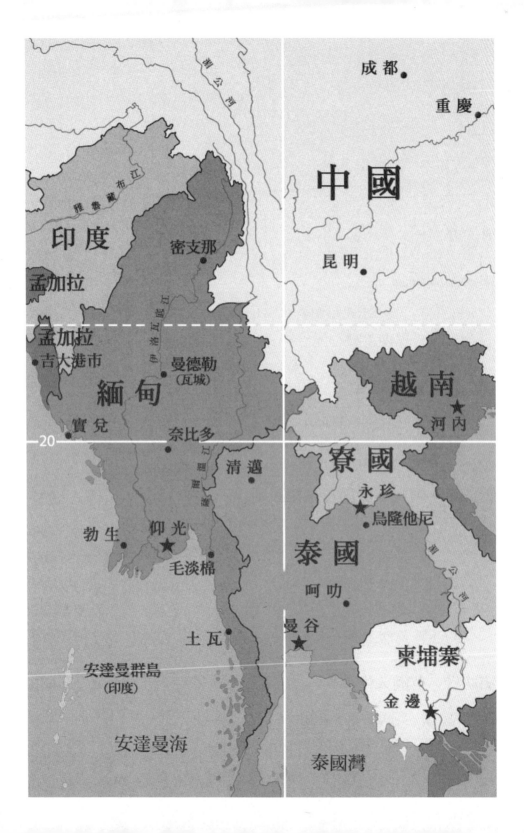

目 次

圖目次

表目次

第一章　導論

第一節　自然環境與種族

　　緬甸之正式國名是緬甸聯邦共和國（Republic of the Union of Myanmar），位在中南半島西部，西接印度和孟加拉，東界泰國和寮國，北鄰中國，南臨孟加拉灣，南方領土延伸到馬來半島北部。土地面積為 676,000 平方公里，全國分為七個邦和七個行政區。[1]基本上，緬甸是一個半島地形，地勢呈北高南低，北緬甸（或稱上緬甸）大部分是山地，南緬甸（或稱下緬甸）由三大河流沖積成河流谷地和三角洲平原，緬甸中央由伊洛瓦底江（Irrawaddy）貫穿南北，其出海口形成三角洲平原。東邊是薩爾溫江（Salwin, Salween），其上游是中國的怒江，從東北往西南流入安達曼海。前述兩大河的中間是西坦河（Sittang）。這三大河系是緬甸人口主要集中區和主要產稻米區。

　　緬甸在 1948 年獨立時使用的英文國名是 Burma，由於該詞專指緬族（Burman, Bamar），無法包含緬甸境內所有其他族群，易造成族群間的不合，故緬甸軍政府在 1989 年將英文國名改為 Myanmar，反映了緬甸政府為了尋求國內諸種族間的和諧所做的努力。

　　西元前六世紀印度史詩**拉瑪耶那**（*Ramayana*）曾提及蘇瓦納－德維帕（Suvarna-dvipa），蘇瓦納的梵文意指黃金，而德維帕意指半島或島嶼，即指印度東方有一個產黃金的小島或黃金之地。對於該一描述，有不同的解讀，有指緬甸半島，亦有指馬來半島。然而筆者認為，以當時的地理知識，是否能夠知道馬來半島是一個半島，是有疑問的。無論如何，大概在該一時期印度人和孟加拉人已航行抵達下緬甸地帶，應無疑問。[2]

　　就拉瑪耶那一書所講的黃金之地，最有可能是指緬甸半島。如何確定在西元前六世紀時緬甸的地形是一個半島？

---

1. 七個邦，包括：欽（Chin）、克欽（Kachin）、卡耶（Kayah）、卡因（Kayin）、孟（Mon）、若開（Rakhine (Arakan)）、撣（Shan）。七個行政區，包括：阿耶雅瓦底（Ayeyarwady）、勃固（Bago）、馬革衛（Magway）、曼德勒（Mandalay）、實階（Sagaing）、塔寧沙伊（Taninthayi，即廷那沙林）、仰光（Yangon）。參見緬甸憲法第 49 條。

2. Brian Harrison, *Southeast Asia: A Short History*, Macmillan & Co., Ltd., London, 1954, p.26.

英國牛津大學（Oxford University）教授哈維（G. E. Harvey）曾畫了一張第七世紀下緬甸的假想地形圖，在卑謬（Prome）南方數公里處就是海邊，河流出海口處有仰光（Yangon），以及仰光西邊有一個叫特望特（Twante）的小島。從哈維的推論，可想像緬甸曾是一個半島，後來因為伊洛瓦底江長年累月的沖積，才形成今天下游三角洲。該地出產黃金，當時主要交易媒介是黃金，[3] 所以該地才會被稱為「黃金之地」。

根據考古研究，在西元前第二世紀，緬甸已有若干城市出現，最重要的兩個城市是室利差坦羅（Sri Ksetra）和貝克沙諾（Beikthano），此外尚有打端（Thaton, Sadhum）

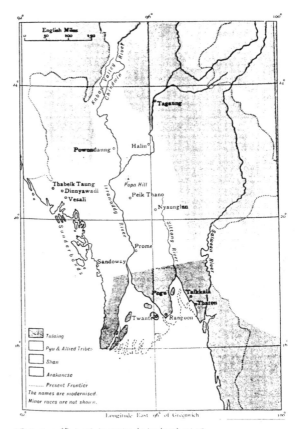

圖 1-1：第七世紀下緬甸假想地形圖
資料來源：G. E. Harvey, *History of Burma, From the Earliest Times to 10 March 1824 The Beginning of the English Conquest,* Octagon Books, New York, 1983, p.2.

（印度語為 Sudham-mavati 或 Ramanadess）、漢蘭（Hanlan, Halin）、賓那卡（Binnaka）、蒙麥（Mongmai）、溫卡（Winka）。這些城市有一些共同點，

---

3. 「漢武帝以來，自日南障塞、徐聞、合浦，船行可五月，有都元國。又船行可四月，有邑盧沒國。又船行可二十餘日，有諶離國。步行可十餘日，有夫甘都盧國。自夫甘都盧國船行可二月餘，有黃支國，民俗略與珠崖相類，其洲廣大，戶口多，多異物。自武帝以來皆獻見。有譯長，屬黃門，與應募者俱入海，市明珠、壁流離、奇石、異物。齎黃金雜繒而往，所至國皆稟食為耦，蠻夷賈船，轉送致之，亦利交易。」（〔唐〕顏師古注，班固撰，**漢書**，地理志，粵地條。）

即說藏緬語（驃語）、使用迪瓦那嘎里（Devanāgarī）[4]、卡丹巴（Kadamba）[5] 和拔羅婆（Pallava）[6] 文字，使用瑪瑙和玉石的珠子、進口紅色拋光器皿、信仰類似小乘佛教的「說一切有部」（Sarvāstivādin）[7] 和婆羅門教、以及東南亞地區普遍有的甕葬。[8] 漢蘭約建立在第一世紀，位置靠近今天實階區的瑞保（Shwebo），在第七和第八世紀是重要的城市，以後才被斯里克斯特拉（Sri Kestra）取代。[9]

古埃及亞力山卓（Alexandria）大王時期的希臘地理學家托勒密（Klaudios Claudius Ptolemy）在西元 150 年的著作**地理導覽**（*Guide to Geographia*）[10]，書中曾提及「黃金半島」（Golden Chersonese）。托勒密

---

4. 迪瓦那嘎里是第八世紀北印度和尼泊爾使用的文字，它由 deva 和 nāgarī 兩個字組成，deva 是指神、祭司（brahman）或上蒼，而 nāgarī 是指城市，因此該詞是指「城市的文字」、「城市的天上的和神聖的文字」或「神或祭司的城市的文字」。"Devanāgar ," http://www.omniglot.com/writing/devanagari.htm. 2014 年 3 月 7 日瀏覽。

5. 卡丹巴是 345—525 年位在印度西南高地的國家，在 345 年脫離拔羅婆的控制而成為獨立國家。"Kadamba dynasty,"（http://en.wikipedia.org/wiki/Kadamba_dynasty 2014 年 5 月 15 日瀏覽。）

6. 拔羅婆為第四—九世紀在南印度的國家。（http://global.britannica.com/EBchecked/topic/439993/Pallava-dynasty 2014 年 5 月 15 日瀏覽。）

7. 「說一切有部」簡稱為「有部」，音譯為薩婆多部（巴利文：Sabbatthiv da），是部派佛教中上座部分出的一部，立「有為無為一切諸法之體實有」為宗，故稱為「說一切有部」，且一一說明其因由，又名「說因部」。（http://zh.wikipedia.org/wiki/%E8%AA%AA%E4%B8%80%E5%88%87%E6%9C%89%E9%83%A8）

8. Michael Aung-Thwin, *Pagan, The Origins of Modern Burma*, University of Hawaii Press, U.S.A., 1985, p.17.

9. "Democratic Voice of Burma: Ancient Burmese kingdom awarded World Heritage status, " BurmaNet News, 23 June 2014.（http://www.dvb.no/dvb-video/ancient-burmese-kingdom-awarded-world-heritage-status-myanmar-pyu/41755. 2015 年 3 月 20 日瀏覽。）

10. 托勒密是第一個使用經緯度繪製世界地圖的人，他在埃及的 Alexandria 城的圖書館工作，當時埃及法老王（Pharoahs）下令沒收來往旅客所攜帶的書籍，托勒密乃得以利用這些書籍及當時來往的商人和旅客提供的資料，寫成**地理導覽**一書並繪製成世界地圖。當羅馬帝國崩潰後，托勒密的書籍喪失，不過當時他的著作已譯成阿拉伯文，故能保存下來。惟至十二世紀阿拉伯文本才面世，以後譯成希臘文。1400 年，一位住在義大利的 Byzantine 的學者 Emanuel Chrysolaras 獲得該希臘文本，將之譯成拉丁文，最後由他的學生 Jacopo d'Angelo 在 1406 年完成翻譯工作。Angelo 的譯本就成為十五世紀許多譯本的範本，並據該書繪製當年的世界地圖。關於此，引起若干爭論，因為後來繪製的地圖是否就是第二世紀托勒密所瞭解的世界模樣，有不同的看法。參見 "The Development of the Printed Atlas, Part 2: Ptolemaic Atlases,"（http://www.ptolemaic atlases.htm 2013 年 9

收集了許多往來船隻所提供的地理資訊，所以較能精確的畫出從安達曼海到暹羅灣之間的半島的地理位置，而稱之為「黃金半島」。

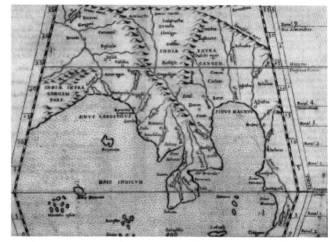

圖 1-2：托勒密畫的緬甸到泰國之間半島圖
說明：義大利威尼斯人路士西里於 1561 年重新繪製及修改的托勒密地圖。
資料來源：http://www.helmink.com/Antique_Map_Ruscelli_Ptolemy_Far_East/ 2006 年 4 月 6 日瀏覽。

托勒密將緬甸到泰國之間劃成半島，在緬甸南部標出四個城市，分別為比羅畢（Berobe）、沙巴拉（Sabara）、比魯波那（Berubóna）、沙達（Sada）。比羅畢，可能為現在的馬塔班（Martaban）。沙巴拉，可能為現在的勃固（Bago, Pegu）。比魯波那，可能為現在的建德里（Kyeintali）。沙達，可能為現在的山都衛（Sandoway）。這些城市應該是第二世紀時重要的港口城市，也是東羅馬人、波斯人和印度人航行靠港的沿岸城市。

孟族（Mon）約在西元 500 年左右建立大公（Dagon）城市，甕藉牙（或雍藉牙）國王（King Alaungpaya, 1752-60）將該城市改稱仰光，因為商業貿易關係而成為伊洛瓦底江三角洲第一大城。

緬甸東部沿著泰南半島有一塊狹長的領土，是早期從印度和緬甸前往泰國和中國的主要通道。第一個古道是約在第三世紀時，印度人從毛淡棉（Moulmein）乘船上溯阿塔彎河（Ataran），抵達邊境的帕亞松如（Payathonzu），越過「三佛塔隘道」（Three Pagodas Pass），進入泰境內北碧府（Kanchanaburi）的桂蓮河（Khwae Noi）上游的汕卡拉武里（Sangkhla Buri），順流而下至北碧，再轉往佛統（Nakhon Pathom）。「三佛塔隘

月 15 日瀏覽。）

道」，位在泰緬邊境的泰國境內訕卡拉武里鎮以北 22 公里處。該隘口有三座石頭佛塔基座，當地稱為「三個石頭堆」（Hin Sam Kong, Three Heaps of Stones），建造之目的是在紀念泰、緬兩國戰爭後之和平。[11]

緬南另一條通往泰國的古道是從土瓦（Tavoy）、墨吉（Mergui）、廷那沙林（Tenasserim）越過緬、泰邊界進入泰國碧武里（或佛丕）（P'etchaburi）和拉特武里（Ratburi），然後北上到暹羅阿瑜陀耶（Ayudhya）（華人稱為大城）王朝時期的首都阿瑜陀耶。1759 年初和 1763 年，緬軍兩次都是走相同的道路，進攻阿瑜陀耶，最後在 1767 年滅了暹羅。

緬甸南部位在熱帶，全年炎熱，沒有冬季。每年 3—5 月為熱季，平均溫度在 30—40 度。北部則屬亞熱帶，多山林，每年 11 月到隔年 2 月為冬季，天氣較冷，平均氣溫在 20—24 度。5—10 月為雨季。北部崇山峻嶺，不適農耕，居民多從事林產。南部平原地帶，雨水充足，是稻米產

圖 1-3：泰國境內三佛塔隘道的三個石造佛塔
資料來源：http://www.bangkoksite.com/Kanchanaburi/ThreePagodas.htm 2014 年 7 月 29 日瀏覽。

---

11. http://www.bangkoksite.com/Kanchanaburi/ThreePagodas.htm.
　http://www.mssu.edu/projectsouthasia/tsa/VIN1/Mishra.htm 2013 年 9 月 10 日瀏覽。

區。早期南北交通靠伊洛瓦底江的河運。英國統治後才興建南北鐵路,從仰光通往曼德勒(Mandalay)。

天然資源有稻米、木材、天然瓦斯、寶石、黃金。緬甸是東南亞最早的石油出口國,其第一桶石油是在 1853 年出口。石油和天然氣開發有三大岸外石油和天然氣田,十九個岸上石油和天然氣田。據估計,其蘊藏有 32 億桶原油,2007—08 年出口天然氣達 25 億 9,400 萬美元。[12] 緬甸稻米地面積有 810 萬公頃,2010 ∕ 11 年度產量有 1005 萬公噸、2011 ∕ 12 年度產量有 1008 萬公噸、2012 ∕ 13 年度產量有 1007.5 萬公噸。2010 年出口 54 萬公噸、2011 年出口 70 萬公噸、2012 年出口 140 萬公噸。[13] 2013 年出口稻米為 210 萬公噸。[14] 金礦主要在實階區(Sagaing Division)考林鎮(Kawlin Township),估計儲量有 604 萬噸礦苗。2009—2010 年,木材出口 890,000 噸,印度是主要買主,約佔一半,其次為日本、泰國和馬來西亞。橡膠的主要產地在唐育札耶特(Thanbyuzayat)邦的木東(Mudone)和孟邦(Mon State)的葉鎮(Ye Townships)、撣邦(Shan State)和廷那沙林。玉的主要產地在克欽邦(Kachin State)密支那區(Myitkyina District)的帕康特(Hpakant)。紅寶石的產地在上緬甸的磨戈克(Mogok)河谷,近年已減少。在伊洛瓦底江河谷地和南部地區也產煤。

緬甸最早的族群孟族大約在西元前後居住在南部孟加拉灣沿岸地帶,主要分布在薩爾溫江一帶。在伊洛瓦底江下游一帶為驃族(Pyu)。他們來自何處,無法確知。不過,他們都是靠海邊居住的族群,可能跟印度和孟加拉沿岸民族或分布在馬來半島的海人雒族(Laut)有關聯。根據**拉瑪耶那**的記載,緬甸南部西元前第六世紀就有人類活動,他們可能是孟族。

---

12. https://www.myanmarevisa.gov.mm/naturalresources.aspx 2013 年 9 月 17 日瀏覽。

13. David Dapice, "Rice Policy in Myanmar: It's Getting Complicated," Harvard University School, ASH Center for Democratic Governance and Innovation, 2013, pp.5,9.

14. Sophie Song, "Myanmar's Target Of Exporting 3 Million Tons Of Rice During Fiscal 2014 Is Impossible To Achieve: Experts," International Business Times, August 29 2013, in http://www.ibtimes.com/myanmars-target-exporting-3-million-tons-rice-during-fiscal-2014-impossible-achieve-experts-1401514 2014 年 9 月 29 日瀏覽。

恩里桂茲（Major C. M. Enriquez）認為孟族又稱為塔蘭（Talaing），類似馬來半島的「克林」（Kling），係源自南印度的科羅曼德爾（Coromandel）海岸的得林嘎（Telingas）或得魯古（Telugus）一詞，應是該地的族群移民到緬甸南部，然後與當地人混血。[15] 孟族從573年到781年的首都在勃固〔印度語稱為漢沙瓦底（Hamsavati 或 Hamsavadi）〕，後來遷到打端。[16]

哈維（G. E. Harvey）認為緬族自稱其祖先係來自北印度佛陀的部族，他們保留許多印度的文化習俗，約在西元後從印度阿薩姆（Assam）省進入緬甸境內，然後順著伊洛瓦底江南下，而進入緬境伊洛瓦底江河谷及平原地帶。亦有人從南印度的馬德拉斯（Madras）從海上移民到緬南，而這些印度移民有另一個名稱塔蘭，可能即係源自馬德拉斯的得林嘎那（Telingana）地區的緣故。[17] 主要移入緬甸南部的是南印度人，例如卑謬又稱為瓦納迪西（Vanadesi），這是南印度的卡丹巴（Kadamba）國的首都的名字。在卑謬發現的早期的碑文，是第五世紀南印度卡丹巴國的碑文。在第五世紀，從南印度的淡米爾國的甘吉（Kanchi, Kanchipuram）發展小乘佛教，然後傳入緬甸南部。[18]

以後陸續有其他少數民族從西藏和雲南邊境南下進入緬境，有些分布在緬北和緬東山地。靠近緬甸和印度、孟加拉邊境的阿拉干山脈（Arakan），則形成另一個族群，他們來自孟加拉地區或者是印度人與當地土著的混血種。根據統計，緬甸總人口數為 5,560 萬（2013 年）。[19]

緬甸是一個多元種族國家，全國大小種族有 135 個，可分為八大族系：

（一）克欽族（Kachin），包含十二個種族：

---

15. Major C. M. Enriquez, *Races of Burma*, Ava publishing house, Bangkok, Thailand, 1997, reprinted, p.65.

16. Major C. M. Enriquez, *op.cit.*, p.66.

17. G. E. Harvey, *History of Burma, From the Earliest Times to 10 March 1824 The Beginning of the English Conquest*, Octagon Books, New York, 1983, p.6.

18. S.J. Gunasegaram, "Early Tamil Cultural Influences in South East Asia," Selected Writings published 1985.（http://www.tamilnation.org/heritage/earlyinfluence.htm. 2013 年 9 月 17 日瀏覽。）

19. https://www.myanmarevisa.gov.mm/ 2014 年 9 月 17 日瀏覽。

(1) 克欽（Kachin）；(2) 特龍（Trone）；(3) 達倫（Dalaung）；(4) 金包（Jinghpaw）；(5) 古阿里（Guari）；(6) 卡庫（Hkahku）；(7) 杜連（Duleng）；(8) 瑪陸（Maru）（Lawgore）；(9) 拉望（Rawang）；(10) 拉序（Lashi）（La Chit）；(11) 阿特西（Atsi）；(12) 里蘇（Lisu）。

（二）克倫尼族（Karenni, Kayah），包含九個種族：

(13) 卡雅（Kayah）；(14) 札原（Zayein）；(15) 卡雲（Ka-Yun）（Pa-daung）；(16) 吉科（Gheko）；(17) 奇巴（Kebar）；(18) 伯里（Bre）（Ka-Yaw）；(19) 曼奴曼諾（Manu Manaw）；(20) 英塔賴（Yin Talai）；(21) 英包（Yin Baw）。

（三）克倫族（Karen, Kayin），包含十一個種族：

(22) 克英（Kayin）；(23) 克英票（Kayinpyu）；(24) 帕里企（Pa-Le-Chi）；(25) 孟克英（Mon Kayin）（Sarpyu）；(26) 斯高（Sgaw）；(27) 塔類瓦（Ta-Lay-Pwa）；(28) 帕庫（Paku）；(29) 伯威（Bwe）；(30) 孟尼瓦（Monnepwa）；(31) 孟瓦（Monpwa）；(32) 恕（Shu）（Pwo）。

（四）欽族（Chin），包含五十三個種族：

(33) 欽族（Chin）；(34) 美穗（Meithei）（Kathe）；(35) 沙來恩（Saline）；(36) 克林考（Ka-Lin-Kaw）（Lushay）；(37) 卡米（Khami）；(38) 阿瓦卡米（Awa Khami）；(39) 考諾（Khawno）；(40) 昆梭（Kaungso）；(41) 昆賽恩欽（Kaung Saing Chin）；(42) 克威爾新（Kwelshin）；(43) 克彎里（Kwangli）（Sim）；(44) 剛特（Gunte）（Lyente）；(45) 戈威特（Gwete）；(46) 恩功（Ngorn）；(47) 齊沾（Zizan）；(48) 生唐（Sentang）；(49) 賽恩沾（Saing Zan）；(50) 札蒿（Za-How）；(51) 卓通（Zotung）；(52) 卓皮（Zo-Pe）；(53) 卓族（Zo）；(54) 札耶特（Zahnyet）（Zanniet）；(55) 塔滂（Tapong）；(56) 替丁（Tiddim）（Hai-Dim）；(57) 台沾（Tay-Zan）；(58) 台松（Taishon）；(59) 沙多（Thado）；(60) 托爾（Torr）；(61) 丁族（Dim）；(62) 岱族（Dai）（Yindu）；(63) 那嘎（Naga）；(64) 唐庫爾（Tanghkul）；(65) 瑪林（Malin）；(66) 帕嫩（Panun）；(67) 馬公（Magun）；(68) 馬吐（Matu）；(69) 米巒（Miram）（Mara）；(70) 米兒（Mi-er）；(71) 夢根（Mgan）；(72) 盧雪（Lushei）（Lushay）；(73)

圖 1-4：欽族紋面婦女

資料來源：http://twentytwowords.com/ the-face-tattoos-of-myanmars-old-chin-women-21-pictures/ 2014 年 3 月 30 日瀏覽。

雷苗（Laymyo）；(74) 炎特（Lyente）；(75) 羅吐（Lawhtu）；(76) 賴族（Lai）；(77) 賴早（Laizao）；(78) 瓦金（Wakim）(Mro）；(79) 郝恩勾（Haulngo）；(80) 阿奴（Anu）；(81) 阿嫩（Anun）；(82) 烏瀑（Oo-Pu）；(83) 林布（Lhinbu）；(84) 阿授（Asho）(Plain)；(85) 隆吐（Rongtu）。

（五）緬族（Burman, Bamar），包含九個種族：

(86) 緬族（Bamar）；(87) 達威（Dawei）；(88) 貝克（Beik）；(89) 耀族（Yaw）；(90) 雅邊（Yabein）；(91) 卡度（Kadu）；(92) 嘉南（Ganan）；(93) 沙龍（Salon）；(94) 呵抨（Hpon）。

（六）孟族，包含一個種族：

(95) 孟族（Mon）。

（七）若開族（Rakhine），包含七個種族：

(96) 若開族（Rakhine）；(97) 卡門（Kamein）；(98) 克威米（Kwe Myi）；(99) 代恩內特（Daingnet）；(100) 瑪拉瑪基（Maramagyi）；(101) 姆洛（Mro）；(102) 惹特（Thet）。

（八）撣族（Shan），包含三十三個種族：

(103) 撣族（Shan）；(104) 雲族（Yun）(Lao)；(105) 克威（Kwi）；(106) 匹英（Pyin）；(107) 耀族（Yao）；(108) 達鬧（Danaw）；(109) 帕里（Pale）；(110) 恩族（En）；(111) 松族（Son）；(112) 卡木（Khamu）；(113) 考族（Kaw）(Akha-E-Kaw)；(114) 古康（Kokang）；(115) 康替撣（Khamti Shan）；(116) 呵坤（Hkun）；(117) 淘恩堯（Taungyo）；(118) 達奴（Danu）；(119) 帕倫（Palaung）；(120) 曼記（Man Zi）；(121) 英克雅（Yin Kya）；(122) 英

內特（Yin Net）；(123) 撣格爾（Shan Gale）；(124) 撣吉（Shan Gyi）；(125) 拉祜（Lahu）；(126) 英煞（Intha）；(127) 艾克斯為爾（Eik-swair）；(128) 帕烏（Pa-O）；(129) 台羅伊（Tai-Loi）；(130) 台連（Tai-Lem）；(131) 台龍（Tai-Lon）；(132) 台類（Tai-Lay）；(133) 緬因薩（Maingtha）；(134) 毛撣（Maw Shan）；(135) 瓦族（Wa）。[20]

　　上述分類係根據英國在 1931 年所做的調查，而分類的基礎是語言，故這 135 個種族是語言種族。緬甸國家和平與發展委員會（State Peace and Development Council）曾做過調查，其統計的族群數超過前述的數字。很多小族群，因為不具政治重要性，而被忽略。[21]

　　恩里桂茲（Major C. M. Enriquez）對於緬甸各族群的分類則不相同，他依據移民先後順序來分類：

　　第一波移入緬甸的是孟 - 高棉族（Mon-Khmer），它包含下述族系：孟（又稱 Talaing）、瓦（Wa）、拉（La）、泰佬（Tai Lo）、帕倫（Palaung）、帕雷族（Palé）、苗（Miao）、耀（Yao）、里安（Riang）、安（En）、帕敦（Padaung）、安南（Annamite）。

　　第二波移入的是藏緬族（Tibeto-Burman），又可分為三大支系：

　　(1) 緬族，又稱原始緬族（Proto Burmese）：包括緬族、卡度（Kadu）、呵抨（Hpon）、瑪陸（Maru）、拉序（Lashi）、阿特西（Atsi）、倫恩（Nung）、達努（Dânu）、淘恩堯（Taungyo）、塔曼（Tâman）、耀族（Yaw）、姆洛（Mro）、忠塔（Chaungtha）、阿拉干（Arakanese）。

　　(2) 欽族 - 克欽族（Chin-Kachin），包括：欽族、克欽族、高里（Gauri）、新波（Singpho）、杜連（Duleng）。

　　(3) 佬佬族（Lolo），包括：佬佬、里蘇（Lisu）或耀英（Yawyin）、拉祜（Lahu）（包含 Muhso 和 Kwi）、摩梭（Moso）、考族（Kaw）、阿

---

20. http://www.ibiblio.org/obl/docs/yearbooks/Rights%20of%20Ethnic%20Minorities 2014 年 4 月 15 日瀏覽。

21. Mikael Gravers, "Introduction: Ethnicity against State-State against Ethnic Diversity?," in Mikael Gravers(ed.), *Exploring Ethnic Diversity in Burma*, NIAS Press, Copenhagen, Denmark, 2007, pp.1-33, at pp.4-5.

科（Ako）。

第三波移入的是泰華族（Tai-Chinese），包括撣族（Shans）、暹羅族（Siamese）和各種克倫族（Karens）。[22]

恩里桂茲最大的假設是孟－高棉族是從中亞地區往東發展，沿著湄公河而下到柬埔寨和泰國，然後再往西移動，進入緬甸，其分支族系散布在緬甸東南部。緬族約在西元初期從西藏東邊進入伊洛瓦底江上游，第九世紀進入緬甸中部。初期緬族是游牧民族，像驃族、康藍族（Kamran）和沙克族（Sak）一樣，然後變成定居農民。約分布在北緯24—28度之間，其南部和驃族、孟族接壤。在西元初期，驃族的首都在卑謬。後來孟族將驃族逐出卑謬，驃族往北移到蒲甘（Pagan, Pugan）建都，不久就瓦解，隨後緬族進入蒲甘，在驃族的故土上建都。[23]

上緬甸的少數民族來源複雜，有些城市有撣族的名稱，例如太公和摩貢（Mogaung），應具有撣族的血統。撣族受南詔國之影響較大，當時因為距離中國遙遠，相對而言受中國影響較少。有些少數民族在勢力強大時，會擴張其活動範圍到週邊地帶，例如克欽族力量強盛時，曾在863年入侵越南河內。[24] 但大多數時間，這些少數民族的力量還是弱小的，才會至今在緬甸北部處於少數民族的地位，而能成長變成大民族者應屬於緬族。

在上述諸民族中，以緬族為最大，占總人口的68%。撣族佔9%。克倫族佔7%。若開族佔4%。華人佔3%。印度人佔2%。孟族佔2%。其他佔5%。[25] 這些眾多的種族，說的方言數超過一百種以上。緬族源自於中國和西藏邊境地帶，約在第九世紀向南遷徙，進入緬北。849年，建立蒲甘城，[26] 主要居住在平原河谷地，以農業為主。除了緬族外，其他少數民族分

---

22. Major C. M. Enriquez, *op.cit.*, pp.48-49.

23. Major C. M. Enriquez, *op.cit.*, p.50.

24. G. E. Harvey, *op.cit.*, p.15.

25. https://www.cia.gov/library/publications/the-world-factbook/geos/bm.html 2014年4月15日瀏覽。

26. Tim Lambert, "A Brief History of Burma,"（http://www.localhistories.org/burma.html 2014年9月21日瀏覽。）

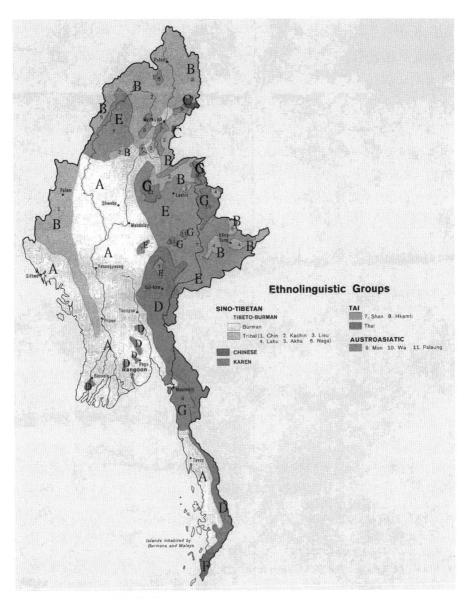

圖 1-5：緬甸各族群分佈圖

說明：A 是緬族。B 是部落。（1 是欽族。2 是克欽族。3 是利蘇族。4 是拉胡族。
　　　5 是阿卡族。6 是那嘎族。）C 是華族。D 是克倫族。E 是撣族。F 是泰族。G
　　　是澳亞族（9 是孟族。10 是瓦族。11 是帕倫族）。

資料來源：http://www.mapcruzin.com/free-maps-burma-myanmar/burma_ethno_1972.
　　　jpg 2014 年 7 月 8 日瀏覽。

散居住在 55% 的土地上，大都分布在山岳高原地帶。[27] 撣族與泰國的暹族
（Siam）、越南中部和柬埔寨的占族（Cham），應是同名異譯，[28] 甚至寮
國南掌的「掌」、古代的越裳的「裳」等字，應也是同名異譯，足見早期
撣族和暹族分布在印度支那半島的範圍廣泛。

　　緬甸官方語言是緬語，官方承認的地區語言有金波語（Jingpho）、卡
雅語（Kayah）、克倫語（Karen）、欽族語（Chin）、孟族語（Mon）、
若開語（Rakhine）、撣族語（Shan）。

　　緬甸全國 87% 以上居民信奉小乘佛教，基督教徒約 100 萬，佔 5%。
伊斯蘭教徒則超過 100 萬，占 5% 多一點。拜物教徒佔 1%。其他宗教信
仰者 2%。[29] 緬族大都信奉小乘佛教，少數民族的克欽族、欽族、那嘎族
（Naga）、克倫尼族（或卡雅族 Kayah）、克倫族等是信奉基督教，阿拉
干省的羅興亞族（Rohingyas）是信奉伊斯蘭教。[30]

第二節　早期古國

一、黃金之國

　　西元前第三世紀，印度阿育王（Asoka, ?-252 B.C.，改信佛教並將其
普及推廣，佛教成為印度國教）的佛教傳教士到「黃金之地」（Suvarna-

---

27. 另外的資料則有不同的記載，緬族占 69%，克倫族占 6.2%，克欽族占 1.4%，撣族占
8.5%，欽族占 2%，若開族 4.5%，印度人 6%，華人 3%。（參見 http://www.atlapedia.
com/online/countries/myanmar.htm. 2014 年 4 月 15 日瀏覽。）

28. Major C. M. Enriquez, op.cit., p.122. Arthur P. Phayre, *History of Burma, From the Earliest
Time to the End of the First War With British India*, Routledge, London, 2000, p.6.

29. https://www.cia.gov/library/publications/the-world-factbook/geos/bm.html　2014 年 4 月 15
日瀏覽。另外根據 Andrew Selth 之說法，緬甸官方之統計說，佛教徒占 90%，是有點
誇大，至少應占 80%。回教徒占 4%，基督教徒占 5%。Andrew Selth, *Burma's Muslims:
Terrorists or Terroristed?*, Strategic and Defence Studies Centre, The Australian National
University, Canberra, 2003, p.3.

30. Andrew Selth, *op.cit.*, p.3.

bhumi），其地點可能在今天的下緬甸。[31]當時「黃金之地」是孟族居住地，印度傳教士在該地宣傳佛教，最後使該地的孟族信仰佛教。「黃金之地」的首都在打端（或譯為打塘、直通）。[32]

勃固是由打端的兩位孟族公主於 573 年前往該地而建立的城市，當時稱為 Bago。[33]另一說是打端兩位兄弟在 825 年前往勃固建城的，當時該城是一海港。當地原先有印度商人活動，因此孟族人與南印度的塔林迦人（Talangana）通婚，以致於勃固的孟族人被稱為塔蘭人（Talaings）。[34]帕伊爾（Arthur P. Phayre）則認為打端國王的兩位王子在西元第六世紀因冒犯其母親，無緣繼承王位，乃召集部分人民遷移到海岸邊的小村漢沙瓦底（Hansawadi），後稱為勃固。[35]當第七世紀驃國勢力衰微時，孟族即向西發展，進入伊洛瓦底江三角洲，並建立科沙瑪〔Kosama，現在的巴生港（Bassein）〕。

此時下緬甸的勢力由打端王國統治，泰南地區亦是由孟族建立的墮羅鉢底（Dvaravati）國統治，泰北由孟族的蘭奔（Lamphun）統治。孟族的勢力達到頂峰。這三國有共同的種族、語言和佛教宗教，形成孟族的拉曼那（Ramanna）邦聯，拉曼那是孟族另一個名稱，故該地被稱為「孟族之地」（Ramanna Desa, Land of the Mons）。打端因為西坦河淤積形成三角洲，而失去港口作用，取而代之的港口是馬塔班（Mattaban）。至第十一世紀，打端為緬族所佔領。

孟族源自南印度，因此他們信仰佛教及使用巴利（Pali）文。

二、黃支國

31. Brian Harrison, *Southeast Asia: A Short History,* Macmillan & Co., Ltd., London, 1954, p.10.

32. Maung Htin Aung, *A History of Burma,* Columbia University Press, New York and London, 1967, p.5.

33. http://en.wikipedia.org/wiki/Bago,_Myanmar. 2014 年 5 月 29 日瀏覽。

34. Maung Htin Aung, *op.cit.*, pp.22-23.

35. Arthur P. Phayre, *op.cit.*, pp.29-30.

希克（John Nisbet D. Cec）認為譚包德大王（Maha Thambawd）在西元前483年在塔里基塔拉（Thare Kettara，即卑謬）地方建立卑謬王朝，約在西元95年杜拼亞（Thu Pinya）國王去世後王朝結束。譚莫克達里特（Thamokdarit）在108年在蒲甘建立新王朝。[36]

在西元前第一世紀初葉驃族在下緬甸建國，其首都在卑謬。[37]

從早期諸城市出現的時間來觀察，只有卑謬和打端兩個城市是在西元前就存在的，而卑謬作為黃支國之可能性較大。[38]

漢朝班固撰漢書（地理志，粵地條），該書記載漢武帝時曾遣使到南洋海島諸國，其航程記載如下：

「漢武帝以來，自日南障塞、徐聞、合浦，船行可五月，有都元國。又船行可四月，有邑盧沒國。又船行可二十餘日，有諶離國。步行可十餘日，有夫甘都盧國。自夫甘都盧國船行可二月餘，有黃支國，民俗略與珠崖相類，其洲廣大，戶口多，多異物。自武帝以來皆獻見。有譯長，屬黃門，與應募者俱入海，市明珠、璧流離、奇石、異物。齎黃金雜繒而往，所至國皆稟食為耦，蠻夷賈船，轉送致之，亦利交易。剽殺人。又苦逢風浪溺死，不者，數年來還。大珠至圍二寸以下。平帝元始中，王莽輔政，欲耀威德，厚遺黃支王，令遣獻生犀牛。自黃支船行可八月到皮宗，船行可二月到日南象林界云。黃支之南有已程不國，漢之譯使，自此還矣。」[39]

在中國文獻中對於黃支國的描述十分有限，較重要的有四則。

(1)「黃支國，民俗略與珠崖相類，其州甚大，戶口甚繁，多異物。」[40]

---

36. John Nisbet D. Cec, *Burma Under British Rule-And Before*, The Selwood printing works, Prome and London, 1901, p.1.

37. Maung Htin Aung, *op.cit.*, p.8.

38. 參見陳鴻瑜，「西元初期至第七世紀環馬來半島港市國家、文明和航線之發展」，**政大歷史學報**，第28期，2007年11月，頁131-188。

39. 〔唐〕顏師古注，班固撰，**漢書**，地理志，粵地條。

40. 〔清〕陳夢雷編，**古今圖書集成**，方輿彙編山川典，海部彙考，考，乾象典 第309卷，

(2) **外志**記載:「南,南越也,五嶺之南,至海為揚粵,今廣東地。漢時,朱崖南(原文寫為朱南崖,有誤,改為朱崖南)有都元、湛離、甘都盧、黃支等國,近者十餘日,遠至四五月程。其俗略與朱崖相類,其州境廣大,戶口蕃滋,多異物。漢武帝時,常遣應募人與其使俱入海,市明珠、璧、琉璃、奇石、異物,齎黃金、雜繒而往,所至國皆廩食為耦,蠻彝賈船轉送致之,外彝珍貨流入中國始此。」[41]

(3)「平帝元始二年春,黃支國獻犀牛。按**漢書・平帝本紀**云云。(注)應劭曰:黃支在日南之南,去京師三萬里。」[42]

(4) 按杜氏**通典**:「黃支國,漢時通焉。合海、日南之南三萬里,俗略與珠崖相類。自武帝以來皆獻見,有明珠、玉璧、琉璃、奇石、異物。大珠至圍二寸以下,而至圓者,置之平地,終日不停。」

在季尼(U Ohn Ghine)所寫的〈卑謬的佛陀頭髮遺址〉(The Shway Sandaw of Prome)一文中,提及位在卑謬以東南5英里的地方有一個古代重要的海港叫 Hmawza,他說該地是室利差呾羅〔Thiri Khettara,意即吉祥的國土(The Fortunate Field)〕[43] 王國的首都,過去曾是一個富有的港口,後來因為伊洛瓦底江下游泥沙往外海淤積,導致該 Hmawza 日漸衰落,現在變成一個落後的小村子。[44] 季尼所描述的 Hmawza 是一個繁華富有的城市,與前述中國文獻所記載的黃支國的特點差不多。無論如何,從 Hmawza 之地理位置以及在西元前一世紀就是一個重要港口來觀察,它作為「黃支國」之所在地亦是可以考慮的。

漢武帝時的使節是否抵達黃支國,並不清楚。在「漢平帝元始,王莽輔政」,其時間是在西元 1—7 年,「厚遺黃支王,令遣獻生犀牛」,從該

第 208 冊第 6 頁之 2。

41. 〔清〕陳夢雷編,**古今圖書集成**,方輿彙編邊裔典,南方諸國總部,彙考,乾象典 第 89 卷,第 216 冊第 48 頁之 1。

42. 〔清〕陳夢雷編,**古今圖書集成**,方輿彙編邊裔典,黃支部,彙考,乾象典 第 96 卷,第 217 冊第 30 頁之 1。

43. Maung Htin Aung, *op.cit.*, p.8.

44. http://www.triplegem.plus.com/shwesanp.htm. 2007 年 5 月 29 日瀏覽。

句話可知漢平帝曾遣使到黃支國,且要求其「遣獻生犀牛」。黃支國曾在西元 2 年遣使到中國,[45] 因此,漢平帝之遣使可能在此時之後。至於漢使是否抵達黃支國?可能沒有,因為「黃支之南有已程不國,漢之譯使,自此還矣」。

三、已程不國

「已程不」亦可能為「巳程不」之誤寫,「巳」字,在泰語之發音為 Si,與印度梵文「Sri」同義,指偉大的、榮耀的意思。因此,「巳程不」之印度梵文應為 Sri-theinbu,或者寫為 Si-theinbu。「巳程不」是指一個偉大的「程不」國家。緬甸南部安達曼海沿岸在西元前一世紀左右已存在的城市,只有打端,至於土瓦、墨吉和廷那沙林可能還未形成港市,故「已程不」國可能是位在打端一帶。

四、撣國

在中國歷史記載中,緬甸境內明確可考的國家是撣國,它約在西元 97 年遣使到中國,發展邦交關係。

> 「東漢和帝永元九年(97)正月,永昌徼外蠻及撣國王雍由調遣重譯奉國珍寶,和帝賜金印、紫綬。小君長皆加印綬、錢帛。」[46]

關於撣國之地點,應邵認為在西夷,范曄認為在西南夷(即緬甸),蘇繼卿認為在西夷,即在今敘利亞以東地區。[47] 撣國,位在永昌之外,永昌在今雲南保山縣,故撣國之位置應在今緬甸境內,今緬甸東部之撣邦

45.「漢平帝元始二年(西元 2 年)春,黃支國獻犀牛。」(〔唐〕顏師古注,班固撰,**漢書**,卷十二,平帝紀第十二。)
46.〔南朝‧宋〕范曄撰,**後漢書**,卷八十六,南蠻西南夷列傳第七十六,哀牢條,頁 18。
47. 蘇繼卿,**前引書**,頁 97-99

（Shan）可能為其活動本部。

撣國第二次遣使到中國是在 120 年 12 月：

> 「東漢安帝永寧元年（120），撣國王雍由調復遣使者詣闕朝賀，獻
> 樂及幻人，能變化吐火，自支解，易牛馬頭，又善跳丸，數乃至千。
> 自言我海西人，海西即大秦也。撣國西南通大秦。明年元會，安帝作
> 樂於庭，封雍王由調為漢大都尉，賜印綬、金銀、彩繒各有差也。」[48]

撣國派遣之使者自言為海西人，海西人即大秦人，而大秦人為東羅馬
人（波斯人，今伊朗地區）。撣國與該東羅馬人有何關係呢？筆者以為該
東羅馬人應是懂得魔術表演的遊藝商人，他們可能率領一個表演團體到撣
國，剛好撣國使節要到中國，所以他們隨同朝貢使前往中國。從而亦可知
道，當時從南緬甸前往中國亦有一條陸路路線，即東羅馬人搭船從南印度
經過南緬甸，溯伊洛瓦底江或者薩爾溫江北上，到達撣國，再轉往中國。
打端很早就是一個重要的港口，因此大秦人航行到打端，再溯薩爾溫江北
上到撣國之可能性更高。

袁宏撰的**後漢記**對此一通道有記載，「東漢安帝元初中，日南塞外撣
國獻幻人。能變化吐火支解，又善跳丸，能跳十九。⋯⋯自交州塞外，撣
國諸蠻夷相通也。又有一道與益州塞外通。」[49]撣國，就是撣國。益州在今
天四川。該一通道就是從緬甸經過雲南、四川，再至中國首都。

撣國的魔術表演團大受東漢安帝之歡迎，諫議大夫陳禪諫曰：「帝王
之庭，不宜作此夷狄之樂，請勿觀。帝不從，遂作樂。封藠調為漢都尉。」[50]

131 年 12 月，撣國王雍由調再度遣使中國，東漢順帝賜予金印紫綬。[51]

---

48. 〔南朝・宋〕范曄撰，**後漢書**，卷八十六，南蠻西南夷列傳第七十六，哀牢條，頁 18。

49. 〔晉〕袁宏撰，**後漢記**，卷十五。

50. 〔清〕顧炎武撰，**天下郡國利病書**，原編第三十二冊，雲貴交阯，「緬甸始末」，頁
25。

51. 〔漢〕班固等撰，**東觀漢記**，卷三，帝紀三，敬宗孝順皇帝。

五、馬塔班（Martaban）

　　現稱莫塔馬鎮（Mottama），是由勃固首任國王於 573 年建立的城市。[52]
1281 年，瓦里魯（Wagaru，或寫為 Wareru）在馬塔班建立孟族政權，他編
纂了著名的**瓦里魯法典**（*Wagaru Dhammathat*）。[53]

六、驃國

　　驃國是驃族（Pyu）建立的國家。緬甸學者茂丁昂（Maung Htin
Aung）認為驃族屬於藏緬族之一支，它沿著伊洛瓦底江南下，約在西元初
期成立三個城市，包括太公（Tagaung）、哈林吉（Halingyi）和佩克沙諾
苗（Peikthanomyo）。太公位在北緬甸。哈林吉位在中緬甸，第三世紀時
出現，中國古書稱為林陽。佩克沙諾苗也位在中緬甸，意指毗濕奴（Vishnu）
神保護之城。[54]

　　依據中國文獻之記載，下緬甸最早的古國是驃國，中國古書對該國有
如下的記載：
1. **舊唐書**說：「驃國，在永昌故郡南二千餘里，去上都一萬四千里。
   其國境，東西三千里，南北三千五百里。東鄰真臘國（按今之柬埔
   寨），西接東天竺國，南盡滇海，北通南詔些樂城界，東北距陽苴
   咩城六千八百里。往來通聘迦羅婆提等二十國，役屬者林王等九城，
   食境土者羅君潛等二百九十部落。」[55]
2. 「驃國，古朱波也，凡屬國十八，部落二百九十八。貞元中，王雍

---

52. http://en.wikipedia.org/wiki/Martaban . 2014 年 5 月 29 日瀏覽。

53. Major C. M. Enriquez, *op.cit.*, p.66.

54. Maung Htin Aung, *op.cit.*, p.7.

55. 〔後晉〕劉昫等撰，**舊唐書**，列傳，卷一百九十七，列傳，第一百四十七，南蠻，西南蠻，
　　驃國。

羌聞南詔歸唐，有內附心，異牟，尋令進樂人，其樂五譯而至。」[56]

3. **唐書・南蠻傳**：「驃國，亦號閣婆。王居以金為甓，覆銀瓦。」[57]

4. 「驃國，在雲南永昌府西南徼外。唐史云：『貞元八年，南詔使來朝，驃國王始遣其弟悉利移來朝，華言謂之驃，自謂突羅朱，閣婆人謂之徒里拙。古未嘗通中國。』魏晉間有著**西南異方志**及**南中八郡志**者云：『永昌，古哀牢國也，傳聞永昌西南三千里有驃國，君臣父子長幼有序。』」[58]

801 年，驃國王雍羌遣其弟悉利移城主舒難陀到中國，「唐德宗貞元十七年（801），驃國王雍羌遣其弟悉利移城主舒難陀獻其國樂，至成都，韋皋復譜次其聲，又圖其舞容、樂器以獻。凡工器二十有二，其音八：金、貝、絲、竹、匏、革、牙、角，大抵皆夷狄之器，其聲曲不隸於有司，故無足采云。」[59]

802 年，驃國再度遣使到中國，其帶至中國的樂曲，經過五次翻譯才看得懂。「唐德宗貞元十八年（802），驃國王雍羌聞南詔歸唐，有內附心，遣其弟悉利移來朝獻國樂，凡十曲，與樂工三十五人，其曲皆演梵音經論詞意。每為曲齊聲，一低一仰，未嘗不相對。凡五譯而至中國。」[60] 以後驃國在 806、862 年遣使到中國。

緬甸學者茂丁昂認為驃國首都在卑謬，驃國人稱該城市為室利差坦羅（Sri Ksetra），意為「幸運之城」（The Fortunate Field），是早期使用磚頭建造外牆的城市。王宮和僧侶修道院也是磚塊建造。該城市位在伊洛瓦底江口，早期該城市距海邊很近，是一交通繁忙的內河港口，後來泥沙淤

56.〔宋〕王應麟撰，**玉海**（六），朝貢，玉海卷百五十三，唐驃國內附，頁 28。
57.〔清〕陳夢雷編，**古今圖書集成**，瓦部／紀事，紀事，乾象典第 139 卷，第 791 冊第 38 頁之 2。
58.〔清〕邵星巖，**薄海番域錄**，京都書業堂藏板，文海出版社，台北市，1971 年重印，卷十一，頁 11。
59.〔宋〕歐陽修、宋祁撰，**新唐書**，卷二二禮樂志，中華書局，1975 年版，第 480 頁。
60.〔清〕顧炎武撰，**天下郡國利病書**，原編第三十二冊，雲貴交阯，「緬甸始末」，四部叢刊，臺灣商務印書館印行，台北市，1980 年，頁 25。

積，形成沖積三角洲，該城遂距海岸遙遠。至第九世紀時，驃國首都不在室利差坦羅，而在靠近印度的拉惹嘎哈（Rajagaha）。茂丁昂說室利差坦羅在 7 世紀時已被廢棄作為首都，「悉利移」應是「the Lord of Sri」，即悉利城主，而悉利城應是被廢棄的城，因為當時沒有另一個城市以「悉利」為名。此時驃國首都已不在卑謬，緬甸學者認為在靠近印度的拉惹嘎哈，中國文獻誤稱為沙里普特拉（Sariputra）。在巴利文，拉惹嘎哈意指「國王的居所」。[61]

緬甸學者翁師溫（Michael Aung-Thwin）認為在 638 年時，驃國已成為伊洛瓦底江河谷最重要的國家，其首府在室利克什特拉（Sri Ksetra）。在第八世紀初，該城市被摧毀，另建首都在伊洛瓦底江上游的漢蘭（Hanlan）。在 832 年和 835 年，南詔兩次入侵漢蘭和下緬甸的米鎮（Mi-ch'en）。蒲甘王驃明替（Pyuminhti, Pyusawhti）在 849 年在蒲甘建都，開展蒲甘王朝。[62]

驃國使用金和銀，並以金和銀製造錢幣，是東南亞第一個使用金銀幣的國家。[63] 驃國信仰小乘佛教，其國王娶了信仰印度教毗濕奴神的佩克沙諾苗的女王，並說服她放棄其城市，印度教受到壓制。驃國許多習俗源自印度，例如施行火葬，但與印度不同，並未將骨灰倒入河水中，而是存放在甕中。一般人使用陶甕，有錢人使用銅甕，貴族使用石甕。這些甕再埋入土中用磚頭砌成的棺室，上覆以土。此一埋甕的方式，既不是印度的，也不是佛教的，而是驃國的特色。驃國也沒有接受印度的**曼奴法典**（*Code of Manu*）和神君觀念，此與其他東南亞國家不同。法律是採用習慣法，不使用神命法。西元 80 年，驃國放棄佛曆紀元，改用薩迦曆（Sakra Era）紀元，後者在印度於西元 78 年開始使用，也顯示大乘佛教的勢力已超過小乘佛教。但過不了多久，小乘佛教又佔上風。[64]

61. Maung Htin Aung, *A History of Burma,* Columbia University Press, New York and London, 1967, pp.8, 20-21.

62. Michael Aung-Thwin, *Pagan: The Origins of Modern Burma*, University of Hawaii Press, Honolulu, 1985, pp.20-21.

63. Maung Htin Aung, *op.cit.*, p.13.

64. Maung Htin Aung, *op.cit.*, pp.15-18.

七、頓遜國

太平御覽卷七八八引竺芝扶南記說:「頓遜國屬扶南（按今之柬埔寨），國主名崑崙。國有天竺胡五百家，兩佛圖，天竺婆羅門千餘人。頓遜敬事其道，嫁女與之，故多不去。」頓遜位在今天緬甸南部靠近馬來半島北部的廷那沙林和墨吉一帶。

八、多蔑

「多蔑國，大唐貞觀中通焉。在南海邊界周迴，可一月行。南阻大海，西俱游國，北波剌國，東陀洹國。戶口極多。置三十州，不役屬他國，有城郭宮殿，樓櫓並用瓦木。以十二月為歲首。其物產有金銀銅鐵、象牙、犀角、朝霞朝雲。其俗交易用金銀、朝霞等衣服。百姓二十而稅一五。穀、蔬菜與中國不殊。」[65] 該國東邊為陀洹，而陀洹即是土瓦，因此該國可能位在下緬甸的馬塔班和毛淡棉一帶。

九、彌臣國

彌臣國最早出現在中文文獻中的時間在 804 年，在該年遣使到中國。「唐德宗貞元二十年（804）十二月，南詔蠻、彌臣國、日本、吐蕃並遣使來朝貢。」[66] 以後在 805 年和 862 年兩次遣使到中國，甚至獲冊封為國王。「貞元二十一年（805）四月，封彌臣國嗣王樂道勿禮為彌臣國王焉。咸通三年二月，遣使貢方物。」[67]「唐懿宗咸通三年（862）二月，彌臣國遣使貢方物。」[68]

有關彌臣國之國情，**文獻通考**有簡要的介紹，「彌臣，邊海之國，其

---

65. 〔唐〕杜佑纂，**通典**，卷一百八十八，邊防四，南蠻下，多蔑條。
66. 〔宋〕王欽若等編，**冊府元龜**，卷九七二，中華書局，1960 年，頁 11417。
67. 〔宋〕王溥，**唐會要**，卷一〇〇，中華書局，1955 年版，頁 1794-1795。
68. 同前註。

主以木柵居海際水中，百姓皆樓居。俗好音樂，樓兩端各置鼓，飲酒即擊之，男女攜手，樓中踏舞為樂。在永昌城之西南。」[69]

余定邦和黃重言認為彌臣國是位在緬甸南部巴生（Bassien）港一帶。[70]

十、林陽國

〔三國東吳〕康泰，扶南傳記載：「扶南之西南有林陽國，去扶南七千里，土地奉佛，有數千沙門持戒六，齋日魚肉不得入國。一日再市。朝市諸雜米、乾果，暮中但貨香花。……林陽去金陳步道二千里，車馬行，無水道。舉國事佛。有一道人命過葬，燒之數千束樵，故坐火中，乃更著石室中，從來六十餘年，屍如故不朽。」**太平御覽**記載**南州土俗**說：「扶南之西有林陽國，去扶南七千里。土地奉佛，有數千沙門持戒，六齋日魚肉不得入國。」**南州異物志**也說：「林陽有民十餘萬家，男女仁善，皆侍佛。」[71] 林陽位在何地？有不同的說法，緬甸學者茂丁昂說在西元三世紀中緬甸的哈林吉即是林陽國。[72] 蘇繼卿認為林陽國位在緬甸八都馬（Martaban，或譯為馬塔班）灣一帶。[73]

69. 〔宋〕馬端臨撰，**文獻通考**，卷一四八，萬有文庫本，第 1295 頁。

70. 余定邦和黃重言編，**中國古籍中有關緬甸資料匯編**，上冊，中華書局，北京市，2002 年，頁 10。

71. 李昉等輯，**太平御覽**，卷 787，中華書局，北京，1960 年，頁 3485。

72. Maung Htin Aung, *A History of Burma*, Columbia University Press, New York and London, 1967, p.7. 中國大陸的余定邦說是位在緬甸南部。參見余定邦，「緬甸的佛教文化對政治和外交的影響」，載於段立生、黃雲靜和范若蘭等著，**東南亞宗教論集**，泰國曼谷大通出版社，曼谷，2002 年，頁 33-66，參見頁 34。

73. 蘇繼卿，**南海鉤沈錄**，臺灣商務印書館，台北市，1989 年，頁 188。

第二章　蒲甘王朝

第一節　蒲甘王朝興起

緬族源自中國和西藏邊地，緩慢移動到緬甸中部伊洛瓦底江河谷地區，形成自己的聚落，信仰拜物教，約在 638 年採用自己發展的新曆法。[1]

大約在第八世紀初，驃族首都室利差坦羅遭孟族毀滅，遷都到漢蘭。南詔在 832 年和 835 年兩次攻擊驃國首都漢蘭後，驃國因此亡國，其人民流離失所。[2] 南詔軍隊班師時，擄掠 3,000 名驃族人返回南詔，[3] 使得緬族人得以進入過去驃族活動地帶，填補人口空缺。緬族當時還未形成統一國家，他們從南詔學習新的戰爭技術，等南詔兵撤退後，緬族才在蒲甘建立城市據點。有些驃族移居蒲甘，與緬族融合，以後以緬族自居，驃族因此從歷史上消失。

早期蒲甘王朝的情況，歷史少有記載。哈維（G.E. Harvey）說蒲甘王朝最早的統治者是邵拉漢（Popa Sawrahan），其統治期間在 613—40 年。約在第五世紀，印度的大乘佛教和建築風格即傳入蒲甘，849 年的統治者是賓耶（Pyinbya），他在蒲甘建造堅固的城牆，至今還保留著沙拉哈門（Sarabha Gate）。在巴利文的意思，蒲甘是指擊敗敵人的城市。[4] 恩揚（Nyaung-u Sawrahan）在 931 年繼承登可（Theinhko）的王位，執政至 964 年。他是被坤邵（Kunhsaw Kyanghpyu）推翻，而坤邵則被恩揚的兩個兒子推翻。弟弟基梭（Kyiso）打獵時意外死於箭傷。哥哥梭卡蒂（Sokka-te）國王則於 1044 年遭其弟弟阿奴律陀（Anawrahta）單挑擊劍而被殺死。[5] 蒲甘王朝的王位繼承沒有長子繼承制，完全依賴權力決定勝負，因此王位繼承出現爭奪殺戮成為日後緬甸王朝的一個特色。

1044 年阿奴律陀國王統治時，蒲甘的勢力才漸鞏固，他是東南亞地區

---

1. Maung Htin Aung, *op.cit.*, p.30.

2. Michael Aung-Thwin, *Pagan: The Origins of Modern Burma*, *op.cit.*, p.20.

3. Michael Aung-Thwin, "History Spirals in Early Southeast Asian and Burmese History," *The Journal of Interdisciplinary History*, Vol. 21, No. 4 (Spring, 1991), pp. 575-602, at p.587.

4. Michael Aung-Thwin, *Pagan: The Origins of Modern Burma*, *op.cit.*, p.21.

5. G. E. Havey, *op.cit.*, p.19.

第一個利用大象作戰的人，他治軍嚴格，緬軍成為一支驍勇善戰的軍隊，統一緬甸中部各地。他遣使致函打端國王馬奴哈（Manuha）要求其致送一部小乘佛教經文，遭拒還被稱為野蠻人。1057 年他遂出兵佔領卑謬，攻擊打端，包圍三個月，城破，俘擄馬奴哈國王、貴族、學者、和尚、工匠，以及約 3 萬人口等。他俘虜打端的 32 隻白象，滿載各類經文和文物。他順便將卑謬的城牆拆除，卸除其防禦力量。也掠奪佛寺內的文物，帶回蒲甘，使蒲甘成為佛教的中心。[6] 在打端和尚的協助下，阿奴律陀國王建立一座佛教圖書館將擄掠來的小乘佛教經文存放在內。為了適應使用巴利文書寫的小乘佛教經文，蒲甘也因之廢除使用印度梵文。緬甸從 1058 年起採用孟族（Mon, Talaing）字母（即巴利文字）拼寫其文字，成為緬文的濫觴。[7]

他派遣總督治理打端，但維持勃固國王之王位，以答謝其協助攻打打端有功，使之變成朝貢國。當勃固國王去世後，阿奴律陀才派總督治理。他允許阿拉干國維持半獨立地位。他與阿拉干國西北部的佛教國家帕特克卡耶（Pateikkaya）維持同盟關係。在錫蘭的要求下，為了對抗馬德拉斯（Madras）之注輦（Chola）之入侵，他援助金錢和其他物資，以強化辛哈利族（Sinhalese）的軍隊。錫蘭為了修復被戰火毀壞的佛寺，請求阿奴律陀贈送佛教經文和和尚，阿奴律陀樂意應允其要求，但他另外要求錫蘭國王贈送佛牙，則未獲同意，錫蘭國王贈予複製品佛牙，用珠寶盒裝著。該佛牙用船運抵蒲甘南邊三英里處的羅卡南達（Lawkananda），蒲甘國王阿奴律陀率其人民親迎佛牙，他走入河中，接受珠寶盒，頂在頭上，將其送入廟內。[8]

他到南詔首都大理要求其國王贈送佛牙，南詔國王只是讓其看佛牙，而不願送佛牙給阿奴律陀。南詔國王送了佛陀圖像給阿奴律陀，他才從南詔回國。他路經撣國，收服當地的小國。他在東部邊境設立四十三個駐軍據點，以後這些據點成為村莊。他推動佛教，使之成為國教。他邀請印度、

---

6. G. E. Havey, *op.cit.*, p.28.

7. G. E. Havey, *op.cit.*, p.29.

8. G. E. Havey, *op.cit.*, p.33.

錫蘭和下緬甸有聲望的和尚和學者到蒲甘講學，建築家、藝術家和工匠建設佛廟。他不接受神君的崇拜，也不接受其人民信仰的神，他用矛擊打這些非佛教的神像。人民只是敬畏他，而不是愛他。1077年，他因為追捕一頭野牛，而遭野牛牴死，其隨從逃逸無蹤，其屍體也未尋獲。其子邵祿（Sawlu）繼位。勃固總督叛亂，幸賴大將克揚西塔（Kyansittha）鎮壓孟族的叛亂。邵祿沒有對孟族採取報復，反而如前允許孟族人做官和從軍，甚至他還娶了勃固的公主。

　　阿奴律陀個性殘暴，聽信婆羅門星象家的話，在追捕可能的王位競爭者不成功後，屠殺數千名懷孕婦女、兒童和青少年。當星象家告訴他，王位競爭者已遁入佛門，他遂邀請和尚們到王宮參加盛宴，以便抓出王位競爭者。他問星象家，該名年輕和尚何時會成為國王？星象家說，在新國王繼承阿奴律陀而登基後，該年輕和尚可能成為國王。阿奴律陀感到悔恨，甄選年輕和尚進入軍隊服務，並開始建造橋樑和佛寺，為其大屠殺贖罪。[9]

　　1084年，勃固的雅曼康（Yamankan）叛亂，殺死邵祿。雅曼康要求蒲甘人民投降，遭拒絕。雅曼康因為兵力不足，無法長期包圍蒲甘，遂引兵北去，在阿瓦（Ava）屯駐。克揚西塔率軍攻擊雅曼康，雅曼康逃至敏揚（Myingyan）地區的約塔（Yuatha），他聽到了奇怪的鳥叫聲，從窗外探頭察看該隻鳥，被邵祿國王的弓箭手從躲藏的樹上以箭射死。[10]克揚西塔登基為王，他與南詔、孟族、高棉和撣族維持友好關係，在其統治期間，沒有發生叛亂。他與信仰佛教的印度人國家帕特克卡耶亦維持友好關係，帕特克卡耶的王子經常前往蒲甘，且欲娶蒲甘公主，遭他拒絕，因為擔心在此婚姻關係下印度人大量進入緬甸。他統治期間興建許多佛廟，其風格具有驃族、孟族以及緬族特色。[11]

　　1112年，克揚西塔去世，由其子西素一世（Sithu I）繼位，西素一世

9. Mya Maung, "The Burma Road to the Past," *Asian Survey*, Vol. 39, No. 2 (Mar. - Apr., 1999), pp. 265-286, at p.268.

10. G. E. Havey, *op.cit.*, p.37.

11. Maung Htin Aung, *op.cit.*, p.43.

自稱為阿隆西素（Alaungsithu），意指未來的佛陀。他統治時建造許多廟宇，他是虔誠的佛教徒，但不相信神君。1115 年，他遣使攜帶金銀花、犀角、象牙至南詔。他亦前往南詔索求佛牙，但遭拒。他亦統一度量衡。帕特克卡耶的酋長以其公主嫁給阿隆西素。其子對此感到怨恨，父子出現緊張關係。有一次，西素一世與其印度妻子坐在王座上，大王子民辛詔（Minshinzaw）前往拜見國王，要求印度公主離開王座，遭拒，他遂氣冲冲離開王宮。西素一世賜給一條金索給一名年輕官員，通常金索是王子才能配戴，此又引起民辛詔不滿，在一次紀念活動中，民辛詔將此名官員配戴的金索扯斷。國王聽說此事，覺得民辛詔王子有謀反之意，將他放逐到北方小鎮。年高八十一歲的國王後來病倒，小王子納拉素（Narathu）認為國王快死了就將國王移到瑞谷吉（Shwegugyi）寺廟，不久，國王恢復意識，指責納拉素王子之作法，納拉素王子遂以睡衣將國王勒死。王子納拉素在1167 年登基為王。[12] 民辛詔率軍抵達蒲甘討伐納拉素，納拉素派一名首席高僧潘塔谷（Panthagu）告訴民辛詔，請其攜帶馬及攜帶刀劍單獨前來蒲甘，願將王位讓予他。民辛詔不疑有詐，在潘塔谷之安全保證下遂單獨前往蒲甘，納拉素讓其兄坐上王座，他在旁執其兄之劍站立。但當晚民辛詔即被毒死。潘塔谷質疑納拉素未能守約，納拉素則說他已守約執其兄之劍，並讓其兄坐上王座。潘塔谷憤而離開蒲甘，前往錫蘭。[13]

納拉素想娶其父之印度公主為后，遭拒，納拉素遂以手將該公主掐死。公主之父為此悲傷，為謀報復，1170 年派武士假冒婆羅門星象家進入蒲甘，以致送壽禮為名，在手捧海螺給納拉素時，從其斗蓬抽出刀劍，將納拉素刺殺碎屍，然後自殺。納拉素之子納拉盛哈（Naratheinkha）繼位為王。在位三年即去世，由納拉帕地西素（Narapatisithu）繼位。流亡在錫蘭的高僧潘塔谷於 1173 年返回蒲甘，時年已九十歲。

當時錫蘭和緬甸有貿易往來，過去錫蘭國王派遣使節駐守在緬甸的巴生（Bassein）港，由緬甸國王供應米糧和日常所需。但納拉帕地西素停止

12. Maung Htin Aung, *op.cit.*, pp.48-49.
13. G. E. Havey, *op.cit.*, pp.50-51.

供應給錫蘭使節，禁止出口大象到錫蘭，逮捕錫蘭商人，將錫蘭使節下獄或驅趕回大海，及攔截前往柬埔寨的錫蘭公主的船隻。錫蘭為行報復，於1180 年派遣遠征軍到緬甸，遭到暴風襲擊，船隻分散或沈沒，一艘抵達毛淡棉附近的克勞島（Crow Island），劫掠當地居民，有五艘抵達巴生港，殺了當地總督，劫掠村民，擄走人民當成奴隸。緬甸派遣和尚使團前往錫蘭，表示友好，兩國才恢復和平。[14]

潘塔谷之繼任者為出身孟族的烏塔拉吉瓦（Uttarajiva）高僧，他在1180 年前往錫蘭朝聖，獲得「錫蘭第一朝聖者」（First Pilgrim of Ceylon）之頭銜。他很快就回蒲甘，其同行者之一查帕塔（Chapata）和尚則停留錫蘭十年，查帕塔於 1190 年返回蒲甘，被尊稱為「錫蘭第二朝聖者」（Second Pilgrim of Ceylon）之頭銜。與他同行到緬甸的有四位有學問的外國和尚，一位是南印度的康澤維藍（Conjeveram）的和尚阿南達（Ananda），一位是柬埔寨王子。他們住在蒲甘北方的揚烏（Nyaung-u）的恰帕塔佛寺，屬於辛哈利族（Cingalese）型式的建築。他們所引進的錫蘭小乘佛教，視當地緬甸佛教經文為無效的，違反佛教經文律法（Vinaya）。1192 年，緬甸佛教分裂為兩派，傳統的一派係源自辛阿拉漢（Shin Arahan）和打端，被稱為舊派（Former Order），新派源自錫蘭，被稱為新派（Latter Order）。[15]

納拉帕地西素支持佛教新派的主張，他任命有學問的和尚為長老，由長老率領一個代表團到錫蘭，同時攜帶由蒲甘學者以巴利文寫的佛經，呈送給錫蘭的佛教學者。他建造許多佛廟，在他的保護下，小乘佛教在緬甸廣為傳布，甚至遠至柬埔寨。他禁止巴利文、梵文和孟族文，改用緬文，作家們首度使用「緬瑪」（Mranma）或「緬甸」（Burmese）一詞。

蒲甘時期實施奴隸制，該制分世襲奴隸和非世襲奴隸，前者將代代相傳，後者則因為債務或戰爭而成為奴隸。這兩類奴隸皆可在公開市場買賣、償還債務或逃至他地，恢復自由。奴隸買賣價格不高，當時 5 維士（viss）銅錢即可購買一名奴隸。奴隸且有在飲食、衣服、醫療和待遇與主人交涉

---

14. G. E. Havey, *op.cit.*, p.57.

15. G. E. Havey, *op.cit.*, pp.55-56.

的權利。他們實際上類似定期服務的工人。當時婦女地位跟男性一樣，可以參與各種社會活動，例如擔任村長、官員、王宮中的書記、祕書、工匠、音樂家、學者、尼姑、寺廟捐助者。[16]

在中國文獻中，首度使用緬甸一詞的時間是在 1105 年。「宋徽宗崇寧四年（1105），緬甸、崑崙、波斯等國進白象一群。」[17]

隔年，則使用蒲甘國一詞。[18]而且稱蒲甘是一個大國。

「蒲甘國，崇寧五年，遣使入貢，詔禮秩視注輦。尚書省言：『注輦[19]役屬三佛齊，故熙寧中敕書以大背紙，緘以匣襆，今蒲甘乃大國王，不可下視附庸小國。欲如大食、交趾諸國禮，凡制詔並書以白背金花綾紙，貯以間金鍍管篇，用錦絹夾襆緘封以往。』從之。」[20]

宋高宗建炎十年（1136，紹興六年），蒲甘入貢中國。[21]當時中國對於蒲甘國進貢物還採取「優與回賜」，就是對進貢物計價後給予更優厚的回禮。

「高宗紹興六年（1136）七月二十七日，大理、蒲甘國表貢方物。是日，詔：大理、蒲甘國所進元(方)物，除更不收受外，餘令廣西經

16. Maung Htin Aung, *op.cit.*, pp.60-61.
17. 〔清〕顧炎武撰，**天下郡國利病書**，原編第三十二冊，雲貴交阯，「緬甸始末」，頁25。
18. 「宋徽宗崇寧五年 (1106 年) 二月壬申，蒲甘國入貢。」（〔元〕脫脫等撰，**宋史**，卷二○徽宗本紀，中華書局，1977 年，頁 376。）
19. 注輦國（Cola 或 Chola）位在印度東南部，與斯里蘭卡相對。在第十世紀時，勢力達到整個南印度、緬甸南部仰光地區、安達曼海中的尼可巴群島（Nicobar），甚至遠至馬爾地夫島（Maldive）。至此時，三佛齊仍臣屬於注輦。參見羅香林，「宋代注輦國使娑里三文入華行程考」，**宋史研究集**，第十輯，國立編譯館中華叢書編審委員會印行，台北市，1978 年 3 月，頁 371-385。
20. 〔元〕脫脫等撰，**宋史**，卷四八九，頁 14087。
21. 〔宋〕王應麟撰，**玉海（六）**，卷第一百五十四，崇寧蒲甘入貢，大化書局重印，台北市，1977 年，頁 33。

略司差人押赴行在。其回賜，令本路轉運提刑司于應管錢內取撥付，
本司依自來體例計價，優與回賜。內章表等先次入遞提進，令學士院
降敕書回答。」[22]

第二節　蒲甘亡國

納東姆耶（Nadoungmya，又稱 Htilominlo）於 1210 年統治蒲甘，他組
織了「皇家委員會」（Hluttaw Yon, the Court of the Royal Commission），
與他三個弟弟共同分享政權，每天會議共商國事。當時國庫已出現空虛，
許多好農地和森林地興建廟宇、貿易減少、農產歉收等都是原因。

1234 年，納東姆耶去世，由克耶斯瓦（Kyaswar）繼位，為了挽救財
政問題，他下令收回許多寺廟、寺院用地，以及清除躲在山林的盜匪。但
這些行動未獲成功，遭到批評和拒絕交出土地。對外貿易不順，起因於柬
埔寨吳哥王朝衰微，印度陷於伊斯蘭教徒之征服和衝突，中國宋朝忙於應
付北方蒙古的挑戰，使得蒲甘作為貿易中間站的地位下降。

克耶斯瓦的兒子烏札納（Uzana）於 1250 年繼位，但耽於獵象和飲酒，
而將政務交給首席部長雅札辛揚（Yazathingyan，或寫為 Yazathinkyan）。
1254 年，烏札納因獵獲野象而使用繩子將之綁在自己的象，結果野象
為了爭脫束縛，導致烏札納落地而被象踩死。烏札納留下與王后生的
長子辛嘎素（Thingathu）和妾生的兒子納拉西哈帕蒂（Narathihapati,
Narathihapate）。首席部長雅札辛揚反對由辛嘎素繼承王位，原因是有一次
雅札辛揚沒有注意到辛嘎素走在他後面，辛嘎素吐檳榔汁在其袖子，雅札
辛揚沒有為此生氣，返家後，將該衣服脫下保存，沒有清洗檳榔汁。在烏
札納死後，雅札辛揚召集其他大臣及部落酋長，展示其受檳榔汁污染的衣
服，大家認為辛嘎素對長者不敬，不適合當國王，遂擁立幼子納拉西哈帕

22.〔清〕徐松輯，**宋會要輯稿**，番夷七，中華書局，1957 年，頁 7862。

蒂登基，年僅十六歲。[23]

　　納拉西哈帕蒂執政後，馬塔班和馬克札吉里（Macchagiri）發生叛亂，他派遣雅札辛揚前往平亂。待亂事平定後，雅札辛揚在返回蒲甘途中於答拉（Dallah）去世。

　　納拉西哈帕蒂好佛，派遣許多佛教團體訪問錫蘭，強迫民伏建廟，導致民怨，人民給他取了小名「狗國王的糞便」（King Dog's Dung）。當他知道其妾之一陰謀毒死他，他將她放入油鍋炸。[24]

　　蒙古在 1232 年征服北宋後，意圖從中國南邊包圍南宋，在 1253 年出兵滅南詔，1257 年出兵安南，迫使安南向蒙古稱臣納貢。蒙古為了包圍南宋，在 1268 年攻擊緬甸，[25] 1271 年，蒙古軍包圍襄、樊二城時，遣使至緬甸，要求其國王內附。緬甸遣使价博到當時元朝首都北京。

> 「至元八年（1271），大理、鄯闡等路宣慰司都元帥府遣奇塔特托音等使緬，招諭其王內附。四月，奇塔特托音等導其使博來以聞。」[26]
>
> 「至元八年（1271），大理、善闡等路宣慰司遣奇解脫因使緬國，招其王內附。緬使价博詣京師。帝復遣使詔諭之。」[27]

1273 年，元朝又再度遣使至緬甸，要求其國王親至中國朝貢：

> 「至元十年（1273）二月，遣噶瑪拉實哩、奇塔特托音等使其國（緬甸），持詔諭曰：『間者，大理、鄯闡等路宣慰司都元帥府差奇塔特托音導王國使博詣京師，且言嚮至王國，但見其臣下，未嘗見王。又欲觀吾大國舍利。朕矜憫遠來，即使來使觀見，又令綜觀舍利，益詢

23. G. E. Havey, *op.cit.*, p.61.

24. Maung Htin Aung, *op.cit.*, p.66.

25. 「至元五年(1268 年)，命愛魯絕緬甸道，擊之，斬首千餘級。」（〔清〕顧炎武撰，**天下郡國利病書**，原編第三十二冊，雲貴交阯，「緬甸始末」，頁 25。）

26. 〔明〕宋濂等撰，**元史**，卷二百十，列傳第九十七，緬條，頁 1。

27. 〔明〕陳邦瞻編輯，**元史紀事本末**，卷六，西南夷用兵。

其所來。乃知王有內附意。國雖云遠，一視同仁。今再遣噶瑪拉實哩及禮部郎中國信使奇塔特托音、工部郎中國信副使布雅喀實往諭。王誠能謹事大之禮，遣其子弟若貴近臣，一來以彰我國家無外之義，用敦永好，時乃之休。至若用兵，夫誰所好，王其思之。』」[28]

然而緬甸國王拒絕到中國朝貢，於是元朝於 1275 年遣使緬甸，遭逮捕沒有返國，雲南省建議出兵征討。因為局勢不明，元世祖決議暫緩。

「至元十二年（1275）四月，建寧路安撫使賀天爵言，得金齒頭目阿郭所云，奇塔特托音之使緬，乃故父阿必所指也。至元九年三月，緬王恨父阿必，故領兵數萬來侵，執父阿必而去，不得已厚獻其國，乃得釋之。因知緬中部落之人猶群狗耳。比者，緬遣阿的八等九人至。乃候視國家動靜也。今白衣頭目是阿郭親戚，與緬為鄰，嘗謂入緬有三道，一由天部馬，一由驃甸，一由阿郭地界，俱會緬之江頭城。又阿郭親戚阿提犯在緬掌五匋戶，各萬餘，欲內附。阿郭願先招阿提犯及金齒之未降者，以為引道。雲南省因言緬王無降心，去使不返，必須征討。六月，樞密院以聞，帝曰：『姑緩之。』十一月，雲南省始報差人探伺國使消息，而蒲賊阻道，今蒲人多降，道已通，遣金齒千額總管阿禾探得國使達緬俱安。」[29]

納拉西哈帕蒂拒絕向元朝稱臣納貢，逮捕元朝使節，其大臣認為使節不應處死，但未獲接受，結果被處死。中國文獻對此未置一詞，僅表示這些使節未返回中國。為防止元兵入侵，納拉西哈帕蒂在 1277 年出兵佔領寬該（Kaungai）的金齒，位在八莫（Bhamo）以北 70 英里處。金齒前曾向中國朝貢，乃要求中國出兵援助。元朝大理總督派遣 12,000 名軍隊攻打緬甸，緬甸有六萬步兵和少數騎兵及二千隻戰象應戰。

---

28. 〔明〕宋濂等撰，**元史**，卷二百十，列傳第九十七，緬條，頁 1。
29. 〔明〕宋濂等撰，**元史**，卷二百十，列傳第九十七，緬條，頁 1-2。

緬甸於 1277 年出兵佔領阿禾，進至騰越、永昌之間駐兵，中國出兵攻擊，兩國展開長期的戰爭。

「至元十四年（1277）三月，緬人以阿禾內附怨之，攻其地，欲立砦騰越、永昌之間。時大理路蒙古萬戶忽都、大理路總管信苴日、總把千戶脫羅脫孩奉命伐永昌之西，騰越、蒲驃、阿昌、金齒未降部族，駐箚南甸（今雲南騰衝南面）。阿禾告急，忽都等晝夜行，與緬軍遇一河邊，其眾約四五萬、象八百、馬萬四，忽都等軍僅七百人。緬人前乘馬，次象，次步卒，象披甲，背負戰樓，兩旁夾大竹筒，置短槍數十於其中。乘象者取以擊刺。忽都下令，賊眾我寡，當先衝河北軍，親率二百八十一騎為一隊，信苴日以二百三十三騎傍河為一隊，托多爾海以一百八十七人依山為一隊，交戰良久，賊敗走。信苴日追之三里，抵寨門。旋潭而退。忽南面賊兵萬餘繞出官軍後，信苴日馳報，呼圖克復列三陣，進至河岸擊之，又敗走，追破其十七砦。逐北至窄山口，轉戰三十餘里，賊及象馬自相蹂死者，盈三巨溝。日暮，呼圖克中傷收兵。明日追之，至干額，不及而還，捕虜甚眾。軍中以一帽或一兩靴、一氊衣易一生口，其脫者，又為阿禾、阿昌邀殺，歸者無幾。官軍負傷者雖多，惟蒙古軍獲一象，不得其性，被擊而斃，餘無死者。十月，雲南省遣本省宣慰使都元帥尼雅斯拉鼎率蒙古爨僰摩些軍三千八百四十餘人征緬。至江頭深蹂酋首細安立砦之所招降。其磨欲等三百餘砦，土官曲蠟蒲折戶四千，孟磨愛呂戶一千，磨奈蒙匡里荅八剌戶二萬，蒙忙甸土官甫祿堡戶一萬，水都彈禿戶二百。凡三萬五千二百戶。以天熱還師。」[30]

元朝派遣攻打緬甸的將領是「以大卜為右丞，也速的斤為參政，命諸王相荅吾兒督諸軍復往擊之。」[31]然因緬甸天氣燠熱，元兵水土不服，遂退兵。

1280 年 2 月，元朝平定四川，雲南省遣宣慰使都元帥尼雅斯拉鼎（舊

30.〔明〕宋濂等撰，**元史**，卷二百十，列傳第九十七，緬條，頁 2-3。

31.〔明〕陳邦瞻編輯，**前引書**，卷六，西南夷用兵。

作納速剌丁）等上言征緬，「五月，詔雲南行省發四川軍萬人，命雅爾哈領之。與前所遣將同征緬。」[32] 戰爭陷入膠著，元朝於 1282 年 8 月，「發羅羅斯等軍助征緬國。丙辰，謫捏兀迭納戍占城贖罪。」[33] 羅羅斯，位在四川西南部西昌一帶，轄逢昌路、德昌路和會川路。[34] 1283 年春正月，再派藥剌海領軍征緬國。[35]

1283 年 5 月，丞相伯顏、諸王相吾答兒等向忽必烈建議，「征緬國軍宜參用蒙古、新附軍，從之。」後來「以西南蠻夷有謀叛未附者，免西川征緬軍，令專守禦。支錢令各驛供給。」[36]

1283 年 11 月，元兵攻克緬甸的江頭城及其國王退據的太公城（Tagaung），派兵佔領駐守。江頭城，在今緬甸蠻莫縣江新（Kaungsin）。[37] 亦有指今緬甸八莫（Bhamo）附近之恭屯（Kaungton）。一說在杰沙（Katha)。[38] 太公城，位在曼德勒以北 200 公里。

> 「至元二十年（1283）十一月，官軍伐緬，克之。先是宗王桑阿克達爾、右丞台布、參知政事伊克德濟奉詔征緬。是年九月，大軍發中慶。十月至南甸。台布由羅必甸進軍。十一月，桑阿克達爾命伊克德濟取道阿昔江達鎮西阿禾江造舟二百。下流至江頭城。斷緬人水路，自將一軍從驃甸徑抵其國，與台布軍會，令諸將分地攻取，破其江頭城，擊殺萬餘人。別令都元帥袁世安以兵守其地，積糧餉以給軍士，

---

32. 〔明〕宋濂等撰，**元史**，卷二百十，列傳第九十七，緬條，頁 3-4。
33. 〔明〕宋濂等撰，**元史**，本紀第十二，世祖九，楊家駱主編，新校本史並附編二種，鼎文書局，台北市，1977 年，頁 245。
34. 余定邦和黃重言編，**中國古籍中有關緬甸資料匯編**，上冊，中華書局，北京市，2002 年，頁 39。
35. 〔明〕宋濂等撰，**元史**，卷一二世祖本紀，頁 249。
36. 〔明〕宋濂等撰，**元史**，本紀第十二，世祖九，楊家駱主編，**前引書**，頁 255。
37. G. E. Harvey, *op.cit.*, p.67.
38. 「元朝之征伐緬國」，南億網，http://www.world10k.com/blog/?p=707. 2014 年 3 月 1 日瀏覽。

遣使持輿地圖奏上。」[39]

「至元二十年（1283）十一月，相吾答兒等分道攻緬，拔江頭城，令都元帥袁世安戍之。復遣使詔諭緬王。不應。議以建都太公城乃其巢穴，遂水路進兵，攻拔之。」[40]

「至元二十年（1283），克緬江頭、太公二城，西南夷十二部俱降。」[41]

「至元二十一年（1284）一月丁卯，建都王、烏蒙及金齒一十二處俱降。建都先為緬所制，欲降未能。時諸王相吾答兒及行省右丞太卜、參知政事也罕的斤分道征緬，於阿昔、阿禾兩江造船二百艘，順流攻之，拔江頭城，令都元帥袁世安戍之。遂遣使招諭緬王，不應。建都太公城乃其巢穴，遂水路並進，攻太公城，拔之，故至是皆降。……辛未，相吾答兒遣使進緬國所貢珍珠、珊瑚、異彩及七寶束帶。」[42]

元兵攻擊蒲甘，國王逃亡，搭船沿著伊洛瓦底江下游抵達巴生。殘餘緬軍集中在太公城，1284 年，元軍又攻擊太公城，佔領該城。卑謬以南各地叛亂烽起，阿拉干亦脫離緬甸控制。

1285 年，緬甸還無臣服之意，元朝再派六千大軍征緬。而當時緬王為其庶子不速速古里（即是蒂哈素）所執，囚於昔里怯答剌，即古之室利差坦羅（Sriksetra），今卑謬之梵名。[43] 雲南王所命官阿難答等亦遇害，因此元朝再度派軍征緬。

「至元二十二年（1285），緬王遣其鹽井大官阿必立相至太公城，謀納欵，為孟乃甸白衣頭目得解塞阻，道不得行。遣騰馬宅來告乞

---

39. 〔明〕宋濂等撰，**元史**，卷二百十，列傳第九十七，緬條，頁 4。

40. 〔明〕陳邦瞻編輯，**前引書**，卷六，西南夷用兵。

41. 〔明〕王圻，**續文獻通考**，卷之二百三十六，四裔考，明萬曆刊本，文海出版社重印，1979 年，第一輯，頁 14036。

42. 〔明〕宋濂等撰，**元史**，卷十三，本紀第十三，世祖十，楊家駱主編，**前引書**，頁 263-264。

43. 「元朝之征伐緬國」，南惧網，http://www.world10k.com/blog/?p=707 2014 年 3 月 1 日瀏覽。

降。旨許其悔過後差大官赴闕。朝廷尋遣鎮西平緬招討使怯烈詣其國，宣上威德。既而以張萬為征緬副都元帥，也先鐵木兒為征緬招討使，敕造戰船，將兵六千人，俾禿滿帶為都元帥總之。由中慶抵永昌，經阿昔甸巳，至忙乃甸。緬王為其庶子不速速古里所執，囚於昔里怯答剌之地，與大官木浪周等為逆，雲南王所命官阿難答等亦遇害。帝決意再征之。以脫滿帶為都元帥，李海剌孫為征緬行省參政，將新附軍五千、探馬赤一千以行。仍調四川、胡廣軍五千赴之。募能通白彝（按即擺夷）、金齒道路者從征。令駐緬近郊俟進止。既而雲南王與諸將進征，至蒲甘，緬人誘使深入，喪師七千餘，緬始謝罪歸款。以其地處滇南極邊，就其渠長為帥，定三歲一貢。」[44]

依據哈維（G. E. Harvey）的著作，緬國國王那拉提哈波洛（Narathiha-peror）派遣一位在蘇波（Shwebo）地區的有名望的和尚提盛機（Thitsein-ggyi）前往雲南求和。忽必烈沒有答應，那拉提哈波洛逃至卑謬，服毒自盡。[45]

1286 年 6 月，元朝遣鎮西平緬等路招討使怯烈招諭緬國。[46]

緬甸國王派遣和尚長老迪沙帕莫卡（Shin Ditharparmoukka）前往太公城求和，[47]要求元軍撤退。但元軍未撤走，一直停留在太公城三年。1287 年，納拉西哈帕蒂從巴生港航抵卑謬，卑謬總督為其二兒子蒂哈素（Thihathu），蒂哈素命人包圍國王座船，命國王服毒自殺。蒂哈素立即搭船前往巴生，將其臥病的長兄斬殺。隨後又搭船前往其弟弟控制的答拉城，未能進城。他遂轉往勃固，總督塔拉比耶（Tarabya）站在城牆上譏諷其殺害父兄，蒂哈素擬以弓箭射殺他，但因失手，反被自己的弓箭打死。[48]此後，下緬甸除

---

44. 〔清〕邵遠平撰，**元史類編**（**續弘簡錄**），卷四十二，緬國條，廣文書局重印，台北市，1968 年，頁 42。

45. G. E. Harvey, *op.cit.*, pp.68-69.

46. 〔明〕宋濂等撰，**元史**，本紀第十四，世祖十一，楊家駱主編，**前引書**，頁 290。

47. Maung Htin Aung, *op.cit.*, p.71. 但哈維的著作稱，蒲甘國王派遣和尚提盛機（Thit-seinggyi）前往雲南求和。參見 G. E. Harvey, *op.cit.*, p.68.

48. G. E. Harvey, *op.cit.*, p.75.

了廷那沙林外都歸由該小兒子克耀斯瓦（Kyawswar）統治，他獲得孟族人的支持。[49]

1287 年 2 月，元兵佔領蒲甘，損失七千兵力，終於滅了蒲甘國。

「至元二十四年（1287）一月，至忙乃甸，緬王為其庶子不速速古里所執，囚於昔里怯荅剌之地，又害其嫡子三人，與大官木浪周等四人為逆，雲南王所命官阿南達等亦受害。二月，齊喇自忙乃甸登舟，留元送軍五百人于彼。雲南省請今秋進討，不聽。既而雲南王與諸王進征至蒲甘，喪師七千餘，緬始平，乃定歲貢方物。」[50]

根據元史之記載，「世祖既定緬地，以其處雲南極邊，就立其酋長為帥，令三年一人貢，至是來貢，故立官府。」[51]「至元二十七（1290）年秋七月癸丑，罷緬中行尚書省。」[52] 換言之，元朝並未派官員統治緬甸。

1287 年，蒲甘淪陷後，阿拉干、勃固和其他孟族小國相繼獨立，唯獨下緬甸的孟族支持克耀斯瓦回到蒲甘。1289 年，強悍的王后，也是納拉西哈帕蒂的寡婦和一些殘餘的大臣推舉克耀斯瓦為國王，但其地位不穩，三個撣族的兄弟成為其競爭者。在納拉西哈帕蒂統治時期，在撣邦的撣族酋長的小弟就避居在皎克西（Kyaukse）地區，他與緬族銀行家女兒結婚，居住在小鎮敏象（Myinsaing）。他生有三子一女，然後將三子帶到納拉西哈帕蒂處，為他服務。該三子具有軍事才幹，所以出任敏象的緬軍指揮官。納拉西哈帕蒂去世後，他們控制產糧食的皎克西地區。他們的勢力對克耀斯瓦構成一大威脅。

1297 年 1 月，克耀斯瓦派遣其王儲到太公城，請求元朝支緬中行省承認。此舉遭三位撣族兄弟和孀居的王后邵（Saw）的反對，認為違反國家利

49. Maung Htin Aung, *op.cit.*, p.71.

50. 〔明〕宋濂等撰，元史，卷二百十，列傳第九十七，緬條，頁 5。

51. 〔明〕宋濂等撰，元史，卷三十九，本紀第三十九，順帝二，楊家駱主編，第二冊，**前引書**，頁 846。

52. 〔明〕宋濂等撰，元史，本紀第十六，世祖十三，楊家駱主編，**前引書**，頁 338。

益。3月,元朝同意冊封克耀斯瓦為國王,撤退緬中行省。孀居的王后和撣族三兄弟陰謀政變。在中文文獻,稱克耀斯瓦為的立普哇拿阿迪提牙。

> 「成宗大德元年(1297)二月己未,封的立普哇拿阿迪提牙為緬國王,且詔之曰:『我國家自祖宗肇造以來,萬邦黎獻,莫不畏威懷德。嚮先朝臨御之日,爾國使人稟命入覲,詔允其請。爾乃遽食前言,是以我帥閫之臣加兵於彼。比者,爾遣子信合八的奉表來朝,宣示含弘,特加恩渥。今封的立普哇拿阿迪提牙為緬國王,賜以銀印,子信合八的為緬國世子,賜以虎符。仍戒飭雲南等處邊將,毋擅興兵甲。爾國官民,各宜安業。』又賜緬王弟撒邦巴一珠虎符,酋領阿散三珠虎符,從者金符及金幣,遣之。」[53]

> 「成宗大德元年(1297)二月,以緬王的立普哇拿阿迪提牙嘗遣其子僧合八的奉表入朝,請歲輸銀二千五百兩、帛千匹、馴象二十、糧萬石,詔封的立普哇拿阿迪提牙為緬王,賜銀印,子僧合八為緬國世子,賜以虎符。」[54]

根據明朝王圻的**續文獻通考**一書的記載,在該年冊封緬甸國王後,「後于蒲甘緬王城置邦牙等處宣慰使司。」[55]該句語意很不清楚,可從**明史**的記載瞭解其意思:

> 「元後至元四年十二月置邦牙宣慰司於蒲甘緬王城,至正二年六月廢。」[56]

元後至元四年十二月即在 1338 年 12 月「置邦牙宣慰司於蒲甘緬王

53.〔明〕宋濂等撰,**元史**,卷十九,本紀第十九,成宗二,楊家駱主編,**前引書**,頁409。
54.〔明〕宋濂等撰,**元史**,卷二百十,列傳第九十七,緬條,頁5。
55.〔明〕王圻,**前引書**,卷之二百三十六,四裔考,第一輯,頁14036。
56.〔清〕張廷玉等撰,**明史**,第四六卷,志第二十二,地理七,頁11。

城」，至正二年（1342）將其廢除。問題是在 1338 年元朝並未控制蒲甘，因此蒲甘緬王城一詞並非指蒲甘，而是指蒲甘王朝所控制的城池。從而可知，「于蒲甘緬王城置邦牙等處宣慰使司」的意思就是指在蒲甘緬王所控制的城池邦牙等處，設立宣慰使司。

1297 年 12 月，三位撣族兄弟邀請克耀斯瓦到敏象參加效忠王室大會，會後他遭逮捕，剝奪其王位，他被迫出家為僧。孀居王后和三位撣族兄弟另立克耀斯瓦的小兒子邵尼特（Saw Hnit）為王。下緬甸孟族的使節要到中國，路經蒲甘，遭三位撣族兄弟逮捕入獄。該年緬甸國王派遣其兒子到中國，「大德二年（1298），緬國復遣其世子奉表入謝，自陳部民為金齒殺掠，率皆貧乏，以致上貢金幣愆期。帝憫之止，命間歲貢象，仍賜衣遣還。」[57] 此時的國王可能為邵尼特。

茂丁昂的書說，1298 年 6 月元朝知道克耀斯瓦遭罷黜的消息。邵尼特派人前往中國，請求中國派兵恢復克耀斯瓦的王位。[58] 但中國文獻並未有此一記載，僅記載：「大德三年（1299）三月癸巳，緬國世子信合八的奉表來謝賜衣，遣還。」[59] 當中國準備派軍進入緬甸中部時，三位撣族兄弟將克耀斯瓦及其兒子、和尚和數百名跟隨者處死。此時中國控制上緬甸兩個重要城市。1300 年 6 月，中國知道克耀斯瓦的死訊，乃冊封窟麻剌哥撒八（Kumara Kassapa）為新國王。[60]

> 「大德四年（1300）四月，緬國遣使進白象。五月，的立普哇拿阿迪提牙為其弟阿散哥也等所殺。其子窟麻剌哥撒八逃詣京師，令孟古圖嚕默色率師往問其罪，蠻賊與八百媳婦國通，其勢張甚。孟古圖嚕默色請益兵，又命色辰額呼等將兵萬二千人征之。仍令諸王庫庫節制其軍。六月，詔立窟麻剌哥撒八為王，賜以銀印。秋七月，緬賊阿散

57.〔清〕邵遠平撰，**前引書**，卷四十二，緬國條，頁 42。

58. Maung Htin Aung, *op.cit.*, pp.74-75.

59.〔明〕宋濂等撰，**元史**，卷二十，本紀第二十，成宗三，楊家駱主編，**前引書**，頁 425-426。

60. Maung Htin Aung, *op.cit.*, pp.74-75.

哥也弟者蘇等九十一人各奉方物入朝，命餘人置中慶，遣者蘇來上都。八月，緬國阿散哥也等昆弟赴闕，自言殺主之罪，罷征緬兵。」[61]

元朝出兵懲罰緬甸叛軍阿散哥也，「更命雲南平章政事薛超兀兒、參知政事高慶益兵萬二千人征之。詔立窟麻剌哥撒八為緬王。薛超兀兒圍緬兩月，城中以薪食盡將降，慶等受其賂，以瘴辭輒引還。詔誅之，而奪薛超兀兒官。阿散哥也尋詣闕，伏罪。詔罷兵。其後歲貢不絕，散見諸本紀。」[62]

1301年1月，元軍進攻中緬甸，遭游擊攻擊，雖受重創，仍進抵包圍敏象（位在皎克西南面）。由於撣族三兄弟進行游擊戰以及鞏固城內防衛，加上天候不良，元軍接受撣族三兄弟賄賂，撤退至太公城。三位撣族兄弟以黃金800兩和銀2,200兩賄賂中國指揮官，以及要求中國軍隊協助建設皎克西的灌溉工程及興建辛德威（Thindwe）運河，中國才撤兵。[63] 忽必烈下令處死元軍指揮官和參謀。

「成宗大德五年（1301）九月，雲南參知政事高慶、宣撫使察罕布哈伏誅。初，慶等從色辰額呼圍緬兩月，城中薪食俱盡，勢將出降，慶等受其重賂，以炎暑瘴疫為辭，輒引兵還，故誅之。十月，緬遣使入貢。」[64]

1301年，緬甸遣使中國，獻象九隻，[65] 其中之一為白象，表示友好。

「大德五年（1301），緬國主負固不臣，忽辛[66]遣人諭之曰：『我老

61. 〔明〕宋濂等撰，元史，卷二百十，列傳第九十七，緬條，頁5-6。
62. 〔清〕曾廉撰，元書，緬條，南蕃列傳第七十五，宣統三年撰，文海出版社，台北市，1991年重印，頁14-15。
63. G. E. Harvey, op.cit., p.77.
64. 〔明〕宋濂等撰，元史，卷二百十，列傳第九十七，緬條，頁6。
65. 「成宗大德五年（1301）六月己丑，緬國遣使獻馴象九。」（〔明〕宋濂等撰，元史，卷二十，本紀第二十，成宗三，楊家駱主編，前引書，頁435。）
66. 忽辛，為雲南行省右丞。

賽典赤平章子也，惟先訓是遵，凡官府于汝國所不便事，當一切為汝更之。』緬國主聞之，遂與使者偕來，獻白象一，且曰：『此象古來所未有，今聖德所致，敢效方物。』既入，帝賜緬國主世子之號。」[67]

1303 年，元軍撤除雲南征緬分省，從上緬甸撤軍。「成宗大德七年（1303）三月乙巳，以征八百媳婦喪師，誅劉深，答合剌帶、鄭佑，罷雲南征緬分省。五月丙申，遣征緬回軍萬四千人還各戍。八月庚戌，緬王遣使獻馴象四。」[68] 1308 年，緬甸遣使到中國，進貢白象，元朝派遣使者到緬甸。「武宗至大元年（1308），緬使貢白象，帝命朵兒只為兵部侍郎至其國。」[69]

以後緬甸分別在 1312、1315、1319、1321 等年遣使進貢中國。1324 年，緬甸發生王位爭奪動亂，沒有遣使到中國，中國還派人催貢。「泰定元年（1324）十月丁丑，緬國王子吾者那等爭立，歲貢不入，命雲南行省諭之。」[70]

到了 1326 年，緬甸動亂仍未平息，遣使到中國請求派兵協助，中國只是安撫，並未應允出兵。「泰定三年（1326）一月戊辰，緬國亂，其主答里也伯遣使來乞師，獻馴象方物。三月戊午，詔安撫緬國，賜其主金幣。」[71]

1327 年 11 月，緬國主答里必牙請求中國在迷郎崇城設立行省，但中國未同意。[72] 迷郎崇城，又作木連城，指今緬甸中部的敏象或者指實階（Sagaing）。[73]

---

67. 〔明〕宋濂等撰，**元史**，卷一二五，忽辛傳，頁 3069。

68. 〔明〕宋濂等撰，**元史**，卷二十一，本紀第二十一，成宗四，楊家駱主編，**前引書**，頁 448-454。

69. 〔清〕邵遠平撰，**前引書**，卷四十二，緬國條，頁 43。

70. 〔明〕宋濂等撰，**元史**，卷二十九，本紀第二十九，泰定帝一，楊家駱主編，第二冊，**前引書**，頁 651。

71. 〔明〕宋濂等撰，**元史**，卷三十，本紀第三十，泰定帝二，楊家駱主編，第二冊，**前引書**，頁 667-671。

72. 〔明〕宋濂等撰，**元史**，卷三十，本紀第三十，泰定帝二，楊家駱主編，第二冊，**前引書**，頁 679-683。

73. 陳佳榮、謝方和陸峻嶺等編，**古代南海地名匯釋**，中華書局，北京，1986，頁 612。

1338 年 12 月，元朝在邦牙等處設立宣慰司都元帥府並總管府。[74] 但時間很短，在 1342 年 6 月即予廢除。

表 2-1：蒲甘王朝國王世系

姓　　　　名	在位時間	臨　　時
Caw Rahan（Sawyahan）	956-1001	--
Klon Phlū Man（Kyaunghpyu）	1001-1021	--
Aniruddha（Anawrahta）	1044-1077	
Co Lu（Sawlu）	1077-1084	
Kalancacsā（Kyanzittha）	1084-1111	
Aloncansū（Alaungsithu）	1111-1167	1113-1169/70
Narasū（Kalakya）	1167-1170	1169/70-1170
Narasinkha（Naratheinkha）	1170-1173	1170-1174
Narapatisithu	1173-1210	
Nātonmyā（Nadaungmya）	1210-1234	
Klacwā（Kyazwa）	1234-1249	
Uccanā（Uzana）	1249-1254	
Narathihapade	1254-1287	
Klawcwā（Kyawzwa）	1287-1300	

資料來源：Michael Aung-Thwin, *op.cit.*, p.22.

74.〔明〕宋濂等撰，**元史**，卷三十九，本紀第三十九，順帝二，楊家駱主編，第二冊，**前引書**，頁 846。

第三章 阿瓦、勃固及貢榜王朝

第一節　阿瓦王朝

蒲甘王朝崩潰後，三位撣族兄弟阿辛卡雅（Athinhkaya）、雅渣辛格揚（Yazathingyan）和蒂哈素（Thihathu），也是蒲甘王朝將領，控制中緬甸。撣族三兄弟中的小弟蒂哈素最具野心，1295 年自上「白象之君」封號，隔年又自封為「大君」。1309 年，他罷黜邵尼特，自行登基為王，首都在敏象（Myinsaing）。邵尼特被迫出家當和尚。1313 年 2 月，蒂哈素在邦牙（Pinya）建新都。蒂哈素未將王位傳給其兒子，而傳給克耀斯瓦的兒子烏札那一世（Uzana I），蒂哈素娶烏札那一世的母親為王后。此舉引起蒂哈素長子邵雲（Sawyun）之不滿，1315 年，邵雲越過伊洛瓦底江在實階另建王國，但他宣誓效忠其父親。1325 年 2 月，蒂哈素去世，邵雲和烏札那一世形成各據一方的競爭局面。

「泰定三年（1326）一月戊辰，緬國亂，其主答里也伯遣使來乞師，獻馴象方物。三月戊午，詔安撫緬國，賜其主金幣。」[1]「泰定四年（1327）十一月，緬國主答里必牙請復立行省於迷郎崇城，不允。」[2] 迷郎崇城，又作木連城，指今緬甸中部的敏象或者指實階。[3] 前述答里也伯和答里必牙應是同一人，可能是阿瓦國王烏札那一世。

至元四年（1338）十二月，中國在邦牙等處設立宣慰司都元帥府並總管府，立其酋長為帥，令三年一入貢。[4] 此一中國官府至至正二年（1342）六月廢止。[5] 此一記錄顯示中國介入緬甸內部衝突，最後不知何種原因而退出。

---

1. 〔明〕宋濂等撰，**元史**，卷三十，本紀第三十，泰定帝二，楊家駱主編，第二冊，**前引書**，頁 667-671。
2. 〔明〕宋濂等撰，**元史**，卷三十，本紀第三十，泰定帝二，楊家駱主編，第二冊，**前引書**，頁 679-683。
3. 陳佳榮等編，**古代南海地名匯釋**，頁 612。
4. 〔明〕宋濂等撰，**元史**，卷三十九，本紀第三十九，順帝二，楊家駱主編，第二冊，**前引書**，頁 846。
5. 〔清〕張廷玉，**明史**，第 46 卷，志第二十二，地理七，頁 11。

　　1364 年，來自上緬甸文明未開化的毛撣族（Maw Shans）南下攻擊實階，接著攻擊邦牙，北緬甸和中緬甸都落入撣族之手。沒多久毛撣族退回北緬甸原居地，也許以恢復南詔故國為榮。撣族新領袖塔多民耶（Thadominbya）在阿瓦（Ava）另建新都，統一上緬甸。阿瓦成為以後五百年緬甸的首都。

　　在下緬甸，對於納拉地哈帕蒂在蒲甘登基一事，馬嘎度（Magadu）在廷那沙林發動叛亂。馬嘎度的父親是泰族人，母親是孟族人，他在打端出生。當亂事被平定後，他逃到泰國北方的素可泰（Sukhotai），偽稱自己是馬塔班的孟族總督，投效藍甘亨（Rama Khamheng）國王的軍隊，出任象隊的指揮官。他率軍重回馬塔班，勸馬塔班總督脫離蒲甘，遭拒，他遂殺了該總督，自立為馬塔班王，王號為瓦里魯（Wareru），意指「塵世之國王」（the king who fell from the sky）。蒲甘在 1287 年被中國元朝出兵滅亡後，勃固的孟族總督也宣布獨立稱王，王號為塔拉比耶（Tarabya）。塔拉比耶和馬嘎度合作對抗緬軍的進攻，待緬軍撤退後，兩人分裂，馬嘎度殺了塔拉比耶。他宣布下緬甸為拉曼那（Ramanna）王國，首都在馬塔班。他致函其岳父素可泰國王，表示歉意、臣服和致送貢物，以免遭到攻擊。素可泰國王給予承認並致送一頭白象做為禮物。撣族三兄弟聽到此一消息，立即出兵馬塔班，結果失敗。

　　馬嘎度組織一個皇家委員會，起草一部**瓦里魯法典**（*Code of Wareru*）。1296 年，他被塔拉比耶的孫子所暗殺，國內陷入混亂。1350 年，泰國阿瑜陀耶（大城王朝）興起。1356 年，阿瑜陀耶和清邁聯合出兵下緬甸的孟族，新國王賓耶烏（Binnya U）不敵暹羅軍隊，將首都遷到勃固。此時，緬甸西邊尚有一個獨立的國家阿拉干，當蒲甘亡國分裂為邦牙和實階兩個國家時，阿拉干就侵奪緬族的土地。當形成阿瓦新政權時，阿拉干就停止侵犯緬族土地的行為。1365 年後，緬甸局勢穩定下來，緬甸中部和南部形成阿瓦、勃固和阿拉干三國鼎力局面。北部是撣族控制，東部的撣邦有幾個小國家。

　　狄哈蘇被認為是對抗元朝的勝利者和蒲甘的繼承者，但有些大臣不接

受，他們夥同志同道合者遷移到西坦河中游河谷地的小鎮東吁（Toungoo, Hill Spur），他們有意擺脫撣族和孟族的糾纏。當狄哈蘇去世時，邦牙和實階開始發生爭鬥，許多緬族人不堪忍受這種衝突，而移居到東吁。當塔多民耶建立阿瓦城時，東吁的統治者儼然成為獨立國度的國王。

塔多民耶的母親一系是撣族三兄弟之後裔，其父親是太公（Tagaung）的撣族貴族。他曾出兵平定東吁的叛亂，拔擢敵對者至高官職務，以贏得他們的支持。他出兵佔領實階。

塔多民耶有意聯合緬族、撣族和孟族，恢復蒲甘的光榮，他引進法律和秩序，整肅腐化的和尚，親手將違法的和尚砍頭，以警告不法的和尚們。他認為東吁是叛軍，有礙其統一大業，於是出兵攻擊東吁，直至其臣服為止。塔多民耶僅統治四年，逝於 1368 年。

塔多民耶娶撣族女子為妻，死後無子，大臣們推舉亞美新（Yamethin）為王，他也娶撣族公主為妻，他為人正直，不苟言笑，據說他一生僅笑過三次。他拒絕出任國王，推薦其妻兄弟邵克（Swa Sawkè）為國王。[6] 邵克是納拉西哈帕蒂的長孫、克雅斯瓦的孫子和邵尼特（Saw Hnit）的侄子，撣族三兄弟的侄孫。當阿拉干攻擊塔耶特苗（Thayetmyo）時，邵克及其父親被俘虜至阿拉干，從小在阿拉干王宮生活，深獲阿拉干王及人民喜歡，後來被釋放，他回到邦牙，出任行政官員和軍人。

邵克統治初期，知道其威脅來自北方的撣族，所以他必須和南方的勃固和解，1371 年，勃固國王賓耶烏（Binnya U）致函要求會面，因此兩人在邊境會面，交換檳榔盒和痰盂，同意劃分邊界。阿拉干亦遣使到阿瓦，要求邵克派遣一名親戚到阿拉干繼承王位，因為國王無子。因此他推薦其叔叔出任阿拉干國王。清邁亦遣使表示友好。1371 年，他首度鎮壓北方撣族，但 1373 年又叛。

---

6. 哈維的著作說繼任者是民基斯瓦邵克（Minkyiswasawke），亦稱 Sawkè。民基斯瓦邵克亦為撣族三兄弟的後裔，1333 年阿拉干入侵時，他和其父親被擄至阿拉干，被釋放後出任實階（Sagaing）地區的安因（Amyin）的官員。他出任國王後，委任阿拉干的和尚為其王室僧王。G. E. Harvey, *op.cit.*, p.81.

　　邵克為了對付東吁，命其長兄卑謬總督引誘東吁國王到卑謬，假意允諾將其女兒許配給其兒子。東吁國王遂率強大的護衛前往卑謬，在半路上卻遭伏擊死亡。

　　1385年，勃固國王賓耶烏去世，其子拉札達里特（Razadarit）獲人民支持繼位為王，但賓耶烏的姊姊獲得其弟弟姆揚姆耶（Myaungmya）之支持想自任為王。姆揚姆耶寫信給阿瓦的國王邵克，批評拉札達里特是亂臣賊子，想自任為王，請國王出兵鎮壓，他答覆將配合出兵。結果此後，阿瓦和勃固進行了四十年的戰爭。1386年，阿瓦國王邵克出兵沿著伊洛瓦底江南下，結果敗北。第二年再度出兵，還是敗北。拉札達里特出兵攻擊姆揚姆耶，後者戰死，其子和兩位女婿逃至阿瓦。1388年，拉札達里特出兵進攻阿瓦，後達成和平協議，直至1401年邵克去世為止，雙方維持長期的和平。邵克去世後由其子明光（Minkhaung）繼位。明光在1403年遣使中國，中國冊封其為緬甸宣慰使。[7]

　　阿拉干誤判情勢，出兵阿瓦，結果引起明光反擊，出兵滅阿拉干，阿拉干國王逃到孟加拉，其兒子逃到勃固。明光派其女婿出任阿拉干國王。

　　勃固也想利用此一機會攻擊阿瓦，遂率大批軍艦北上。明光命各城市防禦，不要阻擋勃固軍艦通行，以免損失。因此，勃固艦隊直駛至阿瓦，留其女婿守阿瓦南邊的小鎮。卑謬總督攻擊該小鎮，俘虜拉札達里特的女兒。明光命一名高僧攜帶禮物前往會見拉札達里特，雙方和解，拉札達里特退兵，並在卑謬附近將其戰敗的女婿處死。明光提議娶拉札達里特的女兒（其先生因戰敗被處死）為王后。拉札達里特受激怒，再度出兵進攻卑謬，明光徵調撣族軍隊走陸路南下支援卑謬。拉札達里特派突擊隊到阿瓦，焚燒其糧倉、沿河的船隻，因為拉札達里特的兩位王后的父親被俘虜關在

7.「明永樂元年（1403）十月丙辰（十二日），緬甸頭目那羅塔遣其屬郎尋塞來朝，貢方物。初西平侯沐晟遣鎮撫鄧伯通等撫諭之，至是來朝。郎尋塞致那羅塔之言曰：『緬人雖處遐裔，聞聖主臨御，悉願臣屬，而道經木邦、孟養多為阻遏，乞命以職賜冠服印章，將來憑仗天威，歲效職貢，庶免欺陵。』上允其請，命兵部設緬甸宣慰使司，以那羅塔為宣慰使，遣使賜之冠服、印章，歲效職貢。」（〔明〕楊士奇等纂修，**太宗文皇帝實錄**，卷之二十四。）

阿瓦，所以兩位國王在卑謬的有名佛寺言和。明光將其妹妹嫁給拉札達里特，後者則給予明光收取巴生港關稅和港口稅的權利。該港口變成雙方都可收稅。

1406 年，明光任命其長子明業（Minyè Kyawswar）為王儲。明光的弟弟對此表示不滿，單挑明光決鬥，失敗後逃至勃固，投效拉札達里特，導致勃固和阿瓦再度敵對。[8]拉札達里特出兵佔領阿拉干，殺死明光的女婿，另立王儲為王，該王儲曾在 1403 年在勃固效勞於拉札達里特。拉札達里特將阿拉干王后，也是明光的女兒，帶回勃固，納為其妃。1407 年，明光派遣海陸軍進攻勃固，結果失敗。1409 年，雙方再戰，不分勝負。1410 年，明業出兵進攻伊洛瓦底江下游，又失敗，他遂轉向阿拉干，驅逐其國王，阿拉干國王逃到孟加拉。明業廢除阿拉干君主政體，將其土地分為兩個省區。1412 年，勃固出兵卑謬，明光率海軍、明業率陸軍前往卑謬，驅退勃固軍隊。此時北方的撣族的土司（Sawbwa）趁機出兵進攻阿瓦，明業迅速率軍返回阿瓦，撣族土司始退兵。以後明業進攻撣族土司的巢穴，撣族土司退入中國境內避難。明業在進攻勃固時受傷被俘，一說傷重死亡，另一說是被處死。[9]1420 年，明光去世，隔年，拉札達里特也去世。

阿瓦的王位由明業的弟弟蒂哈素出任，沒有紛擾。但勃固的王位繼承出現混亂，在王儲繼位後，其兩個弟弟之一不滿，邀請蒂哈素出兵干預，蒂哈素的軍隊進入勃固時，引發勃固人民驚慌，邀請蒂哈素出兵的一名王子逃到馬塔班，不知下落，另一位王子則被任命為王儲，勃固國王將其妹妹辛邵布（Lady Shin Saw Bu）嫁給蒂哈素為妃。辛邵布年齡二十九歲，為一育有兩子的寡婦。

蒂哈素與勃固維持友好關係，以應付來自北方撣族的侵擾。1425 年，蒂哈素在與撣族的戰爭中，中箭死亡。其子繼位，僅三個月，遭撣族王后辛博美（Shin Bohmai）毒死。1426 年，辛博美立其愛人卡里克耶通約

---

8. Maung Htin Aung, *op.cit.*, p.91.

9. Maung Htin Aung, *op.cit.*, pp.92-93.

（Kalekyetaungnyo）為王，在隔年遭緬族大臣摩寧塔多（Mohnyinthado）驅逐，辛博美自知力量不夠，與其愛人逃到阿拉干，卡里克耶通約在路上溺水而亡。[10] 後來摩寧塔多娶了辛博美為妃。東吁的緬族不支持摩寧塔多，認為他是撣族的傀儡。以後阿瓦的勢力逐漸衰微，阿拉干獲得獨立地位。

　　明宣宗實錄曾記載：「宣德二年（1427）九月丁酉，以緬甸大頭目莽得剌為緬甸宣慰使。初緬甸宣慰使新加斯與木邦讎殺而死，子弟皆潰散，緬甸頭目者老共推大頭目莽得剌權理一方，夷民順服，恭修職貢，至是行在兵部請行總兵官及雲南三司體審莽得剌果為夷人所信，宜與實授，上曰：『遠方蠻夷因人情而遂與之，使兵寢民安，亦撫夷之道，其即授為宣慰使，不須再行體審。』」[11] 莽得剌，應即為摩寧塔多，他獲得撣族之支持而成為阿瓦國王。新加斯，應為蒂哈素。

　　1440 年，摩寧塔多由其兒子民里克耀斯瓦（Minrekyawswa）繼位。1441 年 2 月，撣族的麓川[12] 叛寇思任發（Thohanbwa）及其子思機發攻擊木邦，[13] 中國派遣總兵官定西伯蔣貴、總督軍務兵部尚書王驥率京營、川湖、兩廣兵三十萬前往救援。[14] 12 月，思任發遁入孟養。[15] 1442 年 7 月，思任發遁投緬甸。[16] 中國要求阿瓦交出思任發，被拒，中國出兵，遭重大損失。

---

10. G. E. Harvey, *op.cit.*, p.96.

11. 〔明〕楊士奇等纂修，**宣宗章皇帝實錄**，卷之三十一，頁十一上。

12. 麓川在今雲南瑞麗縣。

13. 木邦，在今緬甸東部的新維（Hsenwi）一帶。〔清〕魏源撰，陳華、常紹溫、黃慶雲、張廷茂、陳文源點校註釋，**海國圖志（上）**，岳麓書社，湖南，1998 年，頁 427。

14. 〔清〕顧炎武撰，**天下郡國利病書**，原編第三十二冊，雲貴交阯，「緬甸始末」，頁26。〔明〕楊士奇等修，**英宗睿皇帝實錄**，卷之七十六，中央研究院歷史語言研究所校印，台北市，1984 年，頁 17。

15. 陳佳榮等認為孟養位在今緬甸北部，司治位於莫寧（Mohnyin）。陳佳榮、謝方和陸峻嶺等編，**古代南海地名匯釋**，中華書局，北京，1986，頁 557。景振國認為孟養位在今緬甸克欽邦與實階區北部。景振國主編，**中國古籍中有關老撾資料匯編**，河南人民出版社，中國，1985，頁 106，註 5。

16. 「英宗正統七年（1442）秋七月，壬午。雲南總兵官右都督沐昂奏，據木邦宣慰使罕蓋法言，叛寇思任發遁投緬甸。已遣人督罕蓋法合干崖、南甸等處夷兵擒思機發兄弟，並募緬甸土官混孟平擒思任發。上敕沐昂等悉心擒剿，務在得獲。」〔明〕楊士奇等修，**英宗睿皇帝實錄**，卷之九十四，頁 8。）

「英宗正統七年（1442），思任復出為寇，再遣貴、驥率師以行，驥遣使諭緬甸酋卜剌浪送思任父子，卜剌浪不遣，驥乃進兵，緬甸使來索金幣、土地，欲以重臣往取，任驥難之。時郭登請行，縣金沙入緬，不十日至其國，卜剌浪來會，頗驕蹇，登折之，緬氣阻，乃以董雅叩頭聽命。卜剌浪見登，亦稽首。十二月，登至緬，其國相緬剌箚，以思任載登樓船來獻。時有疾，登功者，乃議留登守沙壩，剌箚至貢章，不見登，遲疑不獻，驥謂貴曰：『此給我過江，則絕我歸路也。』稗將陳儀自詫知天文，以為熒惑犯輿鬼，緬可伐，欲以賞致緬，焚其舟，大戰一晝夜，我師敗績。剌箚竟持思任去，貴子雄追之，復敗，自刎，餘眾陷于江。」[17]

上文中所稱的緬甸酋卜剌浪，應是指阿瓦王朝於 1440 年登基的民里克耀斯瓦。

1443 年，民里克耀斯瓦去世，由納拉帕蒂（Narapati）繼位。根據哈維所著書之記載，1445 年，在八莫地區的恭屯（Kaungton）擊退中國雲南軍隊。1446 年，中國派軍包圍阿瓦，阿瓦國王信心動搖，思任發自殺。阿瓦國王將思任發的遺體送交中國軍隊。[18] 然而，根據中國文獻之記載，思任發及其妻孥部屬 32 人是被阿瓦國王解交中國，而被中國砍頭處死。

「英宗正統十年（1445）十二月丙辰，雲南千戶王政，誅麓川賊思任發于緬甸。先是，總兵官、黔國公沐斌等遣政賚敕幣，諭賚緬甸宣慰男卜剌浪馬哈省以速剌索思任發，卜剌浪馬哈省以速剌猶豫，不即遣。適書晦二日，術者曰：『天兵至矣！』卜剌浪馬哈省以速剌懼，于是發思任發及其妻孥部屬三十二人付政。時思任發不食已數日，政慮其即死，遂戮于市。殛首及俘，馳獻京師。」[19]（按：卜剌浪是緬人對國王之稱呼）

---

17. 〔清〕顧炎武撰，**天下郡國利病書**，原編第三十二冊，雲貴交阯，「緬甸始末」，頁 26。

18. G. E. Harvey, *op.cit.*, p.100.

19. 〔明〕楊士奇等修，**英宗睿皇帝實錄**，卷之一百三十八。但〔明〕楊士奇等修，**英宗睿**

1451 年 8 月，中國致送納拉帕蒂「緬甸軍民宣慰使陰文金牌、信符」。[20]「景泰五年（1454）三月庚辰，緬甸執獻思機發。」[21]

哈維又說，1454 年，中國又給予緬甸部分撣族土地，作為回敬莫寧（Mohnyin）酋長投降之禮物。[22]但在中國文獻中並無此記載，僅記載中國感謝緬甸而贈予錦繡紵絲紗。「景泰五年（1454）九月，庚戌。敕諭雲南緬甸軍民宣慰使司土官宣慰使卜剌浪馬哈省以速剌：『爾能敬天事上，固守邊陲，恪修職貢。茲又差人以金銀器皿、象牙方物來進，及送賊子思機發至京，忠誠可嘉。特頒錦繡紵絲紗羅，用答爾意。復念爾勞，加賞彩幣、表裏、悉付爾差來頭目蠻賽等賚回。爾尚益攄忠悃，永守藩邦，欽哉。』」[23]

1455 年，納拉帕蒂和阿拉干國王阿里汗（Ali Khan）在民布（Minbu）地區的安隘道（An Pass）的那特根山（Pohkaung-nwe-ngan-taw(Natyegan) Hill）會面，舉行一個月的露營活動，雙方劃定邊界。1456 年，他遣使攜帶黃金和寶石前往錫蘭，送給康迪（Kandy）的佛牙廟，並購置土地，讓緬甸和尚前往錫蘭時有地方可住。1468 年，納拉帕蒂因譴責孫子與其表妹戀愛事，遭到其孫子之刺殺，他逃到卑謬，一年後死於卑謬。[24]其子蒂哈素拉（Thihathura）繼位，他允許其刺殺祖父的兒子娶其表妹，王后感到震驚，煽動東吁起來叛亂。東吁呼籲勃固響應，但國王出兵鎮壓，再控制卑謬。

蒂哈素拉國王虔敬佛教，於 1474 年將其自己和王后的頭髮割下，做成掃帚，加上把手，上鑲以寶石，然後請特使前往錫蘭的康迪的佛牙廟，打掃廟中地板。特使也攜帶中國絲織衣服送給錫蘭國王。[25]

1475 年，蒂哈素拉國王和西拋（Hsipaw）攻擊雍格威（Yawnghwe），

皇帝實錄，卷之一百七十六，頁 6 所記載之思任發被處死之時間不同，該條記載：「英宗正統十四年（1449）三月丁酉。麓麓川反賊思任發……首於京城。」

20.〔明〕楊士奇等修，英宗睿皇帝實錄，卷之二百七景泰附錄。

21.〔清〕張廷玉等撰，明史，卷一一景帝本紀，頁 147。

22. G. E. Harvey, op.cit., p.100.

23.〔明〕楊士奇等修，英宗睿皇帝實錄，卷二四五景泰附錄六四，頁 1。

24. G. E. Harvey, op.cit., p.100.

25. G. E. Harvey, op.cit., p.101.

予以佔領。1476年，佔領勃固的考里耶（Kawliya）。蒂哈素拉死於1481年，由其子明康（Minhkaung）繼位。卑謬、漢沙瓦底（Hanthawaddy，即勃固）、撣邦、美克替拉（Meiktila）地區的雍格揚（Nyaungyan）和沙林（Salin）等地都爆發反叛，叛變者大多數是王族成員。1486年，東吁總督被其侄子明金約（Minkyinyo, Minkyeenyo）暗殺，取得總督職。他送了兩頭幼象給國王，以尋求和平。國王收了兩頭象，並任命他為東吁總督。1502年，明康去世，由其幼子司溫南克耀辛（Shwenankyawshin）繼位。在其統治第一年，就遭到亞美新的諾拉塔（Nawrahta）陰謀暗殺，結果諾拉塔被捕，處以溺斃刑。其黨羽五位領主和七百餘隨從逃至東吁。

1507年，撣族再度入侵阿瓦，阿瓦請求東吁協助。為爭取東吁的友誼，阿瓦國王將其姪女嫁給東吁國王明金約，並將克約克西地區送給東吁。東吁接受了阿瓦的禮物，但不願出兵相助。1524年，撣族佔領阿瓦邊境要塞。1526年12月，包圍阿瓦，阿瓦國王戰死，人民流散至東吁。

「明世宗嘉靖五年（1526）十二月戊寅。是年，孟養思倫法攻緬甸，破阿瓦城，執宣慰使莽紀歲，殺掠無算，遂與木邦分其地，蓋報執思任發之怨也。」[26] 莽紀歲就是司溫南克耀辛。思倫法是撣族領袖。

莫寧的王子邵龍（或稱 Sawlon of Mohnyin）的兒子思倫法（Thohanbwa）成為阿瓦的國王。他要使阿瓦變成撣族的城市，開始迫害緬族、破壞廟宇、活活燒死緬族和尚、燒毀圖書館。但為了管理行政，留下一位緬族的大臣明基揚隆（Mingyi Yannaung）負責。明基揚隆盡量保護緬族人，將他們送至東吁。1533年，邵龍和其兒子思倫法出兵卑謬，俘虜卑謬總督。當邵龍行軍至瑞保（Shwebo）地區的美度（Myedu），遭其部下殺害。卑謬總督被釋放後回到卑謬，其篡位的兒子拒絕開城門，他宿於城外的那溫（Nawin），不久去世，其兒子將其厚葬。1539年，卑謬會見勃固的國王塔卡瑜特披（Takayutpi），商量對抗阿瓦緬族的進犯。1542年，阿瓦緬族進犯卑謬，失敗而歸。1543年，揚隆暗殺阿瓦國王思倫法，阿瓦緬族欲推舉他為王，他拒絕，出家為和尚。撣族王子被選為阿瓦國王。那時阿瓦已

---

26. 〔清〕談遷，**國榷**，卷五三，古籍出版社，上海市，1958年，頁3345。

不是一個王國，而是一個公國。

　　緬族統治下的阿瓦是一個文化燦爛的朝代，佛教興盛，典章制度完備。但在撣族統治下的阿瓦，則是遭野蠻民族蹂躪，有學問的和尚和學者逃至東吁，許多典章文物遭破壞，以致於沒有留下重要的紀錄。

表 3-1：阿瓦王朝國王世系（1364-1555）

撣族與緬族王系

Thadominbya, 1364-1368

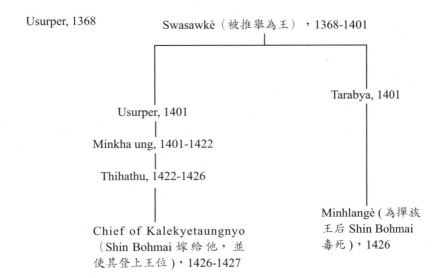

Usurper, 1368

Swasawkè（被推舉為王），1368-1401

Tarabya, 1401

Usurper, 1401

Minkha ung, 1401-1422

Thihathu, 1422-1426

Chief of Kalekyetaungnyo
（Shin Bohmai 嫁給他，並使其登上王位），1426-1427

Minhlangè（為撣族王后 Shin Bohmai 毒死），1426

緬族王系

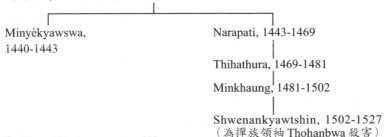

Mohnyinthado（娶 Shin Bohmai 為小王后），1427-1440
（諸子為大王后所生）

Minyèkyawswa,
1440-1443

Narapati, 1443-1469

Thihathura, 1469-1481

Minkhaung, 1481-1502

Shwenankyawtshin, 1502-1527
（為撣族領袖 Thohanbwa 殺害）

資料來源：Maung Htin Aung, *op.cit.*, p.337.

第二節　勃固王朝

瓦里魯（Wareru）是一名撣族商販，出生於打端的東溫（Donwun），為素可泰酋長的大象象廠工作，後來成為衛隊的隊長，與酋長女兒私奔，夥同其衛隊的家屬組織一個村莊。他特地為其美貌的妹妹安排在一條河裡洗澡的地點，俾讓馬塔班總督阿藍瑪（Aleimma）看得見。阿藍瑪為其美貌所惑，向其求婚，瓦里魯表示能與總督結親是其榮幸，於是安排婚禮，待阿藍瑪到臨時，瓦里魯將其謀害，取得馬塔班總督之位子，1281年成為馬塔班領主。

此時蒲甘王朝瓦解，瓦里魯與勃固總督塔拉比耶（Tarabya）結盟，互娶對方女兒為妃。但1287年，雙方驅逐緬族總督後，佔領卑謬和東吁以南的土地，塔拉比耶伏擊瓦里魯，失敗。瓦里魯單挑塔拉比耶決鬥，將之逮捕下獄。在和尚之說情下，免其一死。但後來塔拉比耶又陰謀殺害瓦里魯，塔拉比耶的妻子（即瓦里魯的女兒）向其父警告，瓦里魯才決定處死塔拉比耶。[27]

1298年，中國承認瓦里魯之總督地位，其首都到1363年都在馬塔班。瓦里魯也獲得素可泰國王，也是其岳父的承認。他統治時命令和尚們編纂當時流傳的習慣法、從印度傳來的**曼奴**（*Manu*）**法典**和孟族王朝的法令，出版了**瓦里魯法典**（*Wareru Dhammathat*），該法典後來成為緬甸法律重要著作。[28]

瓦里魯在1313年被其孫子，即塔拉比耶的兒子殺害。以後馬塔班的勢力南下到廷那沙林和土瓦，素可泰王朝為了爭奪這兩個地方而與馬塔班一再發生衝突。[29] 清邁南邊的蘭奔（Lampun）亦來通好。素可泰在1318年控制單馬令、拉特武里、碧武里（或佛丕）、廷那沙林、土瓦。暹羅大城王

---

27. G. E. Harvey, *op.cit.*, p.110.

28. G. E. Harvey, *op.cit.*, p.111.

29. G. Coedès, *The Making of Southeast Asia*, University of California Press, Berkeley and Los Angeles, 1969, p.182.

朝建立於 1350 年，其領土包括廷那沙林、毛淡棉、馬塔班，但暹羅實際控
制的只有廷那沙林，毛淡棉和馬塔班僅是名分上的統治而已。素可泰數千
名軍隊於 1356 年入侵馬塔班的泰卡拉（Taikkala）、西坦和打端的東溫，
後被驅退。

　　1362 年，賓耶烏重修仰光的大金塔（Shwedagon）佛寺，將其高度增
高到 66 英尺。儘管他對於佛教很虔誠，但仍難逃厄運。養在宮中六十一歲
的白象死去了，為了聯合清邁，將其女兒嫁給清邁王，但未能收復馬塔班。
1363 年，他將首都遷到東溫，在東溫居住了六年，遭叛軍驅逐。1369 年他
將首都遷到勃固。後他與叛軍和解，派遣他們前往清邁，將其受冷落的公
主接回。

　　1385 年，拉札達里特繼承王位。他不僅要抗衡緬族，也要對付內部的
叛亂，可謂內外交困。他鎮壓叛亂的巴生城鎮，該城鎮統治者帶領大象和
700 名隨從逃到阿拉干的山都衛（Sandoway），拉札達里特派軍將其拘捕
並處死。暹羅大城王朝國王送他一隻白象，他高興之餘派遣大隊人馬在距
離勃固 250 英里的坎抨佩特（Kampengpet）地方迎接。他也冊封數位王后，
有些係出身清邁撣族的有名望家族。

　　1422 年，當明光去世的消息傳到勃固時，拉札達里特的王后勸他說可
利用此時機佔領其王宮，但他說：「我親愛的敵人已死，我將不再戰鬥，
餘生將過虔誠的日子。」[30] 1423 年，他在勃固北方的山區圈套大象時，被
繩子拉傷，於返回勃固時去世。由其子賓耶單瑪雅扎（Binnyadammayaza）
繼位，但其諸兄弟不服，企圖引進阿瓦王子入侵勃固。阿瓦軍隊俘虜許多
男女，以船裝運載回阿瓦，當成奴隸。賓耶單瑪雅扎鎮壓其兄弟的叛亂，
但其弟賓耶藍（Binnyaran）於 1426 年將他毒死，而繼位為王。東吁國王將
女兒獻給賓耶藍，說只要讓他當上阿瓦國王，阿瓦將成為勃固的附庸國。
於是兩人聯合包圍卑謬，直至阿瓦國王摩寧沙多（Mohnyinthado, 1427-40）
送其姪女給賓耶藍，才停止攻擊。

---

30. G. E. Harvey, *op.cit.*, p.115.

1430 年，賓耶藍的妹妹辛紹布（Shinsawbu）從阿瓦返回勃固，由於她在其孩子還很小時離開勃固，七年後她回來，小孩不接受她。但賓耶藍善待其妹，他於 1446 年死後由其妹妹的兒子賓耶瓦魯（Binnyyawaru）繼位。但 1450 年賓耶瓦魯去世，由賓耶克揚（Binnyakyan）繼位，他將大金塔佛寺加高到 302 英尺。1453 年，由於王宮內部爆發大屠殺，拉札達里特的後代男性都死掉，眾大臣乃推舉其女兒辛紹布為女王，她應是緬甸史上唯一女王。在其統治期間，很少叛亂活動，堪稱是承平盛世。她統治七年後想退休，決定將王位傳給兩位和尚之一。這兩位和尚是陪她從阿瓦逃難的。她決定依天意為之。有天早上，當這兩位和尚前往領王室給的米，她祕密在他們的碗中之一底下置放一件俗人的衣服和五個王權的象徵物，然後祈禱，轉動碗，看是哪個和尚可獲得王權象徵物，結果是由丹瑪澤迪（Dammazedi）幸運的獲得該王權象徵物，所以女王將女兒嫁給他，1472 年由他出任國王。另一位落選的和尚，因為受到懷疑，所以在仰光以北的滂林（Paunglin）將他處死。1475 年，他派 22 名和尚前往錫蘭，中途遭到船難，有數人死亡。這些和尚返回緬甸後，將其攜回之佛經在下緬甸傳布，有許多和尚前往聆聽佛經要義。由於這些和尚是在錫蘭的卡爾耶尼（Kalyani）河流河岸獲得證道，所以他們傳布的佛經稱為卡爾耶尼經文。丹瑪澤迪將該一事蹟刻在十塊石碑中，稱為**卡爾耶尼碑文**（*Kalyani Inscriptions*）。[31]

此次前往錫蘭的和尚中有位佛陀郭沙（Buddhaghosa），他將瓦里魯法典譯成緬文。丹瑪澤迪活到 80 歲，由其子賓耶藍於 1492 年繼位。賓耶藍上台後不久，殺害不少宗室子弟，但仍因其寬大而受到尊敬。1501 年，他率領數千名軍隊溯伊洛瓦底江而上，在卑謬遭到阻撓，他說：他的力量足以征服卑謬和阿瓦，但他不想這樣做，他只想到蒲甘的瑞喜功（Shwezigon）佛寺拜佛。所以他順利到蒲甘拜佛，然後返回勃固。

1526 年，塔卡瑜特披繼承王位，他不愛看書，喜歡在森林裡和大象、

---

31. G. E. Harvey, *op.cit.*, p.120.

圖 3-1：蒲甘的瑞喜功（Shwezigon）佛寺
資料來源：http://www.xingzhee.com/myanmar/shwezigon-pagoda.htm. 2014 年 3 月 2 日瀏覽

馬為伍，到河裡抓魚蝦和螃蟹，他是一個糊塗的國王。1539 年，緬族人攻陷勃固，他逃到卑謬，仍以獵象為樂，最後得病去逝。

　　整體而言，下緬甸的文明水準超過北緬甸，北緬甸還有野蠻的習性。那是因為下緬甸是從印度到中國必經之路，透過對外貿易和交流，接觸外在世界之知識和訊息較快，而且最重要的，下緬甸的知識份子和尚，經常前往錫蘭學習新的佛教經義，引進新知識，產生新的文化要素。北緬甸與外界隔絕，延續長期的保守文化傳統，跟下緬甸的文化相較，顯得粗俗和不夠現代化。

表 3-2：勃固王朝國王世系（1287-1539）

Wareru, 1287-1306
Hkun Law（Wareru 之弟）, 1306-1310
Saw O（Hkun Law 之侄子）, 1310-1324
Saw Zein（Saw O 之弟）, 1324-1331
篡位者，1331
Saw E（Saw Zein 之侄子）, 1331
Binnya E Law, Hkun Law 之子，1331—?（多人爭奪王位）
Binnya E Law 之子 Binnya U, 1353 年成為孟族國王

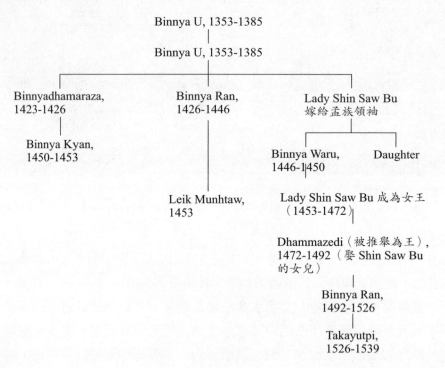

Binnya U, 1353-1385

Binnya U, 1353-1385

Binnyadhamaraza, 1423-1426

Binnya Ran, 1426-1446

Lady Shin Saw Bu
嫁給孟族領袖

Binnya Kyan, 1450-1453

Binnya Waru, 1446-1450

Daughter

Leik Munhtaw, 1453

Lady Shin Saw Bu 成為女王
（1453-1472）

Dhammazedi（被推舉為王）, 1472-1492（娶 Shin Saw Bu 的女兒）

Binnya Ran, 1492-1526

Takayutpi, 1526-1539

緬族統治：1539-1550
Smim Sawhtut 反叛緬族統治：1550-1551
Smim Htaw 為最後一任國王 Takayutpi 之弟，宣布為王，後被 Bayinnaung 打敗： 1551
緬族統治：1551-1740
Smim Htaw Buddhaketi（Lord of the Striped Elephant）, 1740-1747
Binnya Dala, 1747-1757

資料來源：Maung Htin Aung, *op.cit*., p.338.

第三節　阿拉干王朝

阿拉干位在山區，與伊洛瓦底江河谷平原隔開，但它因為靠近印度，故很早印度人就移入該地，並從印度傳入婆羅門教和佛教。在第十世紀後，阿拉干流行的是佛教，但回教已於 1206 年傳入阿欽（Achin），並散布在阿薩姆到馬來亞海岸地帶。

阿拉干王朝的首都遷移數次，先後在第十一世紀時在沙貝克通（Thabei-ktaung）、丁耶瓦迪（Dinnyawadi）、偉沙里（Vesali），1118 年遷至拼沙（Pyinsa, Sambawut），1118—67 年在帕林（Parin），1167—80 年在克里特（Hkrit），1180—1237 年在拼沙，1237—1433 年在隆格耶特（Laung-gyet），1433-1785 年在姆羅烘（Mrohaung, Mrauk-u）。這些城市大都位在耀昌（Yochaung）河的沙貝克通的阿克耶區。[32]

阿拉干雖位在山區，但經常遭到外族入侵，蒲甘在 1044—1287 年在北阿拉干建立宗主權。在明替（Minhti,1279—?1374 年）統治期間，孟加拉（Mengal）從海上攻擊阿拉干，從七塔功（Chittagong）的興耶（Hinya）河口進攻，阿拉干人在河口以沉船方式阻止敵軍溯河而上，然後以竹筏點火攻擊敵軍船隻，終於驅退敵軍。[33]

納拉美克拉（Narameikhla）在 1404 年被緬族驅逐，逃到孟加拉，獲孟加拉國王高爾（Gaur）之庇護。經數年後，在孟加拉支持下重新奪回阿拉干王位，後回教徒叛亂，他被囚禁，1430 年，才恢復其王位。由於易受外國入侵，隆格耶特的位置並不理想，有一預言說姆羅烘是一個建都的好地點。但星象家警告說，若遷都到姆羅烘，則納拉美克拉將在一年內去世。1433 年，納拉美克拉堅持遷都，一如星象家之預言，他在隔年去世。姆羅烘是一個人口眾多的海港，平原地帶產米，城市蓋在山岡上，城內有數條運河連接，以後四百年該城市是阿拉干的首府。

---

32. G. E. Harvey, *op.cit.*, p.137.

33. G. E. Harvey, *op.cit.*, p.138.

　　1434 年，納拉美克拉的弟弟阿里汗（Ali Khan）繼位，兼併山都衛和拉姆（Ramu）。1459 年，巴紹披耶（Basawpya, Kalima Shah）繼位，佔領七塔功。七塔功地理位置優異，人民擅於航海，1550—1666 年間，他們與葡萄牙人合作，充當葡萄牙人之海員。1531—53 年，是由明賓（Minbin）統治。1593—1612 年間，是由明耶札吉（Minyazagyi）統治，在首都建帕拉保（Parabaw）佛寺，聘僱葡萄牙人迪布里托（Philip de Brito y Nicote）率領遠征軍攻打勃固。該遠征軍包括陸軍和海軍，海軍由七塔功出發。遠征軍返回時，七塔功總督瑪哈拼耶克耀（Mahapinnyakyaw）去世，他曾編纂**瑪哈拼耶克耀法典**，係以佛教教義解釋**曼奴法典**（Manu dhammathats），是緬甸重要的法典之一。[34]

　　阿拉干遠征軍從勃固俘虜了數千名緬族、孟族和暹羅族俘虜，將他們安置在烏里通（Urittaung）和馬育（Mayu）河沿岸。在山都衛的孟族被強迫興建連業司納（Lemyethna）佛寺，他們曾企圖逃走，失敗後被抓回。他們又與王儲明卡茂（Minhkamaung，或稱 Husein Shah）、印度人陰謀暗殺國王，結果失敗。王儲獲得原諒，但其同夥阿克耶（Akyab）的總督、也是詩人烏嘎比揚（Ugga Byan）則被砍斷雙手，與犯案的孟族人和印度人都被貶為奴隸。

　　由於擔心迪布里托佔領七塔功港口對岸的迪恩嘎（Dianga），明耶札吉國王在 1607 年屠殺居住在該地 600 名葡萄牙人。1608 年，明耶札吉國王利用荷蘭人驅逐葡萄牙人，所以國王允許荷蘭人貿易及建設堡壘。

　　明卡茂於 1612 年繼位，1615 年葡萄牙軍艦和在孟加拉經營鹽業的富商逑寶（Gonzalez Tibao）聯合攻打姆羅烘，明卡茂聯合荷蘭軍艦將之擊敗，1617 年將他們從山得偉普（Sandwip）島驅退。1622 年，室利蘇丹瑪（Thirithudamma）繼位，曾突擊毛淡棉和勃固，擄回阿努克佩特倫（Anaukpetlun）的大鐘，將它安置在姆羅烘的佛寺中。1638 年，室利蘇丹瑪去世，其兒子亦驟然去世，結果由王后的情夫納拉帕替吉（Narapatigyi）

34. G. E. Harvey, *op.cit.*, p.141.

繼位為王。1652年，山達蘇丹瑪（Sandathudamma）繼位為王。他派遣和尚多次前往錫蘭，在姆羅烘興建許多佛寺。

印度蒙兀兒（Moghul）帝國駐孟加拉總督沙伊斯塔汗（Shayista Khan）在1665年率艦隊驅逐在山得偉普島的海盜，1666年又率領6,500名軍隊和288艘船包圍七塔功三十六小時，將之佔領後，又佔領拉姆。他們俘虜2,000名阿拉干人，賣為奴隸，又擄獲1,026尊大砲、135艘船，兩隻大象被燒死。此是對阿拉干的一次致命的打擊，阿拉干的海岸地帶遭逢外國的控制。

1692年，阿拉干又遭逢來自北印度的回教徒的攻擊，侵入其首都，燒殺蹂躪約二十年，至1710年被山達威札耶（Sandawizaya）總督率軍擊退，他稱王後雖曾意圖擴張領土，出兵提柏拉（Tippera）、卑謬、山得偉普和沙業特苗（Thayetmyo）地區的瑪倫（Malun），但他在1731年被暗殺後，阿拉干面臨嚴重的王位繼承問題，國王相繼被暗殺，村與村之間也陷於戰爭，社會動亂。1761—62年，又發生嚴重地震，阿拉干海岸地帶嚴重受創。國王藉改名以避禍，人心惶惶。當贅角牙（Singu）在1776出任緬甸國王時，阿拉干有許多人投靠緬甸，要求他出面干預。但緬甸內部陷入混亂，無暇顧及阿拉干。阿拉干最後一位國王沙瑪達（Thamada）在1782年登基，因為有奴隸血統，故權力大為削弱。1784年，反對派的總督派人前往阿瓦請求國王波道帕耶（Bodawpaya）（中國文獻稱其為孟隕）進行干預，波道帕耶國王同意派軍隊進入阿拉干，獲得人民夾道歡迎。[35] 阿拉干成為緬甸的領土。

第四節　東吁王朝

約1280年有緬族兩兄弟在西坦河和卡滂河（Kha Paung）交會處的東吁村蓋村寨，以避克倫尼族（Karenni）之攻擊。在以後兩百年中，東吁先後由28位酋長統治，其中有15位遭暗殺身亡。

---

35. G. E. Harvey, *op.cit.*, p.149.

　　1486年就任的明金約國王，因前任國王也是其叔叔反對他娶其表妹，而將他殺死，他獲得阿瓦、勃固和清邁的承認，克倫尼族要向他朝貢。他奪取孟族的克揚布耶（Kyaungbya），他英勇無比，跳向對手的大象，將撣族總督殺死在大象上。1503年，阿瓦國王將女兒嫁給他，以及送給他一些土地。1510年，他建造基土瑪替（Ketumati），就是現在的東吁，在城內挖湖，闢建果園。當1526年阿瓦陷落時，很多緬族人流亡到東吁，東吁一時成為緬族復興基地。明金約在1531年去世，繼位者是其十四歲的兒子，傳言他在出生時，是黎明時分，王宮兵器庫內的劍和矛發出亮光，因此被認為將來是偉大的武士的吉兆。明金約將其兒子命名為莽瑞體（Tabinshwehti），意即「唯一的金傘」（Solitary Umbrella of Gold）。[36]

　　根據中文文獻，莽瑞體為莽紀歲之子，後為洞吾酋收養，而洞吾即今之東吁，其酋即是明金約國王。

　　　「明世宗嘉靖六年（1527），始命永昌知府嚴時泰往勘，時孟養尚強，思倫夜縱兵鼓譟，焚驛舍，時泰等僅以身免，乃別立土舍莽卜信守之而去。時齎金牌千戶曹義併為所殺，值安鳳之亂，不遑問其事也。莽紀歲有子生于雪中，其體有光滿室，因名瑞體。少奔匿洞吾，母家洞吾酋養為己子，既長，與養母通，洞吾酋死，瑞體妻養母，而有其地。」[37]

　　1534年，莽瑞體出兵攻擊勃固，失敗，以後在1535、1536年攻打勃固，亦告失敗。1538年，再度出兵勃固，勃固國王及部分軍隊逃至卑謬，另有殘餘軍隊逃到馬塔班。莽瑞體繼續進兵卑謬，擊敗卑謬、阿瓦和勃固的聯軍。莽瑞體返回勃固，凡是願意投降的孟族官員給予大赦，並恢復原官職。他在勃固被加冕為下緬甸國王。

---

36. Maung Htin Aung, *op.cit.*, p.105.
37. 〔清〕毛奇齡撰，**蠻司合志**，卷十，雲南三，頁10。

勃固國王因打獵不慎而死亡，莽瑞體本以為馬塔班會因此投降，但馬塔班總督自封為孟族國王，他仰賴葡萄牙船艦和葡萄牙雇傭兵以抗衡莽瑞體。莽瑞體以更高的薪水吸引葡萄牙雇傭兵，導致許多馬塔班的葡萄牙雇傭兵倒戈投向莽瑞體。1541 年莽瑞體出兵包圍馬塔班，該城建在山坡上，馬塔班使用葡萄牙大砲以及停在港內的七艘葡萄牙軍艦砲擊進犯的緬族軍隊，經過七個月的鏖戰，馬塔班總督不敵，提出投降條件，就是繼續維持總督地位、每年付給東吁三萬維士（viss）銀塊及其他貴重寶物。但莽瑞體要求其無條件投降。馬塔班總督再度要求其本人和家屬攜帶財物離開馬塔班，亦為莽瑞體拒絕。馬塔班總督向葡萄牙駐印度果阿（Goa）副總督請求派兵協助，以願意付給葡萄牙一半他的財產以及成為葡萄牙的附庸國作為交換條件，這些財物包括裝滿兩艘船的金和銀以及 26 盒寶石。但葡萄牙怕遭到莽瑞體的報復，並未應允。1541 年，莽瑞體攻破馬塔班的防衛，處死馬塔班總督及其家屬和強烈反抗者。孟族的毛淡棉和鄰近的地區見此情況，紛紛投降。

1542 年，莽瑞體進攻卑謬，城內只有孟族和撣族人，緬族人都逃到東吁。上緬甸軍隊南下援助，莽瑞體的同父異母弟莽應龍（Bayinnaung）行軍一天，北上擊敗之。卑謬國王將其妹妹獻給阿拉干國王，請其派軍援助。阿拉干依賴葡萄牙雇傭兵而有強大的海陸軍，於是派遣海路兩軍前往協助卑謬。莽應龍在阿拉干軍隊越過帕東隘道（Padaung Pass）時，予以伏擊，將之驅返阿拉干。阿拉干海軍航抵巴生港時聽說其陸軍敗歸，亦隨之撤回阿拉干。莽應龍因此勝利，而被任命為王儲。東吁軍隊包圍卑謬五個月，城陷落後，大屠殺居民，處死其國王和反抗者，兒童和婦女都沒有例外，數百名守軍被釘死。[38] 莽瑞體繼續佔領蒲甘並在此加冕為蒲甘國王。然後在 1546 年，他回到勃固，又舉行孟族和緬族儀式的國王加冕禮，他娶孟族公主為第一王后，留孟族髮型，[39] 任命孟族人出任高官和高層軍官。

---

38. G. E. Harvey, *op.cit.*, p.157.

39. 勃固流傳一個古諺，就是留緬甸髮型的國王是不能統治孟族的土地，所以莽瑞體才留孟族髮型，而且戴孟族國王的王冠。G. E. Harvey, *op.cit.*, p.160.

隨後不久，阿拉干國王去世，由其子繼位，去世國王的弟弟不滿，邀請莽瑞體出兵，遂由莽應龍率陸軍、莽瑞體率海軍，在山都衛會兵，山都衛的總督是去世國王的弟弟，歡迎緬族軍隊。但在攻打阿拉干首都時受挫。此時有暹羅出兵進攻廷那沙林的消息傳來，所以莽瑞體退回勃固。1549年，莽瑞體從馬塔班出發，經由三佛塔隘道，沿著美克羅恩（Meklawng）河到暹羅的北碧（Kanburi）和素攀，6月，緬軍進至阿瑜陀耶附近，開始包圍戰。緬軍包圍四個月，暹羅國王卻克拉帕（Maha Chakrapat）和王后蘇里雅泰（Queen Suriyotai）及公主都參戰，王后和公主穿上鎧甲軍服，騎在大象上作戰，為了解救國王而雙雙被矛刺死在象背上。由於圍城日久，緬軍已失去戰力，莽瑞體的軍隊中有400名葡萄牙雇傭兵，但阿瑜陀耶卻有1,000名葡萄牙雇傭兵。再加上傳言暹羅將從彭世洛率大軍南下解救阿瑜陀耶，以及傳來緬甸內部不安的消息，緬軍兵力不足以長期包圍阿瑜陀耶，遂決定退兵。暹羅國王見緬軍撤退，率軍從後攻擊，結果緬軍俘擄暹羅王子、國王的弟弟和國王的女婿。緬軍利用這些人質迫使暹羅談和，結果暹羅付給緬甸兩隻大象、貴重財物，以及每年交付30隻象、一大筆錢和海關稅收。莽瑞體待這些人質優厚，使暹羅在以後數年不再干預緬甸撣邦之事務。[40]

暹羅國王卻克拉帕要求緬軍釋放這些人質，緬軍提出兩個條件，一是緬軍安全退兵，暹羅軍隊不得從背後騷擾；二是需送兩隻大象給緬甸國王。暹羅應允此兩項條件，送了兩隻大象，但因為這兩隻大象不易馴服，所以緬甸歸還這兩頭象。

勃固上一個孟族國王的同父異母弟，居住在西里安（Syriam），出家為僧，後鼓動叛亂。莽應龍離開勃固前往西里安平亂，留下一支軍隊保護莽瑞體國王。

莽瑞體自從出征暹羅失敗後，情緒改變，嗜愛杯中物。一位葡萄牙軍人率領七艘船、300名手下從馬六甲出發攻擊蘇門答臘北端的亞齊（Achin），失敗後率其殘餘軍隊逃到馬塔班，遭馬塔班總督逮捕，將之解

---

40. Maung Htin Aung, *op.cit.*, p.113.

送勃固。莽瑞體與馬塔班總督和該名葡萄牙人變成好朋友，邀他一起出獵，將宮女嫁給他，該名葡萄牙人以葡萄酒獻給莽瑞體，自後莽瑞體嗜酒亂性，任意將人處決。群臣建議莽應龍取代莽瑞體為王，莽應龍以效忠國王回應，為此莽應龍逮捕該名葡萄牙人，將他驅逐出境。

　　1551 年，西坦的孟族總督到勃固邀請莽瑞體前往西坦、西通（Sittaung）獵象。莽應龍前往仰光鎮壓叛亂。莽瑞體就召東吁總督也是莽應龍的弟弟到勃固防守。莽瑞體前往西坦，其孟族管家騙其進入一座森林獵一隻白象，趁機將其殺害，並殺了其緬族隨從，孟族人將勃固的莽應龍的弟弟逐出，立孟族管家的帶頭人邵土特（Smim Sawhtut）為勃固國王。邵土特後為司民道（Smim Htaw）所殺，司民道登基為王。[41] 莽應龍的弟弟趕回東吁，宣布獨立。莽應龍回到勃固，城門不開，他前往東吁和卑謬，都一樣不接納他，只好到伊洛瓦底江下游三角洲另建據點。他獲得葡萄牙隊長迪梅洛（Diogo Soares de Mello）的支持，率軍至東吁，東吁的軍隊出城歡迎莽應龍，東吁國王只好投降，莽應龍原諒其弟弟，仍任命他為東吁總督。東吁總督感激之餘，率軍收復卑謬，殺了卑謬國王。

　　1551 年，莽應龍揮軍勃固，勃固國王司民道兵敗逃逸。莽應龍屠殺勃固的人民、兒童、動物，登基為緬甸國王，任命其弟弟們出任東吁、卑謬和馬塔班的總督。司民道逃到馬塔班鄉下，遭逮捕，莽應龍將他遊街後處死。1554 年，莽應龍出兵阿瓦失敗。隔年，再度出兵，阿瓦國王化妝逃出城外，被逮捕，獲釋後沒有被委任為總督。莽應龍任命其弟弟為阿瓦總督。1555 年和 1557 年，征服緬北的撣族和緬東的撣族。1556 年 4 月，緬軍進攻清邁（Chengmai），只數天就加以佔領，此一立國 260 年的古國就此亡國，以後成為緬甸的屬國。

　　1559 年，暹羅要向緬甸入貢，當時暹羅捕獲白象，緬甸要求暹羅進貢白象，遭拒。1562 年，莽應龍進攻雲南的大平（Taping）和瑞里（Shweli）河上游的柯山丕耶（Koshanpye）鎮。隨後新維（Hsenwi）和

41. G. E. Harvey, *op.cit.*, pp.161-162.

景棟（Kengtung）致送友好禮物，緬甸對該地並無統治權，但莽應龍感到高興，就送了白傘和五件戰服給景棟。緬甸對於撣邦的宗主權就從此時開始。蒲甘王朝只統治過撣邦的山腳地區。至第十八世紀末，緬甸也只是在名分上擁有撣邦宗主權。[42] 1563 年，莽應龍揮軍越過薩爾溫江，進攻阿瑜陀耶。清邁倒戈投向暹羅，以游擊武力攻擊緬軍。緬軍輕易的佔領甘烹碧（Kampengpet）和素可泰。暹羅國王的女婿、彭世洛（Pitsanulok）的總督投降，但莽應龍仍允其留任原職。莽應龍以木塔高架起加農砲，從高處攻擊阿瑜陀耶城，結果暹羅投降。莽應龍沒有毀城和屠殺城內居民，將暹羅國王、王后、王子和大臣們擄往緬甸，任命暹羅王子為副王統治暹羅，規定其每年要交給緬甸 30 頭象、大筆金錢和廷那沙林海關關稅。他將數千名暹羅人，包括暹羅的藝術家、工藝家、音樂家、舞蹈者和學者，以及大量財富擄掠到勃固。暹羅的音樂和舞蹈因之傳入緬甸，被稱為猷達耶（Yodaya），即阿瑜陀耶之音譯。他在阿瑜陀耶派駐緬軍 3,000 人。[43]

被擄到勃固的暹羅國王出家為和尚，後來以年老以及想回家探望其廟宇之理由，剛好勃固在 1567 年鬧饑荒，許多人餓死，他請求莽應龍應允，莽應龍要求其宣誓效忠以及一定要返回勃固，最後同意其返鄉。暹羅國王返回阿瑜陀耶後返俗，陰謀與其兒子暹羅副王脫離緬甸而獨立。但其女婿彭世洛總督不同意加入反緬甸陰謀，暹羅國王乃自行宣布為暹羅國王，進行反緬甸鬥爭。1568 年，莽應龍再度引兵進攻暹羅，他從馬塔班進入暹羅，直抵被暹羅軍隊包圍的彭世洛，解除其危機。據緬甸史書之記載，此次緬甸軍隊有 546,000 人，而第一次攻擊暹羅的軍隊只有 54,000 人。而據暹羅史書之記載，緬甸第一次用兵之兵力有 500,000 人，而第二次攻擊暹羅的軍隊包括從清邁和寮國徵召來的軍隊有 900,000 人。[44] 莽應龍的軍隊中有 1,000 名葡萄牙雇傭兵。莽應龍包圍阿瑜陀耶十個月，未能迫使暹羅投降，乃利用反間計。

---

42. G. E. Harvey, *op.cit.*, p.165.

43. G. E. Harvey, *op.cit.*, pp.167-168.

44. Maung Htin Aung, *op.cit.*, p.121.

　　上次戰役被緬甸俘虜的帕耶卻克里（Paya Chakri，或寫為 Aukbya Setki）假裝從緬甸脫逃，他獲得阿瑜陀耶城守軍的同意入城，此時暹羅國王已去世，由其子繼位，新國王給予帕耶卻克里防守城池一隅的責任，帕耶卻克里暗中施計打開城門讓莽應龍的軍隊進城，緬軍佔領大城（時為1569 年 8 月 31 日）。彭世洛總督達瑪拉惹（Maha Dhammaraja）出任阿瑜陀耶的統治者。帕耶卻克里被任命為仰光總督。

　　暹羅國王被俘虜至勃固，在路途上病逝，莽應龍將 10 名未能妥善治療暹羅國王的醫生處死。莽應龍將阿瑜陀耶的城牆拆毀，將一半人口遷移到勃固。幾年後，由於柬埔寨人屢屢侵犯阿瑜陀耶，所以他又下令恢復建築阿瑜陀耶的城牆。

　　1570 年，莽應龍出兵佔領永珍，寮族人撤出永珍，永珍是一個空城，緬軍無法取得糧食，寮軍進行游擊戰，緬軍在疾病和糧食不足之情況下最後只好在同年 4 月退兵。1571 年，由於永珍之王位繼承問題引發衝突，緬甸軍隊趁機在 1575 年第三度進佔永珍，琅勃拉邦國王蘇林（Sen Surint，或寫為 Saen Surin）及庫曼王子（Prince No Keo Kuman，或寫為 No Meuang）被俘虜至緬甸。緬甸以十年前在緬甸當人質的寮國王子塔修雅（Chao Tha Heua 或 Voravangso）為琅勃拉邦國王，並派駐軍隊在永珍維持秩序。南掌每年向緬甸進貢 10 隻象和一萬單位的黃金。[45]

　　莽應龍在勃固的王宮，美輪美奐，唯有英王伊利莎白（Queen Elizabeth）的王宮差堪比擬。他統治時，音樂和舞蹈也有長足的進步。他組織了 12 名和尚成立法律編纂委員會，編纂了一部緬甸法律概要的書，其他法學家也寫了有關緬甸習慣法的著作，他又統一文字、度量衡、商業法令。他在各地，包括在清邁和大城興建寺廟和僧院。1555 年，他致送厚禮給錫蘭的康迪地方的佛牙廟，並出資購買土地，派工匠整修佛牙廟，讓該廟佛燈常明，並用他和王后頭髮結成掃帚，用來打掃佛牙廟中的塵埃。1560 年，葡萄牙人取得該佛牙，將之帶至印度果阿，莽應龍知道此一消息，派使節

45. Martin Stuart-Fox, *The Lao Kingdom of Lan Xang Rise and Decline*, White Lotus Press, Bangkok, 1998, p.84.

搭乘一艘在緬甸港口的葡萄牙船隻，攜帶八萬盧比和一船的米前往馬六甲，
交換該佛牙。葡萄牙總督有意接受該交易，但主教立即去見總督，他指責
總督的行為像共濟會員。主教說此一被詛咒之物應予銷毀，不應偶像崇拜。
1561 年，主教當著緬甸特使的面前將該佛牙放入臼中磨成粉，再在火盆中
燒，然後將之倒入河中。[46]

　　莽應龍聽信一名星象家的說詞，說他命中要娶錫蘭的公主，因此他派
遣一名使節和和尚前往錫蘭求婚。但錫蘭國王沒有女兒，將其管家的女兒
嫁給莽應龍，並贈送一個以雄鹿角做成的佛牙。該公主在巴生港受到熱烈
歡迎，在勃固被封為王后。康迪的國王聽說緬甸贈送錫蘭國王豐厚的禮物，
於是派遣使節到緬甸，表示他有正式的公主和真的佛牙想送給莽應龍。莽
應龍不想爭辯佛牙的真假，而加以婉謝。莽應龍逝於 1581 年，享年六十六
歲，遺有 97 名子女。

　　暹羅國王請求將其兒子普拉納里特（Pra Naret）送回暹羅，出任彭世
洛總督，該王子年十六歲，在緬甸王宮生活了九年。他回到暹羅後，尋求
讓暹羅獨立的方法。

　　緬甸新任國王是莽應龍的兒子莽應禮（Nandabayin），但莽應龍的弟
弟對他不滿，陰謀聯合其弟弟卑謬總督和東吁總督。莽應禮率軍攻打阿瓦，
其叔叔出城應戰，兩人各騎大象對仗，其叔叔失敗後逃入中國邊境，後病
死於路上。

　　當莽應禮率軍攻打阿瓦時，曾致函各省派遣軍隊支援，在暹羅的普拉
納里特認為這是脫離緬甸的大好機會，遂大肆招募軍隊，他計畫派軍跟隨
在莽應禮後方，若莽應禮戰敗，就可以趁機攻擊其殘軍敗將；若莽應禮戰
勝，就悄悄返回暹羅，等待下次機會。普拉納里特的計畫被莽應禮知道，
就告訴勃固守軍讓普拉納里特入城，再將之逮捕。勃固的若干孟族官員，
認為莽應禮可能戰敗，就通風報信給普拉納里特，說莽應禮計畫將他逮捕。
普拉納里特乃宣布暹羅獨立，並進兵勃固。不過，當聽說莽應禮擊敗阿瓦，

46. G. E. Harvey, *op.cit.*, pp.172-173.

正帶領軍隊返回勃固，他立即決定撤兵，並將過去被俘虜在勃固的暹羅人一萬多人帶回暹羅。普拉納里特加強阿瑜陀耶的城堡防禦，在 1584、1585 年和 1586 年擊退莽應禮的進犯。緬軍三次失敗，造成許多年輕人遁入寺廟出家，以免被徵兵。莽應禮強迫他們還俗，引起反抗，他將反抗者流放到北緬甸。

1590 年和 1592 年，莽應禮再度派遣其長子出兵暹羅，在與暹羅國王普拉納里特〔王號為納里軒（Naresuen）〕在騎象上大戰戰死，緬軍撤退。緬甸王子是普拉納里特小時候的玩伴，普拉納里特將其好友殺死而感到傷心，在其好友戰死之地立一小廟，以為紀念，然後班師返回阿瑜陀耶。隨後普拉納里特出兵佔領南緬甸的廷那沙林。

1593 年，一群孟族人叛亂，遭莽應禮逮捕和處死。毛淡棉的孟族領袖也發動叛亂，並尋求暹羅之協助。1595 年，納里軒出兵和孟族聯合包圍勃固，來自卑謬、東吁和清邁的援軍趕到勃固，納里軒沒有與之戰鬥就撤退。暹羅因此控有毛淡棉、廷那沙林和馬塔班。莽應禮則遭到內亂，其子控制的卑謬、東吁、清邁和阿瓦都宣布獨立。清邁遭到寮國入侵，請求暹羅支援，暹羅擊退寮國軍隊後，清邁成為暹羅的屬地。

東吁為了對抗暹羅，企圖控制勃固，故聯合阿拉干一起進軍勃固，1599 年阿拉干突襲西里安，和東吁的軍隊會合包圍勃固。但當阿拉干攻下西里安時，莽應禮被其軍隊推翻，勃固城內混亂，居民逃逸一空，東吁和阿拉干的軍隊沒有遭到抵抗就順利進城，將搜刮的金、銀、貴重財物均分，莽應龍擄自暹羅的大型銅雕、白象歸阿拉干，勃固王宮搜獲的佛陀像、錫蘭佛牙及其他財物則歸東吁。莽應禮的女兒歸阿拉干，已下台的莽應禮則歸東吁看管。莽應禮的兒子庸陽明（Nyaung Yan Min）登基為東吁國王，立即返回東吁，東吁王朝統治阿瓦和勃固，此為首度將今天緬甸本部納入單一王朝統治之下，阿拉干除外。[47] 阿拉干軍隊在擄掠城內財物後，放火燒城，搭船返回阿拉干。

---

47. John Nisbet D. Cec, *op.cit.*, p.4.

　　暹羅的納里軒出兵到勃固，發現該城已是一個空城，遂揮軍到東吁，要求東吁投降。但其海軍遭到阿拉干的攻擊，堵截其退路，在重大損失後只好撤退，其征服下緬甸的夢想破碎。

　　阿瓦國王在 1605 年去世，由其子阿努克佩特倫繼位，他年輕好戰，繼續與撣族戰爭，1606 年佔領木邦，[48] 1608 年佔領卑謬，1610 年佔領東吁，仍命納茨興隆（Natshinnaung）為東吁總督。他將錫蘭佛牙、牛隻和過去從勃固、卑謬和阿瓦被驅逐到東吁的百姓帶回阿瓦。當時效命於阿拉干國王的葡萄牙雇傭兵指揮官迪布里托控制迪安哥（Diango）港，幹著海盜和奴隸買賣工作，表面上他們效忠阿拉干國王和葡萄牙果阿總督，實則自立為王。納茨興隆為報復阿努克佩特倫降低其地位，致函給迪布里托，要求其出兵佔領東吁，迪布里托乃聯合馬塔班的孟族總督進取東吁，卻遭到納茨興隆的弟弟之反擊，迪布里托遂焚燒東吁王宮及破壞堡壘。納茨興隆及其弟弟逃到西里安。

　　1613 年，阿努克佩特倫包圍西里安三個月，迪布里托請求果阿總督派軍援助，但果阿遲未援助，阿努克佩特倫挖掘坑道進入西里安，終於佔領該城，納茨興隆和迪布里托被處死。納茨興隆的王后和家人被賣為奴，葡萄牙雇傭兵被流放到北緬甸，許其保留天主教信仰。

　　阿努克佩特倫平等對待緬族、孟族和撣族，1622 年他在王宮前置有一個銅鐘，上面刻有緬文和孟族文，有冤者均可擊鐘申冤。他遣使到果阿、馬六甲和亞齊，目的在尋求貿易。他決定重建勃固為政治和商業中心，重建臨時王宮。1628 年，王儲明里代帕（Minredeippa）因為密會一名景棟土司的女兒，而遭阿努克佩特倫譴責，王儲遂暗殺其父。大臣們怕此事透露出去，會引發各地叛亂，遂推舉王儲為王。1629 年，阿努克佩特倫的弟弟、阿瓦總督塔倫民（Tharlun Min）率軍進入勃固，大臣們逮捕王儲，另推舉塔倫民為王。塔倫民以叛亂和謀殺罪將王儲和涉案大臣們處死。他在勃固

48.「明神宗萬曆三十四年（1606）六月癸卯。雲南緬夷阿瓦擁眾數萬攻圍木邦宣慰司，我軍不援，失之。事聞，黜鎮守副總兵陳寅，錮其終身。遊擊劉素並罷。」（〔明〕溫體仁等纂修，**神宗顯皇帝實錄**，卷四二二，頁三。）

登基，有眾多緬族、撣族和孟族大臣參加。但當他正在進行加冕禮時，負責建造他的寺院的建築師和毛淡棉的孟族陰謀政變，他派兵鎮壓孟族，有許多孟族逃到暹羅，他遣使要求暹羅國王將孟族叛徒遣送回緬甸，遭到拒絕。1634 年，他將首都遷到阿瓦，並重新加冕。此表示他是緬族和撣族的國王，不是孟族的國王。

　　1635 年，荷屬東印度公司派人前往阿瓦，塔倫民同意其在西里安設立土庫，但不允其獨佔緬甸貿易，關稅率仍維持 16.5%。當時緬甸的主要出口產品有象牙、黃金、兒茶（cutch）、錫、鉛和銅器，亦從中國雲南轉運貨物。1647 年，英國東印度公司一艘船裝載二萬鎊價值的貨物到緬甸港口，並在西里安設立土庫。[49] 由於貿易量不大，所以該兩國在 1677 年都撤退。[50]

　　在塔倫民執政期間，大臣凱恩沙（Kaingsa）根據早期印度的**曼奴法典**以及**莽應龍法律彙編**、孟族文的**法典**（*dhammathats*）重新以緬文編寫法律彙編，稱為**曼奴法律彙編**（Manusarashwemin 或 Maharaja dhammathat）。[51]

　　塔倫民於 1648 年去世，由其子平達勒（Pindalè）繼位，他是力量衰弱的國王。1659 年 2 月，明朝最後一位皇帝永曆帝桂王朱由榔率其殘軍退入緬境的赭硜（今之實階），獲得平達勒庇護，結果引來中國軍隊兵臨阿瓦，擄掠和殺戮。1661 年，大臣們遂迫使平達勒下台，另推舉其弟弟驃明（Pyè Min）[52] 為王。1662 年，中國平西王吳三桂派遣 18,000 名軍隊進抵曼德勒的翁賓勒（Aungbinle）要求緬甸交出永曆帝朱由榔，驃明舉行大臣會議，指出 1446 年緬人曾投降交出松干布瓦（Thonganbwa），1601 年中國人曾向八莫撣族土司（Bhamo sawbwa）投降，因此根據先例可交出永曆帝。大臣們同意其說法，而不顧緬甸曾同意永曆帝居住。[53] 哈維在其書上所講的

---

49. Maung Htin Aung, *op.cit*., p.146.

50. G. E. Harvey, *op.cit*., p.191.

51. G. E. Harvey, *op.cit*., p.195.

52. 中文文獻稱為莽應時，「清世祖順治十八年（1661），李定國挾明桂王朱由榔入緬，詔公愛星阿偕吳三桂以兵萬八千人臨之。李定國走孟良［艮］，不食死。緬酋莽應時縛由榔以獻，遂班師。緬自是不通中國者六、七十年。」（**清史稿校註**，卷五百三十五，屬國三，緬甸，頁 12117。）

53. G. E. Harvey, *op.cit*., p.201.

「1601年中國人曾向八莫撣族土司投降」，是指**明史**所記載的1602年7月
之事跡：

> 「明神宗萬曆三十年（1602）秋七月，是月，緬賊陷蠻莫宣撫司，
> 宣撫思正奔騰越，賊追至，有司殺正以謝賊，始解。」[54]

上述事跡講的是中國殺了引發與緬甸發生糾紛的蠻莫宣撫司宣撫思
正，才平息雙方之衝突。此並非中國人向八莫撣族土司投降。

不願投降清朝的明代將領李定國率領數千人屯駐在中、緬邊境地帶，
李定國去世後，其部下四散，明朝遺臣之後裔稱為桂家或貴家，有些遷移
到果敢地區。「桂家波龍銀廠始末。桂家一作貴家，相傳明永曆帝入緬時，
為緬酋所俘，其家人及侍從皆散駐沙洲，蠻不之逐。謂水至盡漂矣。已而
水至，洲不沒，蠻共神之。百餘年，生聚日盛，稱桂家。」[55]

1657年，英國關閉在西里安的土庫，荷蘭亦在1661年停止對緬甸的貿
易。

驃明於1672年由其子納拉瓦拉（Narawara）繼位，但隔年即去世，其
妹、太監和部分大臣操縱政局，遴選聽話的明里克約丁（Minrekyawdin）
為國王。1687年，英國重新在墨吉做生意。1688年，法國在西里安設立商
館。1709年，英國在西里安設立土庫，持續至1743年。英國輸出武器給緬
甸政府，還有歐洲器具；從尼可巴島（Nicobars）將椰子和檳榔賣至緬甸。
從緬甸運出象牙、紫膠、胡椒、荳蔻、蜂蜜、獸皮、兒茶、棉花和絲、珠寶、
銀、鉛、銅、鐵和錫。1698年，明里克約丁去世，由其子山尼（Sane）繼
位。他在實階建造曼隆（Manaung）佛寺。1714年，山尼的兒子塔寧干威
（Taninganwe）繼位。其叔叔、也是蒲甘總督叛亂，被鎮壓後逃到勃固以東
的山區。1721年，第一位基督教傳教士抵達緬甸，他致送禮物給教皇。卡

---

54. 〔清〕張廷玉等撰，**明史**，卷二一神宗本紀，頁283。

55. 錢基博修訂，**清鑑**（上冊），卷七高宗乾隆，啟明書局，台北市，1959年7月初版，頁
    426-431。

拉（Mg Kala）根據以前的文獻編纂了**編年史**（*Yazawingyi*）。後來該書大部分編入**玻璃宮編年史**（*Hmannan Yazawin, Glass Palace Chronicle*）。[56]1725 年，清邁叛亂，緬甸出兵鎮壓失敗。

圖 3-2：2003 年重印的玻璃宮編年史。
資料來源：http://en.wikipedia.org/wiki/Hmannan_Yazawin. 2014 年 3 月 2 日瀏覽。

　　塔寧干威於 1733 年去世，由其子瑪哈單瑪耶札（Mahadammayaza-Dipati）繼位。印度北部山區的曼尼普爾（Manipur）公國在 1738 年進攻阿瓦，燒毀實階（Sagaing），劫掠克約克西。[57]1740 年，勃固總督聽到北印度山區的曼尼普爾公國進攻阿瓦，遂萌生獨立念頭，登基為王，派兵進攻西里安。由於他過於殘暴，遭其部下殺死。阿瓦國王派其叔叔前往勃固，將涉案者處以死刑。另派任新總督。但勃固的孟族人再度叛亂，殺害該新總督及勃固、馬塔班和西里安的緬族人。[58]孟族人布陀基替（Smim Htaw Buddhaketi, 1740-1747）被擁立為勃固國王，清邁酋長將女兒嫁給他。他出兵佔領卑謬和東吁，但未獲得土瓦和馬塔班的協助。1742 年，他率軍溯伊洛瓦底江進攻阿瓦，遭阿瓦擊退。

　　當孟族人於 1740 年作亂後，土瓦和馬塔班的緬族總督出兵攻打勃固，該兩地的孟族人殺害緬族人，該兩名總督無法退至阿瓦，遂帶領三百隨從投靠清邁，獲暹羅國王熱誠接待。阿瓦國王聽到此一消息，1744 年遣使致送禮物給暹羅國王，包括：鍍金漆器的高腳杯、碗和碟子、有滾邊的衣服、土油、進口布匹、一隻獨木舟、以及給王后的長袍。暹羅國王亦遣使回贈禮物，包括：鍍金漆器的高腳杯、碟子和檳榔盒、有龍形圖案的絨布和絲織品、皇家小艇、金葉表文，該金葉表文用鑲嵌象牙和珠寶的盒子裝

---

56. 該書在 1832 年 9 月由緬甸貢榜王朝皇家歷史委員會（The Royal Historical Commis-sion of the Konbaung Dynasty of Burma）出版。（http://en.wikipedia.org/wiki/Hman nan_Yazawin 2014 年 3 月 2 日瀏覽。）

57. 黃祖文編譯，**緬甸史譯叢**，南洋學會，新加坡，1984 年，頁 1。

58. G. E. Harvey, *op.cit.*, p.212.

著，外用絲絨和金繩綁著，背面有象形圖案。由於正值阿瓦和孟族的戰爭，暹羅使節走的路線都是偏僻小路，進入民布（Minbu）地區的興布育雍（Hsinbyugyun），發現有孟族軍隊，暹羅使節散布謠言說是暹羅前來援救阿瓦的前哨軍隊，目的在威嚇孟族軍隊，結果孟族軍隊相信此一謠言，而將軍隊撤回勃固。[59]

以後布陀基替沉迷於獵捕大象，尤其是想捕獲白象，以證明其具有合法國王之地位。他亦相信星象宿命，認為其星座運勢已告結束，遂不顧其大臣的勸回，他帶了十頭象和 300 名隨從前往清邁，再轉往大城。暹羅國王將他拘禁，並用船將他送往中國。但船在暹羅西海岸登陸，他只好前往雲南。但雲南不歡迎，他又回到清邁，獲同意以後就住在清邁。

勃固在 1747 年推選一名和尚為國王，但數天後又推選較有魄力的孟族王公莽達喇（Binnya Dala）為國王。1750 年，勃固孟族派遣一名使節前往法國統治南印度的龐迪車里（Pondicherry），獲法國總督杜普雷克斯（Joseph-François, Marquis Dupleix）熱誠接待，並派幹練的官員布魯諾（Sieur de Bruno）前往勃固，簽署條約，法國應允提供武器給勃固，勃固則給予商業利益。在印度的英國擔心法國可能控制西里安，於是遣使到勃固，請求在尼格萊斯岬（Cape Negrais）設立土庫，但遭到拒絕。

勃固也在同一年遣使到中國雲南，攜帶大象和金製佛塔模型及其他禮物請求協助。

「乾隆十五年（1750），緬王莽達喇製金銀二鈚篆刻表文，並奉金塔、馴象、緬布各等物，抒誠入貢。奉諭嘉獎其使臣，筵宴俱照各國王貢使之例，並頒敕諭御書『瑞輯西琛』四字匾額賜之。令使臣賚捧歸國。」[60] 在清朝官方檔案中將莽達喇寫為緬國國王。[61]

為了阻止暹羅和撣族聯合干預，勃固在法國協助下，在 1752 年 4 月出

59. G. E. Harvey, *op.cit.*, p.214.

60. 清高宗敕撰，**清朝文獻通考**，卷二百九十六，四裔考四，緬甸條，頁考 7455。

61. 國立故宮博物院藏，**清代宮中檔奏摺及軍機處檔摺件**，文獻類名：軍機處檔摺件，文獻編號：006369，事由：奏報籌辦緬甸貢使到境事。乾隆十五年十二月二十一日。

兵阿瓦，一隊由王儲率領，另一隊由達拉班（Dalaban）率領。勃固國王莽
達喇則率海軍沿伊洛瓦底江溯流而上，沒有遭到抵抗，勃固軍隊就佔領阿
瓦，俘虜阿瓦國王和其家人到勃固。莽達喇任命達拉班為阿瓦總督，留下
三分之一軍隊駐守。

表 3-3：東吁王朝國王世系（1486-1752）

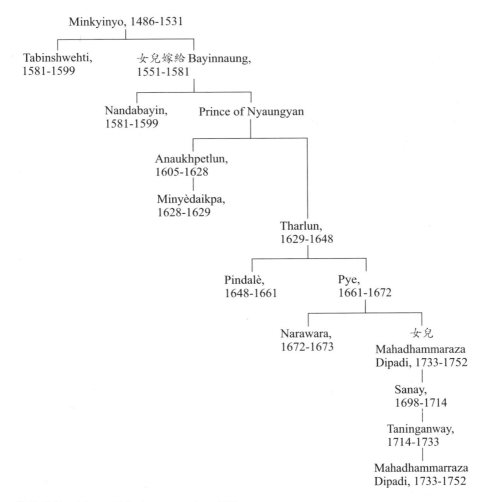

資料來源：Maung Htin Aung, *op.cit.*, p.339.

第五節　貢榜王朝

當阿瓦陷落時，地方出現三股勢力，其中力量最強大的是翁澤耶（Maung Aung Zeya），他住在莫克梭波（Moksobo）村，其家庭數代為該村村長，他是該村村長，獲得周圍四十六個村村民的支持，他將村民集中到他的村中，建設壕溝，以棕櫚樹幹建成堡寨，加強防衛，將附近的樹砍倒，讓進犯的敵軍沒有可遮掩的地方。他將村子改名為瑞保〔又稱貢榜（Konbaung）〕，意指「黃金主人之地」，1752年登基為全緬甸之王，王號為甕藉牙（Alaungpaya）或指「將成佛之大君」或「佛陀之化身」。他自稱係繼承阿瓦王朝，首都在瑞保。他建立的王朝，在歷史上被稱為貢榜王朝。

法國駐印度總督杜普雷（Joseph François Dupleix）於1751年派遣其駐勃固的代表保爾諾（Sieur Bruno 或 Bourno）與勃固國王簽訂條約，並向法屬東印度公司經理建議派遣數百名軍隊佔領緬甸，但未獲同意，因為法國的注意力集中在歐洲和印度局勢，對緬甸沒有興趣。但英國人在1752年就派遣泰勒（Thomas Taylor）船長前往勃固，要求勃固將伊洛瓦底江的尼格萊斯島（Negrais）割讓給英國，以給予軍事援助作為交換條件。但當他抵達勃固時，發現勃固國王已與法國的保爾諾簽訂條約，遂立即要求駐印度英國當局出兵佔領尼格萊斯島，在上頭建築砲台。[62]

1752年底，甕藉牙控制上緬甸，除了阿瓦外，連撣族住區都在其控制之下。他在瑞保建設磚頭城牆和壕溝，裡面建設有宮殿、廟宇。他任用有才幹的人，鼓勵學習，禁止宗教儀式殺動物祭拜，禁止飲酒，理由是過去阿瓦國王的衛士喝酒誤事，致遭孟族叛軍佔領。基於宗教和經濟因素，禁止殺牛。年滿六十歲者，無須為國王或村長服勞役，若他們遵守五戒律（Five Precepts）及在修道院和寺廟服務，則其糧食、衣服和旅行之費用由國王供應。他自己過著簡樸生活和虔誠禮佛。

---

62. 黃祖文編譯，**前引書**，頁4。

　　甕藉牙在 1753 年率軍包圍阿瓦，孟族軍隊趁夜逃走，甕藉牙未遭反抗即佔領阿瓦。由於阿瓦殘破，他在瑞保營建王宮。甕藉牙在該年遣使到中國，「乾隆十八年（1753），〔產銀的茂隆廠〕廠長吳尚賢思挾緬自重，說緬入貢，緬酋麻哈祖乃以馴象、塗金塔遣使叩關，雲南布政司等議卻之，而巡撫圖爾炳阿遽以聞。帝下禮部議，如他屬國入貢例。」[63] 當時甕藉牙並未受中國冊封，故稱之為緬酋。

　　1754 年 3 月甕藉牙又擊敗勃固國王莽達喇的進犯。在勃固的孟族和緬族陰謀恢復被俘虜的阿瓦國王的王位，但事跡敗露，阿瓦國王及其三個兒子被淹死。1755 年 5 月，甕藉牙出兵勃固和西里安，佔領大公（Dagon）後，將之改名為仰光（Rangoon），意指「反抗終止」（end of opposition），並在大金塔寺廟前舉行大規模勝利閱兵儀式。他宣稱自己為緬甸和勃固國王。他截獲了許多停靠在仰光港口的法國和英國船隻，但後來法國船隻逃走了，他要求留下的英國船將船上的武器和大砲賣給他，英國船長不想因為賣武器給甕藉牙，而與西里安的孟族發生衝突。以致於甕藉牙缺乏武器攻擊西里安。

　　此時上緬甸之印度邊境傳來曼尼普爾軍隊攻擊緬族村莊，甕藉牙出兵鎮壓。勃固孟族王儲和布魯諾從西里安出兵攻擊仰光，停靠在西里安的英國船隻，包括名聲不好的「阿科特（Arcot）號」也加入攻擊行列，結果失敗。住在尼格萊斯的英國人擔心遭報復，遂派貝克船長（Captain George Baker）前往瑞保見甕藉牙，請求允許英國東印度公司繼續在尼格萊斯活動。甕藉牙說等他控制西里安後再來考慮此事。

　　1756 年，甕藉牙返回仰光，同意尼格萊斯地方的英國人繼續居住，英國也可在巴生港另建一座土庫，但英國人需提供武器。他同時以金葉表文致函英國國王，表賀英王壽誕。他隨後出兵攻打西里安，但圍城八個月未下，武器彈藥不足，他懷疑是英國人故意不提供武器彈藥。最後甕藉牙派遣敢死隊潛入城內，才控制該城。布魯諾及少數高官被處死，其餘法國人則被囚禁在上緬甸的天主教村。

---

63. 清史稿校註，卷五百三十五，屬國三，緬甸，頁 12118。

　　甕藉牙在準備進攻勃固前，在卑謬南方的小鎮米耶農（Myanaung）集結軍隊，英國東印度公司派代表李斯特（Ensing Lester）進行談判，1757 年雙方簽署條約，規定：(1) 緬甸國王給予東印度公司在尼格萊斯岬和巴生港的一塊地建設土庫；(2) 緬甸國王允許東印度公司在緬甸全境貿易，無所阻礙；(3) 東印度公司每年提供給緬甸國王大砲、槍枝和軍需物品；(4) 緬甸國王允許英國東印度公司在仰光設立貿易中心；(5) 緬甸國王將給予英國東印度公司在進行對抗緬甸國王之敵人時之損失的補償；(6) 英國東印度公司將不會協助緬甸國王之敵人。[64] 甕藉牙隨後包圍勃固，莽達喇以其女兒嫁給甕藉牙為后作為議和條件。

　　勃固有不願投降的將領廢黜莽達喇，堅持對抗，最後城破，莽達喇及其家族被俘往瑞保，甕藉牙採取寬容作法，勃固孟族官員很多仍維持原職。甕藉牙隨後又率軍到北方鎮壓曼尼普爾的叛亂。勃固的孟族趁機叛亂，殺害下緬甸各地的緬族人，將勃固緬族總督驅逐。尼格萊斯的英國人涉及該起叛亂，因為在叛亂爆發前，英國的「阿科特號」艦開至仰光，售賣武器給孟族人。該起叛亂很快就被當地緬甸軍隊鎮壓。許多孟族人逃入暹羅避難，受到暹羅的歡迎，因為可以增加抗禦緬甸的力量。

　　由於甕藉牙沒有收到英國國王的回信，而且尼格萊斯的英國人涉及叛亂，所以他在 1759 年 5 月下令攻取尼格萊斯，燒毀土庫，屠殺在東印度公司工作的人員。

　　最令甕藉牙感到擔心的是逃至暹羅的孟族人，會使得暹羅的勢力增強，威脅到下緬甸。有些歷史學家認為甕藉牙具有野心，企圖將暹羅納入版圖，以實現其第一個緬族大帝國蒲甘王朝和第二個緬族大帝國莽應龍王朝的光榮，當時的王朝疆域包括暹羅及湄南河谷地。但茂丁昂（Maung Htin Aung）認為這種評斷是不公正的，因為他並未侵略阿拉干，他對於暹羅初期也是很容忍，他僅要求暹羅國王將叛亂的孟族領袖遣送回緬甸。[65]

---

64. Maung Htin Aung, *op.cit.*, p.167.
65. Maung Htin Aung, *op.cit.*, p.169.

　　茂丁昂認為緬甸和暹羅的衝突是由暹羅挑起的。暹羅先改善阿瑜陀耶的防衛，強化過去緬甸進入暹羅的道路沿線的據點。隨後暹羅攻擊土瓦，甕藉牙率軍到廷那沙林，擊退暹羅軍隊，接著越過泰南半島前往阿瑜陀耶。由於暹羅軍隊部署在阿瑜陀耶北方和西方，而緬甸軍是從南方接近阿瑜陀耶，所以沒有遭到強烈抵抗，從 1760 年 4 月起包圍阿瑜陀耶，雙方曾進行談判，結果談判破裂。甕藉牙本想立即進攻阿瑜陀耶，惟緬甸文獻稱他因痢疾而去世，但暹羅文獻稱係因為受到自己操控的大砲膛炸受傷而去世。[66]緬軍悄悄緩慢地撤軍，指揮官諾拉塔（Minkhaung Nawrahta）率 5,000 名步槍兵和砲兵監控阿瑜陀耶。甕藉牙在抵達打端時去世。行軍司令隱匿該消息兩星期，派人飛報在瑞保的甕藉牙的長子，建議他立即登基。甕藉牙裹著繃帶，放在有帷幕的擔架上，行軍指揮官每天到該帷幕前假傳其命令，假裝他還活著在發號施令。

　　甕藉牙育有六子，二兒子孟駁（Myedu）野心勃勃，想迫使軍隊司令擁護他登基為王，但軍方將領沒有給予支持。時在下緬甸護送甕藉牙屍體到瑞保途中的長子莽紀瑞（Naungdawgyi，或稱孟絡），聽到瑞保的孟駁引發動亂，遂召集其他弟弟和諾拉塔到瑞保。由於母親的說情，莽紀瑞原諒了孟駁。莽紀瑞懷疑諾拉塔的忠誠，企圖將他逮捕，所以他率領軍隊控制阿瓦，莽紀瑞也包圍阿瓦，諾拉塔突圍逃出城外，後被槍擊斃。

　　東吁的總督，也是甕藉牙的叔叔，也起來反對莽紀瑞。其他地方的反抗接連遭鎮壓，但莽紀瑞都給予原諒，且恢復原職。莽紀瑞出兵包圍清邁數個月，在 1763 年 7 月佔領，直抵中國邊境。派遣坎迷你（Ap'ai K'ammini）將軍為清邁總督。隨後緬軍控制琅勃拉邦。莽紀瑞死於 1763 年 11 月 28 日，由於其兒子僅有十二個月，因此由其弟弟孟駁繼位，王號為「辛驃信」（Hsinbyushin 寫為 Hsengbyusheng），即「白象之君」（Lord of the White Elephant）。惟 1763 年 11 月暹羅聽到孟駁出任國王，於是鼓動清邁動亂，緬甸總督逃逸。1764 年底，緬軍再度控制清邁。孟駁在 1764 年 12 月出兵

---

66. Maung Htin Aung, *op.cit.*, p.169.

攻擊曼尼普爾，將其人口擄掠至阿瓦，以增加阿瓦的人口，然後在 1765 年
4 月將首都從瑞保遷到阿瓦。

　　緬甸大軍 5,000 人在 1765 年 6 月從清邁南下，緬軍由狄哈帕泰（Thi-
hapatei）率領，在永珍之協助下入侵琅勃拉邦，俘虜國王考曼（King Sotika
Koumane）之弟弟蘇里亞旺（Suriyawong 或 Tiao-Vong），泰北至寮北琅勃
拉邦一帶為緬軍控制，緬軍繼之南下進攻大城（阿瑜陀耶）。[67] 狄哈帕泰動
員清邁、永珍和其他寮族的增援軍隊，佔領了披猜、拉亨（Raheng）、沙
萬卡洛克、素可泰。10 月，緬軍南方軍由馬哈那拉塔（Mahanawrahta）率
領 5,000 人從廷那沙林出發，經土瓦、尖噴和碧武里（或佛丕）。另一支緬
軍經由三佛塔隘道東進，11 月底與南方緬軍在拉特武里會合，佔領拉特武
里，未遭嚴重抵抗。進而佔領素攀武里。然後進抵阿瑜陀耶。

　　1765 年，景棟地區有華人和緬人一起喝酒引發衝突，一名中國人被殺，
景棟撣族領袖（土司）和緬甸政府逮捕犯人及欲賠償被害人家屬，但雲南
總督要求將罪魁禍首解交中國，遭拒絕，中國出兵入侵景棟失敗，指揮官
戰死，雲南總督自殺身亡。中國再度派遣新總督，並出兵北緬甸，仍然失
敗，中國皇帝召回該名總督，該名總督自殺。[68]

　　「乾隆三十一年（1766）春三月，緬甸入寇九龍江，雲貴總督劉藻率
師禦之，敗績，自刎死。詔以大學士楊應琚代之。」[69] 九龍江，即瀾滄江。

　　從清邁南下的緬軍繞過彭世洛，沒有加以騷擾。佔領披契特（Phichit）、
那空沙萬、安東（Ang Thong）等地，進抵阿瑜陀耶。前述三股緬甸軍隊花
了一年的時間才在 1766 年 1 月在阿瑜陀耶的大門會師，兵力達到 5 萬人，
約與阿瑜陀耶的兵力相當。暹羅軍隊輕敵，出城追殺緬軍，緬軍先以步槍
射殺暹羅大象，象群大亂，在暹羅軍中亂踐踏，緬軍再以大砲轟擊暹羅軍
隊，暹羅軍隊潰敗，只有少數軍人退回城內。緬軍在城外築土堆，然後從

67. 參見吳迪著，陳禮頌譯，**暹羅史**，臺灣商務印書館，台北市，1988 年修訂重排初版，頁
　　266-267。

68. Maung Htin Aung, *op.cit.*, p.176,178.

69. 錢基博修訂，**清鑑**（上冊），卷七高宗乾隆，啟明書局，台北市，1959 年 7 月初版，頁
　　426-431。

土堆上以大砲轟擊城內。暹羅國王伊卡塔特（Ekat'at）致函緬軍，願向緬甸朝貢，緬軍不允，要求其無條件投降。1767 年 4 月 7 日，緬軍在城牆腳挖地道，塞以稻草和木頭，然後放火燒城。當城牆一部分倒塌後，緬軍就攻入城內，所有房舍和設施均被燒毀。國王伊卡塔特搭乘小船逃走，不知所蹤。前王巫東蓬（Ut'ump'on）則被從廟中帶走，擄往緬甸，於 1796 年去世。緬軍並沒有大屠殺城內人民，只是將他們俘擄，包括王室成員、貴族、農民、舞者、音樂家、工匠、藝術家、詩人等約三十萬人均被擄往緬甸，此一作法使得緬甸文學和藝術得以復興。[70] 最重要者，大城是當時印支半島最富裕的城市，緬甸所以三番五次進攻大城，主要原因就是要取得大城的黃金、銀和珠寶。[71] 緬甸俘擄大批暹羅人，是為了增加農村勞動力、兵源，發展國家經濟。不過，緬軍將城內重要建物放火燒毀，使得該一歷經數百年營建的大城市毀滅，誠為人類文明的浩劫。

　　1767 年，中國乾隆皇帝派遣伊犁將軍明瑞為雲南總督，他佔領新維，俘虜撣族領導人，予以處死。1768 年 3 月，他進兵到距離阿瓦三十里的辛谷（Singu）。孟駁領兵擊退中國軍隊，趁勝追擊在新維的中國軍隊，經過一番苦戰，將之收復，中國軍隊退回中國境內。茂丁昂的著作說：雲南總督割下其辮子，送給中國皇帝，表示其效忠，然後上吊自殺。[72] 根據中國文獻王之春輯**國朝柔遠記**記載：「乾隆三十三年（1768）……明瑞乃令軍士乘夜出度，皆得自達，而自與巴圖侍衛親兵數百斷後，與賊血戰，領隊大臣札拉豐阿中槍死，侍衛親兵皆散，明瑞、觀音保皆死之。時二月十日也。」[73] 按察使楊重英在該次戰役中被俘虜。

　　1769 年底，中國在雲南和緬甸邊境陳兵 6 萬，由一位有名望的滿州將軍阿里袞領導。中國軍隊很快就佔領八莫。但因為戰爭傷亡慘重，中國皇帝下令議和撤兵。中國派出 13 名代表、緬甸派出 14 名代表在景棟

70. Maung Htin Aung, *op.cit.*, p.175.

71. G. E. Harvey, *op.cit.*, p.253.

72. Maung Htin Aung, *op.cit.*, p.179.

73. 〔清〕王之春輯，**國朝柔遠記**，卷五，頁 307-310。

（Kaungtun, Kengtung）附近舉行和談。根據茂丁昂的說法，緬軍指揮官西哈蘇拉（Maha Thiha Thura，或寫為 Maha Sihasura），也是征服阿瑜陀耶者，要求中國以下條件：(1) 中國應將避難到中國的撣族領袖家屬、叛軍遣送回緬甸。(2) 中國應尊重撣族的土邦，它們歷史上屬於緬甸領土。(3) 應釋放所有戰俘。(4) 中國皇帝和緬甸國王應友好如前，交換使節，贈送禮物。雲南總督接受該條約。但中國皇帝對此約內容不滿，不同意釋放逃亡者，要把他們當成人質，也不同意進行貿易。中國皇帝生氣地將該約本撕毀。[74]

　　另據帕伊爾之說法，雙方和約內容為：雙方恢復和平與友好、重開黃金、銀和商業道路、兩國使節互換禮物、依據以前的習慣每十年雙方互送友好信函。該和約沒有提及疆界、土司和戰俘的交換等問題。當緬軍指揮官西哈蘇拉遣人至阿瓦向緬王孟駁報告與中國議和之事，並呈送中國的禮物，孟駁非常不悅，下令前線軍官的眷屬，包括太太，跪在王宮的西門，頭上頂著中國的禮物，經過三天三夜才允許他們回家。當西哈蘇拉及軍官們返回阿瓦，被禁止入城一個月。以後緬甸和中國兩國才恢復貿易關係。[75]

　　前述茂丁昂書上記載中國撕毀該和約的說法，跟錢基博修訂的**清鑑**之記載不同：「乾隆三十四年（1769）十二月，與緬人定和約罷兵。方明瑞之陷敵而死也，緬酋孟駁，以時方用兵暹羅，不欲與中國搆釁，因乘機求和，縱還俘虜八人，使擺夷具貝葉書，請罷兵。」[76]

　　此外，**大清高宗純（乾隆）皇帝實錄**對此事之記載可作一比較：「乾隆三十四年（1769）十二月乙卯，經略大學士公傅恆等奏，大兵圍攻老官屯，緬匪懵駁遣人致書，懇求罷兵，情願繕具表文，十年進貢一次。茲差頭目二人呈送洋錦呢布等物。臣等堅不受，經頭目等率夷眾一百八十餘人，負荷陳設營門，再四懇求，即飭令接受，將魚鹽菜蔬等物分犒軍士，綢緞銀牌分賞夷眾，並令哈國興，諭以納貢時表文，須遵各外藩體例，應恭繕具書緬甸國王臣某奉表大皇帝陛下，以昭規制。該頭目即書寫存記。查其

74. Maung Htin Aung, *op.cit.*, pp.181-182 .
75. Authur P. Phayre, *op.cit.*, pp.202-205.
76. 錢基博修訂，**前引書**，頁 437-438。

言詞，似無欺飾。諭軍機大臣等，據傅恆等奏稱，緬酋懵駁遣人到軍營齎送錦布等物，並見哈國興，當即諭以表文規制等語。所辦甚是。前此懵駁懇求通商，曾經降旨傳諭傅恆，不允所請。今既願奉表稱臣，輸誠納貢，通商自屬可行。但此時且不必曉諭，俟其來京時，再降恩旨。著傳諭傅恆等知之。」[77] 文中所稱的懵駁，即孟駁。

　　這次緬甸和清朝之戰爭，緬甸之所以能抗衡清朝之進攻，主因是緬甸擁有重型大砲，以及由葡萄牙和法國戰俘的後代操作這些武器。[78]

　　但緬甸遲未遣使進貢，引起清朝不滿，1770 年 2 月嚴禁通市，5 月派遣都司蘇爾相齎送檄諭至老官屯，結果遭到扣押。清朝對於緬甸之怠慢，雖然很生氣，但又無意出重兵，以免折損過巨，於是採取邊境游擊騷擾戰術。

　　「乾隆三十五年（1770）六月甲申，諭軍機大臣等，現在緬匪敢於食言，恣意陸梁，特以內地之人不服彼處水土，激我進兵，賊計甚屬狡猾。我若大舉進兵，即墮其術，徒傷士卒，轉使賊匪得計。此事斷不可行。然若竟置之不辦，任其猖獗，亦無此理。宜令賊匪不得休息，相機往擊，蹂躪其地。海蘭察、哈國興皆係閱歷之人，亦悉賊匪情性。阿桂、彰寶即選精兵千名，交伊二人，或一路行走或分兩路前進，令常保住、長清各帶兵千名策應。」[79]

　　寮國琅勃拉邦國王弟弟蘇里亞旺在 1771 年奪取王位，一意要報復永珍勾結緬軍佔領琅勃拉邦，害他被緬甸拘留數年。他於是出兵攻打永珍，永珍國王斯里汶耶善（Chao Siribunyasarn）請求緬甸救援，緬甸派遣波蘇普勒（Bo Supla）將軍支援永珍，驅退蘇里亞旺軍隊撤回琅勃拉邦。

　　孟駁宣布由其子贅角牙（Singu）王子繼位，雖然其四個弟弟還健在，他獲得西哈蘇拉的支持，而西哈蘇拉的女兒嫁給贅角牙王子。1775 年，孟

---

77. 〔清〕慶桂等撰，**大清高宗純（乾隆）皇帝實錄（十七）**，卷八百四十八，頁 17-18。

78. Authur P. Phayre, *op.cit.*, p.203.

79. 〔清〕慶桂等撰，**大清高宗純（乾隆）皇帝實錄（十七）**，卷八百六十二，頁 18-19。

駁派遣西哈蘇拉出兵攻暹羅，此時孟駁有病，謠言四起，清邁趁機脫離緬甸，而傾向暹羅。寮國也跟進。西哈蘇拉戰爭受挫。1776 年，孟駁病逝，西哈蘇拉下令撤兵，趕回阿瓦。贅角牙王子獲得西哈蘇拉之支持繼承王位，但各種反對勢力不絕。1782 年，甕藉牙長子之子孟魯（Hpaungsar, Maung Maung）總督一夜潛入王宮，控制王宮，待贅角牙返回王宮後，指使叛軍予以殺害。孟魯總督自立為王，推舉西哈蘇拉為首席部長，並召回三位被放逐的甕藉牙的兒子，予以逮捕，但第四子孟雲（Badon，或寫為孟隕）王子獲其他將領的支持逃走，被推舉為王，逮捕孟魯予以處死，後者在位僅七天。

> 「懵駁（即孟駁）死，子贅角牙立。孟雲次兄孟魯，以甕藉牙有兄
> 終弟及之諭，懵駁死兒子襲，非約，乃戕殺贅角牙，欲自立，國人不服，
> 亦殺孟魯，迎孟雲立之。」[80]

孟雲王子亦處死贅角牙的王后和妾，以及其僕人和子女。孟雲王子的王號為波道帕耶（Bodawpaya），緬人稱他為明塔亞吉（Min Tayagyi），意指「偉大的制法者」。[81] 波道帕耶仍任命西哈蘇拉為首席部長。但由於波道帕耶作風強勢，與西哈蘇拉不和，後者陰謀另立西撒（Sitha）王子為王，政變失敗後，西哈蘇拉、西撒王子和涉案者均被處死。以後甕藉牙的第五兒子亦叛亂，失敗被處死。

1777 年 7 月，緬甸釋回蘇爾相，楊重英仍被拘留。在這之前，清朝也拘留緬甸交涉使孟幹、孟團、碎凍三人。

孟雲於 1783 年依據星象家預言在阿瓦北方建新都阿瑪拉普拉（Amara-pura），[82] 重定疆界，調查佛教教會的土地、調查稅賦、改善交通、肅清公

---

80. 清史稿校註，卷五百三十五，屬國三，緬甸，頁 12131-12132。

81. John Nisbet D. Cec, *op.cit*.,p.11.

82. 緬甸各王朝遷都頻繁，除了迷信星象家的說法外，也有可能是為了避開舊首都街道狹窄、骯髒、缺水、疾病、陰溝不通等因素。參見黃祖文編譯，**前引書**，頁 11。

路旁的盜匪、整理法律、出版判例。他亦與中國恢復和平。

　　1783 年 9 月，有三百名巴生港的孟族人攻擊仰光總督，將其殺害、燒毀總督府，搶奪 200 支滑膛槍和其他軍備。這批人在街上殺害不肯喝效忠水的人，後緬甸國王派軍鎮壓。

表 3-4：貢榜王朝國王世系（**1752-1885**）

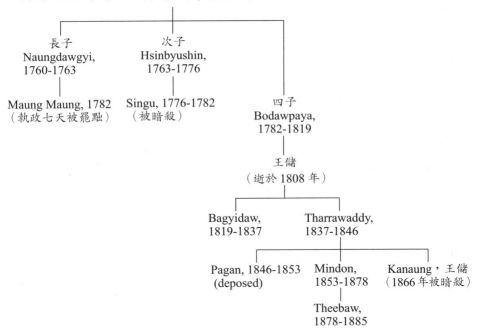

首都：瑞保（1752-1763）；阿瓦（1763-1783）；阿馬拉普拉（Amarapura, 1783-1859）（1823 年因為戰爭暫時搬到阿瓦，1837 年遷回阿馬拉普拉）；曼德勒（1859-1885）

長子
Naungdawgyi,
1760-1763

次子
Hsinbyushin,
1763-1776

Maung Maung, 1782
（執政七天被罷黜）

Singu, 1776-1782
（被暗殺）

四子
Bodawpaya,
1782-1819

王儲
（逝於 1808 年）

Bagyidaw,
1819-1837

Tharrawaddy,
1837-1846

Pagan, 1846-1853
(deposed)

Mindon,
1853-1878

Kanaung，王儲
（1866 年被暗殺）

Theebaw,
1878-1885

資料來源：Maung Htin Aung, *op.cit.*, p.340.

第四章　英國入侵

第一節　英國從印度進侵緬甸

英國東印度公司（English East India Company）在 1602 年由蘭開斯特（James Lancaster）率領船隊抵達今天印尼蘇門答臘北端的亞齊（Aceh），設立土庫。該公司在印度西海岸蘇拉特（Surat）建有土庫。1647 年，在緬甸的西里安（Syriam）建有土庫。1657 年，英國關閉在西里安的土庫。在第十七世紀中葉，勃固總督和荷蘭人發生衝突，荷蘭商人退出緬甸。當時有不少英國商人在暹羅的墨吉（Mergui）和其他港口居住和做生意，引起英國東印度公司的嫉妒，因為當時暹羅欲招聘英國船隻為暹羅服務，以對抗南印度的果爾康達王國（Kingdom of Golconda），而英屬東印度公司欲與果爾康達維持友好關係，視此英國私人船隻為海盜。1686 年，英屬東印度公司決定對暹羅開戰。暹羅遂任命兩位英國人伯恩納比船長（Captain Richard Burnaby）和懷特（Samuel White）管理墨吉。1687 年 4 月，英屬東印度公司派遣威爾登船長（Captain Weldon）從馬德拉斯（Madras）出發向暹羅要求損害賠償 65,000 英鎊，否則威脅攻擊暹羅船隻、人民及封鎖墨吉。6 月，兩艘英國船開抵墨吉，要求賠償。伯恩納比和懷特害怕被英國法庭以海盜罪起訴，而給予英國船隻指揮官慷慨的接待。當地暹羅官員懷疑英國人可能接管墨吉，在 7 月 14 日突然對英國船隻開火，並對英國人大開殺戒，60 名英國人被殺。隨後英國人被驅逐出暹羅。

1688 年，西里安總督致函馬德拉斯英國東印度公司，邀請其至勃固做生意。英國東印度公司並未立即回應。1698 年，馬德拉斯總督派遣福利特武德（Edward Fleetwood）出任駐守西里安的商業駐紮官。福利特武德前往阿瓦晉見國王，獲得在西里安設立土庫的特權。兩年後，波義爾（Thomas Bowyear）繼任為西里安的商業駐紮官。1709 年，馬德拉斯總督派遣特使阿里森（Richard Alison，或稱 Allanson）至阿瓦。1740 年爆發勃固和阿瓦之間的戰爭，戰事持續數年，1743 年英國東印度公司撤退駐緬甸駐紮官。

英國人在 1752 年佔領伊洛瓦底江的尼格萊斯島（Negrais），在島上建築砲台。1756 年，甕藉牙同意尼格萊斯地方的英國人繼續居住，英國也可

在巴生港另建一座土庫，但英國人需提供武器給緬甸。1757 年，緬甸和英國簽訂條約，允許英國在仰光設立貿易站。1759 年 5 月，由於尼格萊斯的英國人涉及叛亂，緬甸下令攻取尼格萊斯，燒毀土庫，屠殺在東印度公司工作的人員。1783 年，法國見到英國在仰光有修船船塢，也想取得此一特權，遂派遣一名使節到波多帕耶王宮，要求使用港口，作為維修船舶之用，結果獲允使用巴生港。當時緬甸對外貿易日益蓬勃發展，主要是透過仰光和巴生兩個港口。

1784 年底，波多帕耶派遣軍隊三萬人征服阿拉干，俘擄其國王及兩萬多平民到緬甸。隔年，又出兵暹羅，失敗，1786、1787 年又遭敗績。此時英國勢力在馬來半島發展，馬來吉打（Keda）蘇丹要求英國協助對抗暹羅，亦致函波多帕耶出面干預。波多帕耶派兵到泰南，以對付暹羅軍隊。[1]

緬甸因與暹羅戰爭，故在 1788 年遣使到中國，尋求友好關係，「乾隆五十三年（1788）六月丙申，諭曰：『富綱奏：接據順寧府全保等稟，四月二十日，有緬甸孟隕遣大頭目業洳瑞洞、細哈覺悾、委盧撒亞三名，恭齎金葉表文及金塔、寶石、馴象等項，齎至江邊，懇求進貢，並稱老官屯一路山高瘴大，象隻難行，故從木邦前來等情。』」[2]

至於 1768 年被緬甸逮捕居留緬甸的楊重英成為長期戰俘，緬甸為了與清朝恢復友好關係，在 1788 年 6 月將楊重英送回中國，他在進入雲南耿馬路上得痢疾病逝。乾隆皇帝追賞其「道銜」。[3] 至此，清朝和緬甸的戰爭告一段落，緬甸以進貢中國結束戰爭。在中國的文獻說，是緬甸在「乾隆五十四年（1789）正月，甲戌，以緬甸孟隕悔罪投誠，諭令睦鄰修好，並賜暹羅國王鄭華綵幣，令其解仇消釁。」[4] 中國除了愛面子外，還以為自己可以擔任緬甸和暹羅之間的公親，調節其衝突。這類文字的敘述多少反映了中國自視甚高的面子言詞。

---

1. Maung Htin Aung, *op.cit.*, p.198.
2. 〔清〕慶桂等撰，**大清高宗純（乾隆）皇帝實錄**（二十六），卷一千三百六，頁 10-14。
3. 國史館清史組製作，**新清史**，紀，高宗本紀，本紀十七，高宗六，乾隆五十三年九月，緬甸條。
4. 〔民國〕趙爾巽等撰，**清史稿**，卷十五，本紀十五，高宗本紀六。

在緬甸和中國恢復貿易關係後，中國規定以後緬甸每十年進貢一次，「乾隆五十四年（1789），孟雲遣使賀八旬萬壽，乞賜封，又請開關禁以通商旅，帝皆從之，封為緬甸國王，賜敕書、印信，及御製詩章、珍珠手串，遣道員、參將齎往其新都蠻得列，定十年一貢。自是西南無邊患。」[5]蠻得列，即今之曼德勒（Mandalay）。

根據哈維的著作，他說中國於 1790 年派遣使節送給波多帕耶佛牙和三名女士。波多帕耶覺得自己比 1044—77 年的阿諾拉塔更為偉大，因為他從中國獲得佛牙，而阿諾拉塔不能夠。而這些女性可能是雲南女子，不是中國皇室公主。[6]然而根據中國文獻之記載，該年為乾隆八十大壽，緬甸遣使祝壽，乾隆皇帝「降敕褒諭，並親書御製詩章以賜，仍加賞珍珠手串、荷包等件，以示優眷。」「封緬甸國王孟隕為阿瓦緬甸王，給予敕書，並駝紐、鍍金銀印交貢使恭齎回國。」[7]乾隆皇帝「御製賜獎緬甸國長孟隕詩曰：『奉表前年施惠往請封，今歲竭誠歸赤心，那限萬里隔黃詔，從教舉國輝經事，自維老勝壯化民，因識德贏威內安外順，胥天佑益切屏營懷敕幾。』」[8]中國並沒有送給波多帕耶佛牙和三名女士。

1794 年，阿拉干再度叛亂，緬甸派軍鎮壓，緬軍追擊阿拉干叛軍進入孟加拉境內，英國出兵干預，要求緬軍撤退。緬軍認為擁有緊急追擊權（hot pursuit），由於阿拉干和孟加拉的邊境並未劃分清楚，所以英軍也沒有採取阻止行動。緬軍要求遣還三名叛軍領袖，英軍同意後此事即告落幕。

英國與革命法國處於戰爭狀態，無意讓法軍利用緬甸港口攻擊英國船隻，因此英屬東印度公司總督蕭爾（Sir John Shore）致函緬甸國王，對於在緬甸和孟加拉發生的邊境衝突，作一解釋，表明英國無意攻擊緬甸。但緬甸國王沒有回信。英國自 1762 年從巴生港撤退土庫後與緬甸就無外交

---

5. 清史稿校注編纂小組編纂，**清史稿校註**，卷五百三十五，屬國三，緬甸，頁 12132。

6. G. E. Harvey, *op.cit.*, pp.279-280.

7.〔清〕慶桂等撰，**大清高宗純（乾隆）皇帝實錄（二十七）**，卷一千三百五十一，頁 28-30。〔清〕劉錦藻撰，（清）皇朝續文獻通考，卷三百三十七，外交考一，新興書局，台北市，1963 年重印，緬甸條，頁考 10732-10733。

8.〔清〕劉錦藻撰，**前引書**，緬甸條，頁考 10732-10733。

關係，此時英國急想與緬甸恢復關係。1795 年英國總督蕭爾派遣西姆士（Captain Michael Symes）船長到緬甸，負有三項任務：(1) 勸緬甸國王關閉讓法國使用的港口；(2) 簽訂一份商業條約；(3) 向緬甸國王解釋英國在邊境衝突事件的立場，以消除敵意。[9] 西姆士的另一個任務是營救遭緬甸拘禁的英國公民，他涉嫌漏繳港口稅，以及緬甸給予遭風難而進入緬甸港口的英國船隻良好對待；開啟英國和緬甸的外交關係，英國在仰光派駐使節。[10]

波多帕耶認為緬甸有權決定港口開放與否，但西姆士認為緬甸不應利用法國來對抗英國，假如緬甸將港口開放給法國，則亦應平等地開放給英國。波多帕耶不同意與英國簽署商業條約，惟同意英國東印度公司派駐一名代表在仰光，同時要求英國將利用英國領土犯罪之緬甸人遣返緬甸。

1796 年，英國派遣寇克斯船長（Captain Hiram Cox）駐守仰光，他要求緬甸在加爾各答設立使館。他抵達仰光停留九個月，緬甸國王才接見他。英國並未給予他外交特使之地位，當他抵達緬甸首都阿瓦時卻向波多帕耶要求此一地位。由於波多帕耶未予應允，他開始批評緬甸國王、宮廷和緬甸。他離開阿瓦，前往仰光。波多帕耶感到惱怒，下令仰光當局將他關在阿瑪拉普拉。寇克斯立即致函加爾各答英國當局派船到仰光救他。英國總督知道此人之行為魯莽，所以未予應允。不久英國召回寇克斯，並致函緬甸國王對於寇克斯之行為表示歉意，請求緬王遣送寇克斯到印度。波多帕耶才撤銷逮捕令。

寇克斯回到印度後，寫了一篇報告，詆毀緬甸國王和人民，甚至西姆士，批評西姆士欺騙其政府，提出了一篇有關緬甸的虛假報告。英國總督蕭爾未再派一名代表到仰光。情況更糟的是，蕭爾退休了，新任總督威利斯（Lord Wellesley）對於該事件前因後果不熟悉，而聽信了寇克斯的報告。[11]

1799 年，東吁發生叛亂，英國欲祕密給予緬甸王儲兩個步兵隊、一個騎兵隊和一個砲兵隊之援助，以期在鎮壓叛亂後，英國軍隊可以駐留緬甸，

9. Maung Htin Aung, *op.cit.*, p.202.

10. G. E. Harvey, *op.cit.*, p.285.

11. Maung Htin Aung, *op.cit.*, p.204.

俾便將緬甸變成英國的保護國。1802年，總督威利斯派遣西姆士到緬甸，為加深緬甸國王和王儲對英國武力的印象，派遣穿戴羽毛頭冠、配戴刀劍和槍的士兵護衛西姆士。但此舉反而引起波多帕耶不快，他不願見到如此多的英國軍人出現，因此延後三個月召見西姆士。最後緬甸國王召見西姆士，同意英國派駐一名代表在仰光，並口頭保證緬甸不要求所有在英國領土的阿拉干難民離開英國領土。

1803年，英國派遣肯寧中尉（Lieutenant John Canning）駐守仰光，他不是以英國東印度公司的代表身分到緬甸，而是英國駐印度總督的代表。波多帕耶認為印度總督的地位層級不高，希望由英國國王派遣之使節到緬甸，才有助於兩國關係之增進。波多帕耶命令仰光總督將肯寧中尉上腳鐐，然後送至首都。此一消息走漏，肯寧中尉逃回他的軍艦「馬拉巴（Malabar）號」，返回加爾各答。當緬甸國王知道肯寧中尉逃逸，他命令仰光總督自上腳鐐解送首都，樞密院委員會（Hluttaw Council）[12] 決定最好的方法是將他綁縛在一塊木板上，在伊洛瓦底江口放流，使之飄至孟加拉，讓英國知道不遵守國王命令者之下場。但波多帕耶最後採納一位大臣的建議將該總督關在仰光的達拉（Dalla）區。[13]

1808年，王儲因病去世，由其子東吁王子（Prince Toungoo）繼任為王儲。1809年，英國封鎖法國在印度的屬地模里西斯（Mauritius），英國新任駐印度總督明杜（Lord Minto）派遣特使肯寧中尉去見波多帕耶，解釋英國的行動。

阿拉干叛軍領袖欽比揚（Chin Byan 或寫為 Chan Byan）於1811年利用在英國領土號召阿拉干難民和印度同情者，裝備英國最新的大砲和武器，率軍從七塔功攻占阿拉干首都姆羅功（Mrogaung），宣布登基為王。他要求英國給予協助及外交承認，阿拉干願成為英國保護國。該一叛亂獲得英國在孟加拉地方官員的默許。但英國總督拒絕欽比揚的請求，並立即派遣

---

12. 是國王底下議政大臣的組織，擁有行政、立法和司法權。職司國王命令之發布、法律制訂和終審判案。

13. G. E. Harvey, *op.cit.*, p.286.

肯寧船長去見波多帕耶，除了抗議緬軍入侵阿拉干外，亦挑戰緬甸所謂欽比揚之襲擊是受英國教唆的說法，[14] 他保證英國不會讓難民進入英國領土。緬軍成功鎮壓此次阿拉干叛亂。肯寧船長從阿瑪拉普拉回到仰光。由於波多帕耶下令逮捕他，所以他搭船逃離仰光回到加爾各答。緬甸和英國之間的猜疑和不信任愈來愈嚴重。欽比揚在 1815 年 1 月去世，叛亂活動才停止，其他叛軍領袖在 5 月向英國投降。

1813 年，自甕藉牙起成為緬甸保護國的曼尼普爾，爆發王位繼承糾紛，波多帕耶將爭奪王位的兩造傳召到阿瑪拉普拉，結果只有一個到，波多帕耶遂出兵將反抗者鎮壓，扶立聽話者為王。

1814 年，馬塔班的孟族叛亂，有許多人逃到暹羅，獲暹羅國王安排其駐留地。

1815 年，英國控制錫蘭的康迪（Kandy），在歐洲的滑鐵盧（Waterloo）又擊敗法國，這些情勢的發展，使得波多帕耶感覺需立即採取行動。1816年，阿薩姆（Assam）的國王康塔辛哈（Chandra Kanta Singh）逃到布丹（Bhutan），遣使請求緬甸援助。波多帕耶迅即派兵入侵阿薩姆，扶立康塔辛哈為王，但當緬軍撤退後，康塔辛哈又被趕下台。緬軍再度進攻阿薩姆。阿薩姆難民逃入孟加拉，並趁機攻擊緬甸。康塔辛哈轉而進入孟加拉，尋求英國的協助。波多帕耶派軍追捕康塔辛哈，將他送回阿薩姆。1821 年阿薩姆成為緬甸控制的土地。

1818 年 6 月，緬甸若開邦的蘭麗（Ramree）島總督挑戰英國東印度公司對孟加拉東部的控制權，要求該地區的收稅權改歸緬甸。

波多帕耶逝於 1819 年，年七十五歲，在位三十八年，留有 122 名子女，208 名孫子女。由其孫子孟既（Bagyidaw）繼位。除了莽應龍外，波多帕耶是緬甸的名君。波多帕耶熱衷於佛教，宣布自己是「來世之佛」，計畫在曼德勒附近的明槓（Mingun）建造高達 200 公尺的高塔，幾萬名緬甸農民和阿拉干的戰俘從事建塔工程，導致人民稅賦增加，耗盡國力，而引發

---

14. John F. Cady, *A History of Modern Burma*, Cornell University Press, Ithaca, New York, 1958, pp.71-72.

民怨。經過七年，寶塔還沒蓋好，最後只好放棄。[15]

孟既為了穩定政局，取消了波多帕耶的大型廟宇和大湖建造計畫，1823 年將首都遷回阿瓦，三年免徵稅。孟既個性溫和，大權旁落，國王的弟弟孟坑王子（Prince Tharrawaddy）、王后美努（Mai Nu）和其親戚掌握政權。星象家從各種跡象預測其兒子龍揚王子（Prince Nyaungyan，通稱為 Setkyar Min），是一位偉大的國王，人民期望他能迅速繼位。

孟既登基時，阿薩姆和曼尼普爾兩個屬國國王皆未遣使出席，亦未致送貢物，他們有意脫離緬甸很明顯。於是孟既出兵曼尼普爾，曼尼普爾國王逃到隔壁的卡查（Cachar）王國，驅逐卡查國王，佔地為王。卡查國王逃到隔壁的詹替爾（Jaintia）王國，向英國和緬甸求援。英國迅速宣布卡查和詹替爾為其保護國。緬甸不承認英國該一主張，繼續追捕叛軍。從阿薩姆到孟加拉，存在著很長的英國領土和緬甸的邊界，雙方開始出現邊境衝突。

阿拉干和孟加拉的界河是那阿福（Naaf）河，但常有越界情事發生，英國駐印度總督安赫斯特（Lord William Pitt Amherst）要求與緬甸談判劃界，派了兩名官員前往該地區調查，遭緬甸逮捕。英軍立即佔領河上的小島，1823 年 9 月 23─24 日，緬軍 1,000 人驅逐英軍，奪回該島。

第一次緬英戰爭

1824 年 1 月，英軍佔領卡查。3 月 5 日，英國正式向緬甸宣戰。總部設在阿薩姆的緬軍總司令班都拉（Maha Bandula）決定兩路進攻，一路從阿薩姆、曼尼普爾經由卡查，另一路從阿拉干出發，兩路軍隊在孟加拉會合，再進攻加爾各答。雖然緬軍在陸地上戰爭有進展，但英軍利用海上攻擊，在 5 月 10 日佔領仰光，震驚緬甸。緬甸下令仰光居民撤出，英國佔領的是空城。英軍加強大金塔佛廟的防禦。在仰光外圍的緬軍等待班都拉從阿拉干調兵來攻仰光。緬軍約有三萬人，[16] 但僅有一半人有滑膛槍。英軍有

---

15. 黃祖文編譯，前引書，頁 12。

16. Cady 的書說有六萬兵力。參見 John F. Cady, *op.cit.*, p.73.

一萬人，其中半數為英國人、另外半數是印度人。班都拉武器裝備不及英軍，他沒有採取游擊戰，反而採用正規軍作戰，以致於遭到敗績，兵力損失嚴重，只剩下 7,000 人。班都拉撤退到丹努比攸（Danubyu）。等雨季過後，英軍從印度增派援軍，他們沿著伊洛瓦底江上溯，與緬軍會戰，1825年 4 月班都拉戰死，與緬族敵對的孟族和克倫族對英軍提供糧食、勞動力和引導的協助，英軍佔領卑謬。此時緬甸沿海地帶、廷那沙林和阿拉干皆被英軍佔領，英國在阿薩姆和曼尼普爾任命親英國的拉惹。緬軍反攻失敗，派遣使節議和，英軍沒有接受。

　　英軍續推進到距離阿瓦 50 英里的揚達坡（Yandabo）村，緬甸再度求和，1826 年 2 月 24 日雙方達成揚達坡和平協議，內容大要為：(1) 緬甸割讓阿拉干、廷那沙林和阿薩姆土地給英國；(2) 緬甸承認曼尼普爾、卡查、詹替爾為英國領土；(3) 緬甸應賠償英國一百萬英鎊，分四期償還，第一期應立即支付，第二期在簽署條約後一百天內支付，第三期和第四期在未來兩年內每年支付一次。俟第二期款支付後，英軍才從仰光撤出。(4) 英國將在阿瓦派駐駐紮官，緬甸亦可在加爾各答派駐代表。(5) 英國東印度公司和緬甸國王將在適當時間簽署商業條約。[17] 依據此一條約，英國控制了緬甸的所有海岸地帶，英國此時控制了檳榔嶼、新加坡和馬六甲，因此從印度、孟加拉、緬甸海岸到馬來半島西海岸都在英國控制之下，孟加拉灣成為英國的內海。

　　當英軍退回仰光後，孟族和克倫族不滿英國之退回行動，開始反叛英軍，孟族佔領仰光附近的河道和港埠地區，克倫族攻擊巴生港。緬族亦利用機會攻擊勃固地區孟族住區和克倫族住區，毀其房舍，禁止勃固地區的孟族語言，處決在卑謬、漢札達（Henzada）、帕東（Padaung）與英國合作的市鎮首長（Myothugyi）。

　　同年 9 月，英國派遣克勞福德（John Crawfurd）至緬甸談判簽署商業條約，他要求緬甸出口米和銀，緬甸認為剛經過戰爭，許多農地沒有耕種，糧食生產不足，無法出口。緬甸要支付鉅額賠款，人民自願捐獻金銀，也無力

---

17. Maung Htin Aung, *op.cit.*, p.214.

出口多餘的銀，遂拒絕簽署商業條約。經克勞福德之恫嚇下，雙方終於簽署緬、英商業條約，內容如下：(1) 英國和緬甸國王相互允許對方商人在各自國境內自由貿易和旅行；(2) 緬甸國王應擬定一個固定費率的關稅，讓各國船隻遵守，根據船隻噸位數訂出課稅標準；(3) 緬甸國王應對受災難的英國船隻給予進港和救助之協助，英國船隻應支付所有必要的費用和關稅。[18]

英國新任駐印度總督卡文迪須（Lord William Cavendish-Bentinck）具有自由主義思想，對英國殖民地採取較寬容政策，他任命駐阿拉干和廷那沙林的專員（Commissioner），不僅保留緬甸社會習慣和風俗，而且保留緬甸習慣法和行政慣例。1826 年，英國派駐廷那沙林的第一任駐紮官緬因吉（N. D. Maingy）從檳榔嶼前往安賀斯特（Amherst，緬甸獨立後改名為 Kyaikkami）履任，他在安賀斯特和土瓦設立市鎮法庭，任何人均可訴請法官審理其訟案。緬因吉成功地建立社會秩序、禁止奴隸、遏制離婚、偷竊和強暴案件。1830 年，卡文迪須派任伯恩尼（Major Henry Burney）為駐阿瓦駐紮官特使（resident envoy, 1830-1832），伯恩尼是一位有經驗和幹練的外交官和學者，他曾在 1825 年出使暹羅。他建議緬甸國王派遣一個使節團前往印度會見英國總督。他與緬甸協商曼尼普爾邊界，將部分土地歸還緬甸。孟既為了感謝伯恩尼，委任他為樞密院委員，他得參與緬甸國家事務，知悉宮內陰謀活動。

伯恩尼利用英、緬商業條約派遣其人員到緬甸各地調查，其間諜工作甚至可以知悉王后及其兄弟陰謀推翻孟坑王子，奪取王位。此時孟既患精神疾病愈來愈嚴重，政權握在王后及其兄弟孟屋（Menthagyee，或寫為 Minthargyi）手裡，有三人爭奪王位相持不下，孟既的兒子賽特克亞明（Setkyar Min）較受人民支持。沒有人知道伯恩尼支持誰出任國王。孟坑被認為態度親英，1837 年，孟屋親王下令以叛國罪逮捕孟坑，孟坑僥倖逃脫到瑞保，號召更大規模的農民之支持。王后邀請伯恩尼進行和解，孟坑向伯恩尼承諾不以武力對抗。1838 年，王后和孟屋遂投降，孟坑成為國王，但立即將王后、孟屋和賽特克亞明處死。孟坑將孟既監管，孟既的支持者

---

18. Maung Htin Aung, *op.cit.*, p.218.

陰謀在其病癒後擁立他為王，伯恩尼涉嫌參與該事，孟坑發現此事後，將孟既移到他處，更嚴格看管。此後，孟既和伯恩尼的關係惡化，伯恩尼的造王計畫無法實現。伯恩尼遂返回印度，其繼任者班森（Richard Benson）在緬甸住了一年多，而於1839年因病返回加爾各答，繼任的麥克遼上尉（Captain Mcleod）在緬甸也無法久任，英國駐紮機構在1840年關閉。

孟坑認為英國派駐緬甸的特使是英國駐印度總督的個人代表，不是英國國王的代表，所以對於英國不再派駐特使，也沒有感到失望。他也不想與英國發生衝突。他將首都遷到阿瑪拉普拉。

孟坑的小兒子卑謬王子不滿其父親的和平政策，主張與英國決戰，孟坑的小王后姆耶嘎蕾（Lady Myagalay）暗中與卑謬王子聯合陰謀推翻國王，姆耶嘎蕾是孟族小官員的女兒，是音樂家、歌手和詩人，她的活潑和詩樣的氣質迷惑了孟坑和卑謬王子。他們兩人的陰謀被發覺，而一同被處死。因姆耶嘎蕾之死，使得孟坑得了憂鬱症，無法治國，由蒲甘王子（Prince Pagan）代理，孟坑在1846年去世，蒲甘王子登基為國王。在孟坑去世前數個月，孟既也去世。

第二次緬英戰爭

蒲甘國王娶了撣族的公主，而獲得撣族土司們（Sawbwas）[19]的支持。他原想與英國互換使節，但不得實現，他就沉迷於飲酒和賭博而將政務交給其大臣處理。英國在1840年與中國的鴉片戰爭中獲勝，此時有餘力對付緬甸。英國駐印度總督達爾豪西（Lord Dalhousie, James Andrew Broun-Ramsay, 1st Marquess of Dalhousie）是一位帝國主義者，意圖將英國勢力從印度延伸到緬甸海岸。

1851年，仰光行政長官開始整頓港口秩序，掃蕩走私以及欠關稅的外

---

19. 撣邦為緬王之附庸，其領袖土司每年需向緬王進貢和宣誓效忠，有戰事時須出兵協助。中央有波木明（Bo-hmu-min）頭銜之官員負責管理撣邦，其助手夕達（Sitke）則常駐撣邦，以執行緬王的命令。土司是由緬王任命的。參見黃祖文編譯，**前引書**，頁37。

國商船，英國商人對此感到不滿，該年底有兩艘英國船隻因為逃漏關稅而遭罰款。他們拒繳罰款，被逮捕直到繳清 100 英鎊罰款才被釋放。他們立即返回加爾各答，要求緬甸賠償 1,920 英鎊損失。英國總督達爾豪西認為此事有損英屬東印度公司聲望，於是決定強力回擊緬甸國王。但達爾豪西認為英商提出的要求不合理，僅要求緬甸賠償 1,000 英鎊。他任命藍伯特（Commodore Lambert）率一艦隊前往緬甸。緬甸國王表示願意賠償及更換仰光行政長官，但藍伯特態度傲慢無理，派其官員和地方傳教士騎馬到新總督衙門前，當時緬甸的習慣是一般人甚至王子進入仰光總督衙門的庭院必須下馬，地方傳教士進入總督衙門也是有損總督顏面之舉。故總督拒絕接見英國代表團以及藍伯特提出的總督公開道歉之要求。英軍拘捕一艘緬甸國王的船隻，仰光守軍開砲攻擊英船艦，但不敵優勢英軍艦砲，仰光船隻和砲台均被擊毀，英軍並放火燒沿岸房舍。2 月，英國總督達爾豪西向緬甸國王提出最後通牒，要求在 4 月 1 日前答應下述條件：(1) 解除仰光新總督職務；(2) 緬甸國王及其大臣應向英屬東印度公司道歉，因為拒見英國代表是侮辱了英國代表；(3) 緬甸應向英國賠償 10 萬英鎊，包括賠償兩名英國船長、在戰爭中財產受損的居住仰光的英國人民、以及英國在戰爭中的損失；(4) 緬甸國王應依據楊達坡條約允許英屬東印度公司派遣特使駐在仰光。[20] 除了第四點外，其他三點猶如外交勒索，尤見英國刻意要控制緬甸之真面目。

1852 年 4 月，經過一番苦戰後英軍攻佔馬塔班和仰光。5 月，英軍又佔領巴生港。英國總督達爾豪西前往仰光指揮對緬作戰。6 月，英軍佔領勃固。以後緬甸進入雨季，英軍等候至 10 月 10 日佔領卑謬，11 月 22 日佔領勃固。12 月，英軍進抵阿瑪拉普拉，曼同（Mindon）[21] 王子見緬人死傷慘重，勸國王議和。蒲甘國王下令逮捕曼同王子和卡農（Kanaung）王子，他們逃

---

20. Maung Htin Aung, *op.cit.*, p.227.

21. 中文文獻稱他為孟頓，參見「清文宗咸豐三年（1853）十二月戊子，緬甸國王孟頓遣使表貢方物，免其來京，賞賚如例。」（[清]文慶等撰，**大清文宗顯（咸豐）皇帝實錄（三）**，卷一百十五，頁39。）

亡到瑞保，號召當地人民起來對抗國王。此時樞密院（Hluttaw, Hlutdaw，也是高等法院）[22] 進行干預，該院委員號召下緬甸軍隊到阿瑪拉普拉，推舉曼同王子為新國王。總督達爾豪西並沒有干預緬甸內部的權力變化，因為英軍已實際控制緬甸。12 月 20 日英緬總督宣布勃固是英屬緬甸第三省。他並警告緬甸國王，若有反抗英國者，則將國王及其族群流放他國。

曼同國王跟以前的國王一樣，后妃成群，他共有 53 名后妃，110 名子女。[23] 嚴格而言，他是一位能幹的國王，但時運不濟，遭逢英國的入侵，而無法挽回國運。他年輕時不喜歡武器和戰象，而致力於在寺院讀棕櫚葉和羊皮書寫的文章。他愛好和平，欲與英國維持友好關係。他在回到阿瑪拉普拉登基為王時，釋放了被蒲甘明（Pagan Min）拘禁的歐洲人，將他們交給英國司令，並下令其軍隊不與英國軍隊衝突。達爾豪西新任命阿拉干專員帕里（Major Arthur Phayre）為勃固專員，授以全權，可接見緬甸國王之使節。緬甸使節前往勃固，要求英軍撤出勃固。帕里答覆稱英國已宣布兼併勃固，已無可改變，他無權處理此一問題，除非重定緬甸和英屬緬甸之疆界。他提議英軍從塔耶特苗撤至卑謬，而緬甸必須簽署條約承認卑謬及卑謬以北的土地屬於英國。英國想藉此條約使其佔領緬甸領土取得合法性。但緬甸國王拒絕此議。

曼同國王為了維持與英國的關係，特別聘請一名蘇格蘭商人司皮爾斯（Thomas Spears）、兩名英國官員亞能（Major Allen）和拉特（Captain Latter）擔任顧問，任命一名美國商人馬克替須（Mackertich）為邊境城市、伊洛瓦底江畔的明拉（Minhla）鎮長，指示他接待在邊境會談的英國和緬甸官員。1854 年，他派遣特使到加爾各答，要求英國歸還勃固，但遭拒絕。

---

22. 在第十八世紀時，樞密院（或譯為行政委員會，executive council, Hlutdaw）負責處理立法、執行或司法等問題，它只受國王之命令行事。該委員會採多數決，但負集體責任，王儲有時擔任該委員會主席，國王亦可能出席主持會議，委員會亦可就重要問題請國王出席主持會議。該委員會亦扮演法院的角色，也是省級法院的民刑事案件之上訴法院。參見 John F. Cady, *A History of Modern Burma*, Cornell University Press, Ithaca, New York, 1958, pp.16-17.

23. Mya Maung, "The Burma Road to the Past," *Asian Survey*, Vol. 39, No. 2（Mar. - Apr., 1999）, p.278.

1856 年，法國代表團訪問緬甸，緬甸同意法國在中、緬邊界的八莫設立天主教會，而引起英國不滿。

為了彌補喪失勃固之經濟利益，曼同國王開始注重提升國力之策略，1862 年他改革稅制，實施所得稅制，規定每人繳交的關稅或一般稅不超過一年收入的 10%，官員領取固定薪水，而非從歲入撥給贈款，逐步廢除指派村鎮提供官員勞務，當作一種報酬。在緬甸，該種指定村鎮作為封地的情況，不涉及封建占有權，而是代理國王在該指定地徵稅。[24] 1861 年，他亦建立貨幣制度，使用貨幣取代傳統的以物易物或使用金條或銀條作為交易媒介。他亦鑄造貨幣緬元（kyat），上面印鑄有孔雀圖形。波多帕耶時期曾頒行度量衡制，但市場還是混亂，曼同國王重新統一度量衡，派遣監察官在各地市場監督度量衡使用情形。他亦改善各地公路和河運設施。

英國在下緬甸開辦加爾各答、檳榔嶼、新加坡和仰光之間的定期蒸汽船運和郵政服務。英國私人亦開辦伊洛瓦底江航運公司（Irrawaddy Flotilla Company），在塔耶特苗和仰光之間航行定期蒸汽船，也航行到卑謬和附近城市。1867 年，曼同國王允許該航運公司每三週一次航行到曼德勒、每個月一次到八莫。他也派學生到加爾各答和仰光學習電報技術，然後在緬甸設立電報局，發展緬甸語文的摩斯（Morse）碼。

曼同國王也引進歐洲技術專家在緬甸進行礦物調查和開礦及伐木。在歐洲人協助下，建設了約 50 座紡織、碾米、磨麥、製糖的小型工廠。他任命幹練的長子美卡拉王子（Prince Mekkara）為工業部長。緬甸這些現代化努力，卻遭到在緬甸經商的英國商人的批評，他們批評緬甸國王獨佔控制進出口貿易，而且直接從加爾各答進口商品，不經過在仰光的英國商人，使他們商業利益受損。

帕里於 1855 年受命到緬甸，商訂商業條約，結果緬甸國王不同意。1862 年，他在緬甸的英國商人之請求下再度前往緬甸，這次成功的簽署緬、英商業條約，重要內容如下：(1) 緬甸國王和下緬甸英國當局同意對通過英、

---

24. Maung Htin Aung, *op.cit.*, p.237.

緬邊境的商品降低關稅；(2) 兩國商人在對方領土旅遊不受任何限制；(3)
英國將在緬甸首都派駐一名駐紮特使（resident envoy）。[25] 曼同國王對於英
國不同意其派駐代表駐守倫敦感到失望，因為他無法與英國取得平等地位。
若與英國和暹羅之外交關係作一比較，則顯然英國有意貶低緬甸，因為此
時英國和暹羅已建立了直接的外交關係。

英國人利用該商業條約，到處在緬甸境內走動，進行間諜活動，甚至
與東部的撣族來往，祕密提供他們武器，他們才決定起來反抗曼同的統治。
派駐在曼德勒的英國代表司拉登上校（Colonel Sladen）監視曼同國王的行
動，以及介入宮廷詭計。

傳統的緬甸教育是寺院教育，英國在下緬甸各地設立公立學校和基督
教會學校，引發緬甸人驚慌，深怕他們傳統思想受到影響，因為公立學校
的教育貶低緬甸國王的地位，而基督教會學校則諷喻佛教。許多和尚無法
忍受該一情況，而搬遷到上緬甸。

第二節　第三次緬英戰爭

由於阿瓦和阿瑪拉普拉兩個舊都毀於 1824—26 年和 1852 年兩次對英
作戰，因此曼同國王於 1857 年在曼德勒建造新首都黃金城，他在 1858 年
就搬進新首都王宮，黃金城在 1861 年才完工。他無意使曼德勒成為政治中
心，決定將它改為文化和宗教中心。他想與暹羅恢復友好關係，但又擔心
其派遣的使節遭到拒絕，以及英國誤解其將與暹羅結盟。所以他派遣僧侶
團到暹羅訪問僧侶領袖。暹羅國王蒙固特（Mongkut）對此次交流感到滿意，
立即派遣暹羅團回訪曼德勒僧侶領袖。曼同國王安排其宗教顧問和尚領袖
前往錫蘭訪問嘎耶（Gaya）寺廟，但錫蘭英國當局拒絕這批高僧之訪問，
理由是當時錫蘭正流行霍亂。

---

25. Maung Htin Aung, *op.cit.*, p.239.

世界佛教大會（Great Synod of Buddhism）曾舉行過四次，第一次是在佛陀去世[26]後不久舉行的，第二次是在一百多年後，第三次是在西元前第三世紀印度阿育王（Asoka）舉行的，第四次是在西元前數年在錫蘭舉行，小乘佛教派承認該次大會。但大乘佛教派僅承認西元78年在印度舉行的才是第四次佛教大會。曼同國王為小乘佛教派，1871年他邀請各地佛教派，包括大乘佛教派出席第五屆世界佛教大會。在會後，曼同國王被尊稱為「第五次世界佛教大會召集人」。

曼同國王要求英國當局允許他前往仰光，對大金塔佛寺的黃金尖塔裝飾寶石，但遭英國當局拒絕。

曼同國王任命其弟弟卡農王子為王儲，卡農王子是軍隊總司令，改革軍事裝備和訓練，並設立工廠生產槍砲和軍備。國王的兒子明貢王子（Prince Myingun）具政治野心、自大、侵略性，他娶王儲的女兒。1866年，明貢王子及其弟弟明貢達因王子（Prince Myingondaing）參加樞密院的會議，暗殺了王儲和其他法官。當時曼同國王在城外的夏令營，兩位王子攻擊樞密院時，派遣刺客到夏令營，曼同國王喝令刺客放下武器，刺客遵令，曼同國王趁機騎馬逃回王宮，勤王軍擊敗叛軍，兩位王子搭乘伊洛瓦底江航運公司的船逃入英國領土。英國仰光當局將該兩王子逮捕，不久將之釋放，明貢王子出現在克倫尼邦。曼同國王派軍追捕，明貢王子逃回仰光，英國當局將兩兄弟送往加爾各答，明貢達因王子死於此城市。明貢王子則被拘禁在巴那里斯（Banares）。[27]

明貢王子之叛亂引發英國和緬甸之間的緊張，司拉登上校應該事先知悉叛亂陰謀，但未向曼同國王通報，而且伊洛瓦底江航運公司的英國船為何讓兩王子登船？仰光當局又將兩王子送到有英國人背後支持的克倫尼邦叛亂活動地區，因此曼同國王懷疑英國人涉入該案。

在明貢王子叛亂之前，帕里於1866年前往曼德勒，交涉簽訂第二個商

26. 關於佛陀圓寂之時間，各國記載不同，泰國是在西元前543年，柬埔寨是在西元前544年。
27. Maung Htin Aung, op.cit., p.244.

業條約，但遭拒絕。現在曼同國王為了獲取更多英國的武器，要求英國總督派遣使節前往曼德勒商討簽署第二個商業條約，總督趁機重提舊論爭，他指示勃固專員菲特須（Albert Fytch）儘可能使條約之條件對英國有利，其中包括緬甸外交將交由英國負責。換言之，在沒有戰爭之情況下，英國總督希望將緬甸變成英國的保護國，將曼同的地位降低為英屬印度的大君（maharajah）。

1867 年，緬甸和英國簽署新的商業條約，規定：(1) 兩國減少關稅率，對每項寄售商品之總值課以 5% 的稅；(2) 兩國同意無限制允許金條和銀條進出口；(3) 緬甸國王同意協助英國當局越過緬甸領土開啟與中國之間的貿易；(4) 緬甸國王將接受一位英國副代表駐守在八莫；(5) 除了木材、石油和寶石外，緬甸國王將廢除所有專賣；(6) 緬甸國王可在英國領土或經由英國領土獲取武器或軍備，此應事先獲得下緬甸英國專員之同意。此一條約還規定治外法權和條約之修改。[28] 該條約亦允許英國輪船進入伊洛瓦底江上游。[29]

曼同國王為了維護緬甸的獨立地位，尋求友好國家的支持，於 1872 年派遣由樞密院委員金溫明吉（Kinwun Mingyi）率領的代表團前往英國，但他在英國遭到外務部拒絕，英國外務部要求他與英屬印度交涉。緬甸代表團只受到各種商會的接待，在外交上遭到冷落。[30] 他未能獲得不受英國侵犯的保證。該緬甸代表團與義大利、法國簽署貿易條約。1874 年，緬甸代表團訪問伊朗，在德黑蘭會見俄羅斯駐伊朗大使，試圖邀請俄國保護緬甸，俄國並未應允，因為不想與英國為敵。

1873 年，法國派遣密使到曼德勒，互換批准商業條約。但緬甸未能從法國獲取肯定的協助，因為當時法國仍被普魯士（Pruss）統治。法國密使和緬甸協商兩項建議，一是法國願意扮演涉及緬甸的第三方的斡旋角色，二是法國願意派遣軍官協助訓練緬甸軍隊。但這兩項建議遭法國政府拒絕。[31]

---

28. Maung Htin Aung, *op.cit.*, p.247.

29. 黃祖文編譯，**前引書**，頁 25。

30. John F. Cady, *op.cit.*, p.109.

31. John F. Cady, *op.cit.*, p.109.

　　法國不想為了緬甸問題而與英國開戰，而只想與緬甸進行商業貿易關係，特別是緬甸生產的紅寶石。1874 年 7 月，緬甸代表團在法國進行談判，緬甸要求法國派遣軍事教官到緬甸、在緬甸的法國人歸緬甸法院管轄以及解決貿易衝突的方式，結果談判破裂，緬甸沒有批准與法國的貿易條約。[32]

　　曼同國王曾透過一位美國浸信教會（Baptist）傳教士金克爾德（Kinkaird）轉交一封信給美國總統佛蘭克林‧皮爾斯（Franklin Pierce），信中表明緬甸欲與美國簽訂條約，可惜沒有成功。法國在 1856 年首度在八莫設立傳道所。曼同國王同意法國「巴黎對外傳道協會」（Paris Société des Missions Etrangères, The Society of Foreign Missions of Paris）在八莫設立天主教傳道所，俾能前往西藏傳教。以前在緬甸的法國傳道所僅能對法國人和勃固的葡萄牙俘虜傳教。[33]

　　曼同國王聘請許多外國人協助其治國，例如 1859 年法國人狄歐功尼（General M. d'Orgoni）帶了一群法國技術和工程人員到曼德勒工作。狄歐功尼亦向緬甸國王推銷法國建造的汽船。

　　1874 年，英國探險家馬嘉理（A. R. Margary）從中國穿越崇山峻嶺到八莫，卻在八莫被殺害，英國指控係緬人所為，引發英國媒體對緬甸的批評。另一個緬、英齟齬的原因是緬甸規定英國使節晉見緬王，在王宮內必須脫鞋，英國駐紮官遂不到緬甸王宮，兩國形同斷交。

　　儘管緬、英新的商業條約規定緬甸購買軍火可經由英國領土，實際上，當緬甸從法國和義大利購買軍火時，下緬甸英國專員拒絕讓該批軍火經過其領土。英國也在背後支持克倫族反抗緬甸政府。1875 年，英國派遣特使佛希施（Sir Douglas Forsyth）與緬甸國王就克倫尼事務進行談判，佛希施要求緬甸承認克倫邦獨立及保持中立，緬甸國王被迫簽署條約讓克倫邦脫離，該邦是從阿諾拉塔執政起就屬於緬甸。

　　1878 年 9 月，曼同國王病重，仍未決定繼位者，大王后辛雲瑪新（Sinpyumashin）、唐達明吉（Taingdar Mingyi）部長和法學家金溫明吉

---

32. 黃祖文編譯，**前引書**，頁 26-27。
33. John F. Cady, *op.cit.*, p.105.

（Kinwun Mingyi）部長陰謀擁立錫袍王子（Prince Theebaw）為王。王后辛雲瑪新無子，有兩個女兒。曼同國王屬意由妃子所生的龍揚王子繼位。錫袍王子的母親是撣族公主，因犯下不道德罪而與國王離婚，並以出家為尼作為贖罪，因此錫袍王子從七歲時就在僧院生活。錫袍王子的母親與大王后是好朋友。錫袍王子在寺院出家，潛心佛法已有數年，秉性仁慈，受過良好教育。他們鼓勵他還俗，娶大王后的二女兒、其同父異母妹妹蘇帕耶拉特（Supayalat）為妻。依緬甸習慣法律，此種婚姻是違法的，但為了維持血統純正，這種婚姻在過去一直存在。

大王后以國王之名下令逮捕其他王子、表兄弟及其家屬。龍揚及其弟弟南歐克（Nyang-ok）王子化妝逃走，到英國駐紮官署尋求庇護，然後被送至仰光英國武裝船隻接受保護。效忠曼同國王之大臣將此一事件向他報告，國王下令釋放被捕的諸王子並任命成立攝政委員會，包含龍揚、美卡拉、松澤（Thonze）。他們被釋放後不久，又被逮捕，因為國王已病危。隔天，國王去世，由金溫明吉部長主導樞密院立即選舉，宣布錫袍為國王。隨後被捕的王子及其家屬被王后的衛隊處死，在這場王位繼承爭奪戰中，殺害了將近 80 名王族親屬。[34]

錫袍派遣一名特使去見英屬印度總督，至下緬甸時，英國當局在塔耶特苗逮捕該名特使，並拒絕其繼續前進，理由是他未具全權權力。此時下緬甸英國商人建議英國政府和英屬印度總督出兵兼併上緬甸。1879 年 4 月，英國將龍揚及其弟弟南歐克王子送回仰光，準備支持他們取代錫袍為王。緬甸特使在塔耶特苗等候數個月，英國才通知他不能繼續前進，必須返回緬甸領土。1880 年，英國又下令龍揚及其弟弟南歐克王子返回加爾各答，在等候期間，南歐克王子及若干緬甸同夥攜帶武器突擊上緬甸，失敗後才返回加爾各答。緬甸國王要求仰光英國當局要對此一事件負責，並賠償緬甸人命和財產之損失，未獲英國當局回應。

由於英國駐阿富汗首都喀布爾（Kabul）的駐紮官及數名官員遭到大屠殺，引起英國緊張，遂在 1879 年 9 月 21 日關閉在曼德勒的駐紮官署，撤

---

34. 黃祖文編譯，**前引書**，頁 34。

出官員。以後數月英國和緬甸關係陷於緊張。

1881 年，英國新任駐印度總督李朋（Lord Ripon, George Robinson 1st Marquess of Ripon）邀請錫袍派遣特使前往印度會談商業條約修改問題，緬甸要求與英國建立直接的外交關係，結果談判沒有進展。王后隨後派遣特使訪問歐洲各國，希望能簽署友好和商業條約。該名特使停留在巴黎數月，引起英國的懷疑。實則法國要求在緬甸擁有治外法權，緬甸特使不肯答應。

1885 年 1 月 18 日，緬甸終於和法國外長茹費理（Jules François Camille Ferry）簽署商業條約，其中還包括引渡條款。法國受到英國駐巴黎大使李昂斯（Lord Lyons, Richard Bickerton Pemell Lyons）之壓力，同意不從安南東京提供軍火給緬甸。[35] 但法國政府並未批准該條約。此外，法國政府同意緬甸在巴黎派駐使節。緬甸特使繼續前往荷蘭，結果沒有簽訂任何條約。他與德國簽署商業、友好與和平條約。

6 月 1 日，法國領事哈斯（M. Haas）前往曼德勒，協商建造從曼德勒到東吁鐵路事宜，法國將提供 250 萬英鎊貸款，7.5% 利息，七十年償還期。該條鐵路將與新近英國完成的仰光鐵路線連接。另外亦協議將協助緬甸設立國家銀行，資本額為 250 萬英鎊。緬甸將以河流關稅收入和石油礦權支付貸款。緬甸政府在 7 月底派遣代表到巴黎互換批准書。[36] 但受到英國的干預，法國放棄在緬甸的計畫，在 10 月召回哈斯。[37]

8 月，仰光英國商人謠傳緬甸和法國有祕密協議，例如寶石礦租讓給法國公司、郵政和電報交給法國人管轄、從曼德勒到撣邦鐵路由法國人建造、在上緬甸將設立法國航運公司。但這些都僅是謠言而已。

一家「孟買緬甸貿易公司」（Bombay Burma Trading Corporation）獨佔緬甸木材出口，它與緬甸國王簽訂合約取得上緬甸邊境地帶木材的採伐權，一些英國木材商向該公司控告欠款未還。法庭從該公司在東吁的辦事處取得文件，顯示下緬甸英國專員核准木材商伐木，法庭發現該公司付給

---

35. John F. Cady, *op.cit.*, p.118.

36. John F. Cady, *op.cit.*, p.118.

37. 黃祖文編譯，**前引書**，頁 29。

木材商 33,333 英鎊，此係不正確計算所致。而該公司以該不正確之數字計算繳給緬甸國王的稅也是不正確的，總數短少 36,666.5 英鎊。依據緬甸法律，短少繳稅，將被罰繳兩倍稅款，所以緬甸最高法院判決該公司需繳交 73,333 英鎊給緬甸國王。下緬甸英國專員認為該項判決是合理的，但仰光英國商人對此不滿，鼓譟聲稱要將緬甸變成保護國。英屬東印度公司任命亞德瑞諾（Chevalier Adreino）和兩位東印度公司的經理處理該訴訟案。新任英國駐印度總督杜福林（Lord Dufferin, Frederick Hamilton-Temple-Blackwood, 1st Marquess of Dufferin and Ava）希望將緬甸納入英屬印度之一部分，要求緬甸國王將英國東印度公司的罰款交付仲裁，而且應由杜福林指定的一個人仲裁。仰光的英國商人又傳播謠言，說杜福林準備支持龍揚出任緬甸國王。錫袍不同意該項要求，倫敦政府和駐印度總督於 10 月 22 日對他提出最後通牒。

光緒十一年九月十四日（1885 年 10 月 21 日）英國政府發出最後通牒前，時任使英欽差大臣曾紀澤便已電告統籌對外事務的總理各國事務衙門（簡稱「總理衙門」），明確表示英國有圖謀北緬之意，中國當「自騰越西出數十里取八幕，據怒江上游以通商，勿使英近我界。」[38] 光緒皇帝接報後回應：「英圖北緬，有無規畫進取，顯然布置情事？著將近所偵查詳悉電聞，語勿太簡。緬亦朝貢之邦，彼倘謀未定，據與開談，是啟之也。所籌一節，候旨遵行，慎勿輕發。」[39]

英國致送緬甸最後通牒之要求如下：(1) 緬甸國王應以高規格儀式接納一名總督派出的特使，以解決對英國東印度公司之罰款；(2) 對英國東印度公司之命令應予暫時中止，直至英國特使解決爭端為止；(3) 緬甸國王應接納一名總督的代表，駐守在曼德勒，且應有 1,000 名英國軍隊和一艘武裝汽船防衛；(4) 緬甸國王必須提供適當的設施讓英國可經由緬甸領土與中國進行貿易；(5) 緬甸國王唯有在英國總督之監督和控制下才能進行其對外關係。[40]

---

38. 王彥威編，**清季外交史料**，文海出版社，台北縣，1963 年，頁 1135。

39. 王彥威編，**前引書**，頁 1135。

40. Maung Htin Aung, *op.cit.*, p.262.

曾紀澤於 9 月 23 日（1885 年 10 月 30 日）電奏，除表示不敢斷定「八幕」就是「新街」，也對與英交涉時強調緬甸為中國屬國一事感到遲疑，「緬之貢期疏於越，不提屬國，我之進退裕如；如提屬國則須爭，爭不得而聽其所為，似損國體，強支又蹈越轍。」[41] 對此請示清廷意見。而清廷仍維持先前立場，「著曾紀澤向英外部告以緬甸係朝貢之國，中華與英友誼相關，容可設法調處。令滇督等派員向緬開導，改判謝過，以弭兵端。」[42] 對於清廷的態度，英國則回文表示感謝，「然調停僅暫安，現欲靖暴亂，俟辦畢再與華議商善後之政。」[43]

11 月 10 日午夜為最後通牒期限，錫袍在此期限前六天對此不合理之要求，答覆以：(1) 對於英屬東印度公司之判決是經過緬甸的法律為之，無須英國特使來討論；(2) 英屬東印度公司可提出再審之請求，緬甸國王將會等候法庭做出決定，跟其他案件相同，法庭之判決可暫時中止；(3) 歡迎英國駐紮官派駐曼德勒；(4) 緬甸國王經常願意協助英國經由緬甸領土與中國進行貿易；(5) 根據緬甸國王之理解，一主權國家之對內和對外關係僅能由本國行使和控制。[44]

在樞密院會議中，大臣金溫明吉主張降低對「孟買緬甸貿易公司」的罰款數額，以緩和和英國的緊張關係，但樞密院大臣唐達明吉和王后蘇帕耶拉特反對這樣做。11 月 5 日緬甸答覆稱，雖然該公司可以請求減少罰款，但罰款是不能談判的。緬甸也同意接受跟以前一樣英國在曼德勒派駐駐紮官，但對於英國要求控制緬甸之外交政策，將建議由法國、德國和義大利共同決定。11 月 7 日，錫袍國王訴請緬甸人民集會，來反抗英國。11 月 9 日，緬甸的否定答覆送抵仰光。英國立即集結兵力在塔耶特苗，仰光謠言英國準備推舉龍揚出任緬甸國王。事實上，龍揚已在數星期前死於加爾各答，英國故意隱匿該一消息。

---

41. 王彥威編，**前引書**，頁 1137。

42. 王彥威編，**前引書**，頁 1137。

43. 王彥威編，**前引書**，頁 1145。

44. Maung Htin Aung, *op.cit.*, p.262.

11 月 14 日，英國軍艦越過緬甸邊境。緬甸派遣一名義大利工程師將一艘船開到伊洛瓦底江中，準備將它沉入江中，阻止英國船艦上溯，但該船卻遭到英國俘虜，從船上搜到緬甸沿江軍事工事詳圖。11 月 17 日，英軍從塔耶特苗北上，緬甸發現走在英軍前頭的人是假冒龍揚的人，他是英國專員辦公室的職員，打扮成龍揚。緬甸前線官員立即通報錫袍，但為時已晚。英軍攻佔明拉（Minhla）堡壘，守將戰死。英軍使用艦砲攻擊岸上的緬軍堡壘，緬軍堡壘上的大砲射程不及英軍艦砲。11 月 26 日，英軍沒有遭到抵抗就直抵阿瓦，守將欲與英軍決戰，但錫袍下令投降，所以英軍順利通過阿瓦，28 日佔領曼德勒。此次戰爭前後僅十一天，緬甸在 11 月 28 日投降。隔天，錫袍國王在其王宮接見英軍指揮官普仁得嘎斯特將軍（General Prendergast）。普仁得嘎斯特將軍命令錫袍及王后在四十五分鐘內收拾簡單衣物和行李，就被流放到印度西海岸的孟買（Mombay）。貢榜王朝就此結束。錫袍逝於 1916 年。

直隸總督李鴻章透過倫敦的函電知悉英軍已佔據緬甸都城阿瓦（即曼德勒城），貢榜王朝求和投降的消息。1885 年 12 月 2 日，曾紀澤再度提出以八幕（八莫）為中國所有的提案，「儻英不允，我即具牘云：『英佔我朝貢之邦，我甚惜之，但不欲失和，俟後再論之。』即前數年函電所云普魯太司特法也。彼平緬而我不認，不與議雲南商務，彼懼有後患，或易就範，俟示後開談。」[45]

12 月 14 日，總理衙門在給曾紀澤的電文中表示，對英交涉將以存緬祀、行朝貢二事進行開談。而且「須以勿阻朝貢為第一義，但使緬祀不絕、朝貢如故，於中國便無失體，八幕通商宜作第二步辦法」[46]，顯然清廷將保存貢榜王朝與持續朝貢視為第一要務。

12 月 21 日，曾紀澤向總理衙門詢問乾隆年間賜予緬甸的金印式樣與年月印文，以茲為證。四天後曾氏便收到來文：「緬王印，乾隆五十五年頒給，

---

45. 王彥威編，**前引書**，頁 1146。

46. 王彥威編，**前引書**，頁 1163。

係清漢文，尚方、大篆，銀質飾金駝紐。平臺方三寸五分，後一寸。其文曰阿瓦緬甸國王之印，特電。」[47]

1885 年 12 月，明貢王子提議假如他獲允接任緬甸國王，他將放棄跟法國的關係。但此議未獲英屬印度政府之支持。兩個月後，在錫蘭之可倫坡（Colombo）一艘法國船拒絕載送明貢王子到西貢，明貢王子亦不敢搭乘英國船隻到中國。[48]

英國控制上緬甸後，流放國王到印度，因此必須仰賴樞密院作為臨時的權力機構，英軍指揮官司拉登上校利用唐達明吉讓樞密院繼續運作。由於唐達明吉聲望不好，下緬甸的人視他為壞人，上緬甸的人視他為叛徒，儘管司拉登上校承認唐達明吉多處協助英國治理上緬甸，但英屬緬甸專員伯納德（Charles Bernard）於 12 月 27 日將他逮捕，並解送加爾各答。其他的樞密院大臣對此感到不滿，不信任英國保證他們的個人安全。英屬印度政府拒絕放回唐達明吉，英國總督乃欲恢復金溫明吉的樞密院大臣的職務，此一情況使得樞密院內部出現混亂，緬甸社會之傳統秩序破壞，爆發各地的反英活動。

1886 年 1 月 1 日，印度副王宣布簡短聲明：「奉女王之命，錫袍國王以前治理的領土，不再由其統治，此後列入女皇陛下的版圖，將由印度副王和總督任命並經欽准的官員治理，特此公布。杜福林。」[49]緬甸變成英屬印度的一個省分，伯納德出任緬甸最高專員。

1886 年 4 月，緬甸土司向中國請求救兵，清朝不願為緬甸事開戰，而以正與英國商議中為理由，回絕該土司的請求。清朝還怪罪緬甸私下與英國通商，遭英國入侵，也未及時陳奏告急，現在被英國滅國了，是緬甸自己造成的後果。「清德宗光緒十二年（1886）四月辛酉，諭軍機大臣等，岑毓英奏，緬甸土司投遞稟函，懇請發兵救援，並鈔錄稟函呈覽一摺。緬甸為中國藩服，前既私與英人通商，被其佔據土地，歷有年所，上年與英

---

47. 王彥威編，**前引書**，頁 1164。

48. John F. Cady, *op.cit.*, p.121.

49. 黃祖文編譯，**前引書**，頁 31。

構釁，聞已遍行照會各國，並不陳奏告急，且值例應進貢之年，亦未按期納貢，實屬自外生成，朝廷軫念藩邦，疊經諭令曾紀澤與英辯論，尚無成說。即如另立緬王，管教不管政一節英國亦未允從，仍俟將來如何議定，再降諭旨。斷不能僅據該土司稟詞，輕開邊釁。以上各節，岑毓英當詳慎體察。至該土司等若再來請示，即諭以現在中國與英人尚未定議，毋庸瀆訴也。將此由四百里諭令知之。」[50]

　　從上述的記載可知，清朝對於遠在西南一隅的緬甸，雖言表面的朝貢國，一旦有事，中國還是無能為力。緬甸和越南的戰略地位不同，當法軍逼近中國南疆，威脅其安全時，中國會派軍隊協助越南抵抗法軍。但英國控制緬甸對中國西南之安全威脅，尚非迫切，因此，中國尋求利用外交手段與英國周旋，以致於未派軍隊至緬北協同當地土司對抗英國。

第三節　緬甸王國政府體制

　　緬甸長期以來施行君主政體，國王是國家最高統治者，他擁有至高無上的權力，他的話就是法律。他同時也是佛教的領袖，此與泰國不同，泰國國王是佛教的保護人，而非佛教領袖。國王之權力來自神的授予，孟雲國王還自稱是未來的活佛。除了國王指定繼承人外，王位繼承沒有一定的規則，通常取決於王位繼承者之間實力的較勁，以及實力大臣的支持，因此，每次王位繼承都爆發殘酷的誅殺，取得王位者，大殺其眾兄弟及支持的隨從。

　　國王議政是每天兩次，早上是朝廷中所有官員必須出席參加，下午是與重要大臣會商。他進入會場時，所有官員必須俯伏在地，以示尊敬臣服。

50.〔清〕覺羅勒德洪等撰，**大清德宗景（光緒）皇帝實錄**（四），卷二百二十八，頁16-17。

　　王宮中駐有禁衛軍和侍從，撣邦土司及其家眷也住在王宮。土司很少到其轄下的撣邦，若他要前往撣邦，其家屬不可隨行，需留在王宮當作人質。

　　每年4月緬甸曆年（新年）和7月佛教齋戒時，住在首都的各藩臣需向國王宣誓效忠。10月時，各王子、大臣、王公和各地的官員都會到首都向國王進獻貢禮，以及上繳其采邑的收入。當時各地官員是沒有薪俸的，而是靠其采邑徵收稅收或實物。國王出門時侍從需幫他打白傘，也只有國王有此一權力，成為王權的象徵。

　　國王之下設有樞密院，由五十幾名官員組成，負責國王的敕令之撰擬、法律之制訂和執行、司法的判決。樞密院之下設有別岔（Bye-Taik，或稱為At-Win-Yon），負責內廷工作，是緬王和樞密院之間的聯繫官員。他們也負責監督軍隊和管理國家的財政。內廷的大臣稱為等蘊（Atwinwun），十八世紀有4人，十九世紀增加為8人。他們是國王最親近的大臣，商討國家大政的左右手。他們將國王的諭旨和敕令交給樞密院辦理。

　　此外，設有管理國家財產的國庫（Shwetaik），其主管稱為國庫大臣（Shwetaikwun）。該一機構同時也負責管理國家檔案，包括世襲官員的家譜、收入報告、世代相傳的手工業者的名冊。這些檔案資料在英軍進入曼德勒後全被擄掠一空。[51]

　　中央下設各省，有省的行政長官（Myowun）負責，他擁有行政、立法、司法和軍事權力。省之下有縣和城鎮，地方官員一樣擁有地方的行政和司法權。通常地方的訴訟由地方官審理。不服者可上訴到上一級官署。惟上訴需繳交費用，故通常都找僧侶或官員進行仲裁。緬甸從印度引進古老的神意裁判法，法官會依據潛水之時間長短、燒蠟燭之長短或試探滾燙油的方法以做出判決。有時法官也會故意拖延訴訟時間，從中謀取私利。除了叛國罪和瀆神罪外，其他罪刑可以用錢贖免。刑法處刑相當殘酷，有鞭打、斷手和砍頭等處罰。

---

51. 黃祖文編譯，**前引書**，頁36。

　　撣邦的土司是邦的首長，由緬王任命，每年需向緬王進貢和宣誓效忠，甚至出兵協助。緬王派有軍隊駐守在撣邦及其他少數民族地區，就近監管，以防叛亂。

　　國家歲收主要來自對一般人徵收的人頭稅或各地的實物稅，並無一定的辦法，要看各地土地條件和生產物而定。對於銀礦、寶石、外國貨物或國有土地則徵收什一稅。若要興建寶塔、寺廟、宮殿或道路，則會另外徵稅。1864 年，實施戶稅或什一稅（Thathameda）制，全緬不分階級每戶都要繳交 10 盧比（Rupee）。山地農民、漁民和鹽民則繳納特別稅。為了徵稅，緬甸政府曾在 1638、1783、1802 等年進行人口普查以及記載每個村莊的生產品和數量。

　　緬甸男性從十七歲到六十歲都可能被徵召服兵役，不願或不能服兵役者則需繳交一筆錢。常備兵是禁衛軍，領有薪俸或者土地，他們除了防衛王宮、首都外，也防守邊疆城鎮。除了陸軍外，也有海軍，主要是防守伊洛瓦底江的安全。

　　官員大都是由緬王任免，無須經過考試。求取官職，通常需要致送賄賂。撣邦的土司有時為了取得更高的官職或土地，會將自己的女兒送給緬王。官員沒有領薪俸，而是根據國王給的封地取得利益。惟官員取得該類封地沒有繼承權。雖然緬甸無法出現封建大官僚或類似菲律賓的大地主制，但在該一制度下，官員因為濫收稅款，壓榨農民，導致農民抗爭不斷，才在曼同國王執政時廢除此制，改採官員薪俸制。

　　行政體系的最底層是村，稱為 Myo，它猶如暹羅早期的 Maung，即類似村寨的意思，較大的村寨猶如城邦、城鎮，它可能由數百個村寨組成，故也有此一意思。通常村鎮的首長村鎮長（Myothugyi）是世襲，需由國王任命，他是國家的官員。他擁有的土地類似一種封建土地所有制，擁有其土地上的農民的行政、司法、徵稅、徵兵、派出勞動力去從事強制性勞動、監督修橋鋪路、執行警察職能等權力。村長可以配戴銀質裝飾品和打紅傘，出行可以坐馬車和帶警衛。

　　下緬甸的土地關係，基本是維持土地國有制，私人土地佔有制只有一

小部分。上緬甸也大都是國有土地，但分給頭人作為報酬的則為頭人的私有土地。但有些國有土地因為管理人的舞弊，而將土地轉租給私人耕種，造成土地國有制的破壞。1885 年，錫袍國王批准土地和土地稅法，使所有的國有土地和其他土地的持有者得到所有權，條件是他們需按收穫量 10%繳納土地稅。但該制還來不及實施，上緬甸在該年為英國佔領。

第五章

英國統治

第一節　中國承認英國對緬甸之統治

1886 年 1 月 1 日，英國印度總督杜福林宣布緬甸成為印度一省，由英屬印度總督統治，然後將印度人移入緬甸，意圖藉此消滅緬甸人的民族意識。2 月 12 日，杜福林前往曼德勒，他宣布完全廢除緬甸樞密院。2 月 17 日，他宣布由英國直接控制上緬甸，命令英國官員鎮壓強盜暴徒。2 月 26 日，緬甸正式成為英屬印度的一省。

當英國印度總督對外宣告緬甸已納入大英帝國版圖時，此舉使中國駐英公使曾紀澤不滿，「責其未與華議，遽滅緬甸為食言。」[1] 然而，英國卻在併吞緬甸後，主動表示可與中國共商緬甸問題，並拋出了另立國王管教不管政的議題，「照舊貢獻中國，英攝緬政以防外患。」[2] 清廷對於英國的提案使「緬祀不絕，貢獻如故，界務又可開拓」[3] 而表示肯定，但表示立誰為王則須先告知中國。

1 月 30 日，曾紀澤致電總理各國事務衙門，表示英國已擇定緬甸教王，並決定進獻潞江東地給中國，以及入貢等事皆已確定，然「英政府忽因議英均田事，被駁告退，刻已不商緬事，候新政府到任乃商。」[4]

英國由於內閣改組，對於之前中、英交涉所達成的各項協議不願接受，「緬事不但不讓八幕，且毀其前任立教王以貢華之議」[5]，英國外交部甚至提出由雲貴、緬甸兩地總督，以及清朝皇帝與英國皇后相互送禮的方法替代前案。面對英國態度之反覆，曾紀澤認為需使用剛、柔兩種方法才能解決緬甸問題：

> 剛則咨云：英滅吾朝貢之國，又所商善後不協吾議，吾以友誼為重，

---

1. 王彥威編，**清季外交史料**，文海出版社，台北縣，1963 年，頁 1167。
2. 王彥威編，**前引書**，頁 1171。
3. 王彥威編，**前引書**，頁 1171。
4. 王彥威編，**前引書**，頁 1178。
5. 王彥威編，**前引書**，頁 1203。

不欲失和。然當商議界務，照各國所繪中緬界圖分管，如此是拒其陸路通商之請，故謂之剛；柔則允其兩督互送禮之說，緬前貢華者改由緬督送雲轉呈華，前賜緬者改交雲督撫送緬界，則潞江東仍歸華，八幕有華租界，且可設稅關，如此稍柔，然可即了。[6]

不料清廷不接受此議：「中緬自有定界，未可以洋圖為據，致他處分界又開歧出之門。煙臺舊約大理已有專條，安能拒其陸路通商？既無貢獻之名，彼此送禮亦嫌蛇足，以上三策均勿庸議。」[7]對於立教王朝貢之事，清廷認為「應暫置勿提」，[8]當先討論伊江劃界與八幕通商兩件事情。

6月28日，總理衙門致電曾紀澤，要求其辯論道義不滅他人之國的道義問題：「中華所重在乎不滅人國，貢與不貢，無足輕重，曾紀澤再為辯論，詳述恃德恃力之道，並責義始利終之非，看其如何作答。」[9]清朝可謂是昧於國際局勢，跟英國談論道義，猶如與虎謀皮。

為解決緬甸問題，光緒十二年六月十七日，代表總理衙門的慶親王奕匡向光緒皇帝稟奏中、英雙方簽訂中英緬甸條款。英國則將此條款稱為「關於緬甸和西藏的協定」（Convention Relating to Burma and Tibet），蓋英國認為該條約除為解決緬甸問題外，尚涉及英人入藏事宜。

茲將中英緬甸條款的內容抄錄如下：

　　一、因緬甸每屆十年，向有派員呈進方物成例，英國允由緬甸最大之大臣，每屆十年派員循例舉行，其所派之人應選緬甸國人。

　　一、中國允英國在緬甸現時所秉一切政權，均聽其便。

　　一、中緬邊界，應由中英兩國派員會同勘定其邊界。通商事宜，亦應另立專章，彼此保護振興。

6. 王彥威編，**前引書**，頁1203。
7. 王彥威編，**前引書**，頁1203。
8. 王彥威編，**前引書**，頁1203。
9. 王彥威編，**前引書**，頁1243。

一、煙臺條約另議專條派員入藏一事,現因中國察看情形多窒礙,英國允即停止。至英國欲在藏印邊界議辦通商,應由中國體察情形,設法勸導、振興商務。如果可行,再行妥議。章程儻多窒礙難行,英國亦不催問。

一、本約立定,由兩國特派大臣在中國京城將約文、漢文、英文各三份先行畫押,蓋用印章,恭候兩國御筆批准,在於英國京城速行互換,以昭信守。[10]

該約甚為可議之處是,緬甸已為英國兼併,英國怎可能允許緬甸最大之大臣向中國朝貢?該種朝貢有何意義?清朝所爭的是名份,猶以宗主國自居,完全昧於國際現實。

該約規定緬甸每十年需向中國進貢,薛福成在出任駐英公使任內(1890年4月—1894年3月),認為「我若不按時理論,彼亦斷不過問」,則「此約遂成虛設」,因而分別在1892年、1893年與1894年三次照會英國外交部,要求按照條約履行緬甸的十年一貢。[11]

惟英國外交部對於中國此項要求均未予正面回應,至1894年中國與法國簽訂延續1887年「中法界務專條」的「中法粵越界約附圖」時,把江洪地區割讓給法國,引起英國不滿,認為中國違背了同年與其簽訂的邊界條約中同意不將該一地區劃歸第三國的規定,乃基此理由廢除了「中英緬甸條款」第一條,中國並未據此向英國進行交涉,從此英國和中國就未對緬甸朝貢事有所交涉。

「中英緬甸條款」第二條是有關中國承認英國取得緬甸的控制權,如同1885年中法會訂越南條約規定中國承認法國在越南的控制權,以及1895年中日馬關條約規定中國承認朝鮮是一個獨立國家一樣,緬甸、越南和朝鮮都是在國際條約下脫離中國的宗主權。

---

10. 王彥威編,**前引書**,頁1255。

11. 何新華,「關於『十年一貢』的爭論:十九世紀末晚清政府在緬甸問題上與英國的交涉」,**南洋問題研究**,廈門,第4期,2005年12月,頁71-76,75。

　　從 1886 年以後四年緬甸各地爆發抗英游擊戰以及土匪作亂，英國在緬甸必須維持三萬正規軍和三萬武警以維持社會秩序。英國對反抗的緬甸游擊隊採取殘酷鎮壓，甚至殺害全村人，重建新村，由英國指定村長，俾便於控制。1890 年後，英國才逐漸控制緬甸，社會也恢復秩序。

　　緬甸沒有世襲的貴族，較能幹的王子和公主也在明貢王子叛亂和錫袍王位爭奪中被殺害，不然就去當英國或法國的走狗，例如龍揚王子和明貢王子；或者在對抗英國的游擊戰中戰死。最底層的村長也沒有出現有魅力的領導人物，下層官員都是由英國任命，受到嚴格管控，他們只想將其子女送至仰光、加爾各答或英國讀書。在公務機關中，緬人和英人之薪水不同，地位也不同。

第二節　緬甸歸印度管轄

「分而治之」（divide and rule）政策

　　英國自 1886 年 1 月 1 日起兼併上緬甸，隔年兼併撣邦，1889 年兼併欽族山地部落。英屬緬甸在 1893 年與暹羅、1895 年與法屬印支保護地、1900 年與中國劃分疆界，始告完成緬甸的疆域範圍。[12] 基本上，英國對於緬甸之統治採取「分而治之」（divide and rule）政策，將山地民族和緬族分開治理。此一政策獲得基督教傳教士的支持，他們認為緬族是反基督教的，很難將他們變為基督教徒，因此將注意力轉到山地民族，例如欽族、克倫族。由於有些山地民族信仰拜物教較容易接受基督教。英國也不對緬族和撣族施予軍事訓練，以免他們藉機反抗，而只對欽族、克倫和克欽族（Kachin）實施軍訓。那是因為在第二次緬、英戰爭後，下緬甸的克倫族仍與英國對抗，在第三次緬、英戰爭後欽族繼續與英國戰鬥數年，英國

---

12. G. Coedès, *The Making of Southeast Asia*, University of California Press, Berkeley and Los Angeles, 1969, p.189.

覺得這些少數民族具有優良的戰鬥力，施予軍事訓練後可派往其他地區作
戰。在第一次世界大戰爆發後，英國就甄選緬甸少數民族軍隊在美索布達
米亞（Mesopotamia）作戰。[13]

對於撣族，英國在 1888 年頒布撣邦法（Shan States Act），賦予英屬
緬甸總督任命官員治理撣邦地區，制訂法律，修改當地習慣法，使之更符
合公平正義。1889 年 1 月，數名撣族酋長簽署限制性協議（印度話稱為
Sanads），限制他們的管轄權，英屬緬甸政府官員取代撣族土司們，具有
民法、刑法和收稅的權利。英屬緬甸政府也取得對森林、礦物等的權利。
酋長每年需支付特定的貢物、維持秩序和保護貿易、允許建造鐵路、由英
國主管交付的協商邦際之間的爭端、對歐洲英國人居民有優先管轄權。此
一間接統治方式大體上運作順利，但隨著英國在緬甸的勢力日益鞏固，其
管轄權逐漸凌駕撣邦土司酋長，而使得間接統治變成英國官員直接統治。[14]

1890 年，英國將薩爾溫江以東的景棟邦納入緬甸版圖。1892 年，英屬
緬甸與暹羅劃定邊界。湄公河成為景棟和法屬寮國的界河。1894 年 3 月，
在新維北部（North Hsenwi）和雲南劃定假設的邊界線，1897 年再度協商。
但沿著中國雲南邊境的瓦─拉胡（Wa-Lahu）地區的兩百英里長邊界未劃定。

在北撣邦的克欽族地區，好戰的山地部落攻擊西保（Hsipaw）邦和新
維邦的撣族，英國在 1892 年出兵干預，1893 年 11 月派遣英國官員駐紮，
調節兩個族群間的衝突以及照顧克欽族的利益。欽得溫（Chindwin）河以
西的欽族頑強抗拒英國，直至 1895 年才被鎮壓。

英國在 1897 年首度在緬甸設立小規模的立法委員會（Legislative
Council）。1909 年稍予增加人數。

英國國會在 1919 年通過「印度政府法」（Government of India Act），
給予印度自治權，而未給予緬甸自治權，引起緬人不滿，各種愛國主義
團體紛起，最後整合成「緬甸各協會大會」（General Council of Burmese
Associations, Myanma Athin Chokkyi, GCBA）。此一反英運動又稱為「國家

---

13. Maung Htin Aung, *op.cit.*, p.281.
14. John F. Cady, *op.cit.*, p.136.

利益保護者」（Wuntharnu）運動，杯葛及拒買英國貨。有些和尚還巡邏各市場，手拿藤條驅趕那些想買英國貨的顧客。該組織還派代表到倫敦遊說，當他們返回緬甸時，有 10 萬人到仰光碼頭歡迎。

1920 年，立法委員會人數增加到 30 人，其中 28 人為委任，2 人為民選。1923 年，立法委員會人數增加到 103 人，其中 79 人為民選。由兩位部長負責教育、公共衛生、林業、農業和地方自治等業務。其他業務則由英國駐緬甸總督負責，由兩位立法委員會委員協助。此外，亦與印度中央政府一起負責。[15]

1923 年，英國政府通過「雙頭憲法」（Dyarchy Constitution），給予緬人半自治治理的權利，就是緬甸屬於英屬印度管轄，而英屬印度在緬甸另派駐總督，讓緬人擁有跟英人一樣的參與行政管理工作，過去英國已給予印度人此一權利。但緬人關切的是英國將緬人和少數民族分開的政策。在曼同國王時期，英國迫使緬甸讓克倫邦獨立，但當緬甸王國被英國統治後，英國反而將克倫邦納入英屬緬甸領土，惟分開管理。英國也將欽族、克欽族和撣邦分開治理，理由是這些地區民族仍未開化，需由英屬緬甸總督直接管理，無須經由緬甸議會討論。

英國也將住在平原地帶的族群劃分為緬人、英國人、英國印度混血種人、克倫族人，理由是少數民族需要英國政府特別保護。克倫族雖然被誇張說是信仰基督教的少數民族，實則 85% 的人不是基督教徒。[16] 除了教育、公共衛生、農業、森林等部門受到民選議會之監督外，其他政府部門，例如外交、國防、內政、移民、商業、財政等仍由總督控制，總督有否決權，不合他意之政策，可直接批駁。

英國自統治廷那沙林起，就引進英國治理印度之法律，逐漸取消緬甸

---

15. "War Cabinet, White Paper for Burma Policy, Memorandum by the Secretary of State for Burma," Presented by the Secretary of State for Burma（L. S. Amery）to Parliament, Copy No. Secret. W.P. (45) 290, 8th May, 1945, Printed and Published by His Majesty's Stationery Office, p.4.（http://filestore.nationalarchives.gov.uk/pdfs/small/cab-66-65-wp-45-290-40.pdf 2014 年 3 月 21 日瀏覽。）

16. Maung Htin Aung, *op.cit.*, p.286.

的習慣法。1863 年，印度中央立法機關（India Central Legislature）在緬甸設立六級法院制度，並將民事訴訟程序法（Code of Civil Procedure）引入緬甸。但該法沒有影響繼承、婚姻、或宗教習慣之習慣法。副專員擔任地區市鎮首長，負責違警案件之審理；地區專員（divisional commissioner）擔任司法官，負責民事和重要刑事案之審理。在 1872 年以前，英國緬甸法院體系仍受印度加爾各答法院的管轄。1872 年，任命在下緬甸之特別司法專員，才將司法和行政職權予以區分。1890 年，在上緬甸任命特別司法專員。剛開始時英國駐廷那沙林專員下令其部屬儘可能使用緬甸習慣法，給予較寬的裁量權。為使判決不受賄賂影響，特別制訂「司法行政條例」（Code of Regulations for the Administration of Justice），以專員或其副手為法庭唯一法官。為使判案貼近緬甸社會，通常都會有緬甸助理提供諮詢意見。[17]

表 5-1：1931 年緬甸各族人口數

種　族　別	人　口　數
緬族人	12,680,052
印度人	1,017,825
華人	193,589
印度 - 緬族混血	182,166
歐洲人與英屬印度人混血	30,851
其他	3,039
合計	14,647,756

資料來源：Robert H. Taylor, *op.cit.*, p.128.

1872 年，英國在下緬甸派駐司法專員（Judicial Commissioner），行使印度高等法院的權力，他與仰光地方法院推事（Recorder of Rangoon）共同組成特別法庭。首席專員是當時英屬緬甸的最高上訴機關，但收到上訴案

---

17. Robert H. Taylor, *The State in Burma*, University of Hawaii Press, Honolulu, 1987, p.103.

很少，每年不到十二件。1890 年，英國在上緬甸派駐司法專員，廢止傳統地方市鎮首長的司法權。1900 年，仰光地方法院推事與下緬甸的司法專員合併，成為下緬甸首席法院（Chief Court of Lower Burma），它對於下緬甸的案件具有上訴和更改判決的權力。該法院共有四位法官。1923 年，成立仰光高等法院，負責執行下緬甸首席法院和上緬甸司法專員的職責。

1883 年，英國在仰光市政府採取民選制，有三分之二是民選產生。市委員會（City Council）的 17 名民選代表中僅有 5 人是緬族人、1 人是克倫族人。另外 5 人是英國人、2 人是華人、2 人是印度人、1 人是回教徒代表、1 人是英國商會代表。[18]

英國於 1897 年設立屬於顧問性質的立法委員會（Legislative Council），都是由委任的英國人出任，只有兩席是其他歐洲人出任，代表商界利益。1909 年，該立法委員會共有 15 名代表，其中 4 人為緬族人、1 人為印度人、1 人為華人，皆是由首席專員委任。在 15 名代表中，有 6 人是官員，英屬緬甸商會可推選一名代表。1915 年，立法委員會人數增加至 19 人，克倫族和英國仰光商業協會（British Rangoon Trades Association）可各推派一名代表參加該立法委員會。1920 年，立法委員會人數增加至 30 人，其中 10 人是緬族人、2 人是印度人、1 人為華人，這 13 人都是委任。該立法委員會委員中商業代表占大多數，其主要功能是供備總督諮詢之用，不能討論預算案以及質詢官員之行為。[19]

英國統治緬甸初期也甄選緬甸人出任地方公務員，大都是低階職務，直至 1908 年才任命第一個緬甸人擔任副專員，1917 年任命高等法院第一個緬甸人法官。

英屬緬甸最早的社團是 1906 年成立的「青年佛教協會」（Young Men's Buddhist Association, YMBA），它是由受過西方教育的年輕人所組成，主要目標是從事文化和宗教活動，基本上接受英國的統治，利用西方的組織成立各種佛教協會、傳道所和學校。它在 1916 年首度對政治問題表

18. Robert H. Taylor, *op.cit.*, p.117.

19. John F. Cady, *op.cit.*, p.152.

圖 5-1：兩位撣族領導人家庭於 1903 年訪問印度德里
資料來源：http://en.wikipedia.org/wiki/File:Shan_saophas_(sa
wbwas)_at_the_Durbar,_Delhi,_India.jpg 2014 年 3 月 3
日瀏覽。

示意見，鼓勵緬族人使用本地產品、提議統一的教育法規、建議政府禁止西方人在佛廟內穿鞋子走動。1918 年，政府規定由寺院自行決定遊客進入寺廟的穿著標準。此是殖民政府第一次回應人民的要求。

1917 年 12 月，「青年佛教協會」派遣代表前往加爾各答，會見英國駐印度國務祕書孟塔谷（Edwin Samuel Montagu）和英國駐印度總督查爾姆士福德（Frederic John Napier Thesiger, 1st Viscount Chelmsford），要求緬甸脫離印度政府，成為英帝國下一個獨立的國家。他們強調緬甸無論在種族、語言、社會習慣和宗教皆與印度不同。他們亦表示緬甸效忠英帝國、沒有政治動亂，將緬甸脫離印度不會造成動亂。1918 年 4 月 22 日，英國發表「印度憲政改革聯合委員會白皮書報告」（White Paper Report of the Joint Committee on Indian Constitutional Reform），將進一步實現給予印度人民民選代表之充分責任政府，將增加印度省議會之立法權，總督具有否決權，擴增民選之民族代表名額。關於緬甸，該聯合委員會之報告為：

「緬甸不是印度。其人民屬於另一種族，處於政治發展另一個階段，其問題是完全不同的。……想在緬甸設立民選機構尚未發展……。緬

甸政治發展之問題必須在將來個別考慮。」[20]

　　該報告又說，緬甸應獲得如同印度的憲法，但其政治發展應適應當地的環境。無須等候印度其他改革建議獲最後結果，緬甸政府在新任英國駐緬甸總督克拉多克（Sir Reginald Henry Craddock）之領導下，即有權對緬甸擬定個別可行之分立計畫。該計畫在 1918 年 12 月公布，經過討論，修改後在 1919 年 6 月提交印度政府審議。但克拉多克表示緬甸需要改革，需視其環境而定，緬甸仍接受英國的統治。緬甸人信任英國官員之指導。緬甸比印度優勢的是其宗教寬容，沒有種姓（caste）制度，沒有極端的貧富差距，婦女地位高。緬甸不足之處是各級政府缺乏自治經驗，也缺乏受過高等教育的人才，因此不能立即給予緬甸民選政府。他主要計畫是在緬甸實施印度自 1882 年以來實施的自治模式，即納稅之村民選舉村委員會，再由村委員會選舉上一級的區委員會。[21] 1920 年 6 月，報告最後完成，稱「國會白皮書」（Parliamentary White Paper），主要內容為，緬甸的政治發展比印度落後一個世代，印度模式的憲法不能應用到緬甸。緬甸欠缺政治經驗，還不能成立責任政府。該報告建議可以民選村委員會，立法委員會則由間接選舉產生。

　　1919 年，「青年佛教協會」內部發生分裂，對於是否接受克拉多克的改革或繼續在倫敦遊說平等對待印度和緬甸，以及對於財政和參與政治等問題出現歧見。資深成員願意接受克拉多克的建議，但年輕人則堅持抗議英國不在緬甸實施雙頭制度。這些年輕領袖包括巴比（U Ba Pe）[22]、登茂（U Thein Maung）、和尚歐塔瑪（U Ottama）、契特藍（U Chit Hlaing）、吳普（U

20. John F. Cady, *op.cit.*, p.201.

21. John F. Cady, *op.cit.*, pp.202-203.

22. 巴比於 1883 年生於撒拉瓦底縣（Tharrawaddy District）的小鎮，父為地主。1906 年，獲得仰光學院大學士，在仰光的聖保羅（St. Paul）英文高中教書。1906 年，成為「青年佛教協會」（Young Men's Buddhist Association）創辦人之一，1907—11 年擔任該組織的主席，同時任政府的書記。以後他離開公職，創辦**太陽報**（*Thuriya, The Sun*），成為殖民地時期緬甸中產階級民族主義之發聲機關。他曾任教育部長，1939 年任內政部長，1941 年被關入獄。在二戰前曾任數年緬甸商會主席。參見 Robert H. Taylor, *op.cit.*, pp.171-172.

Pu）[23]、東翁郭（U Tun Aung Kyaw）。「青年佛教協會」在該年 2、5、8月舉行會議，決定派遣代表巴比、東盛（U Tun Shein）、吳普前往倫敦抗議克拉多克的計畫。吳普代表新成立的「緬甸改革聯盟」（Burma Reform League）。12 月 3 日，緬甸代表遊說工黨國會議員提出一項動議將緬甸包括入「印度政府法案」（The Government of India Act 1919）內，但蒙塔谷保證緬甸將來可成為印度的總督的省，或者等候 1920 年國會會期時通過一個不同的憲法，所以該項動議被撤銷。隨後緬甸代表返回仰光，受到英雄式的盛大歡迎。[24] 12 月 23 日，英王正式批准「印度政府法案」。

「青年佛教協會」於 1920 年 3 月在卑謬舉行第五次全國大會，將名稱改為「緬甸各協會大會」，意指「大緬甸控制團體」。該新組織在仰光附近城鎮擴大其分支機構 200 個。同時也改變黨的屬性，積極參與政治活動。它採用甘地（Mahatma Gandhi）的印度國大黨（Indian National Congress）的杯葛策略，抗議 1920 年 10 月從緬甸選出代表參與印度立法議會（Indian Legislative Assembly）和在德里（Delhi）的國務委員會（Council of State）。[25]

「青年佛教協會」及相關組織在 1920 年 3 月聽到修正的克拉多克的印度政府法中有關緬甸的改革案送至倫敦，而且將作為國會討論的白皮書時，立即在 5 月底派遣第二個代表團至倫敦，包括登茂、巴比、吳普。此時印度國大黨在那葛普爾（Nagpur）開會，承認緬甸自治，構成印度國大黨組織的 21 個省之一。在倫敦的緬甸代表攻擊修正的克拉多克計畫，認為它不如印度改革案，懷疑持此主張的人的想法。他們要求緬甸脫離印度，各有其憲法，且包含權利法案。他們批評克拉多克有關緬甸不適合實施民主以

---

23. 吳普生於 1881 年，其父為瑞因（Shwegyin）的木材商。1903 年，他獲得仰光學院的大學士。1908 年，中殿律師（Middle Temple）邀請他到英國學習法律。他在倫敦成立佛教協會，返回仰光後，成為「青年佛教協會」（Young Men's Buddhist Association）和緬甸各協會大會（General Council of Burmese Associations）的活躍份子。參見 Robert H. Taylor, *op.cit.*, p.171.

24. John F. Cady, *op.cit.*, p.208.

25. Robert H. Taylor, *op.cit.*, pp.178-179.

及人才不足的說法。他們又批評說,經由現行的地區委員會不能建立負責任的民選政府,不足以訓練自治政府。[26]

「青年佛教協會」於 1920 年 8 月 1 日在仰光號召 400 名群眾集會,反對英國和印度通過的大學法,他們質疑該法未徵詢緬甸人的意見,批評克拉多克有關緬甸大學畢業生太少,故不能自行治理的說法。他們抱怨緬甸立法委員會 46 名委員中緬族代表只有 5 名,其中一人是由僧侶的領袖委任,在 24 名參議員中,緬族代表只有 2 名。緬族代表人數太少,無法反映緬族人的民意。8 月 28 日,緬甸立法委員會通過大學法,英國在緬甸正式設立仰光大學。

12 月 4 日,在仰光大學正式開學三天後一小群仰光之外的大學生組織在大金塔佛寺附近集會抗議政府將大學法硬加在緬甸身上,不管人民的期望,他們認為該法只給仰光大學不足 400 個學生名額,而且可能提高教學水準,以淘汰緬甸學生,因此拒絕該大學法,希望成立國立大學。在緬甸人民委員會的緬甸政治領袖未能阻止該法通過,那麼年輕人就加以摧毀。隨後仰光附近的公立學校學生和教師亦加入示威。大金塔佛寺提供住處給學生,學生家長亦送來食物。[27] 仰光大學成為以後緬甸政治運動的主要活動場所,學生組織蓬勃發展,1938 年上半年,有 230 個學生組織,其中有 160 個屬於政治性組織,這些組織並非都是反政府,大部分是聚集年輕人的精力,表達其民族驕傲感。[28]

英國為了改革緬甸政府體制,於 1921 年秋天派遣印度立法議會(Indian Legislative Assembly)的主席懷特(Sir Frederick Whyte)率領一個「緬甸改革委員會調查團」(Burma Reforms Committee Investigation)前往緬甸,該委員會成員尚包括兩位緬甸立法委員會委員,克倫族的朴博士(Dr. San C. Po)和明特(U Myint)、緬甸總督國務委員會委員朴拜(U Po Bye)、印度立法議會委員金瓦拉(P. P. Ginwala)、**仰光公報**(*Rangoon Gazette*)

---

26. John F. Cady, *op.cit.*, p.209.

27. John F. Cady, *op.cit.*, p.219.

28. Robert H. Taylor, *op.cit.*, p.205.

的英國主編麥卡錫（Frank McCarthy）和一名資深英國官員阿布施諾特（R. E. V. Arbuthnot）。在該年 9 到 10 月，「緬甸各協會大會」曾討論此案，10 月在曼德勒會議時曾確定其緬甸自治之主張，目的在杯葛調查委員會的工作。英國政府在 1921 年 10 月 7 日發表正式聲明，緬甸將根據 1919 年印度政府法案成為具有總督的省級地位。此與緬甸人期望的緬甸自治主張不合。

「緬甸改革委員會調查團」於 11、12 月在仰光、曼德勒、毛淡棉和巴生舉行聽證會。最後該委員會建議，緬甸自 1919 年以來已發生快速的政治變化，緬甸人有跟歐洲人一樣的政治意識，緬甸缺乏印度的憲政進步，有損緬甸人的尊嚴，雙頭政府體系與緬甸要求的自治是對立的。由於難以使用土地稅標準作為決定投票權之用，委員會建議以家戶人頭稅和上緬甸地區非農業所得（thathameda）之稅做為農村選舉權之標準。根據支付 4 盧比的稅、支付租金或擁有動產等現行的市鎮稅名單，可做為都市地區選舉權之標準。擔任公職的候選人需年滿二十五歲，但不必為競選地區的住民。由於質疑比例代表制對緬甸是陌生的，未可行的，委員會多數委員同意民族代表制對歐洲人、英國／印度混血人、以及預留給 7 名印度人和 5 名克倫族人是必要的。立法委員會的代表還應包括英屬緬甸商會（Burma(British) Chamber of Commerce）和仰光貿易協會（Rangoon Trades Association）、選舉產生的華人商界代表和緬甸商會代表與提名的印度人代表。[29]

1922 年 6 月，英國國會通過緬甸改革法（Burma Reforms Act）或稱緬甸憲法（Burma Constitution）。「緬甸各協會大會」的執委會對於該年 11 月計畫選舉行政委員會和立法委員會持反對立場，但中央委員會有 21 人〔「21 人黨」（21 Party），或稱 Nationalist Party〕主張參加選舉，可利用其所贏得的席次宣傳自治。11 月舉行緬甸立法委員會（Burma Legislative Council）選舉，總席次 103 席，民選 80 席，任期三年。民選席次中有 58 席是由一般選區選出。13 席是由民族選區選出，包括 8 席印度族、5 席克倫族、1 席英國－印度混血人、1 席英國人。另外 7 席分由商會和大學產生。非民選的 23 席，包括 2 名卸任的行政委員會官員和 1 名勞工代表，他們皆

---

29. John F. Cady, *op.cit.*, p.230.

是由總督提名委任。[30]

　　在首次投票中，僅有 12% 投票率。在農村地帶設立四十四個選區，選民需年滿十八歲，繳交直接人頭稅或所得稅，平均每家戶需繳納 5 盧比。在城市的十四個選區中，選民需繳交不動產稅或繳交 4 盧比所得稅。男女皆有平等投票權。巴比領導的「緬甸各協會大會」贏得 28 席，巴比是「青年佛教協會」派至印度和英國的代表。他領導的黨稱為「21 人黨」。英國支持的是緬人茂吉（J. A. Maung Gyi）領導的「黃金谷地黨」（Golden Valley Party，黃金谷地是該黨多名領袖居住在仰光的地區名，背後有富有的華人贊助資金）。「21 人黨」後來改名為人民黨（The People's Party）。

　　1923 年 1 月 1 日，英國政府終於實施英屬緬甸雙頭政府體系，英國在緬甸派駐省級的總督。新任總督是巴特勒（Sir Harcourt Butler），取代克拉多克。設立一所高等法院，取代以前在上、下緬甸各設立的法院。地區選舉產生的議會和行政委員會負責地方事務，地區議會是由行政委員會委任產生。

　　在行政委員會中，僅有農業、貨物稅、衛生、公共建設、森林和教育等部需對立法委員會負責。至於其他政務、法律和秩序、土地歲入、勞工和財政等部則直接向總督負責。國防、對外關係、通貨和鑄幣、交通和運輸、所得稅、民法和刑法則由新德里的中央印度政府（Central India Government）負責。緬甸總督對於緬甸周邊地區，例如克倫尼、撣族、克欽、欽族等地區擁有單獨的立法權。緬甸總督對於立法委員會之法案擁有否決權或增補預算權。

　　除了英國人擁有行政權力外，亦賦予民選部長行政權力。許多政府部門的上層官員是英國人和印度人，下層官員是少數民族。例如，醫療機構大都是印度人出任，鐵路局則由印度人和英國人出任。其他如農業、林業、教育、獸醫、公共工程、郵局和電報局，在 1930 年代末僅約 25% 是由非歐洲人出任。警察和安全單位的工作人員中，有 47.2% 的人是緬甸人。從事公共工程的人中，有 28.9% 的人是印度人，從事安全工作的人中有 45.5%

---

30. John F. Cady, *op.cit.*, pp.242-243.

的人是印度人。由於英國在緬甸重建行政機構，因此其大部分的政府支出都是花在行政支出，例如在 1938—9 年，有 75.5% 的支出是用在行政支出，僅有 24.3% 是用在健康、教育和經濟發展。[31] 在 1931 年，移入緬甸的印度人約有 1 百萬人，50 萬人口的仰光約有半數是印度人。他們大都屬於地主和放高利貸者階層。當時剛好是世界不景氣，這些印度人的行為引發緬人民族主義和政治意識，在 1930 年和 1938 年爆發反印度人暴動，數百印度人被殺害。[32]

1925 年，舉行第二次立法委員會選舉，投票率有 16.26%，投票結果民族主義派獲 25 席、自治派 11 席、自由主義者（Swarajists）獲 9 席，總數 45 席，未過半數。民族主義派有三個政黨，合稱「人民黨」，其口號是「緬甸是為緬甸人的」。該黨堅持不入閣。該黨經費不足，又陷入內部黨爭，而使該黨力量減弱。

1928 年 11 月 28 日，舉行第三次立法委員會選舉，「緬甸各協會大會」對於是否參選發生歧見，結果契特藍一派決定參選。只有 20% 的投票率。人民黨贏得多數的席次。非緬族（包括英國人、克倫族、印度人、華人、英國—印度混血人）的立法委員組成獨立黨（Independent Party），為了對抗緬族的民族主義而投票支持英屬緬甸政府。在下緬甸地區，民族主義情緒日益高漲，要求緬甸脫離印度。

根據 1919 年印度政府法之規定，該法實施十年後將檢討其成效，於 1927—28 年派遣「印度法規委員會」（India Statutory Commission）的 7 名委員到印度，由西蒙（Sir John Simon）率領。該委員會在印度遭到國大黨抵制，因為未委派印度代表參加該調查委員會。1929 年 1 月，該委員會抵達緬甸，緬甸立法議會選出 7 人小組與「印度法規委員會」會商，該 7 人小組包括 3 名緬族議員（他們不是人民黨員）、4 名少數民族代表（包括克倫族、印度教徒、印度回教徒和英國—印度混血人）。緬甸民族主義份子

---

31. Robert H. Taylor, *op.cit.*, pp.111-112.

32. Martin Smith, *Burma: Insurgency and the Politics of Ethnicity*, Zed Books Ltd., London, 1991, pp.43-44.

組織「統一聯盟」（Unity League），表明一致立場。「緬甸是為緬甸人之聯盟」（Burma for the Burmans League）主張緬甸脫離印度、減少印度人在緬甸的移民人數和借貸者之行業、免除大和尚（pongyi）之專擅、立法讓有聲望的和尚出任和尚領導者。另一派人反對和印度脫離、應與印度國會合作。一名回教徒印度律師拉飛（M. M. Rafi）反對與印度分離，除非給予充分自治。[33] 此時緬甸各地有各種反英活動、反繳交人頭稅示威活動，英屬緬甸當局進行強力鎮壓，政治情勢和社會秩序不穩。

1930 年 6 月，「印度法規委員會」正式發表緬甸調查報告，緬甸繼續派遣代表參加中央印度政府是不智的和無用的。緬甸不能默許由自治的印度所統治，緬甸贊成立即獨立。從財政和政治來考慮，都主張緬甸脫離印度，立法委員會議員雖然認為脫離沒有經濟利益，但還是主張脫離。唯一負面的考慮是緬甸的防衛、緬甸需要印度之勞動力和貿易、以及印度不願立即讓緬甸脫離。[34] 8 月 2 日，緬甸總督殷尼斯（Sir Charles Innes）在立法委員會正式宣布緬甸將脫離印度而有其自己的憲法，其地位不會差於印度。隨後殷尼斯總督請病假前往倫敦治病，由緬人茂吉代理總督。8 月 11 日，緬甸立法委員會通過決議，贊同緬甸脫離印度，並渴望取得充分的自治領地位。「緬甸各協會大會」的三個派系抨擊該種緬甸脫離印度之建議是非正式的和沒有政治意義的。因此，緬甸選派出席於 11 月在倫敦舉行的第一次印度圓桌會議的代表，非常堅定地主張緬甸脫離印度。

英緬當局向緬甸領袖建議緬甸可與印度分開來，緬甸英國商人基於商業利益，贊成該項建議。但緬人之間對此卻發生歧見。贊成分離派者主張真正自治、免除英國和印度的干預，反對雙頭體系、繳交人頭稅和家戶所得稅、法院的運作、印度放高利貸者和印度勞工在緬甸出現、不喜歡英國人的高傲和愛面子、佛教信仰遭外國人統治而破壞。贊成分離主義派者人數少，但是受過教育具有知識的人，主要領導人物是巴比。

反分離主義的是「緬甸各協會大會」，主要領導人物是契特藍、茂蘇

---

33. John F. Cady, *op.cit.*, p.281.

34. John F. Cady, *op.cit.*, p.296.

（U Maung Su）、巴瑞三個人所領導的派系。這三派在 1930 年 10—11 月
在曼德勒舉行會議，抨擊立法委員會和西蒙委員會所提出的緬甸和印度分
離的建議。他們的基本立場是除非給予充分的自治領地位，否則緬甸不應
脫離印度。「緬甸各協會大會」的另一派梭登（U So Thein）更主張緬甸獨
立。反分離主義派的人物還包括：由大和尚沙美特吉（Sametggi）領導的「沙
美特吉和尚協會大會」（General Council of Sangha Sametggi Association）
和吳普領導的自治黨（Home Rule Party）。[35]

在下緬甸的撒拉瓦底（Tharrawaddy）地區爆發沙耶山（Saya San）領
導的暴亂，他們不是自主發生的反外國人暴亂，而是有計畫的暴動，他們
主張恢復傳統的緬甸的政治和宗教模式，恢復君主政體。沙耶山原名為雅
格耀（U Yar Gyaw），是瑞保地方人，曾是草藥醫生、和尚、梭登領導的「緬
甸各協會大會」的執行委員會的委員，主張使用草藥、恢復王權的威儀和
宗教訓示，包括婆羅門、佛教和拜物教的教諭。1929 年爆發全球經濟不景
氣緬甸也受到影響，鄉下農民生活日益艱難，他們繳不起稅金，要求展緩，
未被當地政府接受。沙耶山利用該一時機，獲得不少農民之支持，在 1930
年 10 月 28 日晚上 11 點 33 分登基為王。英國在 1885 年滅緬甸後，將王權
符號的權杖和寶座都送至加爾各答博物館，曼德勒王宮改為英國上緬甸俱
樂部，目的即在消除緬甸人王權思想的復辟。

此外，農民起義還有另一個原因，即在該年 10 月，勃固和卑謬發生地
震，人們流傳著預言，緬國將會產生新國王。沙耶山即利用此一時機在仰
光附近的一家佛寺加冕為王，王號為蘇帕那卡加龍拉惹（Thupannaka Galon
Raja），穿上皇家衣飾登基。據稱他在登基後十七分鐘吸入一種藥水，可
讓身體刀槍不入。他也利用咒語、又擅長刺青，他及其隨從在前額都有刺
青，以為同樣具有刀槍不入之功效。他使用「加龍」一語，就是印度神話
中的神鷹（Garuda），據信可以打敗被視為蛇的英國。[36]

---

35. John F. Cady, *op.cit.*, pp.301-302.
36. Robert L. Solomon, "Saya San and the Burmese Rebellion," *Modern Asian Studies*, Vol. 3,
    No. 3（1969）, pp. 209-223, at pp.210,212-213.

　　12 月 21 日，他將首都搬移到撒拉瓦底市的阿龍坦山（Alaungtang Hill），該地被稱為王城，或佛教王城（Buddharaja Myo 或 Buddhist King's Town）。他任命五位王后、四位部長和四個軍團的人員。當時人民要求代理總督茂吉減稅，遭拒絕，沙耶山號召不滿群眾從 1,500 人聚集增加兩倍，攻擊地方官署和警察局，以及不受人民歡迎的林務局，6 名林務局官員（包括 1 名英國人）被殺，燒毀房屋 100 間。亂事波及鄰近的殷盛（Insein）等十二個地區。

　　英國為了處理此一亂事，特別派遣一名專員負責五個動亂地區的管理，增派 16 名官員和警力，並設立一特別法院，在 1931 年制訂「刑法修正法」（Criminal Law Amendment Act），該法預定實施五年，規定特別司法專員在沒有法律保障下有權逮捕人犯以及在簡易程序下以法官認定的是否違反印度刑法（Indian Criminal Code）而逕行判決；禁止擁有武器和懲罰。[37] 1931 年 6 月，英國增派兵力 8,100 人，10 月又從印度調至緬甸七個營兵力 3,640 人，沙耶山逃至撣邦山區，最後在美苗（Maymyo）被其同志出賣而落網。11 月，沙耶山的左右手耶特翁（U Myat Aung）亦在勃固被捕。該一亂事至 1932 年 4 月才被平定。沙耶山案由巴莫博士（Dr. Ba Maw）擔任辯護律師，官司打到高等法院和英國樞密院。沙耶山於 1937 年 11 月 28 日以叛國罪被處死。[38]該一抗英事件持續十八個月，抗英份子有 3,000 人死傷、9,000 人被俘，350 人受審判定罪，128 人受絞刑。[39]英國在對待這些緬甸反英份子極為殘酷，1931 年 6 月 12 日，將 14 名反叛者砍頭，公開示眾；將二十顆人頭裝入死亡的和尚的袈裟，送至卑謬示眾；將十六顆人頭掛在警局前示眾；對反叛者、表示同情者及其朋友都遭逮捕，關在集中營，施予酷刑，以警告緬甸人。[40]

---

37. John F. Cady, *op.cit.*, pp.315-316.

38. John F. Cady, *op.cit.*, p.317.

39. Robert L. Solomon, *op.cit.*, p. 210.

40. Rajshekhar, *op.cit.*, p.59.

第三節　緬甸自治

　　緬甸民族主義運動「緬甸各協會大會」內部出現不同的派系，主要是戰術的差異，例如，契特藍抨擊沙耶山的叛亂和抗稅運動。巴瑞（U Ba Shwe）派系加入前者，主張參與 1932 年立法委員會選舉，解決憲法上的自治領地位。激進的茂蘇派系則反對參選立法委員會，模仿印度國大黨採取文明式不服從（civil disobedience）和抗稅運動，主張緬甸完全的獨立。1932 年，契特藍領導的「緬甸各協會大會」與保東（U Paw Tun）領導的自由主義者結成鬆散的政治聯盟。[41]

　　緬甸內部對於緬甸與印度之關係，出現三個派系。反分離主義派是主張反對緬甸與印度分離者，緬甸應留在印度聯邦內，而且應更為合作，這派人物包括：茂茂吉（Rev. Maung Maungji）、歐塔瑪（U Ottama）、梭登、郭明特（U Kyaw Myint）。第二派是主張緬甸和印度分離，但應保障將來緬甸地位不會低於印度，應給予緬甸自治領地位，這派人物有巴比。第三派主張憲法給予緬甸和印度分離還不夠，必須保證不能與印度組織聯邦，這派人物有梭雲（U So Nyun）。[42]

　　在此波民族主義運動中出現兩位年輕的律師，郭明特和巴莫博士（Dr. Ba Maw）[43]，他們成為此一爭端的新領導人物。郭明特是在新德里（New Delhi）的帝國立法議會（Imperial Legislative Assembly）民選議員，代表緬甸。他也是甘地（Mahatma Gandhi）和尼赫魯（Pandit Nehru）的追隨者和朋友。他反對緬甸脫離印度的主張。巴莫博士是「緬甸各協會大會」的一員，他與郭明特組織反分離主義聯盟（Anti-separatist League），參加 1932

---

41. John F. Cady, *op.cit.*, p.319.

42. Rajshekhar, *op.cit.*, p.62.

43. 巴莫生於 1893 年，其父為緬甸國王錫袍統治時期的官員，就讀仰光聖保羅英文高中，1913 年獲加爾各答大學仰光分校大學榮譽文憑，1922—24 年就讀劍橋大學（Cambridge University），同時在倫敦的格雷因（Gray's Inn）的律師樓工作，當劍橋大學知道他在律師樓工作，強迫他退學，他遂轉往法國波迪歐克斯大學（University of Bordeaux），並於 1924 年獲博士學位。以後返回仰光，執律師業。參見 Robert H. Taylor, *op.cit.*, p.170.

年選舉。巴莫博士當選後,卻在緬甸立法議會中與巴比站在同一陣線,主張緬甸與印度分開,郭明特則在印度的帝國議會繼續他的主張,後來他辭去議員退出政壇。1934 年,巴莫出任教育部長。

為了處理緬甸問題,英國政府從 1930 年 11 月 12 日到 1931 年 1 月 19日在倫敦舉行第一次印度圓桌會議,緬甸有 4 名立法委員會議員出席,包括:巴比、翁新(U Aung Thin)、翁基尼(M. M. Ohn Ghine)、格蘭維勒(Oscar de Glanville,住在緬甸的英國人)。他們四位都贊成緬甸脫離印度。

1931 年 9 月,英國選派 33 人出席緬甸圓桌會議,包括 9 名英國國會議員、12 名緬族人、從印度人、克倫族、華人、撣族、英國 - 印度混血人、英國人等少數民族各選派兩名代表。緬族代表中的 6 人是從立法委員會中的分離主義派選出,5 人是從反分離主義派選出,包括領導人吳普和契特藍,1 人是從非立法委員會中選出,她是瑪耶盛(Ma Mya Sein),英國人喜歡稱呼她為梅溫(May Oung)小姐,她雖是分離主義派,但在會議期間保持中立。[44]

12 月 1 日,英國首相麥克唐納(J. Ramsay MacDonald)在印度會議閉幕式上表示,除了對外關係、防衛、財政穩定之外,應保證給予印度負責任的自治政府。此一說法杜絕了緬甸代表要求獨立的憲法,也強化了格蘭維勒及其他少數代表主張的應有民族代表和其他保障。最後會議沒有達成正式決議,只是記錄各種意見。大致同意的是緬甸應有兩院制議會,眾議院是由選舉產生,內閣應對議會負責,參議院是由委任產生。總督仍保留有對外關係、防衛、財政權,對議會擁有否決權。少數民族有其特定的民族選區、商業利益和權利的保護。[45]

1932 年 1 月 12 日,在倫敦舉行緬甸問題圓桌會議,英國首相麥克唐納在會中表示同意緬甸脫離印度之統治體系。

11 月,舉行立法委員會選舉,反分離主義聯盟獲得勝利,贏得 42 席,

---

44. John F. Cady, *op.cit.*, p.328.

45. John F. Cady, *op.cit.*, pp.330-333.

分離主義派贏得 29 席，中立者有 9 席。反分離主義派共獲得 41 萬 5,000 張票，分離主義派共獲得 25 萬張票。反分離主義聯盟的領導人是巴莫博士。

緬甸代表在 1933 年 12 月 6—22 日再度前往倫敦協商緬甸問題，在英國國會的「聯合特別委員會」（Joint Select Committee）參加聽證會。此項辯論直到 1935 年 5 月 30 日英國國會才通過緬甸政府法（Government of Burma Act）。從西蒙於 1929 年 1 月首次前往緬甸起，經過六年半的周旋辯論，最後達成緬甸脫離印度管轄。在緬甸設立 9 人的內閣政府，它對緬甸立法議會負責，讓緬甸政治人物有參與管理中央政府的經驗。

1936 年緬甸立法議會舉行選舉，巴莫博士組織窮人黨（Sinyethar Party, Poor Man's Party）參選。「仕紳（Thakin）運動」杯葛選舉，理由是新憲法猶如雙頭治理一樣是虛假的，巴莫博士和巴比兩人成為此次選舉的競爭者。

選舉結果，在 132 席中，巴比及其同黨（五團聯盟黨，Ngabwinsaing, Five Groups Alliance）46 人當選，而巴莫博士及其同黨 16 人當選。契藍特的政黨贏得 12 席，仕紳們獲 3 席，費邊黨（Fabians）獲 1 席，其餘為獨立人士所獲。[46] 但由於巴比的黨內部分裂，為了分配政府職務無法達成協議而瓦解，反而由巴莫博士擔任總理，1937 年 4 月 1 日出組聯合政府。登茂博士出任工商部長、茂茂（U Tharrawaddy Maung Maung）出任教育部長、吳普（人民黨）出任土地和歲入部長、保東（屬於契特藍派系）出任內政部長、邵比撒（Saw Pe Tha）（克倫族）出任農業和森林部長、通翁郭（U Htoon Aung Gyaw，為阿拉干領袖）出任財政部長。契特藍為眾議院議長。總督任命組成「公務服務委員會」（Civil Service Commission），負責甄選和管理公務員。但委任第一級公務員、警官和高階醫療和工程官員的權責在倫敦的國務祕書（Secretary of State）手裡。

1937 年 4 月 1 日，緬甸政府法正式生效，緬甸脫離印度，成為一個獨立的政治實體。英國駐緬甸總督柯切拉尼（Sir Archibald Douglas Cochrane）在當天公布緬甸新憲法，並發表演說，郭明特、拉比（Hla

---

46. Rajshekhar, *op.cit.*, p.63.

Pe）、騰溫（Thakin Htein Win）、柯努（Fabian Ko Nu）帶領群眾反對該部憲法及抵制就職宣誓。依據該緬甸憲法，眾議院要選出 132 席，其中 91 席由一般緬人選出，41 席由少數民族、商會、勞工和大學教師選出。選民為成年付稅的男女，約佔所有成年人的 20% 符合選舉資格。[47]

參議院由 36 人組成，其中半數由總督委任，半數由眾議院選出。參議員需具備高收入、富有商人、專業人士、地主和官員等資格。參議院擁有立法的否決權，但財政權仍屬於眾議院。英國對上緬甸仍採取「分而治之」政策，少數民族直接由總督管轄，維持少數民族特區。緬甸事務由內閣治理，內閣包括 1 名總理和 9 名部長組成。

緬甸脫離印度後首先發生的問題是，緬甸積欠印度 50.75 億盧比（crores），此占印度中央政府負債的 7.5%。此債務之利息為 3.5%，分四十五年分期攤還。其中最大一筆欠債是印度所有的緬甸鐵路建造費用，共 33.5 億盧比。另有一

圖 5-2：巴莫博士
資料來源：http://en.wikipedia.org/wiki/Ba_Maw 2014 年 3 月 16 日瀏覽。

筆債務是印度征服緬甸的費用，緬甸人反對此項債務。二戰後成為緬甸和英國爭端之一。第二個問題是，英國下令在緬甸脫離印度三年內，將凍結現行的關稅計畫和從印度和緬甸進口配額。在 1937 年時，除非與印度和緬甸達成自由貿易協議，否則將減少從該兩地進口數額。總督有權頒布緊急措施，例外處理。第三個問題是，英國下令在三年內禁止緬甸和印度制訂任何新法令限制印度人移民進入緬甸，該法令使得緬甸憲法有關緬甸得禁

---

47. "War Cabinet, White Paper for Burma Policy, Memorandum by the Secretary of State for Burma," Presented by the Secretary of State for Burma（L. S. Amery）to Parliament, Copy No. Secret. W.P. (45) 290, 8th May, 1945, Printed and Published by His Majesty's Stationery Office, p.4.（http://filestore.nationalarchives.gov.uk/pdfs/small/cab-66-65-wp-45-290-40.pdf. 2014 年 3 月 21 日瀏覽。）

止印度人進入之規定變成無效。英國此一命令無異是在牟取印度與英國雇主和商人之商業利益。[48]

　　以後兩年，緬甸政局混亂，緬人和印度人經常發生衝突，緬人佛教徒和印度回教徒亦發生衝突，再加上勞工罷工和學生罷課。1938年7月26日，一位回教徒作家瑞丕（Shwe Hpi）出版一本書，批評佛教。該書在1931年初版時，沒有引起大家注意。1937年再版，吳紹（U Saw）[49]的太陽報（Sun）指控該書侮辱緬人和佛教，利用該一事件批評巴莫政府，煽動群眾的情緒和暴力。內政部長保東在7月25日下令禁止其發行。7月26日，由「年輕和尚協會全緬會議」（All Burma Council of Young Pongyis Association）號召群眾在大金塔佛寺附近集會示威，遊行到仰光的印度人市場（Soortee Bazaar），與回教徒印度人爆發衝突，亂事波及整個仰光市，直至8月1日才平息。有4,300人被警方逮捕，1,800人受審判，約有半數被判刑。9月2日，總督任命成立「暴動調查委員會」，一名英國法官擔任主席，另外加上一名英國祕書、兩名回教徒印度人、兩名緬人議員。[50]

　　「我們緬甸人協會」（Dobama Asiayone, We Burmans Society）在1936年選舉後分裂為兩派，一派是由柯道（Thakin Kodaw Hmaing）和登茂（Thakin Thein Maung）領導，另一派是由巴盛（Thakin Ba Sein）領導。1938年10月，翁山（Aung San）決定加入柯道陣營，理由是該派具有積極的民族主義主張，以及他較有機會成為領導人。[51]翁山親往吳努（U Nu）

---

48. John F. Cady, *op.cit.*, pp.354-355.

49. 吳紹生於1900年，是撒拉瓦底縣富有地主之子，他沒有讀大學，曾任第三級辯護人，是當時法院最低級職員。1920年代初開始其政治事業，1938年創立愛國黨（Myochit, Patriot's Party）。他也是巴比的政黨黨員。他曾因支持沙耶山（Hsaya San）的叛亂，而被提控，獲無罪開釋。1935年，他訪問日本、朝鮮和滿州，對日本的效率和力量印象深刻。他認為日本的經濟發展模式和文化保守主義適合緬甸。在1940年出任總理之前，他與日本駐仰光外交人員往來密切。英屬緬甸總督說，吳紹接受日本的資金。在日本駐仰光領事之協助下，吳紹於1938年2月單獨擁有太陽報的所有權。據稱該報獲得日本資金的協助（參見John F. Cady, *op.cit.*, p.434.）。3月，開始組織愛國黨，從巴比陣營中吸引10位議員加入。參見Robert H. Taylor, *op.cit.*, p.173.

50. John F. Cady, *op.cit.*, pp.393-397.

51. Angelene Naw, *Aung San, And The Struggle for Burmese Independence*, Silkworm Books, Chiang Mai, Thailand, 2001, p.41.

的家，遊說他加入「我們緬甸人協會」，後來翁山被選為該組織的祕書長，吳努為財務長。

1938 年，數名「仕紳」領袖，包括：雷茂（Lay Maung）、巴瑞（Ba Swe）和巴亨（Ba Hein）在州克（Chauk）和延南庸（Yenangyaung）兩個油田區和仰光附近的西里安（Syriam）精鍊區組織「緬甸石油公司（Burmah Oil Company）緬甸受雇者協會」，抗議石油公司剝削工人，因為工人每週工作六十小時，每月薪水僅有 13 盧比。他們批評政府引進過多印度人，導致工資下降。他們進行示威，巴瑞和巴亨帶領石油公司工人罷工，遭警方逮捕。12 月 12 日，「全緬甸學生聯盟」（All Burma Student Union）的大學生也加入示威和罷課，許多學校停課。在學生示威的松澤（Thonze）和大金塔佛寺首次出現共黨的鐵鎚和鐮刀旗幟，還高呼「無產階級專政」口號以及建立「外國局」，以維持跨國的勞工合約。12 月 20 日，學生要求釋放被捕的巴瑞和巴亨，而與警方發生衝突，一名學生被打死。12 月 22 日，英緬當局再度引用仰光緊急安全法（Rangoon Emergency Security Act），警方逮捕吳紹及其他帶頭人物。經議會組織調查委員會，除了一人外，皆同意該名警察是在合法情況下執法。但警察被控攻擊附近一家報社，目的在消滅與事件有關之照片證據。亂事延伸到其他地方，1939 年 2 月初，警方驅散在曼德勒示威的一千多名學生，導致 14 人死亡。

2 月 12 日，眾議院開議，巴莫政府在英國議員和反對派吳耶（U Mya）、柯道、翁山、吳努和登比（Thein Pe）結合的情況下，遭反對而下台，人民黨的吳普擔任總理，將巴比逐出政府。英國議員所以反對巴莫，乃因巴莫與公共服務委員會英國人主席有爭論，巴莫介入公務員任用和升遷，而最後將該委員會廢除。吳普雖獲得華人財力的支持，但顯然力量不足。數週內，人民黨內鬨，吳紹部長另組愛國黨（Myochit Party, Patriots' Party），許多人民黨員跟隨他。

1939 年 9 月 1 日，歐戰爆發，「我們緬甸人協會」在 9 月底提出九點計畫，以團結各黨派的民族主義目標。後來巴莫將之簡化為三點，包括：(1) 英國承認緬甸的獨立權；(2) 預備召開制憲會議；(3) 將總督的特

別權力立即限縮在內閣內。巴莫提出三點計畫之目的在追求「自由集團」（Freedom Bloc）。「自由集團」是一個超民族主義的組織，該詞源自孟加拉的革命份子伯斯（Subhas Chandra Bose）所提出的「前進集團」（Forward Bloc）。「自由集團」包含窮人黨、政治和尚團體、少數的五團聯盟黨（Ngabwinsaing Pary）黨員和「我們緬甸人協會」。巴莫出任主席，翁山出任祕書長，其他領袖包括吳努、巴瑞、吳耶〔U Mya，是「全緬甸耕種者聯盟」（All Burma Cultivators' League）之主席〕和「我們緬甸人協會」的主席訶拉堡（Hla Baw）。他們要求吳普政府接受其主張，不然就辭職。[52]

「自由集團」內部對於當時東亞局勢出現不同的立場，巴盛（Thakin Ba Sein）主張利用日本以結束英國的統治。登茂（Dr. Thein Maung）在1939年10-11月訪問東京，返回緬甸後組織「緬甸日本協會」（Burma-Japan Society），出任主席，祕書長為日本軍人鈴木桂治上校（Colonel Keiji Suzuki）。[53] 鈴木上校是以新聞記者的身分在緬甸活動，他的祕密組織是「南方機關」（Minami Kikan）。吳努和翁山在1939年時主張親中國，反對日本帝國主義者的侵略。吳努與教育家巴盧溫（U Ba Lwin）和吳巴（U Ba）、主張費邊社會主義（Fabian Socialism）的巴州（U Ba Choe）、耶盛（Daw Mya Sein）在1939年底前往中國進行友好訪問，會見蔣中正夫婦。巴州將孫中山的三民主義一書譯成緬文。中國亦在1941年派人訪問緬甸。[54]

---

52. John F. Cady, *op.cit.*, pp.416-417.

53. Donald M. Seekins, *Burma and Japan Since 1940, From 'Co-prosperity' to 'Quiet Dialogue'*, Nias Press, SRM Production Services Sdn Bhd, Malaysia, 2007, p.18.
鈴木上校在1939年春受命前往緬甸，調查緬甸民族主義發展的情況及前往緬甸的道路。他獲得台灣鹽水港製糖公司（Ensuiko Sugar Manufacturing Company）之鉅額金錢贊助，除了贊助鈴木外，還有杉井（Sugii）和水谷（Mizutani）兩個人。鈴木是以日本的讀賣新聞（Yomiuri Shimbun）之記者的身分，化名益世南（Masuyo Minami），進入緬甸工作。1939年底在日本東京成立日緬協會，鈴木擔任祕書長。登茂博士前往日本，被選為主席。1940年7月，鈴木前往緬甸，杉井和水谷隨後亦前往緬甸。登茂介紹柯道、吳耶與鈴木認識，鈴木向他們表示日本可協助緬甸武器和教官，以爭取獨立。Angelene Naw, *op.cit.*, p.65.

54. John F. Cady, *op.cit.*, p.418.

　　巴莫在 1940 年 6 月 9 日主張對歐戰採取中立立場，抨擊緬甸國會內的政敵為流氓，在乞求英國的麵包屑。7 月，緬甸總督下令徵募地方武力。「我們緬甸人協會」的領袖雷茂、唐東（Than Tun）、吳梭（Soe）和吳努及各地領袖因為反對此一徵兵作法，而遭逮捕。吳努被判處一年徒刑。登茂博士被以顛覆罪逮捕。巴莫在 7 月底辭去眾議員職務，他在曼德勒演講抨擊吳普支持英國參加歐戰，而於 8 月 6 日被逮捕。吳耶遂成為「自由集團」之領導人。巴莫在 8 月 20 日被判處一年徒刑。

　　吳普在 1940 年 9 月 7 日在國會內的不信任投票中下台，9 月 9 日總督邀請吳紹組閣，他獲得少數民族、印度人、克倫族和英國人之支持。他免除內閣中保東、巴唐（U Ba Than）、茂茂之職務，另任命代表克倫族的邵比撒。

　　吳紹的政策是放棄緬甸獨立的要求，主張以法律手段達成自治地位。他主張減少政府支出，緬甸化所有公務員職位。他自願減薪從每月 5,000 盧比減為 3,000 盧比，其他部長從每月 5,000 盧比減為 2,500 盧比。他實施小學義務教育，緬文成為大學教學媒介語，推動全國青年運動，協助建立佛教大學，以復興佛教，支持緬甸防衛措施。他禁止在報紙上宣揚反戰。他下令禁止私人軍隊，包括他自己的「嘎龍（Galon）武力」、巴莫的「達瑪塔特」（Dhama Tat）、仕紳們（Thakins）的「巴馬塔特」（Bama Tat）、防衛參事茂季（U Maung Gyee）的「綠軍」（Green Army）。1941 年 10 月，他公布「緬甸防衛法」（Defense of Burma Act），禁止所有報紙的反戰報導以及逮捕反對份子巴畢（U Ba Be）、巴吳（U Ba U）、前仰光市長巴溫（U Ba Win）、仰光在國會中的勞工代表巴藍（U Ba Hlaing）。[55]

　　翁山為了尋求中國共產黨協助緬甸獨立，於 1940 年 8 月 8 日和訶拉麥安（Thakin Hla

圖 5-3：吳紹
資 料 來 源：http://www.executedtoday.com/2009/05/08/1948-u-saw-and-the-assassins-of-aung-san/ 2014 年 3 月 16 日瀏覽。

---

55. John F. Cady, *op.cit.*, pp.421-422.

Myaing）分別使用化名陳萬昌（Tan Lwan Chaung）和陳素東（Tan Hsu Taung），化裝成中國水手搭乘挪威船隻「Hai Lee 號」到中國廈門。但他似乎沒有全盤計畫來完成其目的，他攜帶一封印度共產黨領袖的介紹信前往中國，及僅帶了少許的錢。他在鼓浪嶼停了兩個月，沒有聯絡到中國共產黨，旅費也用盡，他且得了痢疾。他寫信給保雷特雅（Boh Let Ya）告訴他窘境，請其與日本人聯絡協助其脫困。保雷特雅除了匯數百盧比給翁山外，亦聯絡登茂，登茂最近與在仰光的日本特務鈴木上校建立關係，請鈴木上校轉告廈門的日軍當局說翁山的確是尋求日本的協助，所以他立即獲得救助。[56]

1940 年 8 月底，吳耶、登茂博士和鈴木上校擬定「緬甸獨立計畫」，準備將緬甸民族主義份子偷運至泰國，由日本駐曼谷軍事武官田村裕上校（Col. Hiroshi Tamura）負責組訓這些緬甸青年，施予半年軍事訓練。在泰國和緬甸邊境的泰國境內設立軍事基地。登茂博士交給鈴木上校翁山和訶拉麥安的照片，請他安排將兩人送至日本。10 月初，鈴木為了避開英國對他的偵察，從緬甸前往日本，中間停留台灣，他請求其台灣朋友田中清上校（Col. Kiyoshi Tanaka）協助拯救在廈門的翁山。11 月，田中清上校派遣神田少校（Major Kanda）到廈門，找到翁山，安排他們到日本。11 月 12 日，翁山與鈴木上校和杉井（Sugii）首度在羽田（Haneda）機場見面。[57]

根據 1940 年吳耶、登茂博士和鈴木上校擬定的「緬甸獨立計畫」，將預定從緬甸偷運出 30 名緬甸青年至日本，再送至台灣或海南島接受軍訓，成為獨立運動的骨幹。預定在 1941 年 6 月將這批軍隊送回緬甸南部，建立政府，然後往緬北推進，切斷中緬公路。

1941 年 2 月 15 日，翁山在日本人之協助下搭船返回緬甸，他假冒「舜天丸」（Shunten-maru）船員。3 月 3 日他返抵仰光，立即去見吳耶，吳耶在一家僧院召集翁山、巴瑞、郭年（Kyaw Nyein）等人組織親日的

---

56. Angelene Naw, *op.cit.*, pp.64-65.
57. Angelene Naw, *op.cit.*, pp.65-66.

「人民革命黨」（People's Revolutionary Party）。後來又有巴盛和東歐克（Tun Oke）加入。翁山報告了日本準備支持緬甸獨立之計畫，會上決定由翁山率領青年志士前往日本受訓。3 月 10 日，翁山率領拉比、艾茂（Aye Maung）、巴格原（Ba Gyan）、古生（Ko Shein）搭乘「舜天丸」前往日本。總共有 30 人輾轉到日本，包括翁山、訶拉麥安及一名在日本東京留學的緬甸留學生。

鈴木上校在 2 月 21 日從日本前往曼谷，他設立「南部企業研究社」（Research Association for Southern Region Enterprise, Nampo Kigyo Chosa Kai）作為掩護，並分別在泰國的清邁、梅沙林（Mae Sariang）、梅梭特（Mae Sot）、羅勇（Rayong）、北碧府（Kanchanaburi）、拉廊（Ranong）設立分支機構，目的在做為緬甸地下抗英獨立份子聯繫、儲放軍火之用。以後陸續有不少緬甸青年潛往泰國，7 月 8 日有 11 名緬甸青年，包括蘇茂〔Thakin Shu Maung，即有名的尼溫（Bo Ne Win）〕[58] 前往泰國。

8 月 21 日，翁山和鈴木上校及日方人員在台北會面，討論當時的局勢，以及如何將緬甸志士運回緬甸工作的事宜。9 月，有 30 名緬甸青年在海南島三亞接受日軍訓練，稱為「三十志士」（Thirty Heroes, Thirty Comrades）。該軍事訓練營以「三亞農業訓練所」名稱作為掩護，禁止當地人進入。他們被分為三組，第一組包括翁山、翁丹（Aung Than）、東歐克、拉比，他們接受的是指揮和統治的訓練。第二組包括尼溫、東生（Tun Shein）、拉茂（Hla Maung）、吳瑞（Shwe），他們接受游擊戰和怠工的訓練。其他人則被編入第三組，他們接受一般戰鬥和游擊戰的訓練。[59] 由於

---

58. 尼溫於 1911 年 5 月 14 日出生於仰光以北 200 英里的朋戈代爾（Paungdale），本名為蘇茂（Shu Maung）。尼溫的緬語意思為「光明的太陽」。1929 年讀仰光大學，主修生物學，希望將來成為醫生。大三時因為考試未通過，而被開除。後來參加「我們緬甸人協會」。他在二次大戰時參加由翁山領導的「三十志士」（Thirty Comrades），與日軍合作聯合對抗英國。1948 年緬甸脫離英國獨立，尼溫出任陸軍總司令，鎮壓國內緬共和少數民族叛亂，1958－60 年，為解決政治危機，出任臨時總理。1962 年發動政變，推翻政府，廢止憲法，利用緬甸社會主義綱領黨控制國家。1974－81 年，出任總統，1973－88 年，擔任緬甸社會主義綱領黨黨魁。參見 *Keesing's Record of World Events*, Vol.48, No.12, 2002, p.45145.

59. Angelene Naw, *op.cit.*, pp.72-73.

這些緬甸志士很少人懂得日語,所以受訓時是使用不甚流利的英語。[60] 10月,日本召集翁山和鈴木上校及若干緬甸志士在東京開會,決定在日本對英、美、荷宣戰後,日軍將進入緬甸,「三十志士」亦會進入緬甸組織「緬甸獨立軍」(Burma Independence Army)。10月5日,在海南島的訓練營結束,「三十志士」移轉到台灣,[61] 翁山在台灣和曼谷之間充當鈴木上校和川島上尉(Capt. Kawashima)之間的聯絡人。10月15日,鈴木上校第一次下令在緬甸進行活動,翁山和川島上尉會商選擇四名志士返回緬甸,進行地下抗英游擊戰。該四名志士在10月18日離開台灣,前往曼谷。然後由鈴木上校安排他們返回緬甸。但東條英機(Tojo Hideki)在10月18日成為日本首相,他對於東南亞的政策極為謹慎,無意因為鈴木上校的計畫而破壞他的整體計畫,所以在10月30日下令鈴木上校停止在緬甸的活動。剛好鈴木上校和翁山在曼谷,接到此一命令後,鈴木上校派遣其助手到東京瞭解情況。鈴木上校從其助手得知,情況不壞,可逐步進行。鈴木上校遂繼續進行其計畫。

11月21日,日本南方軍最高司令寺內壽一將軍(General Hisaichi Terauchi)下令鈴木上校領導的「南方機關」停止活動,遷移到越南西貢,以後「南方機關」就由寺內壽一指揮。12月6日,翁山和其六名志士從台灣前往西貢。12月7日,太平洋戰爭爆發。12月11日,「南方機關」遷回曼谷,組織「緬甸獨立軍」(Burma Independence Army)。其他的志士也從台灣抵達曼谷,12月31日,「三十志士」在翁山住家集會,歃血為盟,誓為緬甸獨立而戰。同時參加此次會議的還有在泰國招募的200名緬甸志士,他們正式成立「緬甸獨立軍」,穿著正式軍服和豎立旗幟。鈴木將軍為該支軍隊之第一指揮官,第二指揮官是川島中將(Lieutenant General Kawashima),翁山少將為第三指揮官。尼溫負責內部怠工的工作。該支「緬甸獨立軍」隨著日軍進入緬甸。[62] 其人數有三萬人,但只有四千人參與軍事

---

60. Donald M. Seekins, *op.cit.*, p.20.

61. 「三十志士」之一的丹丁(Thakin Than Tin)在台灣受訓時死亡。Michael W. Char-ney, *A History of Modern Burma*, Cambridge University Press, Cambridge, 2009, p.50.

62. Angelene Naw, *op.cit.*, p.78. Donald M. Seekins 的著作説「緬甸獨立軍」成立於12月28日。

戰鬥。[63]

　　吳紹在其 **太陽報** 禁止刊登親日本新聞，1940 年 10 月，同意重開滇緬公路、免除該路運輸貨物的所有關稅。1941 年 4 月，他同意英國的計畫，從臘戌開築鐵路到中國邊境。英國補償緬甸建設仰光港口設施、海關損失、滇緬公路上增設的警力。7 月，他與印度簽署「吳紹與巴澤派協議」（Saw-Bajpai Agreement），緬甸有權禁止印度人移入緬甸，而印度商品輸入緬甸有優惠待遇。惟該法案沒有批准，故沒有實施。不過它成為戰後緬甸相關政策之參考模式。[64]

　　吳紹為了實現他的緬甸自治夢，夥同其顧問丁杜特（U Tin Tut）於 1941 年 10 月 11 日搭機前往倫敦，會見首相邱吉爾（Winston Churchill）。邱吉爾表示在戰時討論緬甸未來的憲法是不切實際的。不過，邱吉爾口頭承諾，假如英國贏得戰爭，則緬甸憲法的問題可以在自由的情況下討論。[65]吳紹離開英國後前往美國訪問數週，他途經夏威夷時，剛好爆發太平洋戰爭，所以他又從美國繞經歐洲。當吳紹的飛機抵達葡萄牙首都里斯本時，吳紹溜出旅館，沒有通知丁杜特，密會日本駐葡萄牙大使。他應允日軍進入緬甸後，將給予協助。英國獲得該一情報，於 1942 年 1 月 19 日，當吳紹飛機抵達埃及時立即將兩人以叛國罪逮捕。丁杜特因查無叛國證據，而於 1942 年 5 月獲釋，恢復其在印度的職務，但吳紹被帶去非洲的烏干達（Uganda）關押。至 1946 年初才獲釋返回緬甸。取代吳紹職位的是親英派的保東。[66]

軍隊

　　英國為了統治緬甸，維持一定的軍隊數量，1938 年，英國派駐緬甸的

　　參見 Donald M. Seekins, *op.cit.*, p.20.

63. Donald M. Seekins, *op.cit.*, p.21.

64. John F. Cady, *op.cit.*, p.423.

65. John F. Cady, *op.cit.*, p.431.

66. John F. Cady, *op.cit.*, p.432.

軍人有 4,713 人，軍官有 358 人，另外有印度和緬甸軍人 5,922 人，其中半數是印度人。英國緬甸軍隊的核心是 1937 年 4 月 1 日成立的「緬甸工兵和地雷兵連」（Burma Company of Sappers and Miners），由緬甸總督指揮。此由英國軍官和來自平地的軍人 380 人組成。緬甸步槍營（Battalion of the Burma Rifles）是由英國和緬甸軍官和來自山地的軍人 715 人組成。[67]

　　第二次世界大戰爆發後，緬甸流傳反英傳言，「仕紳運動」份子和巴莫博士開始自組私人軍隊，吳紹也自組軍隊，不過由於他是總理，他宣稱只要英國在戰爭後同意讓緬甸自治，他將站在英國一邊。隨後英屬緬甸總督下令逮捕各黨領袖，包括人民黨。巴莫博士和「仕紳運動」份子曾主張聯合起來反對吳紹和英國，也都遭逮捕。

　　為了避開英國之逮捕，1940 年 8 月 8 日，翁山易妝搭乘貨船前往廈門，他想與中國左派團體會晤。此時在緬甸的「仕紳運動」份子和日本特務搭上線，只要他們能起來反抗英國，則將獲得日本的援助支持。一名在仰光的日本特務鈴木上校假冒記者，前往廈門會見翁山，帶他前往日本東京。1941 年 3 月，翁山從東京搭乘日本船隻返回仰光，與他一起的還有巴瑞、郭年以及其他 29 名年輕人。這些年輕人中包括：拉比（Thakin Hla Pe），他在 1948 年成為國防部長，名字為保雷特雅（Boh Let Yar）；蘇茂（Thakin Shu Maung），他在 1931 年離開大學，1949 年成為緬甸聯邦（Union of Burma）的武裝部隊總司令，名字為尼溫（Boh Ne Win）。1941 年 7 月翁山帶領該 29 名年輕愛國者離開仰光，前往台灣接受軍事訓練，後來這些人被稱為「三十志士」。[68] 他們後來前往海南島接受日軍訓練。

經濟建設

　　英國對於緬甸之經濟亦作了重要的調整，過去緬甸的自足自給經濟已

---

67. Robert H. Taylor, *The State in Burma*, University of Hawaii Press, Honolulu, 1987, pp.99-100.
68. Maung Htin Aung, *op.cit.*, p.299.

變成生產稻米以及出口稻米的經濟型態。英國鼓勵緬甸與印度和其他國家貿易。英國將緬甸視為供應印度米糧的來源地。在兼併勃固後，印度政府鼓勵印度勞工移民下緬甸人口稀少的三角洲地區，從事開墾。

英國在 1876 年公布「土地歲入法」（Land Revenue Act），規定農民在獲得土地所有權之前需繼續繳稅十二年。已繳交一年稅捐者，可以將土地的「所有權」拿去貸款，以購買食物、牛隻、種籽和種植作物。放高利貸的印度人或緬人、做生意的華人，經常會在農民取得土地所有權之前介入而取得土地「占有權」（occupancy right）。農民常會因為得熱病、牛隻疾病、衝突的主張、水災等，而造成嚴重損失。富有的農民，在官員之默許協助下，有時只主張擁有範圍內的土地，而沒有改良農地，繳交十二年的稅後，等候鄰近土地改良，然後以有利的價格將其農地賣出。英國在該法下，將國有可耕地和無人耕種的土地收歸英國王國政府所有，也仍然實施戶稅或什一稅。[69]

自 1876 年後十年，英國政府還津貼前往緬甸做工的印度勞工。此乃因為英國將緬甸訂為印度之一省，沒有移民之限制。據統計，在英國統治緬甸期間，下緬甸開墾的農地面積有明顯擴大，1856—7 年，有 662,000 英畝；1871—2 年，有 1,146,000 英畝；1930 年代中期有 8,702,000 英畝。[70]

1927 年公布緬甸農業法案（Burma Agrarian Bill），是由農業官員庫柏（Thomas Couper）從 1924 年開始準備草擬，其主要內容是規定支付工資、租用牛隻、現行租金，而不是土地生產物；被逐出的佃農應予補償；給予小佃農 30 英畝或更小的耕地，與地主可簽訂七年以上的租期。此一草案有利於佃農而不利於地主，最後遭到反對而被放棄。[71]

緬甸中部地區普遍盛行親屬共有土地，主要原因是土地面積不大和土地貧瘠所致，造成共同繼承人不得不輪流耕種土地。下緬甸的土地愈分愈細小，也是一個普遍的現象。英國在 1883—1884 年對巴生港和興實塔

---

69. 黃祖文編譯，**前引書**，頁 64。

70. Robert H. Taylor, *op.cit.*, p.109.

71. John F. Cady, *op.cit.*, p.278.

（Henzade）兩地進行調查，發現在 1,815 個出租土地的土地所有權人中，有 473 人並非農民，而係放高利貸者、商人、公務員和其他非農民。以後在下緬甸其他地方進行調查，也發現類似的情況。[72] 1905 年對下緬甸的調查，該年農民擁有土地 139.1 萬英畝，1915 年為 199.5 萬英畝，1925 年為 267.6 萬英畝，這三年農民擁有土地數量分別占各年經濟流通的土地（指可作為交易之土地）面積的 18.6%、21.5%、26.6%。1929 年爆發世界經濟大蕭條，土地集中到非農民手中的情況更為嚴重，1930 年達 313 萬英畝，1935 年達 473.9 萬英畝。這些非農民主要是放高利貸的印度人，他們在下緬甸稻米產區的土地擁有數，1930 年有 57 萬英畝，1935 年有 229.3 萬英畝。1937 年時，下緬甸最好的稻米產地的農地，約有 35—45% 集中在這些印度人手裡。[73]

在第一次緬、英戰爭後，英國在其控制的緬甸沿海省分引進了印度貨幣盧比（rupee）。在第二次緬、英戰爭後，英國在仰光、阿克耶港（Akyab）〔後來改名為實兌港（Sittwe）〕和毛淡棉設立銀行。曼同國王覺得有需要將此一金融機構引進緬甸。1883 年，英國在仰光設立紙幣局，發行紙幣。1890 年，貨幣經濟已在全緬實施。

在第一次緬、英戰爭前，稻米出口是由緬甸國王控制，是國王權力基礎所在。在第二次緬、英戰爭後，印度和馬來亞人口增加快速，需要稻米供應，因此英國開始在伊洛瓦底江下游三角洲開發成為稻米生產區。1869 年蘇伊士運河（Suez Canal）開通之前，緬甸每年出口稻米 40 萬噸，1875—1900 年，下緬甸稻米產區面積達到 410 萬英畝，產米區位在伊洛瓦底江下游三角洲、西坦低地河谷地和薩爾溫江流域。[74] 但米價上揚，緬甸農民卻未蒙利。

緬甸眾議院在 1938 年 8 月討論「租佃法」（Tenancy Act），目的在結束過去租佃限於一年的規定，任何被拒絕更新租約的佃農，在向當地官員

---

72. 黃祖文編譯，**前引書**，頁 69。

73. 黃祖文編譯，**前引書**，頁 71。

74. John F. Cady, *op.cit.*, p.157.

申請後，可依該官員之決議獲得公平的租金租約。由於佃農在耕種時所做的土地改善工作，地主對於不繼續耕種而離開的佃農應給予補償。該法最後在 1939 年 5 月通過生效。[75] 但該法實際上難以執行，因為由政府官員對為數眾多的各農地之租金數額進行評估，是不可能的。政府想整體削減租金以代替個案的評估，但法院認為此違反法律規定。1941 年 3 月，眾議院通過修正案，但參議院沒有通過該案。

　　為了運送糧食、礦物和兵源之便利，開闢道路成為首要工作。1870 年，英屬緬甸之道路長度僅有 709 英里；1873 年，增加至 815 英里；1930 年代末，更增加到 4,100 英里。英國在 1887 年開築從仰光到卑謬的鐵路，以後四年完成了從仰光到曼德勒的鐵路，1898 年，延伸到密支那（Myitkyina）。1895 年，開始興建從曼德勒到臘戍（Lashio）的鐵路。1907 年，開築三條鐵路支線，一支到東北撣邦的臘戍，一條是到巴生，一條是到毛淡棉。1910 年從撒茲—永貴（Thazi-Yaunghwe）興建到撣邦南部的鐵路支線，至第一次世界大戰期間才完工。[76] 1877—1886 年，興建的鐵路有 333 英里；1914 年，增加至 1,599 英里；1930 年代末，更增加到 2,060 英里。[77]

　　伊洛瓦底江航運公司的船隻增加到 1,000 艘，擴大服務。英國也成立緬甸石油公司（Burma Oil Company），開發油源。此外，亦開採寶石、錫、銀、鉛等礦產和木材。然而這類公司大都屬於英國人所有，緬人因缺乏資金，很少這類公司。至於一般勞工所賺的錢亦很少，因為英國從印度引入很多勞工，他們的工資很低，搶走了許多緬人的工作機會。有些印度人經營高利貸，緬人向其借貸，最後導致喪失土地，在各地頻頻爆發農民叛亂活動。這些印度放高利貸者主要來自南印度馬德拉斯（Madras）的遮地亞人（Chettyar, Chettiar），他們活動的地區在漢沙瓦底和撒拉瓦底，通常是以家族網絡方式從事放貸，貸款利率較低，這樣可便利於將錢貸出以及收回。有不少緬甸農民因還不起借款，其土地遂歸由這些印度人持有，造成

---

75. John F. Cady, *op.cit.*, p.391.

76. John F. Cady, *op.cit.*, p.137.

77. Robert H. Taylor, *op.cit.*, p.110.

農村貧困的問題。[78]

　　遮地亞人獲得英國殖民政府的支持，他們也可以輕易的操縱新的司法體系和行政機器，以謀求他們的利益。殖民政府利用遮地亞人在農村收集農產品，送至港口出口。再加上他們提供農民貸款，因此他們成為緬甸農村經濟一個重要的環節。在 1930—32 年，由於這種農村的剝削問題很嚴重，終於爆發沙耶山的叛亂活動。[79]

教育

　　傳統緬甸教育是寺院教育，由和尚擔任教師。英國在 1826 年控制下緬甸的土瓦時，就默許美國傳教士設立第一所非寺院學校。1835-44 年間，英國在土瓦設立三所英語學校，實施雙語教育，但以英語為主。1866 年，緬甸設立第一個教育部。當時英國的政策是，英語學校畢業生可以進入政府機關工作，寺院學生則不能夠。此一措施導致寺院學生日漸減少。英國政府派遣巡迴教師到寺院學校教授新課程，例如地理，但普遍寺院學校對此沒有興趣。

　　泰國的寺院教育跟緬甸不同，它有國家設立的僧院，傳統上的教育是由寺院學校負責，主要是小乘佛教學校。1880 年，設立教育署。1889 年，才設立教育部。然而人民並不要求由國家來管理教育，因此寺院教育依然有很多學生。關於這一點，緬甸和泰國有很大的不同，泰國想將教育歸由中央控制，並未遭到僧侶的反對。緬甸則認為由非佛教的英國採此措施，視為是非法的。至 1930 年代，泰國的寺院教育歸由政府接管，而僧侶和政府是合作的，不是競爭的關係。[80]

---

78. Michael W. Charney, *op.cit.*, pp.10-11.

79. Rajshekhar, *Myanmar's Nationalist Movement(1906-1948) and India*, South Asian Publishers, New Delhi, 2006, p.25.

80. Nick Cheesman, "School, State and Sangha in Burma," *Comparative Education,* Vol. 39, No. 1 (Feb., 2003), pp. 45-63, at pp.51-52.

　　英國先在廷那沙林和阿拉干設立教會學校，接著是在勃固。英國統治緬甸後，才於 1866 年在仰光設立教育部，剛開始時，英國想利用寺院推動西化教育，但和尚不願合作，所以開辦公立學校，以及協助教會學校推廣西化教育。地理和數學使用緬文教科書，文學和科學則使用英文。巴利文、緬文和數學訂有標準化的考試，採用金錢獎勵推動教育。1891—2 年，政府承認的教會學校有 4,324 所，另有 890 所一般學校。到了 1917—18 年，有4,650 所一般學校，2,977 所教會學校。教會學校減少的原因是家長認為小孩讀一般學校可以獲得更好的教育。[81]

　　1901 年，英國設立的英緬語雙語教學媒介語學校有 388 所，高中有兩所，只有 140 名學生。有一所高中和兩所初中是公立的。17 所中學是地方政府辦的。此外，其他中小學校都是私立的。1930 年，緬甸公立學校或接受政府補助的學校有 6,000 所，而寺院學校還有 17,000 所。當時約有半數的兒童都是進寺院學校就讀。此類寺院學校非政府可以控制。1916 年，向政府登記的私立學校有 5,066 所，登記的寺院學校有 3,418 所。1933 年，寺院學校減少到 928 所。但沒有登記的寺院學校高達 18,000 所。1935 年，受政府承認的緬語學校有 5,582 所，其中 5,440 所是私立的。這類私立學校有許多是天主教和基督教教會辦的。[82]

　　大多數的一般學校是私立學校，1930 年代，以緬文上課的學校有 5,582所，其中有 5,440 所是私立學校，由鬆弛的地方教育當局管理。這類學校水準不高，老師條件不足，通常都是靠關係任用的。小孩若要讀英語和緬語為教學媒介語的學校，必須上城市裡的學校。

　　高等教育是 1885 年開辦的私立的仰光學院（Rangoon College）。1904-1920 年，該校成為公立學院，並被併入印度的加爾各答大學（University of Calcutta），仰光學院改稱為大學學院（University College）。數年後美國浸信教會（American Baptist Mission）成立賈德森學院（Judson College）。1920 年，英國通過仰光大學法（University of Rangoon Act），該年 12 月

---

81. Robert H. Taylor, *op.cit.*, p.113.

82. Owen Hillman, *op.cit.*, p.529.

20 日大學學院和賈德森學院合併成立仰光大學（University of Yangoon）。

仰光大學學校主管都由英國教授出任，沒有緬人教授。該校成立不久，學生就進行示威，反對該種違反民族主義的大學法。示威活動擴散到高中，英國緬甸當局勸學生返校上課，但學生不回家也不上課，而躲入寺廟。他們跟和尚結合，進行反英運動，最後迫使英國讓步，修改大學法，甄選緬人參加學校行政管理階層，學生才取消示威。

緬甸石油公司亦設有礦物和工程學院（College of Mining and Engineering）。仰光大學在曼德勒設有分校，全部學生數有 2,000 人，其中四分之一為女生。英國在曼德勒設有農學院。全緬設有三所師範學校，四所特別任務的教師訓練所。此外有技術學校，包括在英森（Insein）的公立技術學院（Government Technical Institute）、瑞保的測量學校、阿納拉普拉（Aanarapura）的桑德的紡織學院（Saunder 's Weaving Institute）、蒲甘的公立漆器學校（Government Lacquer School）、彬馬那（Pyimmana）的森林學校（Forestry School）、仰光的公共衛生學校（Public Health School）、英森的獸醫學校（Veterinary School）。在公立醫院和教會辦的醫院亦皆設有護士訓練學校。美國浸信教會在彬馬那辦了一所相當成功的農業學校。[83]

據 1900 年統計，

圖 5-4：1890 年年輕人在街邊演奏樂器
資料來源：http://myanmore.com/yangon/2013/05/old-photos-of-myanmar/ 2014 年 3 月 17 瀏覽。

83. Owen Hillman, "Education in Burma," *The Journal of Negro Education*, Vol. 15, No. 3, The Problem of Education in Dependent Territories (Summer, 1946), pp. 526-533.

在政府承認的學校就讀之學生數有 159,384 人，占全人口的 1.72%；1940
年統計，在政府承認的學校就讀之學生數有 613,938 人，占全緬人口的
3.64%。據 1900 年統計，在政府未承認的學校就讀之學生數有 147,682 人，
占全人口的 1.62%；1940 年統計，在政府未承認的學校就讀之學生數有
213,294 人，占全緬人口的 1.26%。[84] 從上述的統計可知，學生在政府承認
的學校或未承認的學校之就學率約有 5%，可見當時緬人就學之風氣不是
很盛。

　　1900 年，政府承認的中學，學生數有 27,401 人；1940 年，有 233,543 人，
約增加八倍。學院和大學人數增加也很顯著，1900 年有 115 人，1940 年有
2,365 人，約增加二十倍。大多數中學生都是緬甸人，但學院和大學生則並
非如此，1900—1925 年，緬甸學生僅佔 55—65%。截至 1940 年，在所有
大學生 2,465 人中，緬族和克倫族學生僅有 1,298 人。仰光大學緬族學生最
高時達到三分之二，1930 年代下降到一半。[85]

　　在英國統治下，因為英國人數少，也無心完全改變緬甸的文化傳統，
例如緬人仍維持佛教信仰，依然穿沙龍和夾裳（jacket）。較重要的改變是
教育制度，英國興辦公立學校和教會學校，而這些學校大都設在城市和鎮，
鄉下則無此類學校。由於教師許多是英國人，他們不瞭解緬甸文化，常引
起緬甸學生不滿，後來許多高中和大學發動罷課和杯葛事件。

　　1920 年 12 月，爆發大學罷課，此為首次緬甸民族主義公開反英運動。
仰光學院是在 1885 年成立，是附屬於加爾各答大學之下。任教的英國教授
同時也是英國的公務員。加爾各答、孟買和馬德拉斯（Madras）等城市在
19 世紀中葉紛紛設立大學時，自由主義氣氛甚囂塵上，大學自主和學術自
由是流行語。

　　仰光大學的校長及教授多是英國人，他們自視為優於緬人，而且教育
內容經常出現若非英國統治，則緬甸將更為落後之說法，學生們對於英國
式教育感到不滿。尤其英國人自視為主人〔Thakin，指先生（Sir）、仕紳

84. Owen Hillman, *op.cit.*, p.531.

85. Robert H. Taylor, *op.cit.*, p.114.

之意思〕，引起緬甸青年領袖不滿，也在他們的姓名前加上 Thakin 一詞，挑戰英國官員和英國商人。學生使用該詞變成他們是自己國家之主人的民族信條。

仰光學生在 1930 年組織「我們緬甸人協會」，主要領導人是翁金（Maung Ohn Khin）。1931 年，成立「全緬甸青年聯盟」（All Burma Youth League），領導人是巴宋（Maung Ba Thaung）和吳努。上述兩個組織在 1935 年合併成「我們緬甸人協會」（Dobama Asiayone, We Burmans Society）[86] 或「我們緬甸邦聯」（Do-Bama Asi-ayon, We, the Burmese Confederation）。[87] 這些學生運動的主要目標是推動緬甸民族主義，他們閱讀各種流行的思想書籍，以至於後來有學生成為右派或左派的政治運動家。1936 年，仰光大學法律系學生、也是「仰光大學學生聯盟」（Rangoon University Student Union, RUSU）主席吳努（Thakin Nu）[88] 抨擊一位講師行為不檢，要求其辭職。但仰光大學校長斯洛斯（J. D. Sloss）答覆稱不受任何學生或組織之威脅，並將吳努開除。「學生聯盟」期刊 Oway 刊載了一篇「都是惡魔」（A Hell Hound at Large）的文章，而使情況惡化。該刊物主編翁山（Aung San），[89] 也是「學生聯盟」祕書，因拒絕說出作者名字而遭到開除警告懲罰。因此「學生聯盟」在 2 月 25 日號召學生罷課，將通往考試會場的各個道路和教室封鎖，致使考試無法舉行。學生要求學校能夠學術中立，而非成為政府機構。教授也應該是學術的教師，而非政府公務員。翁山派遣學生到仰光附近鄉下的高中，動員總共 32 所學校的學生參加

---

86. John F. Cady, *op.cit.*, p.376.

87. Maung Htin Aung, *op.cit.*, p.295.

88. 1947 年 10 月 17 日，吳努與英國首相艾德禮正式簽署緬甸獨立條約後，將 Thakin Nu 改為 U Nu，本書為行文方便，將 Thakin Nu 譯為吳努。

89. 翁山於 1915 年 2 月 13 日出生於緬甸中部的小鎮那特莫克（Natmauk）。他有 3 位姊姊、5 位哥哥，他是排行最小。依據緬甸傳統，他的出生時的星位，他被命名為 Htein Lin，但他從未使用該名。據其自傳，翁山的哥哥翁丹（Aung Than）向其父母建議，為使其弟弟名字和他的名字之聲調諧和，故取名為翁山。在當時不按星位給小孩命名，是非常少見的。他在 1932 年就讀仰光大學。Angelene Naw, *Aung San, And The Struggle for Burmese Independence*, Silkworm Books, Chiang Mai, Thailand, 2001, pp.2,7.

罷課，致使這些高中延到 6 月才舉行期
末考試。

　　翁山最後沒有遭到大學開除，但因
參加學運，沒有參加 1936 年的考試，
所以延遲到 1937 年才從大學畢業，
然後繼續攻讀學士後法律研究所。他
在 1937 年 4 月在曼德勒組織「全緬甸
學生聯盟」（All Burma Student Union,
ABSU），他被選為祕書，拉斯戚德
（Raschid）為主席。翁山因熱中參與學

圖 5-5：翁山與雜誌社編輯同仁合影
說明：前排左二為翁山。
資料來源：http://www.aungsan.com/
　　gallery.htm 2014 年 9 月 20 日瀏覽。

生運動，荒廢學業，以致於在 1938 年的考試沒有通過。在同一年他成為「仰
光大學學生聯盟」和「全緬甸學生聯盟」的主席，所以他可以在該年 4 月
26 日出席大學法修改委員會會議，他發言要求大幅度改革緬甸教育制度、
爭取自由。[90] 翁山及其他學生領袖向眾議院提出建議，要求大學校長由大學
委員會選出，而大學委員會由大學教師、公務員、學生代表和議員組成。
1939 年，修改大學法，滿足了學生的要求，該年 12 月丁杜（U Tin Tu）成
為第一位由大學委員會選出的校長。[91]

緬甸共產黨

　　緬甸共產黨黨細胞最早是由翁山、吳梭和其他「仕紳運動」份子於
1939 年所建立；1939 年 8 月 19 日，緬甸馬克斯主義研究小組選舉翁山為
祕書長。1943 年，吳梭和其他黨員召開地下第一次黨大會；1944 年，進行
工農聯合陣線，反對日本和英國帝國主義。至 1960 年代，因為黨內衝突，
削弱其力量，其所提出的政綱缺乏吸引力，缺乏良好的領導人才，卒致其
力量日漸衰微。

90. Angelene Naw, *op.cit*, pp.37-39.
91. John F. Cady, *op.cit*., p.383.

　　緬共於 1946 年 1 月發生分裂，出現吳梭小派系、紅旗（Red Flags）共黨以及唐東新成立的白旗緬共（White Flag Burma Communist Party），白旗緬共尋求與非共團體合作。在二次大戰後，共黨份子脫離「反法西斯人民自由聯盟」（Antifascist People's Freedom League, AFPFL），因為反對政府的土地政策，以及「反法西斯人民自由聯盟」所領導的政府，領袖已放棄反帝主義。共產份子亦反對緬甸獨立後與英國簽署的協議，該協議之主要內容是：1. 緬甸政府接受英國所欠下的債務；2. 英國在緬甸維持軍事顧問團；3. 英國有權使用緬甸軍事基地作為其在亞洲其他地區軍事行動之用。吳梭進行武裝抗爭，1946 年英國宣布紅旗緬共為非法組織。1948 年 3 月 27 日，緬甸政府下令逮捕白旗緬共領導人，他們則轉入地下活動。

第六章

日軍入侵緬甸與英國重回緬甸

　　日軍在 1941 年 12 月 7 日發動太平洋戰爭，其駐越南軍隊迅速經由柬埔寨進入泰國。由於英國從緬甸建有鐵路通往中國邊境，日本企圖奪取那條鐵路從中國西南包圍中國重慶政府。日本並未宣布支持緬甸獨立，而是將其訓練的緬甸「三十志士」組成「緬甸獨立軍」。1941 年 12 月 11 日，日軍轟炸土瓦機場。12 月底，日軍從毛淡棉以東的毛瓦地隘道（Myawaddy Pass）進入下緬甸，「緬甸獨立軍」也隨之跟進，有許多緬甸年輕人加入「緬甸獨立軍」，其人數日漸增加。日軍很快就佔領廷那沙林，在毛淡棉遭到英軍和緬軍阻擋。1942 年 2 月 15 日，日軍攻佔新加坡。2 月 23 日，日軍越過勃固以東的西坦河。3 月中，中國軍隊進入緬甸，保護西坦河、撣邦南部和東吁。

　　3 月 7 日，英軍從仰光撤退，以後英軍就沒有採取對抗日軍的行動，而是快速撤退至印度，因此，在緬甸境內沒有發生和日軍大規模戰爭。5 月 8 日，日軍往北進抵密支那（Myitkyina）。英軍撤退時，採焦土政策，將油井、銀礦、鎢礦、港口設施和車輛等破壞毀損，以免被日軍使用。英緬政府在印度的辛姆拉（Simla）組織流亡政府，有數千名公務員也遷移至此，因為經費不足，他們僅領半薪。

　　從 1942 年 1 月到 6 月，英國將 600 名政府雇員、3,600 名商人、170 名傳教士、500 名專業人士等包括眷屬，總數 12,000 人撤往印度。此外，還有 40 萬名私人，其中一半是印度人、英國和印度混血人、英國和緬甸混血人，以及 9,000 名緬甸人。當日軍開始從 1941 年 12 月轟炸仰光起到 1942 年 2 月底，仰光人口數從 50 萬人減少到 15 萬人。在 1931 年時，在緬甸的印度人超過 100 萬人，至 1947—48 年，在緬甸的印度人僅有 70 萬人。[1] 此導致許多工作需由緬甸人自行填補。1947 年 6 月，英國緬甸總督頒布緬甸移民法（Burma Immigrant Act），規定進入緬甸需持有護照及簽證。1949 年，有 118,382 名印度人離開緬甸，而僅有 65,414 名印度人進入緬甸。從 1950—1960 年，緬甸人口都是淨流出。

　　日軍控制仰光後，「緬甸獨立軍」日軍司令鈴木上校（Colonel Suzu-

---

1. Robert H. Taylor, *op.cit.*, p.271.

ki）任命東歐克為仰光首席行政官，通稱為「緬甸中央政府」（Burma Baho Government）。下緬甸的地區則由巴盛負責。東歐克在 4 月 7 日發布的雜項命令（Miscellaneous Order）第一號令確認「中央政府」官員的行政權力、行政程序如同英國治理的模式。事實上，該行政機關的命令不出仰光，它受制於日軍。6 月 4 日，日軍在美苗（Maymyo）組成「中央行政委員會」（Central Administration Committee），禁止「緬甸獨立軍」參與政治或擔任政府的行政工作。翁山並非「緬甸獨立軍」的總司令，而是由鈴木控制，翁山是鈴木的高級參謀官。翁山對此感到不滿，他與巴莫一起去見鈴木，鈴木才任命翁山為緬甸獨立軍的總司令。[2]

不過在 7 月，鈴木被調離緬甸，由飯田祥二郎（General Shōjirō Iida）取代，出任緬甸日軍總司令。7 月 24 日，所有「緬甸獨立軍」集中仰光，表面上是重新裝備和換新裝，實則加以解散，只有翁山和保雷特雅領導的軍官幹部留下，他們與日本合作，另成立「緬甸國防軍」（Burma Defense Army），重新招募 4,000 名軍人，由翁山擔任總司令，但大權控制在日本顧問手裡。其軍官訓練學校設在仰光以北的民嘎拉東（Mingaladon）。

第二次世界大戰爆發後，巴莫博士開始自組私人軍隊反對吳紹和英國，遭英國逮捕。1942 年 4 月 13 日，巴莫才被日軍從監獄釋放，惟仍受到日軍監管在美苗。5 月 21 日，日軍在曼德勒舉行一次緬甸政治領袖會議，巴莫同意出組文人政府。6 月 4 日，巴莫和飯田祥二郎在美苗簽署協議，組成聯合預備委員會（Preparatory Committee），由巴莫和其他「仕紳運動」人員組成臨時政府，以取代名聲不好的「中央政府」。8 月 1 日，廢止臨時政府，日本任命巴莫為行政委員會長官，但無實權，由日本軍部控制。巴莫只管法律和秩序、收稅，經濟企業和交通工具都由日軍控制，以便準備戰爭之需要。巴莫派系的登茂博士出任財政部長，吳盛（Bandoola U Sein）為重建和公共工程部長，東翁（U Tun Aung）為司法部長，巴溫（U Ba Win）為教育和衛生部長，邵拉比（Saw Hla Pe）為新聞、工商部長。兩個職位是由「中央政府」留下的人出任，東歐克為森林部長，巴盛為勞工部長。國

---

2. Rajshekhar, *op.cit.*, p.80.

防部長由日人擔任。此外，吳耶為不管部部長，唐東為農業部長。

1942年初日本佔領緬甸時關閉所有學校，到年底才又開放。新的課程有宗教研究，但因為教育物資不足，經濟生活條件不佳，入學學生人數減少，有許多學校關閉。

因為日本沒有實現讓緬甸獨立之承諾，翁山對此感到憤怒，他在1942年5月日軍佔領曼德勒後祕密派登比民特（Thakin Thein Pe Myint）前往印度，會見英國印度當局，商談祕密進行反日本之地下活動。

英國在退出馬來半島和緬甸後，為了掌握日軍在這些地區的活動資訊，在「特別行動部」（Special Operation Executive）的東南亞支部成立「136部隊」（Force 136），主要工作就是建立聯絡細胞，聯繫各地反日組織，煽動各地反日活動，蒐集日軍活動情報。從1943年到二戰結束，在緬甸的「136部隊」負責人是加迪納（John Ritchie Gardiner），在西坦河東西兩岸各設一個連絡站。該組織在克倫族山區的負責人是西格林少校（Major Hugh Seagrim）。1944年3月，日軍破獲克倫地區的反日組織，西格林少校被殺害。[3]

日本為了鞏固其對緬甸的統治，鼓勵新舊團體結合，在1942年中，成立新的「一個統一的緬甸」（Dobama-Singyetha Asiayone）組織，與由巴莫領導的「貧民黨」（Singyetha Party）和翁山的仕紳集團合作。「一個統一的緬甸」組織的主要口號是：「一個黨，一個血統，一種聲音，和一個政府」，當1943年8月日本允許緬甸獨立時，其獨立宣言說：「緬甸新國家是……建立在一個血統，一種聲音，和一位領袖的統一原則。民族瓦解是過去破壞緬甸人民團結的主因，緬甸人決心此將不會再發生。」[4]

1943年1月22日，日本首相東條英機向眾議院宣布日本之目的在讓緬甸和菲律賓獨立。1月28日，日本決定讓緬甸和菲律賓在一年內獨立。3月22日，巴莫、內政長官吳耶、財務長官登茂博士和緬甸防衛軍司令官翁山

---

3. Angelene Naw, *op.cit.*, pp.110-111.

4. Clive J. Christie, *A Modern History of Southeast Asia: Decolonization, Nationalism and Separatism*, Tauris Academic Studies, New York, 1996, p.63.

前往東京，會見東條英機討論緬甸獨立事宜。日本首相東條英機告訴巴莫，日本支持緬甸獨立，將簽署日本和緬甸關係條約。緬甸獨立後兩國將建立外交關係，互派使節，關於緬甸向英國和美國宣戰以及獨立的時間，將保持高度機密。雙方將在政治、軍事、外交和經濟保持密切關係。日本極希望緬甸對英國和美國宣戰。巴莫表示緬甸將在軍事上與日軍合作。[5] 巴莫返回緬甸後，將「四軍」統合起來，這「四軍」包括「血軍」（Blood Army，戰鬥部隊）、「國民服務聯合軍」〔National Service Association（Circle）Army）、領導軍〔Leadership（Political Dobama-Sinyetha）〕、勞工組成的流汗軍（Sweat Army Labor Corps 或 LetYon Tat）。[6]

5月8日，緬甸日軍宣布成立25人組成的「緬甸獨立預備委員會」（Burma Independence Preparatory Committee），包括翁山、10名部會行政首長，又加上六名知名人物，包括：契特藍、吳瑟特（U Set）、柯道緬因（Thakin Kodaw Hmaing）、吳努、吳埃（U Aye）和山西波博士（Dr. San C Po）。還有一名律師登茂（U Thein Maung）、兩名緬人工商界代表亞美新（Yamethin）的吳耶和緬甸商會的艾茂（U Aye Maung）、一名主編東比（U Tun Pe）。巴莫為該委員會主席。會議是祕密的。日本顧問磯村武亮（Isomura Takesuke）上校起草緬甸獨立宣言，緬甸與日本簽定同盟條約，另有一個祕密軍事協議，規定緬甸要充分合作推動軍事目標，日本有權否決緬甸政府的決定。[7]

5月31日，日本決定將緬甸和馬來亞部分領土移交給泰國。

7月，巴莫和吳努前往新加坡，會見日本首相東條英機和孟加拉革命份子詹德拉波士（Subhas Chandra Bose），後者在6月由德國潛水艇送至檳榔嶼（Penang），他是印度國民軍的領袖，將協助日軍佔領印度。巴莫利

---

5. 日本國立公文書館，「標題：7・東条総理大臣「バーモー」ビルマ行政府長官会見記録」，檔案編號：B02032944300。（http://www.jacar.go.jp/DAS/meta/image_B02032944300?IS_STYLE=default&IS_KIND=SimpleSummary&IS_TAG_S1=InfoD&IS_KEY_S1=aung%20san&IS_LGC_S32=&IS_TAG_S32=& 2014年12月9日瀏覽。）

6. John F. Cady, *op.cit.*, p.453.

7. John F. Cady, *op.cit.*, p.454.

用此次機會向首相東條英機控訴在緬甸之日本軍部之霸道態度。東條英機同意將派遣文人顧問及軍部將尊重緬甸民意。早在新加坡會晤之前，東條英機於 7 月 4 日在曼谷同意將景棟（Kengtung）和蒙攀（Mongpan）移交給泰國。東條英機並沒有先與緬甸商量。7 月 26 日，日本派遣特使兼大使沢田廉三（Renzo Zawada）至仰光。

巴莫和巴盛、東歐克發生歧見，後者想削減巴莫的獨斷權力，而反對巴莫，日本遂將該兩人看管，並將他們送至馬來亞，後來又送至印尼。以後將巴盛派為駐中國大使、東歐克為駐滿州國大使。[8]

日本駐緬甸軍部指示巴莫起草緬甸憲法，該憲法類似 1889 年日本明治憲法，日軍軍部同意該憲法草案，於 1943 年 8 月 1 日宣布緬甸為獨立主權國家，稱為緬甸國（State of Burma）。巴莫以緬文宣布緬甸獨立，同時宣布向美國和英國宣戰，並與日本簽署攻守同盟條約。巴莫出任總統兼總理，吳耶為副總理，在總統之下設立 30 人組成的樞密院，作為總統之諮詢機構。另外設有計畫委員會、駐東京大使、最高法院和內閣。巴溫為內政部長，吳努為外長，登茂為財政部長兼司法部長（後出任駐東京大使），翁山為國防部長，拉民（U Hla Min）為教育與衛生部長，唐東為農業部長，亞美新的吳耶為商工部長，雷茂（Thakin Lay Maung）為交通與灌溉部長，吳盛（Bandoola U Sein）為公共福利部長，東翁為與日本合作部長，倫保（Thakin Lun Baw）為公共工程復建部長。日本駐緬甸軍部正式解散。9 月 16 日，翁山將「緬甸國防軍」改名為「緬甸國家軍」（Burma National Army），他出任總司令。沒有設立議會和地方自治政府。地方政府由內政部管轄，撣邦則由總理府管轄。在緬甸東部，日本開始時只維持間接統治，日軍並未進入該區域。日本將景棟割讓給泰國。1943 年 12 月以後，其他撣邦、瓦族和克倫尼族的土地則由緬甸中央政府控制，這是緬甸史上頭一次將這些地方置於中央政府控制之下。[9]

8. John F. Cady, *op.cit.*, p.455.
9. Robert H. Taylor, *op.cit.*, p.226.

日本在緬甸各級政府安排日本顧問，凡重大政策皆須日本顧問同意。日本控制政治和經濟部門兩個領域。新聞報紙和電台須經日本官員審查。最高法院受制於日本軍事法院。恢復使用傳統緬文和緬語，例如緬甸軍領袖頭銜加上「Bo, Colonel」，司令官稱「Bogyoke」。

圖 6-1：1943 年 11 月 5–6 日巴莫在東京參加「大東亞共榮圈」聯絡會議

說明：從左至右：巴莫、張景惠、汪精衛（中國）、東條英機、旺・威泰耶康親王（泰國）、勞瑞爾（菲律賓）、詹德拉波士（印度）。

資料來源：http://en.wikipedia.org/wiki/Ba_Maw 2014 年 3 月 23 日瀏覽。

日本於 11 月 5—6 日在東京召開「大東亞共榮圈」聯絡會議，有中國南京政權行政院長汪精衛、滿州國國務總理大臣張景惠、菲律賓第二共和國總統勞瑞爾（José P. Laurel）、印度臨時政府主席詹德拉波士、泰國代首相旺・威泰耶康親王（Wan Waithayakon）和緬甸的巴莫等領袖參加。在會後簽署「大東亞宣言」，聲明「在正義與互相尊重獨立、主權和傳統的基礎上，建立共存共榮新秩序；在互惠基礎上，努力加速發展經濟；結束任何形式的種族歧視。」

1944 年 11 月，巴莫再度訪問日本，他發現日本希望緬甸繼續在軍事上合作，以取得最後之勝利。1945 年初春，在日軍崩潰之前夕，巴莫在未事先獲得日本之同意下開始制訂重要的經濟法案，顯然戰局轉趨劣勢已使緬甸日軍當局無心緬甸治理事務。

當日本在東亞的中國和印度戰局轉趨不利時，「緬甸國家軍」遭逢外來的威脅。英國認為該組織是叛國組織，在戰後不應扮演重要角色，且要受懲罰。因此「緬甸國家軍」的領袖除了要維持緬人的支持外，還要想辦

法在戰後能為盟軍所接受。此一辦法就是與緬甸共產黨（Burma Communist Party）合作。緬甸共產黨在 1942 年與盟軍有接觸，組織緬甸農民反對日本法西斯主義（fascism），進行反帝革命。翁山和共黨領袖吳梭於 1944 年 8 月 1 日組織了「反法西斯聯盟」（Anti-Fascist League）。吳梭成為該組織的主席，唐東為祕書長，負責與盟軍聯絡。翁山成為抗日軍的司令官。該日是緬甸獨立一週年，翁山在該日宣稱緬甸的獨立僅是紙上的，距離現實還有很長的路。聽眾感到高興，但巴莫不滿。接著在「緬甸國家軍」內部流傳著由「反法西斯聯盟」核心人物（包括吳耶、吳努、唐東、翁山、契特藍）同意的文件，準備對戰爭實施怠工、攻擊法西斯主義日本土匪及緬人叛徒。「反法西斯聯盟」保證將與「民主」盟友合作（類似共黨的語氣），以和平方法為緬甸完成自由憲法和基本的社會服務。[10] 1945 年 3 月 27 日，「反法西斯聯盟」的聯合陣線改名為「反法西斯人民自由聯盟」（Antifascist People's Freedom League, AFPFL），其武裝力量改稱為「人民軍」，在仰光之外的地區進行反日活動。此有助於「反法西斯人民自由聯盟」的領袖在將來扮演其角色，不致遭到盟軍懲罰。

　　3 月 17 日，翁山率領一萬名緬軍離開仰光前往前線。22 日，翁山軍隊抵達瑞東（Shwedaung），遇見「三十志士」份子民特翁（Bo Myint Aung），他在該地從事抗日活動。民特翁安排翁山前往披雅羅（Pyalo），越過伊洛瓦底江到另一邊建立抗日據點。24 日，翁山回到瑞東，獲知日軍對他的行蹤已有懷疑。翁山本擬在 4 月 2 日起來反抗日軍，因擔心事跡敗露，將日期改在 3 月 27 日。惟此時翁山的行動皆遭日軍監視，日軍安排翁山在 26 日中午在瑞東會見澤本少將（Major General Sawamoto）。翁山托詞仰光軍隊不穩，需趕回仰光，他卻搭船越過伊洛瓦底江，前往他新建立的據點，地點在阿拉干山的塔耶特苗（Thayetmyo）以西的塔耶特昌（Thayetchaung）村。[11]

---

10. John F. Cady, *op.cit*., p.480.

11. Angelene Naw, *op.cit*., p.118.

3 月 25 日，英國第十四軍進攻日軍的後方。3 月 27 日，盟軍東南亞戰區司令蒙巴頓（Lord Mountbatten）向英國參謀總長報告其決定，為了鼓勵「緬甸國家軍」在戰場上提供協助，他決定赦免過去該軍隊的背叛行為，呼籲「反法西斯人民自由聯盟」之領袖在軍事上和民事上協助盟軍，將來會考慮給予赦免。[12] 3 月 28 日，英軍在上緬甸的美克替拉（Meiktila）集結，準備進軍仰光。唐東和翁山的眷屬在仰光消失蹤影，日本當局知道他們走入地下活動。翁山則在祕密進行反日運動，他與克倫族領袖和緬甸軍隊中的克倫族軍人建立關係，互通訊息。他獲得英軍總司令蒙巴頓之指示，發動軍變。全緬各地也爆發反日騷動。

3 月 29 日，據稱有 5,000 名緬軍在東吁、彬馬那（Pyinmana）、卑謬和三角洲地區從後面攻擊日軍，目的在牽制攻擊英國第十四軍的日軍行動。於是留在仰光的緬軍都被解除武裝。3 月 30 日，英國戰時內閣勉強同意蒙巴頓的建議，將給予協助盟軍的緬人特赦。4 月 22 日，巴莫召開最後一次內閣會議，次日，他及其私人隨員、吳耶、吳努、倫保撤出仰光，經由勃固前往毛淡棉。「緬甸國家軍」進攻日軍後背，獲得「136 部隊」底下的克倫族游擊隊之支援。克倫族的邵山坡新（Saw San Po Thin）領導的軍隊在三角洲地區牽制日軍，阻止其攻擊前進仰光的英軍。英國第十四軍從 4 月 11 日到 4 月 29 日從亞美新迅速推進到勃固。5 月 2 日，英軍進攻仰光；5 日，英軍佔領仰光。殘餘日軍撤退至西坦河以東地區，由於日軍對外通訊中斷，不知道日本已在 8 月中旬投降，所以遲至 10 月才投降。[13]

4 月 21 日，英國政府想處理那些跟日本合作的緬甸人的問題，「緬甸民事服務處」（Civil Affairs Section(Burma)）修改認定的標準，那些與日本合作的「反法西斯人民自由聯盟」的領導人，特別是翁山在 1942 年協助日軍，在被任命為「緬甸國防軍」的將軍時向日軍宣誓效忠。他和巴莫是頭號戰犯。「緬甸民事服務處」的主席皮爾斯將軍（Major General C. F. B.

---

12. John F. Cady, *op.cit.*, pp.501-502.

13. John F. Cady, *op.cit.*, pp.483-484.

Pearce）主張立即逮捕翁山。但蒙巴頓不贊成該意見，認為此時仍須與日軍作戰，這樣做只會造成內戰。皮爾斯將軍與其同事遂辭去軍職，專職於在辛姆拉緬甸流亡政府的文職工作。[14]

翁山在 5 月 6 日離開他在塔耶特昌村的總部，12 日越過伊洛瓦底江到達阿郎苗（Allanmyo）。16 日，英軍司令斯林將軍（Lieutenant General William Slim）派遣飛機將翁山及其助手明綱（Bo Min Gaung）送至其總部所在地美克替拉。

英國印度和緬甸國務卿（Secretary of State for India and Burma）阿莫里（L. S. Amery）在 1945 年 5 月 8 日向國會提出「緬甸政策白皮書」（White Paper on Burma Policy），英國同意在緬甸軍事情況穩定後，成立文人政府，讓緬甸自治，取得自治領地位。[15]

5 月 16 日，斯林將軍和翁山同意「緬甸國家軍」將置於英國前線指揮官之控制下，並提供緬甸兵力和部署資料。由於翁山的忠貞問題未解決，所以斯林將軍不願承認翁山是「反法西斯人民自由聯盟」支持的緬甸臨時政府的軍事代表的身分。但「反法西斯人民自由聯盟」不願效忠任何組織，有關「緬甸國家軍」之未來地位將需與「反法西斯人民自由聯盟」執委會協商。蒙巴頓認為務實的作法是與「反法西斯人民自由聯盟」協商，應視之為緬甸各黨派的聯合組織。[16] 5 月 22 日，倫敦的參謀總長接受蒙巴頓的意見，接受「緬甸國家軍」為臨時的盟友，享有薪給和軍級。緬甸軍隊再度整編成為在緬甸之外服役的輔助軍隊。當緬甸成立文事政府及在警察掃蕩罪犯後，「緬甸國家軍」的志願軍人可加入緬甸正規軍。5 月 30 日，都曼史密斯（Reginald Dorman-Smith）總督同意不審查「緬甸國家軍」的政

---

14. John F. Cady, *op.cit.*, p.503.

15. "War Cabinet, White Paper for Burma Policy, Memorandum by the Secretary of State for Burma," Presented by the Secretary of State for Burma (L. S. Amery) to Parliament, Copy No. Secret. W.P. (45) 290, 8th May, 1945, Printed and Published by His Majesty's Stationery Office. （http://filestore.nationalarchives.gov.uk/pdfs/small/cab-66-65-wp-45-290-40.pdf 2014 年 3 月 21 日瀏覽。）

16. John F. Cady, *op.cit.*, p.504.

治活動。6 月 11 日，「緬甸國家軍」重新整編。都曼史密斯總督亦派遣一名辛姆拉緬甸流亡政府聯絡官駐守仰光陸軍總部。6 月 15 日，「緬甸國家軍」參與盟軍在仰光舉行的勝利遊行。6 月 20 日，緬甸總督從錫蘭前往仰光，在一艘軍艦上與緬甸領袖會面，那是蒙巴頓元帥堅持與翁山和唐東私人會晤。其他受邀的緬甸領袖有：前總理吳普、前部長巴畢、吳埃、巴唐、巴因博士（Dr. Ba Yin）、梭倫（U Soe Nyun）；兩位前高等法院法官耶布（U Mya Bu）和巴吳；前參議院主席；一名地主；一名主編也是銀行家；印度人、華人和克倫族各一名代表；前仰光市長吳瑟特和前大學副校長。

　　當都曼史密斯總督返回錫蘭後，他堅持「緬甸國家軍」不能給予特赦，甚至要恢復皮爾斯將軍在 5 月時的建議，即應逮捕翁山，並以叛亂罪起訴。蒙巴頓辯稱，若這樣做，將激起緬人反英之情緒，將難以找到有影響力的緬人團體能協助文人政府。最後決定將「緬甸國家軍」的人數從 25,000 人減少到 10,000 人。「緬甸國家軍」的人事記錄將由「緬甸民事服務處」嚴審，不適者，將給予兩個月薪水資遣，合格者，則允其加入新的「緬甸愛國軍隊」（Patriotic Burmese Forces），將由英國軍官直接指揮。翁山則出任「緬甸愛國部隊」督察署副署長，軍階為准將。但因為戰爭還沒有結束，所以並無法資遣不適任的軍人。「盟軍最高統帥」（Supreme Allied Commander）於 6 月 2 日發布命令：「沒有人因政治意見而受害，無論現在或未來，即使他們曾反英，但唯有犯罪才會受懲罰……。任何人在戰爭期間或戰爭爆發前一段時間所採取之政治態度，都不會因此受到犧牲，這是我的政策。」[17]

　　因此對於緬甸人因為政治理由而被起訴或判刑，都需立即向蒙巴頓報告，死刑之執行也須經其同意。此一政策之目的在維持與緬甸的友好關係。6 月 16 日，蒙巴頓在仰光會晤翁山和唐東，獲他們同意將不服從英國指揮官的「緬甸國家軍」軍人以土匪論處。6 月 30 日，「緬甸國家軍」改名為「緬甸愛國部隊」，積極參與西坦河谷以東對日作戰。在英軍進入緬甸之前，

---

17. John F. Cady, *op.cit.*, p.514.

巴莫逃至泰國，然後到日本，向美軍投降，被關在東京的巢鴨監獄（Sugamo Prison），至 1946 年 7 月才獲釋。

日本投降後，在英國尚未返回緬甸之前，日本控制區被「反法西斯人民自由聯盟」接管。當「反法西斯人民自由聯盟」決定與英國合作後，其地方領袖和軍事指揮官反對，認為放棄了真正獨立的機會。此一與英國合作之政策，亦導致緬甸共黨和「反法西斯人民自由聯盟」之衝突。

蒙巴頓擬任命翁山為緬甸軍隊的副總督察官（deputy inspector general），直至蒙巴頓返回倫敦，與英國首相會商後，才於 1945 年 8 月 10 日獲得批准。8 月 19 日，「反法西斯人民自由聯盟」在仰光開會，約有 6,000 人參加，決議譴責法西斯主義，贊同大西洋憲章（Atlantic Charter），以及支持人民自決的國際協議，重申緬甸要求充分的主權。翁山以「緬甸愛國軍隊」司令及「反法西斯人民自由聯盟」主席的身分在會上致詞，他說「反法西斯人民自由聯盟」不是「我們緬甸協會」，也非共產黨，但在「反法西斯人民自由聯盟」領導層有些人是共產主義者，共產主義者有其努力方向，人民革命黨也有其努力方向，因此我致力於團結他們朝緬甸自由目標進行。[18]

由於英國駐緬甸總督為了安撫克倫族和克欽族，該兩族在二戰期間與英軍合作抗日，所以希望除了緬族外，亦給予克倫族或克欽族副總督察官之職位，蒙巴頓乃在 9 月 7 日致函翁山，詢問他是否接受副總督察官，不然，推薦二至三名人選。9 月 25 日，翁山回函不接受副總督察官之職位。

10 月 16 日，當緬甸境內日軍都投降後，緬甸總督都曼史密斯及其人員才從辛姆拉遷回仰光，但廷那沙林半島、打端北方到克倫尼地區仍由英國軍方控制。10 月 24 日，緬甸日軍指揮官木村將軍（General Kimura）在仰光大學正式向英軍第 12 軍指揮官司托普福特中將（Lt.-General Sir Montagu Stopford）投降。在二戰期間，日軍在緬甸戰死，包括疾病、飢餓及戰爭，總數有 185,000 人。其中有許多是遭到克倫族的游擊戰而被殺死的。英軍則

---

18. Angelene Naw, *op.cit.*, p.134.

有 74,000 人死傷。華人死傷者,則無統計數字。[19] 最為世人注意的是,日軍為了運補支援緬甸東北部地區的戰爭,1942 年從泰國的龍普拉度克(Non Pladuk)開築一條鐵路到緬甸唐俞札耶特(Thanbyuzayat),將 6 萬盟軍戰俘,包括澳洲戰俘 13,000 人、英國、荷蘭和美國的戰俘及 20 萬亞洲工人,送至該地區興建鐵路,因環境惡劣、疾病、營養不良等原因導致戰俘死 12,000 人,亞洲勞工死 9 萬人。該條鐵路在 1943 年 10 月完成,總長度約 415 公里。[20]

　　日軍進入緬甸之前,英國銀行就要求緬甸存款人以英幣提款。當日軍進入緬甸後,要求緬甸人民將英幣換成日本軍鈔,私藏英幣被查獲者,將受嚴厲處罰。日本軍鈔大量發行,引發通貨膨脹,物價飛揚。1945 年 5 月底英軍重回緬甸後,公布第 6 號命令,廢止日本軍鈔,沒有補償或匯兌制度,緬人成為受害的窮人。當時很多城裡的緬人,引發暴動、店鋪關閉,他們用卡車裝了許多日本軍鈔到鄉下,向還不知道第 6 號命令的鄉下商店購買貨物。

---

19. Donald M. Seekins, *op.cit.*, p.13.

20. "The Thai–Burma Railway and Hellfire Pass," in http://hellfire-pass.commemoration.gov.au/ 2015 年 3 月 12 日瀏覽。

第七章　緬甸獨立

第一節　1948 年獨立

英軍重回緬甸後，1945 年 10 月，翁山及其軍隊被吸收編入英軍。英國國會廢止 1937 年緬甸憲法，將緬甸置於英國緬甸總督治理之下。英國任命藍斯將軍（Major General Hubert Elvin Rance）為駐緬軍事總督。翁山公開其祕密的「反法西斯聯盟」（Anti-Fascist League），將之改組為「反法西斯人民自由聯盟」（Anti-Fascist People's Freedom League），邀請各黨派加入，成為全國各黨派聯盟。軍事總督藍斯將軍立即任命「反法西斯人民自由聯盟」的人出任顧問委員會委員。此時翁山及緬人仍在追求自治，而非獨立。「反法西斯人民自由聯盟」包含共產黨和社會主義黨的工農組織。緬甸共產黨主席是唐東，總書記是登比（Thein Pe），緬共的革命口號是「沒有租金，沒有租稅」、徹底禁止來自南印度從事放貸業者遮地亞人之剝奪及將遮地亞人佔領耕種的放租土地歸還原地主。共黨份子巴亨在 1945 年 7 月組織「全緬甸工會大會」（All Burma Trade Union Congress），立即加盟「反法西斯人民自由聯盟」。以後加入的左派工會有運輸、碼頭、鐵路、礦場和文職人員等五個工會。[1]

1945 年 10 月 17 日，英國派前任駐緬總督都曼史密斯重回緬甸出任文事總督，他宣布將成立 15 人組成的行政委員會以及 50 人組成的立法委員會。10 月 19 日，他接見「反法西斯人民自由聯盟」的領袖，包括翁山、唐東和巴比，總督請他們提出總數 15 名行政委員會成員中的 11 人名單，當「反法西斯人民自由聯盟」於 10 月 24 日提出名單同時附加兩個條件，即 (1) 在名單中需有一人被任命為內政部長（總督已保留該職位給保東）；(2)「反法西斯人民自由聯盟」的成員需向「反法西斯人民自由聯盟」報告，取得其指示，若無法執行該指示，必須集體辭職。[2] 保東與「仕紳運動」份子處於敵對立場，他在 1940-1941 年出任內政部長時曾將多位「仕紳運動」份子逮捕下獄。他在 1946 年初，主張將翁山逮捕下獄。

---

1. John F. Cady, *op.cit.*, pp.519-520.
2. John F. Cady, *op.cit.*, pp.522-523.

接著總督改組內閣，他不贊同登比加入其內閣，只同意 11 人名單中的 7 人加入內閣，保留內政、邊疆事務、國防、外交事務給自己的左右手。「反法西斯人民自由聯盟」不同意該項安排，11 月 1 日雙方談判破裂。最後總督都曼史密斯任命「反法西斯人民自由聯盟」的加盟成員愛國黨（Myochit Party, Love of Country Party）的吳埃和巴翁（U Ba On）為內閣成員（當愛國黨領袖吳紹於 1946 年 2 月從非洲返回仰光後，這兩人被迫辭職）。行政委員會的成員包括保東、通翁郭、吳普、茂茂（U Tharrwaddy Maung Maung）、曼巴勘（Mahn Ba Khaing，克倫族）、吳倫（U Lun，為愛國黨）、以及兩名英國人麥克多格樂（Sir Raibeart MacDougall） 和外斯（Sir John Wise）。「反法西斯人民自由聯盟」的被提名人拒絕入閣，開始抨擊總督，要求選舉制憲會議代表及公開總督的經濟重建計畫。11 月 18 日，「反法西斯人民自由聯盟」在大金塔佛寺舉行群眾集會，總督派四名其私人代表參加會議，會上建議將其所提名的 11 名代表納入內閣，但不堅持他們要對「反法西斯人民自由聯盟」負集體責任。但總督拒絕此項建議。此外，該次大會又建議普選選出制憲會議代表、國家重組以及大赦。

然而，「反法西斯人民自由聯盟」上述各項建議都未獲接受，其策略轉向直接訴諸於倫敦和英國人民認同支持他們的主張，遂自行籌款派遣五到七人代表團前往倫敦。他們在 12 月 28 日請總督同意其要求。但總督僅同意派遣兩名私人身分的代表搭船前往倫敦。「反法西斯人民自由聯盟」再度於 1946 年 1 月 15 日和 22 日要求派遣五名私人代表以及搭機前往倫敦。總督回覆說派兩名代表、一名祕書以及其他政黨代表，以可能的交通工具前往倫敦進行私人拜會。[3]

1945 年 12 月，翁山批評總督都曼史密斯沒有資格代表民主英國，拒絕加入委任的立法委員會中反對黨領袖職務。

1946 年 1 月 17—23 日，「反法西斯人民自由聯盟」在大金塔佛寺舉行第一次全國性集會，有 1,300 名代表出席，共有十五個政黨和組織參加，包括撣族、欽族和克欽族、及佛教團體，翁山再度被選為該聯盟主席。會上

---

3. John F. Cady, *op.cit.*, p.526.

批評復原計畫沒有考慮到緬甸在戰爭中的損失、決心繼續對抗英國帝國主義、反對英國在 1935 年公布的緬甸政府法、反對 1945 年「緬甸政策白皮書」、要求儘早舉行制憲會議選舉、農地國有化需給予私人地主補償、透過和平手段達到自由。

翁山在 1 月 24 日召開「人民自願軍組織」（People's Volunteer Organization, PVO）第一次全國大會，他在會上致詞時表示，人民需要施予軍事訓練，才能保衛其國家。在 2 月底，他任命全國三十二個分會的負責人，該組織係一軍事組織，成員穿著制服，接受軍事訓練。[4] 翁山企圖利用該一組織對英國殖民當局施加壓力。

總督都曼史密斯為了對付「反法西斯人民自由聯盟」，特別請回在日本佔領時期被放逐到馬來亞的巴盛和東歐克，在 1 月底分別任命他們出任商業部長和計畫部長。接著從非洲請回其朋友吳紹出任行政委員會委員。

2 月，緬共中央委員會出現分裂，吳梭拒絕接受批評，指責他反對與帝國主義者和機會主義者妥協。吳梭想同時接下祕書長登比和黨主席唐東的職位，內部分裂就無法挽回。吳梭被開除黨籍，另組「紅旗緬共」（Red Flag Communist Party），原來的緬共就被稱為「白旗緬共」（White Flag Communist Party）。3 月，唐東被免除「反法西斯人民自由聯盟」的祕書長職務，緬共的登比以一票之差輸給社會主義者、後來出任副總理的郭年。[5] 7 月，「紅旗緬共」被宣布為非法組織。共黨份子被清除出「反法西斯人民自由聯盟」，留下的左派組織有「人民自願軍組織」、緬甸工會大會（Trade Union Congress-Burma, TUC-B）、「全緬甸農民組織」（All Burma Peasants' Organization, ABPO）。

---

4. Angelene Naw, *op.cit.*, p.149.

5. 郭年（Kyaw Nyein）和巴瑞（Ba Swe）是雙胞胎兄弟，郭年是英文系和法律系畢業，是馬克斯主義者，聰明愛讀書。在二戰期間擔任巴莫私人祕書。戰後，與 Thakin Mya 關係密切，1946 年成為「反法西斯人民自由聯盟」祕書長，後在唐東的壓力下辭去祕書長。巴瑞是行動家，不是學者和思想家。他未完成大學。1930 年代末，因領導石油勞工罷工而被捕下獄。他是工會大會的主席。1947—1948 年，他和 Thakin Tin 領導社會主義黨的「全緬農民組織」（All Burma Peasants' Organization），Thakin Tin 擔任後者多年的主席。他是頭腦冷靜、謹慎的人，易於親近，受眾人喜愛。參見 John F. Cady, *op.cit.*, pp.576-577.

2 月 28 日，立法委員會開議，東歐克[6]指控翁山在 1942 年初戰爭期間，在日本統治時期擔任軍法庭主席，曾判決靠近打端的一名村長犯人死刑，東歐克願意出庭作證。該案移交由警方偵辦，若證實有罪，將請英國政府同意逮捕翁山。但該項行動遭到英國陸軍領袖之反對，特別是蒙巴頓，認為此舉將激起緬人反抗。3 月 27 日，有關翁山案件的資料送至倫敦。兩週後，仰光獲得倫敦同意逮捕翁山。但倫敦隨即電請暫停該項逮捕，因為該案普遍為大家知悉，逮捕翁山猶如回力鏢，會傷害到總督。翁山的聲望以及獲得英國陸軍領袖的支持，使得逮捕行動無法進行。總督都曼史密斯曾向倫敦建議，在大選之前增加行政委員會和立法委員會之權力，以及將翁山納入行政委員會內，但未獲倫敦同意，因為翁山涉嫌謀殺案。對於英緬當局此一措施，緬人感到憤怒，各地緬人開始武裝反抗、抵制繳稅、不賣米給政府糧食單位。總督為緩和緊張情勢，於 4 月 22 日建議舉行制憲會議選舉或重新任命新總督。5 月 1 日，總督與鮑東（Sir Paw Tun）、吳紹和翁山舉行改組行政委員會的協商，沒有結果。

緬甸政府為解決邊疆地區問題，在 3 月 27 日到 4 月 2 日在攀龍（Panglong）召開第一次邊疆地區會議，撣族由東朋（Tong Peng）的土司主持會議，共有 34 名代表出席，討論貿易、文化和福利問題。該會議也邀請克欽族、克倫族和欽族的代表、數名緬族領袖，包括吳紹和吳努參加，緬甸總督因病未參加，討論邊疆與聯邦中央之關係。邊疆地區署署長宣布成立「地區委員會」（Regional Council），給英國駐紮官（是英國派駐緬甸邊疆地區最高官員）提供諮詢意見，另成立「省委員會」（State Council），給土司提供諮詢意見。吳紹在會上講話，呼籲邊疆地區在經濟和國防方面儘快併入緬甸，其他方面則給予自治。[7]

5 月初，總督都曼史密斯公開批評翁山的「人民自願軍組織」是一支私

---

6. 在倫敦的緬甸署（Burma Office in London）在 1946 年 3 月初發現東歐克曾被麥克阿瑟（General MacArthur）通緝，因為在 1942 年英國從緬甸撤退時，他涉嫌謀殺 11 名英國囚犯，被懷疑是日本間諜。Angelene Naw, *op.cit.*, p.152.

7. Michael W. Charney, *op.cit.*, p.65.

人軍隊，反抗政府的權威。他下令禁止該組織的人著制服和接受軍事訓練、舉行分列式、及其他軍事活動，但翁山保證「人民自願軍組織」不會破壞和平，將會協助維持社會秩序和復原工作。翁山表示將派遣代表去見總督，若總督拒絕，他將發動全國性示威。5月8日，英國首相艾德禮（Clement Attlee）召請緬甸總督返回倫敦商量。

在英森（Insein）的「人民自願軍組織」的人員唐他賓（Tantabin）拒絕服從總督的禁令，而遭逮捕。有數千人舉行示威，警方在5月18日對示威群眾開槍，造成3人死亡、5人受傷。剛好「反法西斯人民自由聯盟」舉行高層委員會議，討論該一開槍事件，要求負責官員下台、懲兇及賠償、釋放被捕的「人民自願軍組織」的人員、撤銷對「人民自願軍組織」的禁令。總督會見翁山，希望翁山能安撫民眾，翁山則要求解除對「人民自願軍組織」的禁令以及釋放被捕的「人民自願軍組織」的人員。雙方沒有達成協議。

6月，「反法西斯人民自由聯盟」決定此後以該組織執行黨的活動是違法的，換言之，該組織將變成各黨派的名義上聯盟組織。6月14日，總督得痢疾搭船返回倫敦，於7月13日抵達倫敦。另一說是倫敦當局認為總督都曼史密斯無法應付緬甸局勢，故將他召回倫敦。[8]當局感覺緬甸情況危急，於8月4日改派「緬甸民事服務處」前任首長藍斯將軍為新任緬甸總督，此時藍斯將軍已退役，成為平民。

7月，翁山配合政府將「紅旗緬共」宣布為違法，他迫使緬共領袖唐東（或寫為Thakin Tun Tun）辭去「反法西斯人民自由聯盟」祕書長。8月，禁止共黨在「反法西斯人民自由聯盟」之各鄉下支部活動。9月初，舉行「反法西斯人民自由聯盟」祕書長選舉，社會主義黨的郭年以53票對52票些微差距勝過共黨的登比。9月底，登比加入由翁山組織的第一個行政委員會，但到了10月唐東和登比派系即因為與「反法西斯人民自由聯盟」的反共派意見不和而退出該一組織。

9月2日，藍斯將軍從倫敦抵達仰光履新，仰光爆發警察大罷工抗議薪

---

8. Angelene Naw, *op.cit.*, p.165.

水過低，每月僅有 18 盧比（約合 6.5 美元）。9 月 6 日，3,000 名警察再度在大金塔佛寺附近的斜坡集會示威。「反法西斯人民自由聯盟」對這些示威者提供食物和居住處。「反法西斯人民自由聯盟」也派出志願者協助政府維持秩序，因為警察都去參加示威了。至 9 月 16 日警察罷工才結束，警察專員答應提高生活津貼每月薪水增加至 250 盧比。看到政府讓步給警察加薪，9 月 17 日，郵差和政府印刷工也進行罷工，隔天，政府其他受僱者也上街示威，要求加薪。由於政府解僱了 3,000 名參與罷工的警察，更激起民怨。政府運作幾近停擺，迫使行政委員會委員辭職。9 月 21 日，挑戰「反法西斯人民自由聯盟」之作法的前總理吳紹遭槍手擊傷眼睛，立即被送至倫敦治療，幸無大恙。此事沒有妨礙他入選為新行政委員會委員。

　　藍斯總督從 9 月 21 日起與緬甸各黨派舉行會議，協商內閣人選。「反法西斯人民自由聯盟」為了壓迫政府，取得談判桌上優勢，在新當選的「反法西斯人民自由聯盟」祕書長郭年之號召下，於 9 月 24 日號召鐵路和石油工會工人也加入罷工。

　　9 月 27 日，完成內閣人事協商，由總督藍斯擔任主席，另有九名部長，其中六人是從「反法西斯人民自由聯盟」的人出任，由翁山推薦。翁山擔任內閣副主席，兼國防部長和外交部長。翁山推薦的人中有內政部長郭年、社會主義黨（Socialist Party）主席吳耶、巴比、共產黨登比、克倫族代表邵巴烏吉（Saw Ba U Gyi）。這些政黨都屬於「反法西斯人民自由聯盟」的成員黨。總督委任的三名部長包括：吳紹（代表愛國黨）、不管不部長丁杜特、巴盛（代表「我們緬甸人協會」）。因共黨反對政府鎮壓罷工，而迫使登比辭職。10 月 4 日，總罷工停止。

　　由於共產黨退出行政委員會，與「反法西斯人民自由聯盟」的路線漸行漸遠，吳梭一派遂在 10 月底退出「反法西斯人民自由聯盟」。而唐東一派亦與翁山和社會主義黨有歧見。

　　11 月 4 日，翁山向英國提出四點要求：(1) 同意在 1947 年 4 月舉行制憲會議選舉；(2) 在制憲會議內應包括邊疆民族之代表；(3) 在 1947 年 1 月 31 日以前宣布從該日起一年內給予緬甸充分獨立；(4) 同意重新檢視同一時

間內各項「計畫」。隨後翁山前往邊疆地區會晤撣族、克欽族和欽族領袖，說服他們支持緬甸獨立。他允諾給予各民族在聯邦內擁有自治地位、積極參與參議院、保護少數民族的權利和分離的特權。在密支那的克欽族領袖亦保證在克欽邦內住在河谷地的緬族和撣族將給予公平待遇。[9]

11月8日，英屬緬甸總督解散立法委員會，行政委員會也發布聲明目標在將緬甸建立一個主權國家，擁有內政、外交、國防、財政權力。

英國首相艾德禮在12月20日向國會宣布，將邀請緬甸各黨派領袖到倫敦商討緬甸之未來。緬甸人民應以最快和便利的方式成立自治政府。英國政府不希望讓不想成為一份子的人留在「大英國協」（British Commonwealth）和英國帝國內。1947年1月1日，翁山、吳耶、巴比、吳紹、丁杜特、巴盛等人前往倫敦。為了迫使倫敦讓步，緬甸的「人民自願軍組織」做好了軍事準備，1月中旬，各大學學生、退伍軍組織、左派團體等開始進行示威，500名共黨份子攻擊仰光政府機關，共黨的據點亞美新亦有共黨份子攻擊警察。這些群眾運動要求緬甸獨立。

艾德禮與緬甸代表翁山等人在1947年1月27日達成協議並簽署協議，主要內容要點如下：

(1)在未來四個月內舉行制憲會議代表選舉，英國將接受該制憲會議所做成的有關緬甸之未來地位之決議。

(2)制憲會議代表之選舉不是由成年選民選出，而是依據1935年法案之規定，包括各民族選民。

(3)當憲法完成後，將送交英國國會同意。

(4)制憲會議在完成制憲後，將轉變成國民議會，準備緬甸獨立，將決議緬甸加入大英國協或不加入。

(5)英國將立即承認翁山之臨時政府，具有自治地位之權力。

(6)英軍撤離後，緬甸軍事武力將置於緬甸政府控制之下。

(7)英國將支持緬甸申請成為聯合國及其專門機構之會員國。

---

9. John F. Cady, *op.cit.*, p.539.

(8)英國國會和緬甸內閣之代表將與欽族、克欽族、撣族和克倫族之代表會商討論邊疆地區之未來。

(9)英倫政府將以財政贈款和貸款 750 萬英鎊援助緬甸重建。

(10) 有關緬甸財政問題以及英國之軍事援助安排將再協商。

(11) 緬甸將可派遣高級專員駐倫敦，在獨立後與英國互派代表。[10]

吳紹和巴盛不滿該項協議，沒有在倫敦協議上簽字，他們兩位在 2 月加入巴莫博士陣營，另組「民主民族主義反對陣線」（Democratic Nationalist Opposition Front），在 3 月 5 日辭去內閣部長職務。2 月 5 日，緬甸政府的行政委員會和「反法西斯人民自由聯盟」通過倫敦協議。

圖 7-1：1947 年 1 月翁山在唐寧街首相官邸前與艾德禮合影
說明：前排左一為艾德禮，右一為翁山。
資料來源：http://www.aungsan.com/gallery.htm 2014 年 7 月 18 日瀏覽。

在翁山和艾德禮簽署協議後，撣族土司們和欽族和克欽族的領袖，與來自「聯合山地民族最高委員會」（Supreme Council of the United Hill Peoples）的代表，同意加入緬甸聯邦。

2 月 7 日，翁山和英國自治領事務國務次官（British Undersecretary of State for Dominion Affairs）波通里（A. G.. Bottomley）前往撣邦的攀龍（Panglong），與撣族的土司們和撣族、克欽族、欽族的代表舉行會議，翁山曾在 1946 年 11 月與他們舉行第一次會議。1947 年 2 月 12 日，翁山和撣族、克欽族、欽族的領袖簽署攀龍協議（克倫族沒有參加），此三族同意加入聯邦，撣邦和克欽邦並取得自治地位。各族聯合以脫離英國，成立獨立聯邦國家，國防和外交交由聯邦。新近成立的「聯合山地民族最高委員會」提名一名委員，由政府任命他為協調委員，專門從事和少數民族協調溝通之工作。協調委員之下有兩名副協調委員，負責各邦少數民族事務。攀龍協議亦同意給予各民族民主權利以及對邊疆地區提供財政援助，包括學校和道路。克倫

---

10. Maung Htin Aung, *op.cit.*, p.306; John F. Cady, *op.cit.*, pp.541-542.

圖 7-2：翁山簽署攀龍協議
說明：前排左一為艾德禮，右一為翁山。
資料來源：http://en.wikipedia.org/wiki/Panglong_Agreement 2014
　　年 12 月 30 日瀏覽。

族沒有參加此次會議，因為克倫族散布在薩爾溫江區、克倫尼邦、東吁克倫山地（Toungpp Karen Hills）、河流谷地，他們常與緬族混居在一起，他們未能形成一個地理區塊的居民。克倫族領袖分裂為兩派，一派主張與緬甸合併，另一派主張成立獨立國家。倫敦會議曾答應給予克倫族在未來的制憲會議有 24 名代表。克倫族各團體也自行開會決定他們與攀龍會議的關係。

　　唐東不滿共產黨份子在翁山內閣中只有一位，即登比。唐東指示登比辭去內閣部長職務。翁山和唐東之間的裂痕擴大。最後，唐東和共產黨被逐出「反法西斯人民自由聯盟」。

　　共產主義份子對於倫敦協議不滿，在彬馬那—亞美新（Pyinmana-Yamethin）、瑞金（Shwegyin）、明揚（Myingyan）等地區製造動亂。吳梭在阿拉干與當地分離主義份子聯合，發動示威活動。

　　1947 年 4 月初，英國平民院特別委員會批准該項倫敦協議。

　　緬甸 4 月 9 日舉行制憲會議代表選舉，在 262 席中，「反法西斯人民自由聯盟」贏得 255 席。另 7 名當選人是獨立的共黨份子。[11] 巴莫領導的「獨

<hr />

11. Robert H. Taylor, *op.cit.*, p.246. 基辛當代檔案（*Keesing's Contemporary Archives*）之資料是「反法西斯人民自由聯盟」贏得 210 席，共黨份子 7 席，英國與緬甸混血人 4 席，獨立人士 2 席，克倫族 24 席。全部選民有 7 百萬人，婦女享有與男性一樣的選舉權，有 3 名婦女當選制憲代表。杯葛該次選舉的有吳紹領導的愛國黨、巴莫博士領導的大緬甸黨（Maha Bama Party）、巴盛（Thakin Ba Sein）領導的「我們緬甸人黨」（*Dobama*

立第一聯盟」（Independence-First Alliance）和巴盛杯葛此次選舉，譴責翁山等是姑息英國帝國主義者及在選舉中搞暴力和威嚇。由於「克倫民族聯盟」（Karen National Union）拒絕參選，所以克倫族的 24 席中的 19 席在沒有競爭情況下被「克倫青年組織」（Karen Youth Organization）所贏得，其他 5 席則被支持「反法西斯人民自由聯盟」的獨立的克倫族候選人所贏得。

5 月 18 日，由吳耶領導的委員會起草的憲法草案，送至「反法西斯人民自由聯盟」大會討論，總共有 800 名代表參加，翁山在會上致詞，會議最重要的決議就是緬甸獨立。6 月 10 日，制憲會議一致通過緬甸獨立案，並決議脫離大英國協。艾德禮對此決議雖感失望，也只好接受。

緬甸獨立憲法規定，加入聯邦的五個邦沒有立法權、收稅權或邦的財政權。剛開始時設立有撣邦、克倫尼（Karenni）邦、克欽邦和欽族特別區（Chin Special Division），後來修憲才加入克倫邦。緬甸聯邦的制度並不模仿美國和瑞士，而比較像蘇格蘭跟英國政府的關係。

6 月 16 日，翁山派遣丁杜特率領一個代表團到倫敦交涉移轉政權之事宜。後來有吳努等人加入。他們與英國簽署臨時協議，內容涉及國防、財政、國籍、商業關係、合約義務等。

然而，吳紹對於翁山獲勝感到不滿，他自認在陪同翁山前往倫敦會談之前曾遭暗殺受傷，但受到不公平對待，於是決定在英國允許緬甸獨立之前，以武力奪取政權，他準備武器和組織支持者，7 月 19 日上午十點三十分，他主導暗殺翁山。翁山及其所有內閣成員在內閣會議中，遭三名槍手竄入，翁山（時年三十二歲）、吳耶、費邊社會主義者巴州（Deedok U Ba Choe）、曼德勒的拉札克（Abdul Razak）、翁山的哥哥巴溫（U Ba Win）、克倫族代表曼巴勘、蠻碰（Mongpawn）的土司、交通與傳播部的祕書翁茂（U Ohn Maung）等人被擊斃。[12] 據稱槍手在該早上也曾刺殺吳努，因未找到他，而讓他倖免於難。[13] 在數小時後，英國駐緬總督邀請制憲會議

Asiayone Party）。*Keesing's Contemporary Archives*, Volume VI, July, 1947 Burma, p.8735.

12. John F. Cady, *op.cit.*, p.557.

13. Michael W. Charney, *op.cit.*, p.69.

圖 7-3：緬甸獨立慶典
說明：左為英國駐緬甸總督藍斯，右為邵瑞泰克。
資料來源：http://en.wikipedia.org/wiki/Sao_Shwe_Thaik
　　　2014 年 3 月 16 日瀏覽。

圖 7-4：緬甸第一位總統邵瑞
　　　泰克
資料來源：http://www.evi.com/q/
facts_about__sao_shwe_thaik
2014 年 3 月 16 日瀏覽。

主席及「反法西斯人民自由聯盟」副主席吳努組織新內閣。[14] 吳紹在 12 月
30 日被法庭判決謀殺罪，1948 年 5 月 8 日執行絞刑。

　　吳努在二戰爆發時曾被捕下獄，當日本在 1943 年允許緬甸獨立時，巴
莫任命他為外長。後來他厭倦戰爭而退休。翁山邀請他參選制憲會議代表，
他表示將在緬甸獨立後退休。他出任總理後，邀請共產黨份子重新參加「反
法西斯人民自由聯盟」，但共產黨拒絕，繼續批評倫敦協議。

　　巴比在投票制憲會議代表前辭職，倫敦協議四位簽字者中僅存丁杜特
在職位上，遂成為批評倫敦協議之缺點的替罪羔羊。數月後，他亦遭暗殺
身亡。面對此一艱困局勢，吳努不再考慮修改倫敦協議，即不贊同讓緬甸
成為「大英國協」之成員國。9 月 24 日，制憲會議通過緬甸憲法。10 月
17 日，吳努與艾德禮正式簽署承認緬甸獨立及相關問題條約（Treaty of
Recognition of Burmese Independence and Related Matters）。隨後他將姓名
前的 Thakin Nu 改為 U Nu。[15] 11 月 14 日，英國國會通過該項條約。12 月

<hr />

14. Maung Htin Aung, *op.cit.*, p.307.

15. 緬甸人不論男女，都是有名無姓，通常會在名字前冠上一個稱呼，以便表示性別、長幼、

10 日，英國女王簽署該條約，正式生效。1948 年 1 月 4 日早上四點二十分，[16] 緬甸正式成為獨立國家。永貴（Yawng-hwe）的撣族土司邵瑞泰克（Sao Shwe Thaik）出任緬甸第一任總統，吳努為總理。

第二節　民主實驗失敗

緬甸憲法採聯邦制，總共設立七個邦和七個區（division），七邦包括克欽、卡雅（Kayah）、克倫、欽、孟、若開（Rakhine, Arakan）、撣；七個區包括：沙根（Sagaing）、廷那沙林、勃固、馬革威（Magwe）、曼德勒、伊洛瓦底和仰光。約有 72% 的緬族人是住在七個區內。撣邦的面積最大，人口也是七邦中最多者。總統是虛位元首，由國會兩院選舉產生，任期五年。國會上議院是民族院（Chamber of Nationalities），由各民族之代表組成。上議院由 125 人組成，其中 72 席是非緬族的代表。下議院是民選之人民代表院（Chamber of Deputies）。代表院的代表，除了克倫族保留 20 席外，其他席次依法律規定由民選產生。兩院議員任期為四年。年滿十八歲有選舉權，二十一歲有被選舉權。憲法第 3 章和第 4 章是有關於社會主義之相關規定，主要是採自南斯拉夫憲法的規定。對於公民權之取得，規定在憲法第 2 章第 11 條，須具備以下條件者才可成為緬甸公民：

(1) 父母現為或原為緬甸原住民者。

(2) 生於緬甸，祖父母中至少有一人現為或原為緬甸原住民者。

(3) 生於緬甸，父母現為緬甸公民，或憲法生效時父母健在，可以成為緬甸公民者。

社會和官階的區別。男人俗稱「貌」（Maung），以表示謙虛。對長輩或有地位的人則稱「吳」（U），意思是伯伯或叔叔，以示尊敬。對平輩或年輕人則稱「郭」，意思是哥哥。參見*南洋星洲聯合早報*（新加坡），1995 年 10 月 15 日，星期副刊，頁 18。

16. 此一時辰是經過緬甸星象家算出的吉時。*Keesing's Contemporary Archives*, Volume VI-VII, January, 1948 Burma, Burma, p.9035.

(4)生於英國聯邦，在1948年1月4日或1942年1月1日以前的十年中，
曾在緬甸居住八年以上者。[17]

從 1947 年 10 月到 1948 年 4 月，由於政權更換，有 58% 的高級公務
員辭職，有 84% 的警察、50% 文職醫官、78% 資深公共工程官員亦辭職。[18]
因此，新政府必須甄選許多年輕人進入政府。針對農民，政府於 1947 年公
布「農業債務減免法」（Agriculturalists' Debt Relief Act），該法取消了農
民在戰前的欠債，僅要負責 1946 年 10 月和該法公布日之期間有貸款協議
之債務。1948 年又頒布「租佃處置法」（Disposal of Tenancies Act），規定
佃農繳交租金、土地耕種和支付農業貸款的方式。

1948 年 10 月 11 日，緬甸公布「土地國有化法」（Land Nationalization
Act），該年在伊洛瓦底江三角洲地區可耕地有 11,120,343 英畝，這些土地
分別由 52% 農民、9% 在地非農民地主、42% 不在地非農民地主所擁有。
在中緬甸，情況有很大不同，可耕地有 8,203,498 英畝，分別由 87% 農民、
5.5% 在地非農民地主、7.5% 不在地非農民地主所擁有。該法之主要目的是
將所有土地收歸國有，將外國人的土地和本地地主的土地移轉給實際耕種
的佃農。該法給予被徵收土地的地主補償費，是按照其繳交土地年稅十二
倍計算。從 1948 年 1 月 4 日起便持有應予收回的土地，將允許他們保留 50
英畝的稻田和甘蔗地、25 英畝旱地、10 英畝島上或者水退後河灘上開墾的
土地。棕櫚園地、果園或菜園、橡膠園地和宗教土地將不收回。[19] 但該法僅
在一個城市實施，後來就廢棄了。失敗的原因是內戰爆發，缺乏受過良好
訓練的公務員來執行該法案、公務員的貪污和無能，以及印度駐緬甸大使
勞福（Dr. M.A. Rauf）要求國有化印度人和其他外國人的總數 500 萬英畝
土地發給補償費。勞福是住宅部長及緬甸回教社會的領袖拉司契德（M. A.
Raschid）的弟弟。[20]

---

17. John F. Cady, *op.cit.*, p.560.
18. Robert H. Taylor, *op.cit.*, p.265.
19. 黃祖文編譯，**前引書**，「關於緬甸聯邦政府農林部土地國有化法案（1948 年）的講話」，
    頁 76-82。
20. Robert H. Taylor, *op.cit.*, p.276.

在 1953 年頒布第二個土地國有化法案，其目的不像中國和越南一樣搞社會主義的土地所有權制度，而是著重將外國人和本國人地主的土地移轉給佃農，對遮地亞人和其他地主給予補償，惟政府給予的補償是發給十五年、3% 利息、不能質押、出售或出租、不能移轉的政府公債，且限定只能在緬甸投資。在 1953-54 年和 1957-58 年間，軍政府暫停該一法案的執行，當時只有 17% 的可耕地被國有化。最後被國有化的 3,347,000 英畝土地是稻田，約佔該類土地的 25%。這些土地中僅有 1,480,000 英畝土地被分配給 178,540 名佃農。經測量過的土地的半數，是由 305,490 人所控制。至 1963 年，佃農仍要向 35 萬名地主繳交租金，足見該項國有化土地政策沒有十分成功。[21]

在推動地方民主制度方面，緬甸國會在 1949 年 2 月通過「民主地方政府法」（Democratic Local Government Act），規定由民選產生各級地方政府。村長的權力由民選的八名村中長老組成的委員會取代，他們擁有民刑案件的審判權。鎮長的權力也是由民選的委員會取代。該制模仿蘇聯的「民主集中制」（democratic centralism），是由政黨控制地方事務。但因「反法西斯人民自由聯盟」的成員素質不高，濫權或貪污，以致於運作不如預期，有些公務員受到政治干預或威脅而辭職。[22]

1950 年代初，「反法西斯人民自由聯盟」的阿拉干分部就控制阿拉干。警察武力由「人民自願軍組織」的人充任，當內戰爆發後，政府宣布「白帶子的人民自願軍組織」（White Band of PVO）是非法組織，有許多警察加入叛軍。當地的「反法西斯人民自由聯盟」的領袖被任命為「特別副專員」（Special Deputy Commissioner），以監督警察和行政體系，但當保守的前官員郭民（U Kyaw Min）贏得 1950 年補選時，成為阿拉干地區的領導人，他不容許「反法西斯人民自由聯盟」內部有社會主義份子，「特別副專員」遂失勢。[23]

---

21. Robert H. Taylor, *op.cit.*, p.277.

22. John F. Cady, *op.cit.*, p.601.

23. Robert H. Taylor, *op.cit.*, p.266.

　　1948—1950 年期間，緬甸各地出現反政府活動，政府宣布戒嚴，在東吁和彬馬那地區，克倫族和共黨份子合作，反對政府使用仰光到曼德勒的鐵路線。共黨份子也為克倫族難民開闢從巴生港逃到伊洛瓦底江三角洲的路線。不過，這兩者的意識形態和追求的目標不同，難以進行密切的合作。由於各地烽火不斷，在吳努總理統治時期，號令不出仰光，他必須仰賴軍隊、官僚之外的團體和外國援助，才能當權。1949 年 1 月 31 日，尼溫將軍（General Ne Win）繼史密斯敦將軍（General Smith Dun）出任武裝部隊最高司令。大英國協計畫給予緬甸的經濟援助，在 1949 年 6 月底暫時擱置，尼溫將軍在 7 月前往倫敦訪問，緬甸外長伊茂（U E Maung）在 8 月訪問倫敦，接著他們兩位也訪問美國。他們出訪的目的是尋求軍事裝備和軍需品、外商對緬甸投資。10 月 14 日，「大英國協」各國駐緬甸大使舉行經濟援助緬甸會議，「大英國協」同意貸款 3 億 5,000 萬盧比給緬甸。吳努曾在 1949 年 6 月向國會提案要求制訂外國人投資法，但社會主義黨控制的國會否決該案。[24]

　　緬甸外長伊茂在 12 月初在新德里（New Delhi）宣布「大英國協」將給緬甸貸款，同時表示吳努將會出席即將在可倫坡（Colombo）舉行的「大英國協」會議，而他沒有先與仰光協商，仰光立即加以否認，認為「緬甸不會成為大英國協之一份子，也無意加入，不會受邀參加。」社會主義黨遂以此理由迫使伊茂辭職。[25]

　　緬甸在獨立後面臨的第一個有關國際議題的立場問題，就是 1950 年 6 月爆發韓戰，緬甸不能自外於國際社會，在聯合國大會上緬甸代表對於北韓是否入侵南韓案，投票譴責北韓為侵略者。緬甸致力於與中國維持友好關係，但又想從美國獲取經濟援助，因此緬甸對於美國採取政經分離政策。9 月 13 日緬甸與美國簽訂技術援助協議（Technical Aid Agreement），接受美國 800 萬美元的經濟援助。同時宣布暫緩美國軍事代表團訪問緬甸。[26]

---

24. John F. Cady, *op.cit.*, pp.598-599.

25. John F. Cady, *op.cit.*, pp.598-599.

26. John F. Cady, *op.cit.*, p.608.

1950 年 12 月，激進份子被排除出「反法西斯人民自由聯盟」，社會主義黨的若干領袖脫黨另外組織緬甸工農黨（Burma Workers' and Peasants' Party）。緬甸工農黨批評「反法西斯人民自由聯盟」政府已脫離原先革命的目標、接受美國的援助，以及美國在韓戰的立場。

1951 年 6 月 12 日，舉行國會選舉，因受到內戰影響，原先合格選民有 800 萬人，但只有 150 萬人前往投票，投票率不到 20%。每個政黨分配到電台競選宣傳的時間相同。在 250 席中，「反法西斯人民自由聯盟」贏得 147 席。[27]

1949 年 12 月，雲南省主席盧漢投共，導致原中華民國國軍第 8 軍軍長李彌和第 26 軍軍長余程萬率領其殘餘部隊退至滇南中、越邊境。1950 年 2 月，國軍第 8 軍李國輝團和第 26 軍譚忠國團約有 1,700 名國民黨軍隊越過邊境進入撣邦的景棟，他們認為是在中、緬未定界內，[28] 拒絕離開緬甸所謂的「領土」和放下武器。他們活動的區域在大其力、猛蓬（位在泰寮景棟的三角洲地帶，靠近湄公河三角洲的西岸，屬於景棟）。該年底緬甸軍隊驅逐該國民黨軍隊，國民黨軍隊退至泰、緬邊境的孟撒（Mong Hsat）、景棟，建立軍事總部。

該批國民黨軍隊繼續從泰、緬邊境招募人員，至 1953 年初達到 16,000 人。原先他們在薩爾溫江以東活動，1952 年擴張至以西地區，並與克倫族軍隊合作。[29] 緬甸政府若要調動軍隊對付國民黨軍隊，將減弱其對付叛軍的軍力。緬甸共黨武裝叛軍有意與緬甸政府合作打擊國民黨軍隊，但為緬甸政府拒絕。緬甸國會的反對黨則以國民黨軍隊事件批評其政府，緬甸工農黨也提議招募私人軍隊對抗國民黨軍隊所帶來的威脅。[30]

---

27. Robert H. Taylor, *op.cit.*, p.247.
28. 胡慶蓉，*滇邊游擊史話*，中國世紀雜誌社，台北市，1967 年 10 月印行，頁 68-70。而 *滇緬邊區風雲錄—柳元麟將軍八十八回憶*一書，則說當時退入緬境的大其力，國軍約有 2,000 人。參見傅應川、陳存恭、溫池京訪問，*滇緬邊區風雲錄—柳元麟將軍八十八回憶*，國防部史政編譯局，台北市，1996 年，頁 87。
29. Russell H. Fifield, *The Diplomacy of Southeast Asia:1945-1958*, Harper & Brothers, Publishers, New York, 1958, p.202.
30. Russell H. Fifield, *op.cit.*, p.203.

在 1953 年 1 月的估計，在緬甸的國民黨軍隊約有 16,000 人，緬甸若要採取軍事行動，可能難以對抗國民黨軍隊。因此，緬甸政府宣稱要訴請聯合國解決。為了向聯合國提出解決案，指控美國在背後協助國民黨軍隊，因此緬甸請求美國終止對緬甸之經濟援助。[31] 在該月緬甸終止與美國的技術合作條約。

緬甸政府指控該雲南反共軍與緬境內反對仰光的少數民族武裝團體結合，其勢力甚至跨越薩爾溫江以西地區，而與緬境最大的叛軍克倫國防軍（Karen National Defense Organization）會合。[32] 季辛當代檔案（*Keesing's Contemporary Archives*）亦記載說：「有報導說，在 1952 年，有一小股國民黨軍隊在莫奇（Mawchi）建立據點，且與克倫族叛軍和當地土匪合作。緬甸國防部發言人於 1953 年 1 月 22 日說，有文件證明國民黨軍隊和克倫族進行軍事合作已被發現，國民黨軍隊明顯提供克倫族武器，以換取英國人所有的莫奇礦區的鎢鐵礦，然後走私進入泰國賣給外國商人。國民黨軍隊在 2 月 25 日被政府軍逐出沙都〔Shadaw，距離克倫邦首府羅伊高（Loikaw）以東 15 英里〕，該次行動獲得帕東（Padaung）部落的協助。」[33] 關於這一部分的指控，在柳元麟將軍八十八回憶裡曾提及此事，他說在 1950 年 3 月間，緬軍曾數度向大其力反共軍進攻，均無功而返，乃同意第 8 軍李國輝、第 26 軍譚忠國等反共軍移駐撣邦區之猛撒，只要不干涉其內政即可。但李彌的顧問丁作韶企圖與反緬甸政府的少數民族叛軍吉仁族和蒙族合作，以擴大反共救國軍的力量，致引起緬甸政府不滿，最後向聯合國提出控告。[34]

當時緬甸政府的外交政策採取中立路線，1952 年 8 月 4—17 日，約有

31. Evelyn Colbert, *Southeast Asia in International Politics, 1941-1956*, Cornell University Press, Ithaca and London, 1977, p.182.

32. Richard Butwell, *U Nu of Burma*, Stanford University Press, Stanford, California, second printing, 1969, p.181.

33. *Keesing's Contemporary Archives*, Keesing's Publications Limited of London, March 28-April 4, 1953, p.12838.

34. 傅應川、陳存恭、溫池京訪問，**前引書**，頁 87-91。

1,000 名代表在仰光開會，討論政府提出的轉變為福利國家的政策、地方政府的民主化、五年經濟發展計畫、擴大教育和公共衛生服務。吳努在開幕式上表示緬甸外交政策是中立路線，不加入任一集團，並決定其考慮要點如下：(1) 基於國際問題本身之優點，來決定將如何作；(2) 與所有各國建立友好關係；(3) 從任何國家接受外來援助。[35] 基於此項原則，緬甸反對美國所支持的中華民國軍隊在其所稱的境內活動，並將此向聯合國大會提出控告。

1953 年 3 月 25 日，緬甸政府向聯大第七次大會提案「緬甸聯邦關於台灣國民黨政府侵犯緬甸之控訴（Complaint by the Union of Burma regarding aggression against her by the Kuomintang Government of Formosa, A/2375），該解釋性備忘錄內容稱：「1949 年國民黨軍隊南撤進入緬甸境內，他們已解除武裝，但 1950 年初有一千七百多名國民黨軍隊越界進入緬甸的景棟省，佔領該地，並與當地居民發生衝突，緬甸軍隊前往處理，要求他們解除武裝，但遭到拒絕。在 1950 年下半年雙方時常發生衝突，國民黨軍隊轉進到泰緬邊境的猛撒，並建有簡易機場，以獲得從外國運來的補給援助。其軍隊人數已增加到 12,000 人。軍隊指揮官是李彌將軍，他經常往來於猛撒和台灣之間，另有其他證據證明他與國民黨政府有直接關係。1952 年底，該游擊隊從其活動的薩爾溫江以東地區擴大到以西地區，而與反緬甸政府的少數民族武裝團體有聯繫。」[36]

聯大第 428 次全體會議在 4 月 23 日以 59 票對 0 票，只有中華民國棄權，通過上述的緬甸決議案（編號 707(VII)），認為關於在緬甸聯邦領土內外國軍隊之敵對活動及蹂躪之控訴加以審查，認為這些行為構成破壞緬甸聯邦領土和主權之侵犯。[37] 10 月 16 日，中國、美國、泰國在曼谷簽署「撤退緬邊反共軍計畫」，並送交緬方考慮。17 日，曼谷方面宣布，緬甸已表示同意該項計畫，將對反共軍游擊隊暫停進攻，直至 11 月 15 日為止。11 月

35. "Nov 1952—The 'Welfare State' Policy. Statement by U Nu," *Keesing's Contemporary Archives*,Volume VIII-IX, November, 1952 Burma, p.12549.

36. *Yearbook of the United Nations 1953*, Department of Public Information, United Nations, New York, 1954, p.162.

37. *Yearbook of the United Nations 1953*, p.168.

7 日，第一批撤離緬邊的反共軍進入四國軍事委員會事先劃定的大其力中立區，在渡過湄公河進入泰境的夜柿，再由南邦機場載運回台灣。至 12 月 8 日止，總共撤退 2,258 人到台灣。[38]

1952 年 3 月 12 日，前最高法院首席法官巴吳（Ba U）被選為總統，以取代邵瑞泰克。3 月 13 日，總理吳努取消其姓名前面的 Thakin，改為 U Nu。9 月撣邦爆發內戰，9 月 13 日，緬甸政府在該邦宣布戒嚴令。11 月底，尼溫將軍的軍隊控制每個地區。同時國家和土司們的警察武力合併。仰光一名部長在 10 月 28 日於東枝（Taunggyi）舉行的會議後宣布在軍政府結束時，土司們將改採民主政府方式，在兩天前的會議，土司們已同意放棄他們傳統的權力。[39]

1956 年 6 月，舉行國會議員選舉，在總數 248 席中，「反法西斯人民自由聯盟」贏得 155 席，反對黨聯合組織「民族主義聯合陣線」（Nationalist Unity Front），它包括緬甸工農黨（Burma Workers' and Peasants' Party）以及共黨份子登比（Thakin Thein Pe Myint），總共贏得 45 席。反對黨得票率為 46%。[40] 由於社會主義黨退出內閣，吳努失去支持力量。

中華人民共和國為了打擊在緬甸境內的中國國民黨殘軍，在 1954 年 6 月底周恩來訪問緬甸，和緬甸簽署聯合公報，將和平共處五項原則納入聲明中，這五項原則包括：互相尊重主權和領土完整、互不侵犯、互不干涉內政、平等互利、和平共處；1956 年 7 月派軍進入緬甸瓦邦，7 月 18 日，緬甸外交部發表一份公報，指稱中華人民共和國軍隊進入瓦邦並建立據點，表示緬甸關心此事，並促請中華人民共和國注意。緬甸總理巴瑞（U Ba Swe）在 8 月 7 日的新聞記者會上說，約有 600 名中國軍人在緬甸境內，雙方將能透過和平方式協商解決。[41]

---

38. 關於緬甸控告中華民國入侵案，請參見陳鴻瑜，「1953 年緬甸在聯合國控告中華民國軍隊入侵案」，**海華與東南亞研究**，第 4 卷第 3 期，2004 年 7 月，頁 1-34。

39. Robert H. Taylor, *op.cit.*, p.269.

40. John F. Cady, *op.cit.*, p.640. 但 Robert H. Taylor 的書寫成「全國聯合陣線」（National United Front），贏得 48 席，執政黨的得票率僅有 48%。參見 Robert H. Taylor, *op.cit.*, p.247.

41. "Jan 1957—Border Dispute," *Keesing's Contemporary Archives*, Volume XI, January, 1957

　　1957 年 3 月 1 日，「反法西斯人民自由聯盟」提名前海洋與民航部長溫茂（U Win Maung）[42] 為總統，3 月 11 日獲國會兩院一致同意，取代巴吳總統，任期五年。巴吳是緬族，溫茂是克倫族。基本上，總統是由各族輪流擔任。

　　1958 年 5 月，「反法西斯人民自由聯盟」分裂成兩派，其勢力日益衰微。巴民貢（Ba Min Gaung）出任內政部長，控制聯邦軍事警察。社會主義黨領袖巴瑞和郭年都與資深軍官包括茂茂旅長（Brigadier Maung Maung）和翁吉上校（Colonel Aung Gyi）關係密切，尋求軍隊的支持以掌控政權。巴瑞曾公開宣稱其派系是「穩定的反法西斯人民自由聯盟」（Stable AFPFL，以下稱穩定派），獲得軍方的支持，他們被視為「受過教育」的社會主義者，贊成工業化；吳努和吳丁（Thakin Tin）的派系稱為「乾淨的反法西斯人民自由聯盟」（Clean AFPFL，以下稱乾淨派），被視為「沒有受過教育」的社會主義者，主張發展農業作為政府施政的目標，宣稱政變迫在眉睫。「反法西斯人民自由聯盟」之分裂源自這種軍、文之間的矛盾。

　　吳努釋放許多政治犯，包括 1956 年禁止學生組織而被捕的 100 名學生，並使非法的共產黨合法活動。軍方擔心吳努政府受共產黨控制，而吳努擔心軍方支持「穩定派」。因此吳努解散國會，宣布重新改選，並以總統令通過預算。

　　6 月 4 日，四位副總理中的巴瑞和郭尼新（U Kyaw Nycin）以及 13 位部長辭職，吳努總理重組新內閣。6 月 9 日，新內閣在國會中以 8 票些微票數通過信任投票，新政府獲得左派的「全國聯合陣線」（National United Front, N.U.F）之支持，其人員後來進入內閣。[43] 9 月中旬，首都遭正規軍隊包圍，阻止親吳努的聯邦軍事警察進入首都。在這場衝突中，共黨掌權增

　　　Burma, China, Chinese, p.15334.

42. 溫茂於 1916 年 4 月 17 日生於巴生港附近，獲仰光賈德森學院（Judson College）學士，先在緬甸石油公司工作，再進入政府部門工作，1940—42 年在英國陸軍服役，擔任中尉，日本佔領期間，參加「反法西斯組織」，1944 年被派至印度接受軍事和游擊戰訓練。參見 *Keesing's Contemporary Archives*, Volume XI, April, 1957 Burma, Burma, p.15492.

43. *Keesing's Contemporary Archives*, Volume XI, September, 1958 Burma, p.16393.

加其可能性。9月23日,茂茂上校面見吳努總理,告訴他假如「乾淨派」
攻擊軍隊,則軍隊將自我防衛。次日,他和翁吉上校再去見吳努,抱怨吳
努玩弄憲法,情勢已相當危急。他們勸他將政權交給尼溫將軍領導的軍政
府六個月「看守政府」。[44]

在政局緊張紛擾的情況下,武裝部隊總司令尼溫將軍在9月26日被任
命為總理。在軍人支持之下,他組織一個「看守政府」。

尼溫要求修改憲法第116條有關非國會議員出任總理僅有半年任期之
規定。「看守政府」也公開共產黨滲透「乾淨派」之計畫書。鑑於鎮壓共
產黨之需要,修改憲法116條,使尼溫可以重獲任命擔任總理直到1960年。
1959年1月1日,「穩定派」領袖巴瑞宣布他不反對再給看守內閣另六個
月任期,在2月中他提出該項動議。「乾淨派」在獲得「全國聯合陣線」
之支持下,要求「看守政府」遵守承諾在4月舉行大選。在經過一番政治
角力後,尼溫及其內閣成員在2月辭職,還政給吳努。

緬甸政府於4月24日完全控制撣邦和卡雅邦,廢除土司制,支付一筆
年金給當地土司們作為交換。然而,土司們仍繼續在其以前的邦擁有影響
力,維持其傳統的地位。

1960年2月6日舉行大選。選舉結果,由吳努領導的「乾淨派」〔後
改稱為聯邦黨(Union Party)〕獲得壓倒性勝利,贏得國會157席,「穩
定派」贏得42席。[45]4月,吳努組閣,出任總理。吳努政府計畫使佛教成
為國家宗教、為新的孟族和阿拉干邦設立行政組織,繼續與撣邦和卡雅邦
談判增加其自治權,有人擔心此舉會造成國家分裂,威脅國家的統一。尤
其軍方對於該種聯邦性質的政府體制,感到疑慮。聯邦主義和多黨民主代
表的是地主、資本家、追求私利的政客,而非公共目的。放棄聯邦主義和
多黨民主,才可能維護國家的統一和安全,成為當時軍方領導人的想法。

1960年10月1日,緬甸和中國簽署邊界條約,解決多年來的邊境問

---

44. Robert H. Taylor, *op.cit.*, p.248.

45. Martin Smith, *op.cit.*, p.186.

題。依此條約，中國獲得片馬、古浪、崗房地區，而失去南崁及果敢。[46] 回顧歷史，果敢曾屬於中國領土。1894 年 3 月 1 日，中國和英國雙方在倫敦簽訂了「中、緬邊界條約」，果敢歸屬中國領土。1897 年 2 月 4 日，中、英簽署「中緬條約附款十九條專條一條」，果敢被英國入侵劃入緬甸。當時英國殖民勢力未能進入薩爾溫江以東地區，是透過在薩爾溫江以西的新威（Hsenwi，或譯為新維）的土司出任英國的顧問官，實施間接統治。果敢地區的統治者則向新威土司奉獻進貢品。

日軍在 1942 年初進入緬甸後，果敢土司楊文炳宣布抗日，前往重慶，蔣中正授以「果敢地區抗日自衛隊」少將司令一職。以後中國遠征軍進入果敢，將當地自衛隊編為「二十集團軍果敢自衛隊」，由中國配發武器和彈藥，軍隊人數發展到 1,000 人。由於抗日有功，楊文炳在 1947 年獲得英王頒贈的 OBE 勳章。[47]

緬甸獨立後，緬甸政府亦無法控制果敢，1950 年代初該地區成為中國國民黨軍隊的控制區。1949—1959 年擔任果敢土司的是楊文炳的兒子楊振材（Sao Edward Yang Kyein Tsai），但實際統治者是楊金秀（Olive Yang 或 Yang Jinxiu）女士，她是果敢土司楊振材的妹妹，又稱「楊二小姐」。她曾在臘戌的守護天使的修院學校（Guardian Angel's Convent School）就讀。十九歲就組織「果敢人民自衛隊」（Kokang Kakweye, People's Defense Forces），擁有 1,000 名軍隊，羅星漢為該支軍隊的隊長。她將鴉片運至泰國邊境銷售。後中國國民黨軍隊撤離緬甸，果敢地區的華人具有跟中國國民黨相同的政治觀點，不少領袖與中國國民黨有結盟關係。楊金秀在 1962 年遭緬甸政府軍逮捕，至 1968 年獲釋。[48] 楊金秀之兄楊振聲（Jimmy Yang 或 Yang Zhensheng）繼續與中國國民黨往來。楊振聲受過良好的教育，曾就讀東枝撣族學校、仰光大學、二戰時唸重慶大學。1950 年，被選為果敢

46.「果」是九的意思，「敢」是人家的意思，果敢就是指九戶人家。
47. 梁晉雲，「緬甸果敢的歷史與現狀」，**中國邊疆史地研究**，第 10 卷，第 2 期，2001 年 6 月，頁 87-94。
48. "Oliver Yang,"（http://en.wikipedia.org/wiki/Olive_Yang 2015 年 3 月 20 日瀏覽。）

的國會議員,後來創辦東緬甸銀行(East Burma Bank)。羅星漢勢力興起後,逐漸取代楊振聲的地位。[49] 中國國民黨軍隊勢力撤出果敢後,果敢地區成為緬共的活動區。當緬共與緬甸中央進行停火談判後,果敢成為緬甸撣邦的第一特區,實行高度自治,擁有軍隊並自行管理內部事務。

果敢位處緬北薩爾溫江東岸,面積約為2,700平方公里,東西寬25公里,與中國雲南接壤,國境線長達250公里,人口約14萬人,居民87%為華人,其餘為撣族。果敢地區位在山區,雨量稀少,不利稻作,當地居民以種植茶葉和販賣鴉片為生。1960年10月1日,緬甸和中國簽署邊界條約,果敢劃歸緬甸。2010年,緬甸政府將該地劃為自治地區,稱為「緬甸撣邦第一特區政府」。自治區領導人擁有本身武力,自行管理內部事務,由於居民大多數是華人,所以流行漢語和漢字,中國的人民幣亦是當地通行貨幣。

1961年初,撣邦和克欽邦的少數民族領袖成立「全國宗教少數聯

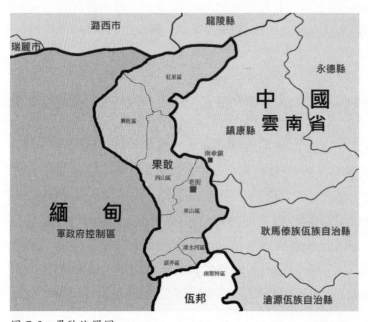

圖 7-5:果敢位置圖
資料來源:http://www.geolocation.ws/v/P/31256299/-/en. 2014 年 12 月 20 日瀏覽。

---

49. Bertil Lintner,"Kokang:the backstory,"*The Irrawaddy*, in BurmaNet, News, March 10, 2015.(http://www.burmanet.org/news/2015/03/10/the-irrawaddy-kokang-the-backstory-bertil-lintner/ 2015 年 3 月 20 日瀏覽。)

盟」（National Religious Minorities Alliance），反對吳努設立國家宗教之立法。2月5日，克欽族邵盛（Zau Seng）、邵都（Zau Tu）、邵單（Zau Dan）三兄弟與數百青年人，在緬甸北撣邦成立了「克欽族獨立組織」（Kachin Independence Organization, KIO），他們襲擊北撣邦縠開（Kutkhai）附近的緬軍基地，接著迅速轉移到克欽邦八莫鎮（Bamaw），從此，以此為根據地展開了長期的民族抗爭。

8月，政府暫時終止「地方政府民主化計畫」（Democratization of Local Administration Scheme），主要原因是立法、公務員和人民三方面缺乏效率。為了解決該項問題，由巴莫領導一個顧問委員會，向政府提供諮詢意見。10月，推出「新緬甸計畫」（New Pyidawtha Scheme），以改革地方政府。過去都是由中央下令指揮地方政府，現在改為給予地方政府決策權，使之快速反應。此一新計畫被視為推動地方政府民主化之前的暫時措施。[50]

羅星漢之興起，與緬甸軍政府有關聯，他和軍政府達成祕密協議，他獲允在撣邦運毒走私，但回報軍政府的是對抗叛軍。羅星漢的哥哥是果敢的警察督察長，使他的走私活動未受到地方政府當局的干擾。當地緬共則獲得彭家聲和其弟弟彭家福之支持，他們都曾參加楊振聲的「果敢革命軍」（Kokang Revolutionary Force），1967年7月獲得流亡在中國的緬甸共產黨的武器和軍需的援助。1968年元旦，彭家聲在「緬甸共產黨人民革命軍」之支持下控制果敢。以後二十年，彭家聲成為果敢的統治者。緬共和政府軍從1971年12月到1972年1月進行了四十五天的戰爭，為了爭奪連接果敢到薩爾溫江以西的昆隆（Kunlong）橋，由於羅星漢提供當地地形之情報，政府軍才能遏止緬共往西前進。政府軍為感謝羅星漢之協助，還特地幫他將鴉片運至泰國邊境的煉毒廠，將鴉片提煉為海洛因。1973年，羅星漢和緬甸政府反目，被逮捕下獄。1980年獲特赦釋放。楊振聲亦獲赦免，允其從法國回國。

---

50. Michael W. Charney, *op.cit.*, p.101.

　　緬共在 1968 年控制果敢後，當地政治和社會情況有了變化，舊地主逃走了，土地分配給無地的農民。然而，緬共無法解決鴉片問題，因為未能找到可以取代的經濟作物。鴉片仍是當地農民的主要作物，彭家聲憑靠著鴉片買賣而能支配當地的緬共軍隊。他的海洛因生產基地從果敢擴大到瓦（Wa）族地區的攀山（Panghsang）和汪河道（Wan Ho-tao）。[51]

佛教復興運動

　　吳努政府在佛教復興運動上作了重大的努力，1950 年 10 月初由國會通過「佛教律法法庭法」（Dhamma Chariya Act, Buddhist Law Court Act），由政府設立兩個宗教法庭，一個在仰光，另一個在曼德勒，主要功能在恢復佛教僧侶或僧院的秩序，對不守清規的和尚加以審判。其次，又通過「巴利文大學法」（Vinissaya Act, Pali University Act），設立巴利文大學，制訂佛教經文教授和考試的標準，僧院若有十位以上的學生學習巴利文，則可申請認證，通過巴利文大學考試的合格老師可獲得國家資金的支助。每個僧院可派代表參加巴利文大學的管理階層。第三個是通過「佛教協會法」（Buddha Sasana Organization Act，或 Buddha Sasana Council Act），該法案規定由政府撥款支助及促進宣傳佛教，將佛教經文譯為簡單的緬文，讓佛教的倫理觀念能在學校中教授給學生。[52] 吳努總理解釋該法之目的在公開挑戰在緬甸流行的其他意識形態勢力。1952 年通過巴利文教育委員會法（Pali Education Board Act），設立該委員會以監督政府主辦的巴利文考試。

　　吳努鼓勵佛教徒參加及捐助「佛教協會」，該協會執委會在 1954 年 9 月 19 日決議建請政府在公立學校中納入佛教課程，組成調查委員會，研究在學校中提供非佛教宗教課程的問題。吳努接受該建議，他有意在公立學校中教授佛教，甚至基督教和回教的經典。但遭和尚的反對。為了平息該一爭論，吳努在 9 月 25 日表示希望和尚們嚴守政教分離的原則。基本上，

---

51. Bertil Lintner, *op.cit.*

52. John F. Cady, *op.cit.*, pp.611-612.

吳努想利用佛教作為對付共產主義的手段。[53]

　　吳努政府從 1951 年開始籌備第六屆世界佛教大會，以紀念佛陀啟發二千五百週年慶典，但到 1954 年尚未完成。後來慶典從 1954 年 5 月到 1956 年 5 月，總共舉行了兩年。此項慶典激起了佛教徒想將佛教變成國教的想法，但吳努考慮到若佛教變成國教，則將形成佛教和非佛教的對立局面，而且違反自由、平等和公道的精神，最後還是放棄。翁山早在 1946 年就曾主張政教分離，此已成為緬甸立國後的一項重要傳統。[54] 吳努還不敢違逆該一傳統。

第三節　克倫族的分離主義運動

　　克倫族有數個分支族系，分布於撣邦南邊，沿著緬甸和泰國邊境南下到廷那沙林一帶。它的西邊是與緬族、南邊是與孟族為鄰。在英國進入該地區之前，克倫族住區並沒有出現統一的政治組織，各克倫族村落是分散在山區、河谷地。他們長期以來對緬族國家進行朝貢和臣服，存在著衝突和不信任的關係。

　　二戰結束後，「克倫民族協會」（Karen National Association）主席邵塔丁（Saw Tha Din）於 1945 年 9 月 26 日向英國致送一份備忘錄，要求自決權，該備忘錄說：「在英國插足緬甸以前一百多年，緬甸國王和人民實際上視克倫族為奴隸，迫害克倫族。……英國人來後，成為克倫族的解放者、保衛者，維持法律和秩序，維持和平，給予保護。……在泰國境內的克倫族，比我們落後，未能享有如同在緬甸的受教育權，應將他們納入緬甸特別區內，俾讓我們共同生活，成為統一的民族。」[55] 在英國統治緬甸期間，先後利用克倫

53. Michael W. Charney, *op.cit.*, p.89.

54. Michael W. Charney, *op.cit.*, p.90.

55. Clive J. Christie, *A Modern History of Southeast Asia: Decolonization, Nationalism and Separatism*, Tauris Academic Studies, New York, 1996, "The Karen Memo-rial," pp.214-220.

族和緬族之間的敵對關係，獲得克倫族的軍事協助，佔領廷那沙林，接著佔領下緬甸，甚至佔領上緬甸。因此克倫族和英國維持特殊的關係。

　　1925 年後，英屬印度政府因為不信任緬族，而甄選克倫族、欽族和克欽族充任軍隊。英國在緬甸的四個步槍營中，有兩個是由克倫族人擔任，他們扮演重要的軍人和警察的角色。[56] 1948 年時的陸軍司令史密斯敦是克倫族人。

　　美國浸信教會（Baptist Mission）傳教士在 1820 年代末期進入克倫族住區傳教，以致於很多克倫族信奉基督教。由於需要將聖經翻譯成當地語文，也影響兩種主要克倫族方言的書寫方式。若無英國的介入和傳教士改變克倫族的宗教信仰，則克倫族可能被同化入緬族，而喪失其自身的認同感。英國統治期間，邊境的少數民族住區，包括欽族山地區（Chin Hills）、那加山地區（Naga Hills）、克欽山地區（Kachin Hills）、加入聯邦的撣邦（Federated Shan States）、克倫族薩爾溫山地區（Karen Salween Hill Region），都是直接由英國統治。英國設立緬甸邊區服務署（Burma Frontier Service），下面設立副專員、助理監察官（assistant-superintendent）、本地統治者。

　　當第一次世界大戰末期討論緬甸的憲政改革問題時，克倫族提出一份備忘錄說克倫族還沒有準備成立自治政府。克倫族的住區分散較廣，有些克倫族擴散到下緬甸地區。1923 年，英國政府通過「雙頭憲法」。在立法議會中給予克倫族五席。1935 年，緬甸脫離印度統治成立自治政府時，在立法議會中，克倫族有 12 席。儘管克倫族在歷次政治改革中，有一定的發言地位，但仍感到疑慮，擔心遭到緬族的壓迫。他們要求將廷那沙林納入克倫族的自治邦下，其次任命政府官員應在廷那沙林和其他克倫族多的地方任命克倫族人。[57]

　　二戰結束後，「克倫中央組織」（Karen Central Organization）於 1945 年 6 月 30 日到 7 月 5 日在仰光舉行群眾會議，提出自決的主張，然後將該

---

56. Clive J. Christie, *op.cit.*, p.55.

57. Clive J. Christie, *op.cit.*, p.61.

主張於該年 9 月提交給英國政府。據此主張，他們要求建立一個新的克倫政治實體，此包括薩爾溫山地區（Salween Hill Tracts）、廷那沙林地區、勃固區東部，以後再將泰國的克倫族住區包含在內。這一個大地區稱為「克倫邊區聯合邦」（The United Karen Frontier States），此一聯合邦可納入英國統治下的「特別區」（Excluded Areas），不屬於緬甸本部管轄。此「一特別區」一直要到克倫族人認為可以併入大緬甸的範圍內，才告停止。參加翁山領導的「反法西斯人民自由聯盟」的成員黨「克倫青年組織」（Karen Youth Organization），也支持成立重新確定的「大克倫邦」之觀念。

1946 年 4 月，克倫族在東吁舉行會議，再度提出成立「克倫邊區聯合邦」，其政府組織型態應與緬甸各邦相同。在該次會議上，克倫族強調其語言、風俗、衣著、文化，特別是道德品行與緬族完全不同，主張與緬族脫離關係，成立克倫國（Karenistan）而由英國保護。[58]

英國在 1947 年 1 月同意緬甸在一年後獨立，由民選的制憲議會來決定緬甸的國家體制。當時緬甸領袖和各少數民族之談判都是將各少數民族納入統一的緬甸國家內。1947 年 2 月，翁山和少數民族達成攀龍協議，允許各邊區的邦擁有充分的自治權。2 月 12 日，各少數民族代表在行政委員會中同意原則上各邊區應擁有內政充分自治權。基此協議，接著談判克欽和撣族的自治邦架構。

「克倫中央組織」從 1947 年 1 月起反對英國和緬族達成的協議，採取不參與的政策。2 月，成立了新的「克倫民族聯盟」（Karen National Union, KNU），提出參與政治談判的前提條件，要求克倫邦的代表在行政委員會中要占 25% 的席位，在未來的立法議會中要占 25% 的席位，保證在政府公務員職務上有一定的比例，在未來獨立後軍隊中克倫族之地位要進行協商，要進行新的人口普查，俾暸解克倫族之總人口數。3 月 3 日，「克倫民族聯盟」的「行動委員會」決定杯葛即將舉行的制憲議會選舉，退出行政委員會。4 月，英國、緬族領袖和克倫族領袖談判如何劃分克倫

---

58. Clive J. Christie, *op.cit*., p.70.

邦的問題，結果緬族不同意將廷那沙林、打端地區劃入克倫邦，而使得談判沒有結果。9月，通過緬甸聯邦憲法，對於少數民族問題做出臨時規定，設立克倫尼邦，克倫族住區設立特別區，擁有有限的自治權（稱為 Kaw-Thu-Lay），另設立一個由克倫事務部長領導的「克倫事務委員會」（Karen Affairs Council），負責管理克倫族住區的事務。將來是否設立克倫邦將依循撣邦的模式，即內政自治、在緬甸議會和政府中派遣代表、十年後有權脫離緬甸。

7月，「克倫民族聯盟」成立其軍事組織「克倫民族防衛組織」（Karen National Defence Organization, KNDO），其與緬甸軍隊中的克倫族單位有聯繫。10月初，「克倫民族聯盟」在毛淡棉舉行會議，反對憲法中對於克倫族的安排，要求建立「大克倫邦」，將下緬甸納入。1948年10月，緬甸政府設立「地區自治調查委員會」（Regional Autonomy Enquiry Commission）調查該一問題，並提出是否克倫-孟族邦應在廷那沙林設立的問題。然而，此時緬甸陷入內部動亂，各地出現反政府活動，「白旗共黨」從8月起在克倫尼邦進行叛亂活動，為了鎮壓各地的叛亂，緬甸政府需要仰賴軍中的克倫族單位。緬族和克倫族的緊張關係暫時緩和。但到了該年底和1949年初，軍中有不少克倫族軍人叛逃，緬甸政府派遣軍隊到廷那沙林和仰光追擊這些克倫族叛軍，北緬甸和中緬甸的共黨份子和「人民自願軍組織」（People's Volunteer Organization）的白牌派系支持克倫族叛軍，雖然「克倫民族聯盟」是反共的組織，[59] 結果引發更大規模克倫族的反抗運動，甚至主張成立獨立的克倫國。

1983年12月，一對法國夫婦在克倫邦遭「克倫民族聯盟」游擊隊綁架，後來被釋放。緬甸政府乃決定在1984年1月掃蕩靠近泰國邊境的道那（Dawna）山區的「克倫民族聯盟」游擊隊據點，該月底政府軍攻陷叛軍在馬塔瓦（Mae Tha Waw）的據點。[60]

---

59. "Jun 1949—The Karen Revolt," *Keesing's Contemporary Archives*, Volume VII, June, 1949 Burma, Burma, p.10041.

60. *Keesing's Record of World Events*, Volume 31, June, 1985 Burma, p.33663,

第八章　緬甸軍政府

第一節　尼溫政變

　　吳努重新掌權後，政局仍無法恢復穩定，各地叛亂活動頻繁，邊疆少數民族騷動不已。1961 年 6 月，在撣族首府東枝舉行各省少數民族會議，來自各地的 226 名代表決議支持聯邦主義，而只有來自克倫族、欽族和克欽族的 3 名領袖則加以反對。他們主張鬆散的聯邦，各少數民族邦和緬族占多數的邦權力平等，組成統一的緬甸，保證給予各族更大的自治權，防止仰光中央政府獨佔所有政治和經濟權力。[1] 新聞媒體反對會議的決議，「穩定派」認為聯邦主義將威脅國家的統一。撣族要求採用聯邦制（federation），而非單一制，否則將退出目前的聯盟（union）。吳努同意將與撣族討論以聯邦憲法取代目前的憲法，此一作法引起軍方的不滿。[2]

　　1962 年 2 月中旬，吳努與少數民族舉行會議。在吳努準備就該一問題發表演說的前一天，即在 3 月 2 日，仰光地區的進口商和零售商舉行反政府示威，因為政府計畫將只限於公民身分的人才可以擁有貿易權，抗議者大都是外僑。以尼溫[3] 將軍為首的軍方指控政府貪污、無效率，藉口為維護國家統一及阻止非緬族脫離聯邦，在該天清晨三點，軍方將欽族部長札呵里良（U Zahre Lian）帶到軍事總部，尼溫告訴他：「聯邦主義是不可能的，它將毀滅聯盟。」[4] 尼溫發動一次 1 人死亡的流血政變，軍隊出動坦克車，佔領政府大樓，成立 8 人組成的革命委員會及革命政府。革命政府逮捕總統、總理、5 名內閣部長、最高法院院長、30 名政治人物、來自撣邦和卡雅（Kayah）邦的土司們。

---

1. Martin Smith, *op.cit.*, p.195.

2. Michael W. Charney, *op.cit.*, p.101.

3. 尼溫具有華人血統，他原名為蘇茂（Shu Maung），在加入「三十志士」後改名為尼溫。對緬人而言，尼溫是華人的名字。革命委員會的許多委員也具有華人血統，例如翁吉准將（Brigadier Aung Gyi）、山友（San Yu）、陳于勝（Tan Yu Saing）和東基（Thaung Kyi）。尼溫結婚七次，其中兩位太太是英國化的女性。 Mya Maung, "The Burma Road from the Union of Burma to Myanmar," *Asian Survey*, Vol. 30, No. 6（Jun., 1990），pp. 602-624, at p.612, note 17, p.612.

4. Martin Smith, *op.cit.*, p.196.

3月3日，革命委員會廢止聯邦憲法，也終止了各邦之間和各族群之間的法律協議，廢止克欽、撣、克倫、卡雅等邦委員會以及欽族特別區（Chin Special Division），緬國變成侵略者，而非其他邦的夥伴。因此，就法律和憲法意義言，緬甸聯邦已不存在了。3月5日，緬甸的行政、立法和司法都置於革命委員會主席的手裡。尼溫政府並將各種經濟企業收歸國營，學校和文化組織亦由政府直接管理。軍政府宣布在一年後禁止賽馬，選美、音樂和舞蹈競賽亦被禁止，撣邦禁止賭博。當時占據經濟主力的印度人和華人在此一國有化政策下，無法在緬甸生存，因此約有30萬印度人和10萬華人離開緬甸。[5]

圖 8-1：尼溫
資料來源：http://baike.soso.com/v41641066.htm 2014年2月23日瀏覽。

3月8日，貿易部長翁吉（Brigadier Aung Gyi，軍變團第二號人物）宣布國有化進口貿

圖 8-2：老年的尼溫
資料來源：http://baike.soso.com/v41641066.htm 2014年2月23日瀏覽。

易之計畫將延後兩年實施。4月30日，革命委員會宣布「緬甸社會主義道路」（The Burmese Way to Socialism）新政策，將以緬甸方式進行社會主義的政策，目標在建立一個社會主義國家，消滅人剝削人的經濟制度。新的社會主義經濟應基於普遍參與及所有制、經濟計畫，以謀求人民之幸福。國家、合作社和集體聯盟應擁有所有生產工具。新經濟體系應縮小所得差距，促進國家的團結。革命委員會領袖與各政黨領袖曾舉行會談，希望他們能組成一個政黨，然後由軍方領導，但不為各黨領袖所接

---

5. Aung Lwin Oo, "Aliens in a bind," *The Irrawaddy*, Vol.12, No.7, July 2004.（http://www2.irrawaddy.org/article.php?art_id=3795&page=2. 2014年11月18日瀏覽。）

受。5 月 14 日，政府解散仰光大學和曼德勒大學委員會，由政府直接控制各個大學。在校園內實施宵禁，17 日，仰光大學學生聯盟舉行反政府示威，軍隊開入校園，爆發衝突，約有 100 名學生被殺。由於軍隊破壞大學校舍，仰光大學關閉，四個月後才重新開放。[6]

　　5 月 17 日，解散「佛教組織理事會」（Buddha Sasana Council）。6 月，禁止美國福特基金會（American Ford Foundation）、亞洲基金會（Asia Foundation）和傅爾布來特（Fulbright）計畫，以及英國和美國的語言訓練計畫。此後只有緬甸政府或經緬甸政府許可的國際機構才允許訓練緬人。7 月 4 日，宣布成立「緬甸社會主義計畫黨」（Burmese Socialist Program Party）。該黨的意識形態是融合馬克斯主義、佛教和人道主義的思想。[7] 8 月 1 日，軍政府將「帝國化學工業公司」（Imperial Chemical Industries）收歸國有。政府設立出版局，控制所有出版。11 月，軍政府召開「全國文藝會議」（National Literary Conference），強調緬甸文化不受外來文化影響，由國家來主導文化發展。軍政府廢止了不將外國投資徵收之十年保證。但 1963 年 2 月 8 日，翁吉辭職，以後軍政府採取更為激進的政治和經濟政策。一週後，軍政府宣布國有化外國和本國商業、銀行和製造業。在 1962 年時只有 17% 的土地是經村土地委員會同意授權農民耕種，其他的 83% 的土地是地主或定耕農民（sitting farmers）等私人地主所有。1963 年公布租佃法（Tenancy Act），目的即在改正該一情況，該法規定地主不再有權決定誰是其佃農，而是由村土地委員會來決定。佃農不能支付租金，而是生產物，且繳交地租有最高額限制。政府同時公布農民權利保護法（Peasants' Rights Protection Act），債權人不可攫奪農民的土地或資產，亦不可透過民事法庭對未能支付地租的佃農施予懲罰。1965 年修改租佃法，規定繳交租金是非法的。銷售、出租或收取土地租金是禁止的，國家透過村土地委員會成為唯一的土地利用的仲裁人。初期時，每

6. Michael W. Charney, *op.cit.*, pp.115-116. .

7. Arthur S. Banks and William Overstreet(ed.), *Political Handbook of the World: 1981*, McGraw-Hill Book Company, New York, 1981, p.102.

個農民每年應繳交穀物數額是由地方的「行政安全委員會」（Security and Administration Committee）決定，它是根據中央計畫者預定的配額來計算。1974年後，該工作則交由「人民委員會」（People's Council）負責。1976年，又改為土地登記局負責。[8]

革命委員會亦下令停止由國家支持佛教。由政府合資的企業亦接獲命令，不得出資重建在勃固的瑪哈澤迪（Mahazedi）寺廟。4月，和尚進行抗議活動，有 92 名和尚遭逮捕，和尚們批評政府是反宗教的，與共黨無異。5 月，解散「佛教組織理事會」。1964 年，所有宗教組織向當地的「行政安全委員會」登記，禁止其參加政治活動。但在 5 月，一位和尚以死抗議，政府才收回此一命令。1965 年，軍政府再度想將僧侶納入控制之下，但因為僧侶內部派系主義紛亂以及反對和尚必須登記及攜帶文件，而使該項計畫失敗。[9]

革命委員會也限制外國傳道所，將外國基督教教會經營的學校和醫院予以國有化。它是以基於經濟政策和平等教育體系之理由而限制外國人辦的學校和醫院。1950 年，由中央控制教育政策，各級學校仰賴政府補助。教育政策承認宗教教義。

然而軍政府仍維持宗教信仰自由。歷史悠久的傳道所可以存在，但與外國的聯繫，則受到限制。1965 年後，和尚已很少參加政治活動。1974 年，因為曾任第三任聯合國祕書長（1961—1971）的吳譚（U Thant）出殯，和尚再度上街頭示威。

1963 年 8 月初，革命委員會大肆逮捕文人領袖和其他公眾人物，理由是他們充當叛軍要求和談的使者和送信者。10 月，逮捕反對革命委員會和其社會主義政策主張的「反法西斯人民自由聯盟」的領袖。1964 年 3 月28 日，所有其他政黨和組織，包括工會，都被禁止活動。沒收各政黨的財產，繼續為政黨工作者，將被判處五年徒刑。7 月，終止地方政府體系，另在各地方建立安全和行政委員會（Security and Administration Committees,

---

8. Robert H. Taylor, *op.cit.*, pp.350-351.

9. Robert H. Taylor, *op.cit.*, p.357.

SACs），派遣軍人出任主管。[10] 1965 年 4 月，緬甸政府頒布「私立學校國有化條例」，所有華文學校都被緬甸政府收歸國有，禁止學習華文。華文招牌亦被取下。從 1964 到 1966 年之間，「緬甸社會主義計畫黨」積極擴增黨員和組織，並訓練工農幹部、組織工人協會和農民協會。惟該黨主要成員還是軍人占多數，據統計，1971 年，黨中央委員會 150 人中，有 127 人是軍人或退役軍人，中央委員會的 11 名執行委員中，只有一人是文人，其餘皆是軍人；1977 年，共有 181,617 名黨員和 885,460 名候補黨員，其中有 60% 是軍人、警察或退休的軍警人員。[11]

緬甸革命委員會也控制新聞媒體，1963 年 10 月 1 日出版親政府的緬文的**勞動人民報**（*Loktha Pyithu Nezin, Working People's Daily*），1964 年 1 月 12 日出版英文版。阻止緬甸報紙獲取外國新聞，亦防止外國媒體獲取緬甸新聞。在 1963 年 7 月 26 日，成立緬甸新聞社（News Agency Burma），控制媒體新聞的分發和內容。革命委員會也透過對新聞媒體的打壓，例如逮捕主編、社長，甚至予以關閉等手段控制媒體。至 1966 年 12 月，大部分民辦報紙大都被封閉，剩下的華文和印度文報紙亦因無法取得出版准證而停刊。1969 年 3 月 14 日，13 家緬人擁有的報紙，亦被國有化。至該年底，政府將**漢沙瓦底日報**（*Hanthawaddy Daily*）和**緬甸阿林報**（*Myanma Alin Daily*）皆被國有化。[12]

1966 年 9 月 8—10 日，緬甸革命委員會主席尼溫應邀訪美，美國國務卿魯斯克（Dean Rusk）在給詹森（Lyndon Baines Johnson）總統的報告中說，美國支持緬甸的獨立及中立不結盟政策。在此之前尼溫曾訪問美國五次，當時不是以國家領導人身分訪美。上次是在 1960 年以武裝部隊參謀長身分訪美。此次尼溫之訪美，目的在尋求美國支持其中立不結盟政策，在稍早前他也訪問中國和蘇聯。[13]

---

10. Michael W. Charney, *op.cit.*, pp.110-111.

11. David I. Steinberg, "Burma: Ne Win After Two Decades," *Current History*, Vol.79, No.461, December 1980, pp.180-184.

12. Michael W. Charney, *op.cit.*, pp.111-112.

13. "101. Memorandum From Secretary of State Rusk to President Johnson," *Foreign Relations*

　　緬甸白旗共黨是親北京的，從 1960 年代以來一直在緬甸中部活動，在 1967 年春夏之間，緬甸遭逢糧食不足，共黨及其他少數民族叛軍趁機活躍，進行伏擊和破壞火車，該年 5 月 17 日，共黨佔領仰光以北 100 英里的吉約賓高克（Gyobingauk）鎮兩個小時，緬甸政府開始清剿共黨，燒毀該鎮及其他建築物。1968 年 9 月 24 日，共黨領袖唐東（Thakin Than Tun）遭其同夥暗殺身亡。[14]

　　1967 年 6 月 26 日，緬甸發生排華事件。在仰光地區有支持中國的紅派和支持台灣的白派不同政治立場的華人學生爆發衝突，他們受到當時中國正在進行的文化大革命之衝擊。紅派學生配戴「毛主席」的胸章，白派學生感到不快，兩派人馬爆發衝突，有 2,000 名示威群眾拆下中國駐仰光大使館的招牌。隔天，中國教師聯盟大樓遭焚燬。28 日，暴民再度攻擊中國大使館，中國援助緬甸專家劉毅被殺害，另一名官員受傷。中國群眾亦在緬甸駐北京大使館前示威，並焚燒尼溫芻像。激進的紅派份子在廣播系統中批評尼溫將軍的施政，緬甸政府遂將矛頭轉向華人，逮捕激進華人，有大批華人逃離緬甸或逃往山區躲藏。中國協助緬甸共產黨成立諾森（Naw Seng）的東北司令部（North-East Command），在 1968 年 1 月 1 日在撣邦活動。中國在沿著邊界設立儲藏軍火的倉庫，「克欽獨立組織」（Kachin Independence Organization, KIO）的代表邵都（Zau Tu）和布藍森（Brang Seng）前往中國訪問，周恩來和林彪遊說他們和緬共合作，並未成功。[15] 排華事件結束後，緬甸換發身分證，華人只能拿到綠色的居民證，在就業、購買不動產、外出等諸多領域均受到限制。此後，緬甸政府不准華人社團組織集會，直到 1980 年代才稍微放寬，惟需向政府申請批准後才能進行。

　　前總理吳努在 1966 年 10 月從獄中釋放，巴瑞和郭年在 1967 年 8 月也獲釋。他們都簽下保證不再涉足政治、也不再動員其政黨之切結書。尼

of the United States, 1964–1968, Volume XXVII, Mainland Southeast Asia; Regional Affairs, Document 101,pp.240-247.（http://history.state.gov/historicaldocuments/frus1964-68v27/d101 2014 年 3 月 24 日瀏覽。）

14. Keesing's Contemporary Archives, Volume 15, May, 1969 Burma, p.23332.

15. Martin Smith, op.cit., pp.226-227.

溫在 1968 年 12 月成立 33 人組成的內部團結顧問委員會（Internal Unity Advisory Board, IUAB），目的在促進國家團結。吳努也是其中一個成員。但吳努在 1969 年 4 月離開緬甸前往曼谷，8 月組織議會民主黨（Parliament Democracy Party）。從 1972 年到 1978 年，議會民主黨在緬、泰邊境從事反緬甸游擊活動。尼溫在 1980 年頒布大赦，吳努等議會民主黨人才返回緬甸。

　　1971 年，緬甸社會主義計畫黨召開第一屆大會，決議轉型為一般政黨，該黨祕書長山友（San Yu）宣布將起草新憲法，成立文人政府。隨後山友成為 97 人組成的新憲法起草委員會主席。該委員會分十五組到全緬各地舉行會議，有總數 105,000 人參加，有 5,000 人提出問題。緬甸社會主義計畫黨中央委員會在 1972 年 4 月 22 日公布憲法草案，經兩次修訂，於 1973 年 12 月 15 日到 31 日，交緬甸公民複決投票，合格選民有 14,760,036 人，有 95% 前往投票，獲 90.19% 贊成通過，於 1974 年 1 月 3 日由尼溫以緬甸聯邦革命委員會主席名義正式頒布實施。新憲法將「緬甸聯邦」改名為「緬甸聯邦社會主義共和國」（Socialist Republic of the Union of Burma），並規定走社會主義民主之路線，而且只有緬甸社會主義計畫黨是完成該一目標的唯一合法政黨。政府組織是倣效蘇聯一黨專政集體領導的體制。由全國各族邦區、各行政區的人民選出 475 名代表組成一院制的國民議會，成為全國最高立法及政權機關，任期四年。3 月 2 日，國民議會就議員中選出 28 人，加上內閣總理 1 人，共 29 人組成「國務委員會」（Council of State）。國務委員會委員選舉尼溫為國家總統。國務委員會為最高治權機關，其下分設：部長委員會（即內閣）、大法官委員會、檢察官委員會、監察委員會。其人選均由國務委員會就國民議會議員中提名候選人，交國民議會票決。[16] 盛溫（Brigadier General Sein Win）出任總理。

　　該部憲法強調各邦沒有行政和政治主權或自治權，所以名為聯邦，實則是中央集權體制。

　　美國在 1974 年以「國際控制麻醉藥品計畫」（Program of International

---

16. 魯居士撰，「緬甸新憲法與新政府」，**中央日報**（台北），1974 年 3 月 30 日。

Narcotics Control, INC）為名，對緬甸提供軍事訓練和飛機、直昇機。緬甸
政府利用該項援助用以打擊少數民族叛軍，因為他們控制鴉片的生產。美
國在 1980 年又以「美國援助計畫」（The American AID program）對緬甸
提供經援。尼溫的反共立場，使其獲得美國的援助。他的政黨採取類似中
國和蘇聯的模式以及抨擊資本主義，亦贏得中國和蘇聯的支持。[17] 由國際貨
幣基金組織（International Monetary Fund）和世界銀行（World Bank）為首
的西方國家組成「緬甸援助團」（Burma Aid Group），在 1970 年代末和
1980 年代初對緬甸提供大量經援，但並無法挽救緬甸的經濟，畢竟軍事統
治欠缺靈活的經濟治理能力，使得大量外援失效。

　　1974 年 5 月，工人因為抗議物價上漲、糧食不足、官員貪污而在仰光、
曼德勒、照克（Chauk）、美克替拉（Meiktila）、延南揚（Yenangyang）
進行示威抗議。6 月初，鐵路工人在英森（Insein）罷工，鄰近的工廠和
商店也罷工。6 月 6 日，軍隊開槍驅離在塔曼恩（Thamaing）紡織廠和辛
馬雷克（Sinmaleik）船塢示威的群眾，死 22 人、傷 60 人。另有報導約有
300 人死亡。[18]

　　緬甸的世界名人曾任聯合國祕書長吳譚（U Thant）在 1974 年底去世，
學生和和尚準備將他葬在 1962 年遭軍方炸毀的學生聯盟所在地的建築物遺
址，但尼溫下令軍隊包圍仰光大學校園，將吳譚的棺木遷葬到大金塔佛寺
附近的墓地。此舉引發街頭暴動，學生和軍警發生衝突，政府宣布戒嚴，
關閉大學，有 16 人被殺，數百人受傷，4,500 人遭逮捕。[19]

　　1976 年 7 月，3 名上尉和 11 名軍官涉嫌暗殺尼溫、山友和情報首長丁
吳（Tin Oo）而被逮捕。1977 年 2 月，緬甸社會主義計畫黨提早八個月舉
行第三次黨大會，會上嚴厲批評總理盛溫和副總理吳倫（U Lwin）國家經
濟計畫和政策之錯誤。會上要新選出 16 名中央委員會委員，盛溫和吳倫都
不在名單內。尼溫也因經濟情況不好而受到批評。在選舉黨主席時，尼溫

---

17. Mya Maung, "The Burma Road from the Union of Burma to Myanmar," p.614.

18. Martin Smith, *op.cit.*, p.269.

19. Martin Smith, *op.cit.*, p.269.

之得票數落居第三名，山友票數多過尼溫，但遲未公布結果。軍隊包圍黨總部，擄獲據稱與蘇聯情報機構有關的中央委員會委員的文件。尼溫迅即解散中央委員會，自任黨主席。[20] 3 月底，盛溫和吳倫辭去政府職務，由陸軍機械軍團的司令茂茂卡（U Maung Maung Kha）出任總理。

1978 年 1 月 15 日，舉行國會選舉，要選出 464 名議員，執政黨獲得大勝，尼溫續任總統 4 年。

1980 年 5 月，國家與僧侶的關係有了重大改變，在仰光舉行第一屆的「僧侶尋求宗教淨化、永存和傳播之所有儀式大會」（Congregation of the Sangha of All Orders for the Purification, Perpetuation and Propagation of Sasana）。在該次大會中採用了憲章和其他辦法將未能遵守佛教戒規（Vinaya）的和尚淘汰，令其還俗，該憲章和辦法是由資深和尚和政府訂下的，而由內政部和宗教事務局事先準備。對於違反戒規的和尚或寺廟，由城市內的「人民委員會」決定施予懲罰。[21] 1985 年中，舉行第二屆會議，顯示軍政府已能控制僧侶，僧侶組織成為國家控制之工具。軍政府沒有利用宗教作為國家意識形態之工具，反而利用世俗之社會主義作為國家發展之工具。此對於一個深具佛教傳統信仰的緬甸而言，是一個很特殊的情況，也許與其脫離王權統治之歷史背景有關聯。因為王權政治時代，佛教變成國教，若再度崇奉佛教，提升其地位至國家層級，將有難以擺脫神權政治之困境。

1982 年，緬甸人民議會公布第 4 號法令，稱為緬甸公民法，將公民分為公民、準入籍公民和客籍公民（guest citizens）三種等級。[22] 分別使用不同顏色的公民證，一般公民證是粉紅色，客籍公民證是藍色，準入籍公民就是歸化公民，其公民證是綠色。在緬甸國境內或在國外出生的以下諸人都屬於緬甸公民：

---

20. Mya Maung, "The Burma Road from the Union of Burma to Myanmar," p.606.

21. Robert H. Taylor, *op.cit.*, p.358.

22. 羅伯特譯，「緬甸公民法（1982 年人民議會第 4 號法令）」，緬華網，http://www.mhwmm.com/Ch/NewsView.asp? ID=1433　2016 年 1 月 24 日瀏覽。

（1）父母均為公民者。

（2）父母為公民與客籍公民者。

（3）父母為公民與準入籍公民者。

（4）父母均為客籍公民與父母係公民、客籍或準入籍公民之一所生的子女。

根據緬甸公民法第三章第 23 條之規定，「根據 1948 年緬甸聯邦公民法令申請公民證者，如果符合所規定的條件和資格，中央小組有權批准他為客籍公民。」客籍公民跟一般公民一樣，享有憲法規定的公民權益。客籍公民不能因與公民通婚，則可自然成為公民。（第 33 條）客籍公民跟一般公民不一樣之處是，他可能因為協助外敵、參與反政府組織、破壞國家主權和安全、以行動和言語不效忠國家、洩漏國家機密、因品德敗壞而被判最少一年徒刑或最少罰款緬幣 1,000 元等原因，而被剝奪客籍公民證。而一般公民是不可以剝奪其公民證的。

根據緬甸公民法第四章第 42 條之規定，「1948 年元月 4 日之前已在緬甸居住者，或該居民之子女，可以根據尚未申請之理由，以確鑒的證據，向中央小組申請成為準入籍公民。」第 43 條之規定，「此法生效之日開始，在國內、外出生的下列公民子女，允許申請領取準入籍公民證：

(1) 公民與外僑之子女。

(2) 客籍公民與準入籍公民之子女。

(3) 客籍公民與外僑之子女。

(4) 兩位父母都為準入籍公民之子女。

(5) 準入籍公民與外僑之子女。」

外僑若與公民或客籍公民或準入籍公民通婚者，如欲申請公民證，須具備下列條件：(1) 年滿十八歲；(2) 品行端正；(3) 精神正常；(4) 遵守一夫一妻家庭制；(5) 其合法配偶在緬甸境內連續居住滿三年。（第 45 條）

尼溫總統的任期應至 1982 年 3 月屆滿，但他因年齡（1910 年出生）及身體健康理由而在 1981 年 8 月 8 日舉行的第 4 屆緬甸社會主義計畫黨大會上宣布，他將在 10 月國民議會選舉過後辭去總統，但仍將繼續擔任黨主

席。10 月 4—18 日，舉行國民議會選舉，執政
黨提名的候選人全部當選。11 月 9 日，新的國
民議會召開會議，山友將軍被選為國務委員會主
席及聯邦總統。[23]

圖 8-3：山友總統
資料來源：http://en.wiki
pedia.org/wiki/San_Yu
2015 年 4 月 12 日瀏覽。

尼溫雖辭去總統，仍控制黨主席職務，在
1983 年 5—6 月，他整肅內部貪污官員，罷黜丁
吳，加以軟禁，指控他揮霍無度，為其兒子舉行
豪華婚禮及在國外度蜜月，為其太太到倫敦醫
病，花費不貲。丁吳被判兩個無期徒刑。丁吳的
保護人是內政與宗教事務部長波尼（Bo Ni），
亦因濫用私人基金到倫敦治病、購買奢侈品、買
通海關走私而被判無期徒刑及勞役。[24]

緬甸在 1983 年進行人口普查，全國約 5,000
萬人，其中少數民族約占 30%，華人約佔全部人口 3%，印度人約佔 2%。
華人和印度人並未具有充分緬甸公民權，他們僅持有外僑居民卡（Foreign
Resident Card, FRC），華人與緬人通婚，其子女即可取得緬籍。緬甸並
未簽署聯合國消除種族歧視國際公約（UN International Convention on the
Elimination of Racial Discrimination, or CERD），故仍有歧視少數民族，特
別是外來移民。1982 年緬甸軍政府公布公民法，規定申請公民權者需出示
其祖先在 1823 年以前居住緬甸的證明，該年剛好是英緬戰爭前一年。1982
年緬甸公民法規定公民的三種取得方式，分別是完全公民（指在 1823 年以
前在緬甸國內某一地區定居的克欽、克耶、克倫、欽、緬、孟、若開、撣
等族及其支族人民）、準（associate）公民（指根據 1948 年緬甸聯邦公民
法提出申請入籍者）和歸化公民（指 1948 年 1 月 4 日前到達緬甸居住者及

23. *Keesing's Contemporary Archives*, December 18, 1981, pp.31251-31252. 山友出生於 1915
年，1962 年尼溫當權時曾任革命委員會之一員及副參謀總長職。1963 年擔任財政部長。
1964 年擔任緬甸社會主義計畫黨總書記。1969 年擔任國家計畫部長。1972 年擔任副總
理兼國防部長和參謀長。1974 年擔任國務委員會祕書長。

24. Michael W. Charney, *op.cit.*, p.141.

其子女，尚未根據 1948 年緬甸聯邦公民法提出申請入籍者）。1989 年規定所有公民需取得公民安全卡，完全公民者取得粉紅色卡，藍色者為準公民，綠色者為歸化公民。而外僑居民則為白色卡。非公民禁止讀高等學府，譬如不能讀醫學院和技術學院。他們也不能擁有土地，前往居住地之外的地區需申請許可。他們可以擁有選舉權，但沒有被選舉權。2001 年底，移民與人口部發出一項命令，給予住在仰光和曼德勒的接受停火之各族群團體公民權。後來也發給瓦族和科康族（Kokang）公民權證。據稱有不少新近從中國來的新移民賄賂緬甸政府官員而取得公民權，而原先就居住在緬甸的被視為外僑的華人對此感到不滿。[25]

緬甸因為經濟惡化，通貨膨脹嚴重，國債增加到 28 億美元。在 1985 年 11 月初禁止 100 元和 50 元面額的鈔票流通，另印製 75 元、35 元和 25 元面額的鈔票。1987 年 9 月 5 日，緬甸政府在事先沒有公告之情況下突然宣布禁止 75 元、35 元和 25 元面額的鈔票流通，也沒有換鈔的辦法，另印製面額 45 元和 90 元的鈔票，[26] 而引起人民不滿，暴亂遂起，有 2 名學生喪生，政府下令各級學校停課 1 個半月。同時，緬甸社會主義計畫黨大會通過更開放的私人企業政策，允許人民自由買賣米、玉蜀黍、綠豆、棉豆及其他穀物。同時允許農民以一定比例的收成物繳稅，不必繳現金。政府也允許合作社和緬甸公民商人可以出口稻米。

1987 年 11 月，聯合國給予緬甸低度發展國家（Least Developed Country）之地位，使它可以獲得特別技術和發展援助，及低利貸款。1988 年 3 月，緬甸外債升高到 40 億美元，黑市米價高漲，遠超過政府規定的米價的 700%；其他商品之物價亦飛漲，例如食油、糖、魚、蝦等。國營店鋪的商品不足，菁英和民眾之間貧富懸殊，政府官員貪污和通貨膨脹的問題，引

---

25. Aung Lwin Oo, "Aliens in a bind," *The Irrawaddy*, Vol.12, No.7, July 2004.（http://www2. irrawaddy.org/article.php?art_id=3795. 2014 年 11 月 18 日瀏覽。）

26. Mya Maung, "The Burma Road from the Union of Burma to Myanmar," p.614. 據稱尼溫迷信九是幸運號碼，所以保留面額 45 元和 90 元的鈔票。45 的 4 和 5 加起來是 9。"Burma's 1988 protests," *BBC News*, September 25, 2007.（資料來源：http://news.bbc.co.uk/2/hi/asia-pacific/7012158.stm. 2014 年 4 月 26 日瀏覽。）

起民怨。3月13日,學生又在仰光理工學院外掀起抗議示威運動,與軍警發生衝突,一名學生被擊斃。4月,翁山蘇姬(Aung San Suu Kyi)因為母親生病,她從英國返回緬甸探視母病,而被捲入該一反政府之運動中。

6月,示威擴大,中南部城鎮也發生騷亂,工人、僧侶和其他團體加入學生示威運動。6月30日,緬甸政府解除仰光的宵禁,接著又解除勃固、卑謬和毛淡棉的宵禁,釋放被捕的數百名學生。7月中旬,東枝和卑謬又爆發學運。7月23日,社會主義計畫黨召開特別大會,有1,062名代表出席。黨祕書長艾科(U Aye Ko)承認政府的經濟政策錯誤,將採開放政策,鼓舞私人增加投資、允許私人擁有土地和農場機器。大會接受了尼溫辭去社會主義計畫黨主席職位,山友辭去黨副主席及緬甸總統職位,但沒有接受副總統盛倫(General Sein Lwin)將軍之辭職。26日,第十次黨中央委員會選舉強硬派的盛倫將軍繼任執政黨主席及緬甸總統。盛倫立即更換總理茂茂卡和人民檢察委員會主席民特茂(U Myint Maung),任命東丁(Tun Tin)為總理、邵茂(Saw Maung)為國防部長。

尼溫極為迷信,當其政權陷於困境時,竟然相信星象家的意見,他作了三件事引發大家關注,就是朝鏡中的自己開槍、以人血洗澡、與一名來自阿拉干的年輕女子結婚。這些奇怪的行為,彰顯尼溫具有威權主義人格。他在位期間亦經常以口頭和人身攻擊其太太、部屬、新聞記者、外交官、教師、學生,他好色、喜聽星象家的話、魔法儀式。這些行事風格都與佛教教義格格不入,亦可看出緬甸還殘餘萬物有靈論及迷信。[27]

8月5日,仰光地區宣布戒嚴,但示威運動持續不斷。8月8日,反政府示威運動擴散全國各地,和尚倒持鉢遊行,表示不接受軍人之施捨,一千多名示威者遭軍隊殺害。許多受害人的頭顱被砍下,然後以竹竿插住頭顱,在仰光市街上沿街豎立,景況恐怖,根本不像一個信仰佛教的國度所為。各級學校停止上課。示威群眾在街上設立障礙物,軍隊出動坦克車和機關槍在仰光城裡掃蕩群眾。盛倫在位僅十七天,8月11日即因無法平息人民之示

---

27. Mya Maung, "The Burma Road from the Union of Burma to Myanmar," pp.614-615.

威暴動而下台。8月19日，緬甸人民檢察委員會主席茂茂（Maung Maung）被國民議會推舉為總統及執政黨主席，是二十六年來首位文人領袖。在這場動亂中，政府宣布約100人死亡，非正式估計仰光市內有3,000人死亡。[28]

　　但抗議示威運動持續不斷，人民要求民主及開放選舉。前獨立運動領袖翁山的女兒翁山蘇姬剛好從英國返回緬甸照料其生病的母親，她於8月26日首度在大金塔佛寺前演講，吸引數千名群眾聚集，以後被緬甸人民擁護為反對黨的領導人。

　　為了平息示威群眾的不滿，茂茂在8月24日解除仰光和卑謬的戒嚴令。然而示威群眾對於茂茂還是不信任，要求他在9月7日以前下台，否則將發動更大的示威。在9月7日，茂茂沒有下台，數千群眾攜帶斧頭、刀子和彈弓開始掠奪市區工廠，軍隊抓到這些掠奪者後，有些活活被燒死、綁在樹上或電線桿上，或遭到砍頭。

　　9月10日，執政黨召開臨時大會，會中決議將舉行公民投票決定是否同意實行多黨制及舉行民主選舉。次日，國民議會決議將由年老者組成選舉委員會監督選舉，軍人保持中立，不能支持任何政黨。11日，國民議會通過在三個月內舉行多黨選舉。12日，成立5人組成的多黨民主選舉委員會。但反對派翁山蘇姬、丁吳（Tin Oo 或 Tin U）、翁吉反對此時舉行多黨選舉，因為反對黨缺乏資金，無法和長期控制政權、且有政府挹注資金的緬甸社會主義計畫黨抗衡；雖然說軍人要保持中立，但軍人已滲透各級政府機關，且多是緬甸社會主義計畫黨黨員，人民不相信政府的中立性。翁山蘇姬曾主張，政府要保持中立，唯一途徑就是將尼溫放逐國外。[29] 16日，政府宣布所有公務員需效忠國家，為實踐多黨體系，所有公務員、軍人不能參加政黨，包括緬甸社會主義計畫黨。當天有七千多群眾包圍國防部大樓，在翁吉勸解下，有部分人撤退。17日，示威群眾包圍仰光市政府、中央銀行。在貿易部大樓頂上的士兵嘲諷群眾，甚至開槍，被激怒的群眾衝入大樓，破壞大樓，捉到開槍的士兵，將之砍頭，群眾還燒了三部汽車。

---

28. Michael W. Charney, *op.cit.*, p.153.
29. Michael W. Charney, *op.cit.*, p.158.

18 日，尼溫的親密戰友國防部長邵茂和欽紐准將（Brigadier General Khin Nyunt）[30] 發動軍事政變，控制政府，成立 19 人組成的「建立國家法律和秩序組織」（Organization for Building Law and Order in the State)，禁止超過 5 人的集會，下令軍人和官員退出社會主義計畫黨，將社會主義計畫黨改名稱為國家統一黨（National Unity Party）。軍政府對示威群眾進行鎮壓，並以自動武器射殺平民，導致三千多人喪生，[31] 許多學生為了逃避軍警追捕，有的逃入緬北山區，有的逃入泰國境內，組織反對軍政府的團體。20 日，「建立國家法律和秩序組織」選舉邵茂為總理，組織新政府。26 日，正式定名政變團體為「恢復國家法律和秩序委員會」（State Law and Order Restoration Council, SLORC）），在各地方則成立「區域和地方恢復法律和秩序委員會」（Regional and Local Law and Order Restoration Councils, RLORCs），由軍官出任主席和副主席。邵茂宣稱將實現尼溫政府時期通過的多黨體系，所以在 10 月 26 日，制訂政黨登記法（Political Parties Registration Law），允許所有有意參選的政黨向選舉委員會登記。1989 年 2 月，日本基於過去跟緬甸的經貿關係及其擴大東亞經貿關係之政策，率先承認緬甸軍政府。截至 1989 年 2 月 28 日止，總共有 233 個政黨登記參選。

從 1962 年到 1988 年，緬甸每遇動亂就會關閉學校，總共關閉了十一次之多，每次數個月不等，最長者是 1974—1976 年達三年。1974 年 5—6 月，爆發工人罷工；8—9 月，發生嚴重水災，導致糧食減產；12 月，仰光大學學生因為吳譚事件而罷課，接著學生示威抗議不斷，軍警逮捕監禁和屠殺學生，最後關閉大學和中學。在 1988 年軍警鎮壓學生後，有一萬多名學

---

30. 欽紐於 1939 年 10 月生於仰光省，緬族。曾就讀於仰光大學，後到英國、以色列學習軍事情報專業知識。1983 年任國防部軍情局長，1997 年 11 月至 2003 年 8 月任「國家和平與發展委員會」祕書長。2002 年晉升上將，2003 年出任總理，兼任緬甸外交、教育、衛生、旅遊等多個委員會主席職務。（http://www.southcn.com/news/international/gjkd/200410200066.htm. 2014 年 4 月 15 日瀏覽。）

31. "Burma's 1988 protests," *BBC News*, September 25, 2007.（http://news.bbc.co.uk/2/hi/asia-pacific/7012158.stm 2014 年 4 月 26 日瀏覽。）

生越界逃入泰國境內，參加「緬甸民主聯盟」（Democratic Alliance of Burma）。他們也在克倫邦的當格溫（Down Gwin）設立「全緬學生民主陣線」（All Burma Students' Democratic Front, ABSDF）的總部，進行對軍政府的武裝鬥爭。在緬、泰邊界約有二十個反軍政府的游擊隊據點。緬甸政府和泰國政府合作，將泰境內的緬甸學生驅逐出境，據估計在1991年後，約有911—1,061名學生被驅逐出境，另外約有3,065名學生被軍政府逮捕。[32]

圖8-4：1988年8月8日動亂
資料來源："8888 uprising," http://en.wikipedia.org/wiki/88 88_Uprising. 2014年3月16日瀏覽。

面對緬甸此一變局，美國政府宣布從1988年9月23日開始，除了人道援助外，停止對緬甸各項經援。

10月4日，軍政府批准全國民主聯盟（National Democratic League）註冊成為二十六年來第一個合法的反對黨。該黨是由翁吉、丁吳和翁山蘇姬在1988年9月底組成，原先的黨名是「全國爭取民主聯盟」（National United Front for Democracy），隨後才改為全國民主聯盟。黨主席是翁吉，

---

32. Mya Maung, "The Burma Road to the Past," *Asian Survey*, Vol. 39, No. 2（Mar.—Apr., 1999），p.269.

副主席是丁吳，祕書長是翁山蘇姬。翁吉在緬甸社會主義計畫黨看守內閣時期，負責經濟發展，頗有成效。丁吳曾做過國防部長和武裝部隊最高司令，因涉嫌參與 1976 年政變而被判入獄。12 月初，翁吉批評極左派控制了全國民主聯盟以及貶抑翁山蘇姬在民主運動中的地位，而被免除黨主席職務，由丁吳接任。翁吉和其他十二名退黨者另組「聯盟全國民主黨」（Union National Democracy Party）。但後來翁吉仍自稱自己是全國民主聯盟主席，丁吳和翁山蘇姬的全國民主聯盟是非法的。[33]

1989 年 6 月 18 日，公布了表達調整法（Adaptation of Expressions Law），將國名「緬甸聯邦社會主義共和國」改為「緬甸聯邦」（Union of Myanmar）及首都仰光的英文名稱從 Rangoon 改為 Yangon。[34] 仰光意指終結戰鬥；將「國務委員會」改為「恢復國家法律和秩序委員會」；「國務委員會主席」改為「恢復國家法律和秩序委員會主席」；將 Burma 改為 Myanmar。Burma 跟英文的 Bama 一詞相同，指緬族（Burman），而 Myanma 一詞，才能涵蓋緬甸各種族，且緬語意指自主獨立。所以不用 Burman，而用 Bamar；不用 Burmese，而用 Myanma。後再將 Myanma 改為 Myanmar。[35] 軍政府也修改了國歌。緬甸政府同時廢止社會主義政策，開放市場經濟，私人企業開始出現，也逐步放寬外國觀光客旅遊限制。

7 月 20 日，全國民主聯盟領袖翁山蘇姬和丁吳遭到軟禁，罪名是危害國家及鼓動人民反軍隊。12 月 22 日，丁吳被判三年勞改。12 月 29 日，吳努及其同志被軟禁。唯一沒有被處分的反對黨領袖是翁吉，他讚美軍隊和「恢復國家法律和秩序委員會」之仁慈行為。[36] 以後全國民主聯盟黨員有數千人遭到逮捕。

---

33. Michael W. Charney, *op.cit.*, p.166.

34. 聯合日報（菲律賓），1989 年 6 月 20 日，頁 11。

35. Myanmar 一詞是來自梵文 Myanma-bama，意思是堅強、勇敢。參見南洋星洲聯合早報（新加坡），1995 年 10 月 15 日，星期副刊，頁 18。Michael W. Charney, *op.cit.*, p.171.

36. Mya Maung, "The Burma Road from the Union of Burma to Myanmar," p.619.

第二節　夭折的民主選舉

　　緬甸軍政府從 1989 年 8 月開始部署準備大選，對年滿十八歲者發給公民身分證。11 月，審查候選人的公民權，翁吉具有華人血統、翁山蘇姬嫁給英國人，都被剝奪候選人資格。全國民主聯盟的重要幹部則被逮捕，以削弱其影響力。1990 年 5 月 15 日，將所有外國人趕出緬甸，以免他們干預選舉。

　　1990 年 5 月 27 日，舉行國會選舉，有九十三個政黨、2,296 名候選人角逐 485 席，有 73% 的投票率，但選舉結果遲未公布。至 6 月 17 日，政府才公布已完成計票工作的 420 個選區的選舉結果（另有六十五個選區未完成計票工作），由翁山蘇姬[37]領導的全國民主聯盟獲 392 席。親軍方的國家統一黨，它以前稱為社會主義計畫黨，僅獲得 10 席。到 9 月份，陸續公布計完票的選區，全國民主聯盟獲 392 席。但翁山蘇姬自 1989 年 7 月即遭軟禁，前總理吳努也在 12 月遭軟禁，該黨主席丁吳也自 12 月被判刑七年勞改。這三位領袖都沒有參選。緬甸軍人政府以無法將政府交由「不可能把國家治理得好的全國民主聯盟」為理由，遲不交出政權。[38] 政府並開始逮捕反對黨份子，有不少人逃到克倫邦躲藏。翁山蘇姬的表弟盛溫博士（Dr. Sein Win）組織流亡的「緬甸聯邦全國聯合政府」（National Coalition Government of the Union of Burma, NCGUB）。[39]

---

37. 翁山蘇姬出生於 1945 年 6 月 19 日，為翁山之女兒。其母在 1960 年出任駐印度大使，她隨之前往印度。1964—67 年，在牛津大學（Oxford University）學習哲學、政治和經濟。1969—71 年，出任聯合國祕書處行政和預算問題顧問委員會的助理。1972 年，擔任布丹外交部研究官員，同年嫁給英國學者 Dr. Michael Aris，育有二子。1985-86 年，前往日本京都東南亞研究中心擔任訪問學者。1987 年，在印度的希姆拉（Simla）印度先進研究所（India Institute of Advanced Studies）擔任研究工作。1988 年 3 月，返回仰光探視母病，當時剛好發生學生示威運動，她參加支持民主運動。8 月 15 日，她建議組織人民協商委員會（People's Consultative Committee）。9 月 24 日，成立全國民主聯盟，她出任祕書長。12 月 27 日，她母親過世，出殯行列變成反政府和平示威。以後她在全緬各地發表演說。1989 年 7 月 20 日，軍政府依戒嚴法軟禁翁山蘇姬，沒有起訴和審訊。（http://en.wikipedia.org/wiki/Aung_San_Suu_Kyi 2014 年 4 月 15 日瀏覽。）
38. **南洋星洲聯合早報**（新加坡），1991 年 4 月 25 日，頁 11。
39. Mya Maung, "The Burma Road to the Past," p.271.

圖 8-5：翁山蘇姬
資料來源："Aung San Suu Kyi ,"
http://en.wikipedia.org/wiki/
Aung_San_Suu_Kyi 2014 年 2
月 22 日瀏覽。

　　1990 年 12 月 18 日，當選國會議員
的全國民主聯盟成員逃至泰緬邊境的曼
納普勞（Manerplaw）避難。1991 年 4 月，
軍政府強迫全國民主聯盟在仰光的領袖
將丁吳和翁山蘇姬從其成員名單中除名。
「克倫民族聯盟」採取軍事武裝路線反對
軍政府。1992 年，「克倫民族聯盟」、「反
軍事獨裁全國團結委員會」（Anti-Military
Dictatorship National Solidarity Committee,
ADNSC）、「全緬學生民主陣線」、全
國民主聯盟等在曼納普勞建立總部據點，
該地成為「緬甸聯邦全國聯合政府」的首
都。這些反對團體並簽署同意未來組成
聯邦政府的「曼納普勞宣言」（Manerplaw
Declaration）。該流亡政府的總理是盛溫
博士。[40] 自 1993 年起，流亡政府遷到美國
華府，代表緬甸人民對美國進行遊說工作。

　　「帕龍國家解放黨」（Palaung State Liberation Party, PSLP）在 1991 年
4 月與「克倫民族聯盟」合作，對抗軍政府。在 1992—1993 年，多數「帕
龍國家解放黨」領袖決定向軍政府繳交武器，因此已取得合法政治組織的
地位。

　　1992 年 2 月，丹瑞將軍（General Than Shwe）[41] 取代邵茂，出任「恢復
國家法律和秩序委員會」主席，並擔任總理。9 月，解除戒嚴，釋放約 534

---

40. William Ashton, *op.cit.*

41. 丹瑞大將，「國家和平與發展委員會」主席、三軍總司令。1933 年 2 月出生於曼德勒省，
　　緬族。1953 年畢業於軍校，先後擔任一系列軍職。1988 年緬軍隊接管政權後，出任「恢
　　復國家法律與秩序委員會」委員。1989 年任三軍副總司令兼陸軍司令。1990 年晉升上將，
　　1992 年任國防部長，同年出任「恢委會」主席。1993 年晉升大將。1997 年改任「和發會」
　　主席、政府總理兼國防部長。2003 年 8 月 25 日辭去總理職務。（http://www.southcn.
　　com/news/international/gjkd/200410200066.htm 2014 年 4 月 15 日瀏覽。）

名政治犯，包括吳努和許多全國民主聯盟的黨員。同時也加入「不結盟運動」（Non-Aligned Movement），簽署日內瓦公約（Geneva Convention）有關公民待遇的四項條款，12 月主辦「可倫坡計畫」（Colombo Plan）會議。1993 年 1 月，由政府控制的國民大會（National Convention）召開會議，有 700 名代表出席，擬給予軍人在未來的國會中佔有 25% 的席次，在政治上仍居於領導地位。但該國民大會議事程序緩慢，到 1995 年 11 月因為全國民主聯盟指責該項會議不能代表民意而退出該會，使該會停開。

圖 8-6：丹瑞
資料來源：「丹瑞」，http://zh.wikipedia.org/wiki/%E4%B8%B9%E7%91%9E 2014 年 2 月 23 日瀏覽。

　　1995 年 7 月 10 日，翁山蘇姬、丁吳和基茂（U Kyi Maung）在沒有預料之情況下被釋放。東協認為翁山蘇姬之獲釋，是其推動之建設性交往（constructive engagement）政策之成功，歡迎緬甸簽署 1976 年東南亞友好合作條約（Treaty of Amity and Cooperation of Southeast Asia）。由於軍政府和翁山蘇姬無法就民主化問題進行對話，故翁山蘇姬在 11 月 28 日要求其黨員退出國民大會的會議。此後，軍政府只允許翁山蘇姬在其住處於週末時會見民眾，並發表演講。她也可以會見外國記者、外交官、聯合國官員，並召開全國民主聯盟的會議。

　　1996 年 4 月，丹麥、挪威、芬蘭和瑞士四國駐緬甸榮譽領事尼古爾斯（James Leander Nichols）因非法持有兩台影印機和一架電話總機，而被判決三年徒刑。據信他是因為與反對黨的翁山蘇姬關係密切，對全國民主聯盟提供金錢援助，而遭逮捕。6 月 22 日，他被關入獄中兩個月，因不明原

因去世。緬甸政府拒絕丹麥政府提出的驗屍要求。[42] 隨後歐洲聯盟、加拿大要求緬甸進行民主化。在此之前，歐盟對於緬甸並無整體的政策，個別國家有在 1990 年對緬甸採取武器禁運、1991 年終止國防合作。至 1996 年 10 月歐盟才跟隨美國之後有整體對緬甸的政策。

5 月 21 日，軍政府逮捕 40 名民運人士，並警告翁山蘇姬，若危及國家安全將以實際行動對付。軍政府的目的在阻止翁山蘇姬及全國民主聯盟的黨員在 26 日慶祝該黨贏得國會選舉六週年紀念活動。5 月 26—28 日，翁山蘇姬召開全國民主聯盟黨代會，宣布授權領導層起草新憲法草案。6 月 7 日，軍政府授權內政部封禁全國民主聯盟，並監禁其黨員 250 人。[43] 6 月 16 日，有 1 萬名緬甸商人在仰光集會，支持當局開放經濟政策，譴責反對黨給國家穩定帶來威脅。

9 月 29 日，軍政府禁止翁山蘇姬接見群眾，指這類集會會破壞治安及干擾經濟活動。10 月 3 日，緬甸政府釋放 163 名在上一週被捕的民運份子。

針對緬甸政府鎮壓反對黨份子，美國總統柯林頓（Bill Clinton）在 1996 年 10 月 3 日簽署一項命令，禁止那些制訂、執行緬甸反民主之政策並從中獲利者及其直系親屬、商業夥伴進入美國。他支持國會在 9 月提出的授權總統禁止對緬甸之投資，如果緬甸在肉體上傷害、再逮捕或放逐翁山蘇姬，或繼續鎮壓民主運動，那麼美國就可以採取制裁措施。[44] 緬甸在遭到國際經濟孤立之制裁後，為了避免重回到以前的「隱士國度」，以及求取經濟發展，在 1990 年代初期逐步開放旅遊限制，允許外國人觀光旅遊以及歡迎外商投資。它的主要外來投資國是新加坡、泰國、印度和中國。由於西方國家對緬甸亦採取武器禁運，所以它的武器供應來源主要是中國、北韓和俄羅斯。

10 月 28 日，歐洲聯盟通過加強制裁緬甸，禁止緬甸軍政府高層官員及

---

42. http://www.burmalibrary.org/reg.burma/archives/199606/msg00287.html 2014 年 4 月 5 日瀏覽。

43. 南洋星洲聯合早報（新加坡），1996 年 6 月 8 日，頁 29。

44. *Keesing's Record of World Events*, Volume 42, October, 1996 Burma, p.41324.

其眷屬、軍方和安全單位高層人員訪問歐盟國家、禁止高層官員訪問緬甸。
12 月 7 日，2,000 名來自仰光理工學院的學生舉行街頭示威，要求更大的自
由和權利。警方以水炮和警棍對付學生。另有 200 名仰光大學學生在校園
外示威，要求當局允許他們在校園內設立學生會，以及要求釋放他們聲稱
在另一次示威活動中被捕的 80 名學生。在軍警威嚇下，這些學生返回校園
內。[45] 隨後軍政府關閉大學和學院。對於軍政府鎮壓學生反對活動，聯合國
大會在 12 月 12 日通過決議草案，譴責緬甸政府鎮壓反對派。由瑞典起草
的這項聯大決議草案，在未經表決的情況下以協商方式獲得共識通過。這
項決議指責緬甸利用強迫勞動搞經濟、虐待囚犯、侮辱婦女，並在未經審
訊的情況下立即執行死刑。另外亦呼籲立即釋放政治犯，並與翁山蘇姬進
行實質對話。[46] 此後，軍政府以保護翁山蘇姬的安全為名，禁止她外出，對
她的行動進行監控。

　　12 月 18 日，歐盟決定取消對緬甸普遍優惠制度（Generalized System of
Preferences, GSP）下的貿易優惠，不准緬甸的產品以低關稅進入歐盟市場，
因為緬甸涉及強迫勞役之事。此項措施將實施到緬甸停止強迫勞役為止。[47]
歐盟並施壓東協，意圖將緬甸加入東協的時間延後，但引起反彈，印尼和馬
來西亞特別加以譴責，認為這是試圖左右亞洲事務的殖民地時代作風。

　　泰國外長巴蜀（Prachuab Chaiyasan）在 1997 年 1 月 18 日對結束越南
訪問順道過境曼谷的緬甸外長翁喬（Ohn Gyaw）表示，希望緬甸在加入東
協之前，盡量完成憲法起草工作，推動政治民主化。[48]

　　1997 年 3 月 15—16 日，曼德勒市的一名信奉佛教的年輕女子遭一名伊
斯蘭教商人強姦，佛教徒為了報復而襲擊清真寺，導致兩所清真寺遭破壞，
多人受傷。和尚亦舉行示威遊行。軍政府為防止暴亂擴大，宣布仰光、曼
德勒、實兌（Sittwe）、巴生和毛淡棉等五個伊斯蘭教徒聚集的城市進入戒

45. 南洋星洲聯合早報（新加坡），1996 年 12 月 9 日，頁 21。
46. 南洋星洲聯合早報（新加坡），1996 年 12 月 14 日，頁 31。
47. 南洋星洲聯合早報（新加坡），1996 年 12 月 19 日，頁 36。
48. 南洋星洲聯合早報（新加坡），1997 年 1 月 19 日，頁 26。

備狀態。3 月 22 日，在仰光的兩所清真寺遭到和尚攻擊，其中一所還被縱火燒毀。[49]

　　4 月 22 日，美國總統柯林頓根據 1996 年制訂的一項法律，批准了禁止美國公司向緬甸投資的制裁令。這項法令規定，如果緬甸的人權狀況越來越糟，那麼美國就可以採取這一措施。柯林頓在 1996 年 9 月簽署的有關緬甸的法律規定，如果已執政 9 年的緬甸軍人政府逮捕、迫害或流放反對黨領袖翁山蘇姬，或大規模鎮壓她的支持者，美國總統便有權取消美國在緬甸的新投資項目。美國國務院在 1997 年 1 月 30 日發表的緬甸人權報告中說，緬甸軍人獨裁政府在 1996 年裡，進一步加強鎮壓人權的作法。5 月 4 日，三萬多名支持軍政府的群眾在仰光示威，抗議美國在兩個星期前宣布對緬甸實行經濟制裁。該一群眾大會是由軍政府的外圍組織「統一團結與建設協會」所號召，他們批評美國恃強凌弱，干預緬甸內政。該一協會係在 1988 年成立，號稱有 600 萬名會員。5 月 20 日，美國總統柯林頓簽署第 13047 號行政命令「關於緬甸的國家緊急法令」（National Emergency with Respect to Burma），以緬甸軍政府採取嚴厲政策限制反對份子以及有大批毒品透過緬甸非法外流為理由，宣布對緬甸實施經濟制裁，其中包括禁止美國公民投資開發緬甸的石油及天然氣，並禁止美國人購買開發緬甸資源的公司股票或禁止協助希望在緬甸進行美國政府所禁止活動的非美國公民。[50] 自 1988 年緬甸軍人掌權後，美國即停止對緬甸的直接財政援助並阻撓很多國際援助，也拒發美國簽證給緬甸領袖。[51]

---

49. 南洋星洲聯合早報（新加坡），1997 年 3 月 20 日，頁 22；3 月 24 日，頁 1。

50. "Letter to Congressional Leaders reporting on the National Emergency with Respect to Burma, December 9, 1997," in William J. Clinton, *Public Papers of the Presidents of the United States: William J. Clinton, 1997*, Federal Register Division, National Archives and Records Service, General Services Administration, Best Books on, 1998, pp.1729-1730.（https://books.google.com.tw/books?id=XCXhAwAAQBAJ&pg=PA1729&lpg=PA1729&dq=National+Emergency+with+Respect+to+Burma+in+1997&source=bl&ots=kSCM7-9FEL&sig=rsWXOV20BzqLDRrI9FRFhHpwy7s&hl=zh-TW&sa=X&ved=0ahUKEwix6-WzoqHJAhUGupQKHSXXCXwQ6AEIRz AG#v=onepage&q=National%20Emergency%20with%20Respect%20to%20Burma%20in%201997&f=false 2015 年 11 月 27 日瀏覽。）

51. 聯合報（台北），1997 年 5 月 22 日，頁 10。

　　儘管緬甸遭到歐盟和美國的經濟制裁，東協不顧歐盟的警告，在 1997年 7 月 23 日舉行的東協外長會議上，同意讓緬甸和寮國加入東協。10 月6 日，歐盟外長以緬甸政局無法令人滿意為理由，決定把歐盟發簽證給緬甸高級官員的禁令再延長半年，並呼籲軍政府與翁山蘇姬進行具體的對話。歐盟對緬甸的制裁尚包括禁運武器、軍需品和軍事裝備給緬甸。但歐盟採取務實作法，不跟隨美國對緬甸進行經濟制裁的後塵，不禁止對緬甸的新投資。[52] 10 月 26 日，翁山蘇姬獲允許前往塔凱塔（Thakayta）從事政治活動。28 日，翁山蘇姬及其他領袖前往馬揚戈（Mayango）參加群眾集會，卻遭到軍警攔阻，封鎖道路，驅散群眾，逮捕全國民主聯盟 8 名領袖。11 月，警察在翁山蘇姬的住處設立圍籬，禁止舉行群眾集會，她再度形同被軟禁。

　　11 月 15 日，「恢復國家法律和秩序委員會」改名為「國家和平與發展委員會」（State Peace and Development Council, SPDC），人民仍沒有自由。許多非政府組織蒐集了軍政府壓迫人權的資料，包括：利用少年當兵、宗教迫害、強姦、強迫勞動、強制運輸、遷移少數民族等提出批評。

　　「國家和平與發展委員會」共由 19 名成員組成，其中 4 名將軍是以前擔任「恢復國家法律和秩序委員會」的委員，另外 15 人為新的將軍，他們包括海空軍總司令、軍區司令。同時也改組政府，內閣共有 39 名成員，另有 14 人組成的顧問委員會（Advisory Council）。緬甸人相信控制政府的 4名將軍，包括丹瑞、欽紐、貌埃（Maung Aye）[53]、丁吳（為「恢復國家法律與秩序委員會」第二祕書兼陸軍參謀長），都是沒有頭腦的人，都是老派軍人盛倫的傀儡。[54] 該委員會就是緬甸的政府，因為沒有政黨和國會，完

52. *The Straits Times*(Singapore), October 8, 1997, p.30.

53. 貌埃副大將，「國家和平與發展委員會」副主席、三軍副總司令兼陸軍司令。1937 年生於實階省，緬族。1955 年 6 月入伍並考入軍事學院。1988 年任國家「恢復國家法律與秩序委員會」委員、撣邦「恢委會」主席。1994 年晉升上將，出任「恢委會」副主席。1997 年改任現職，2002 年晉升副大將。（http://www.southcn.com/news/international/gjkd/200410200066.htm　2014 年 4 月 15 日瀏覽。）

54. *Chao-Tzang Yawnghwe*, "Burma's Military Politics," （http://www2.irrawaddy.org/article.php?art_id=946　2014 年 4 月 15 日瀏覽。）

全由該委員會以命令治國，委員中權力最大的三個人是主席丹瑞、武裝部隊首長貌埃將軍和情報首長欽紐。不過，顧問委員會在成立一個月即遭解散，原因不明。

1998 年 7 月底，翁山蘇姬不顧警察的監視，與其同志欲乘車前往仰光西南方 90 英里的巴生港，結果在距離巴生港 20 英里的安亞蘇（Anyarsu）村被警方攔下，在當地停留五天，被迫返回仰光。她仍被禁止舉行群眾集會以及發表演說。

緬甸各大學在 1996 年 12 月學運後被政府關閉，至 1998 年 8 月恢復上課。但學生對於課程安排不滿，因為才開學不久，就要在 9 月 7 日舉行考試。9 月 3 日，因為抗議政府處理考試時間安排不公平，數百名仰光市的大學生舉行反政府示威。對於此次學運，軍政府再度關閉大學。[55] 2000 年 7 月 24 日，軍政府重新開放大學，讓 6 萬名大學生復學。所有學生及其家長須簽署效忠政府的宣誓書，保證不從事政治活動。據估計尚有 290 萬名學生被排除在學校大門之外。[56]

在國際強大壓力下，緬甸軍政府在 2001 年初，承認正與翁山蘇姬進行祕密談判。2001 年 1 月初，緬甸軍政府「和平與發展委員會」第一祕書長欽紐將軍與翁山蘇姬進行祕密談判後宣布要同國內的各種政治力量「攜手合作」。另外，軍政府官員還造訪了全國民主聯盟總部，宣布了被監禁的全國民主聯盟支持者可以接受食品包裹和信件的消息。緬甸軍政府控制的媒體，例如，**鏡報**和**緬甸新光報**已經停止了對翁山蘇姬往日的惡毒攻擊。欽紐將軍表示，如果國際社會希望見到一個和平、現代以及民主國家的誕生，就必須解除對緬甸實施的制裁。

馬來西亞前駐聯合國大使拉沙里（Razali Ismail）在 2000 年 4 月 4 日被聯合國祕書長委任為聯合國特使，負責出面斡旋和安排緬甸軍政府與翁山蘇姬的祕密談判。而這位特使之所以被軍政府接受，主要是由於他同時

---

55. **台灣日報**，1998（民國 87）年 9 月 6 日，頁 13。
56. *Keesing's Record of World Events*, Vol.46, No.7/8, 2000, p.43677.

還是馬來西亞政府的特別顧問。而馬來西亞政府在促進緬甸政治民主進程中體現了對緬甸政治的理解。近年馬來西亞與緬甸維持經濟友好關係，拉沙里出面更能為緬甸所接受。至 2006 年，拉沙里前往緬甸進行十二次斡旋，其中最大的成就是翁山蘇姬在 2002 年 5 月 6 日被解除軟禁以及軍政府在 2003 年 8 月 30 日公布了其「政治路線圖」計畫。

　　2001 年，全國民主聯盟約有 200 名份子，包括全國民主聯盟領袖翁瑞（U Aung Shwe）和丁吳被釋放，還允許該黨在仰光開辦三十一個辦事處。2002 年 5 月 6 日，翁山蘇姬在經過十九個月軟禁後獲釋。然而尚有 1,200 名政治犯被監禁，自 2000 年 10 月以來已有 600 名政治犯被釋放。12 月 25 日，翁山蘇姬前往西北部的若開省，遭到警方阻止，並警告人民不要出席她的集會。

　　2002 年 3 月 7 日，尼溫的女婿艾照溫（Aye Zaw Win）和三個兒子在仰光唐人街的一家旅館被逮捕，而尼溫及其女兒珊達溫（Sandar Win）被軟禁在家，軍政府控告艾照溫陰謀推翻政府，珊達溫長期以來反對緬甸恢復文人統治，最近幾年其家庭與軍政府的關係愈來愈疏遠而感到不安。無疑地，尼溫家族試圖重建其在緬甸的權力和影響力。軍政府高層想利用逮捕尼溫家族成員作為排除軍中反對政治和經濟改革之高層官員的藉口。在逮捕珊達溫之前，許多資深官員和地方軍區司令已被革職。9 月中旬，83 名軍官和士兵被判處十五年徒刑。9 月底，艾照溫和 3 個兒子被軍政府判處死刑。雖然他們上訴，但最高法院在 12 月底維持原判。12 月初，尼溫在軟禁中去世。2003 年 8 月，艾照溫和三個兒子的上訴案還是失敗。

　　美國國務院發言人包潤石（Richard Boucher）於 2003 年 1 月 2 日發表聲明，支持緬甸政治對話。其聲明內容為：

　　「翁山蘇姬於 12 月 31 日在仰光舉行的新聞發布會上指出，她最近在前往緬甸若開省訪問期間遭遇到來自隸屬政府的組織的騷擾。這些組織騷擾反對派領導人的行為不利於緬甸政府已承諾的全國和解程

序。美國呼籲緬甸政府確保所有政治黨派在有安全保障的情況下向緬
甸人民表達他們的主張。我們還呼籲該政府與全國民主聯盟以及緬甸
少數民族社團的代表就憲法問題舉行真正的對話。緬甸須要政治變革。
正如翁山蘇姬 12 月 31 日所言，緬甸人民應該擁有一個更好的政府，
應該過更好的生活。應該竭盡全力使緬甸人民在 2003 年達到這兩方面
的目標。」[57]

美國第 108 屆國會於 2003 年 1 月 7 日在華府舉行第一次會期並提出
對緬甸制裁法案〔或稱 2003 年緬甸自由與民主法案（Burmese Freedom
and Democracy Act of 2003），國會第 2330 號〕，美國總統布希（George
W. Bush）在 2003 年 7 月 28 日簽署該法案（Public Law 108–61—July 28,
2003）。[58]

該法案之宗旨為制裁執政的緬甸軍事政府，為加強緬甸民主勢力及支
持和承認全國民主聯盟作為緬甸人民的合法代表以及為了其他目的而制訂
本法案。2003 年 5 月 30 日，在全緬持續支持全國民主聯盟之威脅下，「國
家和平與發展委員會」殘酷地攻擊全國民主聯盟之支持者，殺害和傷害無
數的平民以及逮捕民主人士翁山蘇姬和其他活動份子。美國批評緬甸「國
家和平與發展委員會」繼續過分地迫害緬甸平民的人權，使用強暴作為恐
嚇和凌虐婦女的手段，並強迫兒童當兵以對抗當地的種族團體。「國家和
平與發展委員會」在緬甸內部對少數民族進行種族清洗，包括對克倫族、
克倫尼族和撣族，此構成侵犯人權罪，直接導致超過 60 萬人在緬甸境內流
離失所，另有超過 13 萬人居住在泰緬邊境的難民營裡。又批評緬甸無法阻
止毒品製造、生產和運送，甚至給予販毒者和其他毒品生產者提供安全庇
護，甚至進行交易。

---

57. "Burma—Support for Dialogue," Press Statement, Richard Boucher, Spokesman, Washington,
DC, January 2, 2003.（http://2001-2009.state.gov/r/pa/prs/ps/2003/16292.htm 2014 年 4 月
15 日瀏覽。）

58. http://www.gpo.gov/fdsys/pkg/PLAW-108publ61/pdf/PLAW-108publ61.pdf 2014 年 4 月 15
日瀏覽。

　　根據上述的指控，美國決定禁止進口緬甸任何產品，包括政府或特定公司生產的商品；凍結緬甸政權在美國的資金或資產；指示每一個美國參與的合適的國際金融機構中美國的執行主管反對或投票反對該一機構貸款給緬甸或以金融或技術援助緬甸；禁止「國家和平與發展委員會」或「聯邦統一暨發展協會」（Union Solidarity and Development Association, USDA）的領導人的入境簽證；譴責緬甸政權及傳播該資訊；授權總統使用所有可用的資源協助緬甸民主活動份子，從事非暴力的反對軍政權，促進緬甸的自由、民主和人權。美國對緬甸之經濟制裁，得每年以一年為期加以更新，至多只能實施三年。日本雖在 2001 年恢復對緬甸提供官方發展援助，也跟隨美國的腳步重新加入了制裁緬甸的行列。

　　5 月 30 日，翁山蘇姬在緬北的克欽省演講，亦遭到政府的阻撓，警告當地人民不要歡迎她。她所到之處，造成大規模軍警和歡迎民眾之間的衝突，有 4 人死亡，數十人受傷，所以在 5 月 31 日她再度以保護管束（protective custody）之名被軟禁。全國民主聯盟的總部和各省的分部亦被關閉。6 月 1 日，軍政府關閉全緬大專院校，延至 7 月 1 日上課。事件發生後，包括聯合國、東協、美國、加拿大、日本和歐盟在內的國際社會紛紛發表聲明，要求緬甸政府立即釋放翁山蘇姬，並儘快同全國民主聯盟進行政治對話，以實現緬甸的民族和解。

　　為了緩解緬甸的政治危機，泰國首相塔信（Thaksin Shinawatra）在 6 月表示願意充當調解人，泰國政府也擬定了一份緬甸「民主路線圖」（Democratic Roadmap）計畫，其主要內容包括：緬甸政府釋放翁山蘇姬，同全國民主聯盟進行政治對話，起草憲法以及國際社會向緬甸提供援助，以改善緬甸的人權狀況和促進其經濟發展。

　　欽紐自 2003 年 8 月 25 日起任總理後，推行的「民主路線圖」計畫就受到不小的阻力，緬甸「國家和平與發展委員會」主席、國防部長兼三軍總司令丹瑞對此有不同的意見。

　　為了打破政治僵局和緩和國際壓力，緬甸政府於 8 月 30 日公布了其「政治路線圖」計畫。該計畫的七點步驟包括：(1) 恢復於 1993 年開始運

圖 8-7：欽紐
資料來源：「欽紐」，
http://www.baike.com
/wiki/%E9%92%A6
%E7%BA%BD 2014
年 2 月 24 日瀏覽。

行但於 1996 年休會的國民大會；(2) 國民大會復會後，將逐步執行必要程序，實現一個真正的和有紀律的民主國家；(3) 與會代表將根據國民大會制定的基本原則起草一部緬甸新憲法；(4) 憲法草案公布後，將由公民投票複決；(5) 根據通過的新憲法舉行自由和公正的選舉；(6) 召開民選的國會；(7) 由國會選舉國家領導人，組成新政府。[59] 但全國民主聯盟表示，1990 年的大選結果尚未兌現，故在任何情況下都不會接受一次新的大選。部分少數民族團體宣稱有條件支持國民大會，其條件包括執行停火協議、允許政治和非停火協議團體參加談判、釋放政治犯。至 2003 年底，有許多少數民族團體同意派遣代表，包括「克欽獨立組織」、「撣邦北部軍」（Shan State Army North）、「撣邦國家軍」、「新民主軍—克欽」（New Democratic Army – Kachin, NDA-K）、「卡揚新土地黨」（Kayan New Land Party）、「克倫尼邦國家人民解放陣線」（Karenni State Nationalities Peoples' Liberation Front, KNPLF）、「撣邦國家人民解放組織」（Shan State Nationalities Peoples' Liberation Organisation）。

　　9 月 23 日，東協輪值主席國印尼總統梅嘉娃蒂（Megawati Sukarno-putri）的緬甸問題特使、前外長阿拉塔斯（Ali Alatas），9 月 24 日泰國首相塔信的緬甸問題特使、外長素拉革（Surakiart Sathirathai）先後訪問了緬甸。就釋放翁山蘇姬一事交換意見。泰國、印尼和其他東南亞國協成員國一直在向緬甸施加壓力，要求緬甸釋放翁山蘇姬。

　　聯合國祕書長安南（Kofi Annan）在第 58 屆聯大的報告中也呼籲聯合國和國際社會攜手合作，促使緬甸在 2006 年實現民主過渡。

---

59. "Burma Today News,"（http://www.burmatoday.net/burmatoday2003/2004/02/040218_ khinmgwin.htm 2014 年 2 月 20 日瀏覽。）

在 2003 年 10 月 7—8 日東協高峰會議召開前夕，緬甸政府提出了解決政治危機、實現民族和解的「民主路線圖」計畫，並將反對黨全國民主聯盟祕書長翁山蘇姬從監禁改為軟禁。緬甸政局出現的這些積極變化是與東協國家領袖積極調解密不可分的。在美國布希總統之壓力下，東協要求緬甸釋放翁山蘇姬，否則不會讓緬甸主持東協年度會議。

11 月，「克倫民族聯盟」同意與軍政府進行談判，儘管該年發生一連串的衝突。「國家和平與發展委員會」同意無條件的談判，在 12 月 3—8 日，「克倫民族聯盟」的代表與總理欽紐會談，討論其七點「民主路線圖」。結果，雙方達成口頭停火協議，從 2003 年 12 月 10 日起生效。由於「克倫民族聯盟」從事爭取獨立戰爭超過五十年，此次談判達成協議被視為是軍政府與「克倫民族聯盟」關係改善的里程碑。但該年底，政府軍進攻克倫族團體，甚至攻擊平民，嚴重破壞停火協議，顯然雙方仍存在著不信任。2004 年 1 月 16—22 日，「克倫民族聯盟」的副主席波苗（Bo Mya）將軍與政府軍在仰光進行和談，波苗要求釋放翁山蘇姬和其他被捕之反對人士，同時要求恢復民主。

軍政府在 12 月表示，將邀請全國民主聯盟參加在 2004 年召開的國民大會（National Convention，制憲會議）。軍政府根據其上述的聲明，於 2004 年 5 月 17 日在庸那拼（Nyaung Hna Pin）鎮召開國民大會，有 1,076 名代表參加，其中有許多是政府支持的「聯邦統一暨發展協會」的成員，會議程序由軍政府控制，其他少數民族的代表難以自由發言。[60] 軍政府拒絕釋放翁山蘇姬和全國民主聯盟的高層領袖和重開放全國民主聯盟的辦公處。結果，全國民主聯盟、「撣邦民主聯盟」（Shan Nationalities League for Democracy, SNLD）和參加「全國統一聯盟」（United Nationalities Alliance, UNA）的各黨，決定不參加國民大會，此舉使得國民大會失去其合法性，亦使改革蒙上一層陰影。

2004 年 10 月 19 日，緬甸總理欽紐上將以健康、抗命、貪污等原因

---

60. *Keesing's Record of World Events*, Vol.50, No.5, 2004, p.46009.

被突然撤換，[61] 他在曼德勒機場遭逮捕，解送仰光軟禁。[62]「緬甸和平與發展委員會」任命「和發會」第一祕書長蘇溫中將（Lieutenant General Soe Win）為新總理。[63] 欽紐可能因推行「民主路線圖」計畫，而與緬甸「國家和平與發展委員會」主席、國防部長兼三軍總司令丹瑞發生歧見。亦有報導稱欽紐因為貪污腐敗問題被解職及軟禁。欽紐被視為溫和派。另尚有百多位軍事情報官員因涉嫌貪污而被逮捕，有 2,000 名資深軍事情報官員則遭調查。其中部分被調查者已允許退休，有些則逃難到中、泰邊境躲藏。[64] 2005 年 7 月 22 日，緬甸前總理欽紐由於八項行賄和貪污的罪名成立，被永盛監獄法庭判處四十四年徒刑，刑期暫緩執行。法庭也判處欽紐的其中兩個兒子索奈烏和耶奈文長期監禁，刑期分別為六十八年和五十一年。他們的罪名為違反進出口貿易法律、私佔公家財產、行賄與貪污。他們將入監獄內服刑。欽紐的妻子亦同樣遭到起訴。欽紐被迫下台後，他主導的軍事情報單位也隨之瓦解。與欽紐關係密切的大約 300 人遭到提控，其中四十多人已經定罪，他們的罪名多為經濟犯罪。[65]

2004 年 11 月 20 日，緬甸軍政府釋放第二號政治犯明柯南，他在監獄中度過十六年歲月。另外亦將釋放 4,000 名囚犯。[66]

在各界期盼下，2005 年 2 月 17 日，有 1,074 名國民大會代表終於在庸那拼集會，討論起草新憲法，全國民主聯盟因為反對政府未能釋放翁山蘇姬而杯葛該次會議。「撣族民族民主聯盟」（Shan National League

61. *Keesing's Record of World Events*, Vol.50, No.10, 2004, p.46257. 欽鈕被控告從泰國和中國走私進口 3 萬輛高級汽車，規避登記法和關稅。Michael W. Charney, *op.cit*., p.181.

62. Larry Jagan, "Burma's Military: Purges and Coups Prevent Progress Towards Democracy," in Trevor Wilson(ed.), *Myanmar's Long Road to National Reconciliation*, Institute of Southeast Asian Studies, Singapore, 2006, pp.29-37, at p.29.

63. 2005 Burma Report by Human Rights Watch.（http://www.burmalibrary.org/docs09/ WorldReport2005-burma.pdf 2014 年 4 月 15 日瀏覽。）

64. Larry Jagan, "POLITICS: Hardliners Could Isolate Burma Further,"（http://www.ipsnews. net/2004/11/politics-hardliners-could-isolate-burma-further/ 2014 年 4 月 15 日瀏覽。）

65. **南洋星洲聯合早報**（新加坡），2005 年 7 月 23 日。

66. **聯合報**（台北），2004 年 11 月 21 日，頁 A14。

for Democracy, SNLD）和「撣族國家國民軍」（Shan State National Army, SSNA）也杯葛該項會議。該項會議曾在 2004 年 5 月召開，7 月即告停會。[67]

　　2005 年 3 月，在緬甸孟邦（Mon State），地方政府當局下令禁止和尚參與政治。3 月 27 日，緬甸「國家和平與發展委員會」主席兼三軍總司令丹瑞大將敦促軍隊與民眾為建設一個和平、現代、發達和有紀律的民主國家而攜手努力，繼續推進「民主路線圖」計畫直至取得完全成功。

　　緬甸新聞部長覺山准將在 11 月 7 日宣布，緬甸軍政府將把首都從仰光遷到中部彬馬那（Pyinmana）郊外的內比都（Naypydaw）。該地距離仰光 300 公里。關於遷都有各種的說法，歸納如下：一是仰光就位在海邊，外敵很容易從海上攻擊仰光。二是據稱丹瑞相當迷信，他相信星象家的說法，說仰光將迅即崩潰。從 1988 年以來社會動亂不已，仰光人口多，控管不易，最好搬遷首都。若能搬到彬馬那，它剛好位在緬甸的中央地帶，可居中策應周邊地帶。[68]三是筆者認為歷史文化因素是這次遷都的重要考慮。回顧歷史，緬族除了蒲甘王朝的首都經常固定在蒲甘外，其他王朝的首都都是位在緬甸中部地區，而且經常搬遷，諸如阿瓦王朝、勃固王朝、貢榜王朝等都是例子。南部在歷史上屬於孟族的勢力範圍，仰光是孟族建立的城市，英國人入侵緬甸後，以仰光為首府。此對於緬族之民族主義而言，是不能接受和適應的，因此將首都遷移到緬甸中部，有其懷鄉的歷史感，以及居中控制四周少數民族之作用，故這次搬遷首都是承襲以前的文化傳統。

東協調整對緬甸立場

　　緬甸軍政府由於持續軟禁反對黨領袖翁山蘇姬，同時持續打擊反對黨人，因此當緬甸依輪值將在 2006 年接任東協主席國時，遭歐盟與美國抵制，最後在東協的協調下，緬甸自動放棄接任主席國的權利。

　　東協於 2005 年底在吉隆坡召開高峰會時，決定讓馬來西亞外交部長賽

---

67. *Keesing's Contemporary Archives*, Volume 51, February, 2005 Burma, p.46471.

68. Michael W. Charney, *op.cit.*, p.195.

圖 8-8：新首都內比都
資料來源：「內比都」，http://baike.baidu.com/albums/474980/474980/1/3017952.html#
　3017952$　2014 年 4 月 25 日瀏覽。

哈密（Syed Hamid Albar）以東協特使身分赴緬甸了解民主與人權狀況。3
月 23 日，賽哈密前往緬甸，24 日突然提前結束行程返回馬來西亞，他僅會
見緬甸總理蘇溫（Soe Win）和外長那溫（U Nyan Win），未能如願見到「國
家和平與發展委員會」主席丹瑞和遭軍政府軟禁的反對黨領袖翁山蘇姬。4
月 19 日，在印尼巴里島舉行東協外長會議。賽哈密對緬甸軍政府未能推動
民主改革表達不滿，並指緬甸軍政府把東協「扣為人質」，妨礙東協的進
展，也使東協蒙羞。

　　一些東協國家基於東協傳統的「互不干涉內政」政策，希望給予緬甸
更多空間，解決內部問題，以達成全國協商。對於這種看法，新加坡外交
部長楊榮文指出，其他會員國認為這樣太過消極，「我們應該設法協助他
們（緬甸）向前發展」。

　　緬甸外交部長那溫則呼籲東協會員國外長，應更深入瞭解緬甸面對的
內部難題。最後，東協的外長決定，不會在西方國家的壓力下，採取任何
行動迫使緬甸加快政治改革步伐。

　　對於緬甸應該採取什麼方式進行改革，東協各國外長並未在會議中給
予任何具體建議，僅表示緬甸應該照著前總理欽紐所規劃的民主化七個步
驟，一步步朝和解與民主前進；釋放翁山蘇姬也是緬甸前總理的政治改革
計畫之一。由於東協各國的讓步，參與本次會議的緬甸外交部長那溫答應
將各國所關心的事項報告丹瑞。

　　在三個多小時的會議後，東協十國外長無法達成共識，最後僅呼籲緬甸應繼續民主進程，並同意讓緬甸按自己的速度進行政治改革。印尼總統尤多約諾（Susilo Bambang Yudhoyono）表示，他會盡可能協助緬甸與東協各國的雙邊會談。

　　東協內部對緬甸問題出現不同意見，主張緬甸應該進行民主改革，否則將之除名的國家有印尼、馬來西亞、菲律賓、新加坡和泰國。持保留意見者有汶萊、柬埔寨、寮國和越南。[69] 因此，東協對緬甸問題仍持觀望態度，希望緬甸按照其舊有路線進行改革。東協之所以採取如上立場，主要原因是堅持「不干涉內政」，採取「建設性接觸」作法。另一個原因是擔心如因此將緬甸除名，可能影響東協的團結，其他國家可能脫離的不良效果。

第三節　2007 年「番紅花運動」

　　2007 年 4 月，總理蘇溫因病下台，由登盛（Thein Sein）擔任臨時總理。他在 7 月 19 日在仰光以北 40 公里的庸那拼營（Nyaunghnapin camp）召開國民大會，進行制憲，「克欽獨立組織」派代表參加，並提出十九點修憲意見，主要是為了實現聯邦制精神，需削減總統的權力，增加邦的權力。「克欽獨立組織」曾在 1994 年 2 月與緬甸政府簽署停火協議，雙方達成和解。[70]

　　緬甸政府在 2007 年 8 月 15 日突然宣布調高汽油價格三分之二倍、柴油價格調高一倍、壓縮天然氣的價格提高四倍。汽油每加侖從 1,500 元緬幣調高到 2,500 元緬幣（約合 60 元新台幣），柴油價格從 1,500 元緬幣調高到 3,000 元緬幣。由於事先沒有宣布調價，引起民怨。

69. C. S. Kuppuswamy, "Myanmar : Will it quit ASEAN?," Paper no. 1781, 28. 04. 2006. South Asia Analysis Group.（http://www.saag.org/%5Cpapers18%5Cpaper1781.html 2014 年 11 月 28 日瀏覽。）

70. *Keesing's Record of World Events*, Volume 53, July, 2007 Burma, p.48045.

8月19日，有500位民眾在仰光示威抗議。22日，有150人在仰光示威抗議，與支持政府的一群人發生衝突，有10人被警方逮捕。後來有8人獲釋。警方又逮捕13名民運份子，其中9人是「1988年學生組織」的領導人。

8月24日，在生產石油的仁安羌市（Yenan Chaung，距離仰光西北420公里）有民眾上街示威，和平落幕。至8月25日，政府已逮捕65名異議份子。

8月27日，有50名民運份子在仰光東北方80公里的勃固舉行示威，和平落幕。8月28日，在實兌有300人抗議示威，其中包括和尚。仰光大學附近有50人示威。緬甸政府釋放數以百計的囚犯，用空出來的監獄拘禁示威群眾。8月30日，在實兌展開和平遊行，抗議燃油和糧食價格暴漲。

9月5日，北部本各具（Pakokku）鎮最大佛寺有500名年輕和尚上街示威遊行，吟誦佛經、揮舞橫幅，抗議燃油上漲以及經濟政策。軍隊對和尚隊伍上空鳴槍示警，又用竹竿擊打和尚。一些年輕和尚隔天把進寺道歉的20名官員扣押為人質達幾個小時，還焚燒四輛官方車輛。該鎮距離曼德勒只有128公里，引起曼德勒市和尚的緊張。在緬甸，打傷和尚，等於犯下傷害罪，觸犯佛法者會下地獄。軍隊在該鎮打傷和尚，為防止動亂，安全部隊暴力地解散緬甸北部城市本各具的和尚之和平抗議。僧侶要求當局對這種粗暴的對待提出道歉，不過沒有獲得回應。9月7日，有數十位和尚在市區將電動玩具店砸毀。

9月19日，在第二大城市曼德勒，來自多座佛寺的一千多名僧侶上街遊行。9月20日，超過一千三百多名僧侶冒雨在仰光展開本星期最大規模的遊行，而緬甸各地也有越來越多佛寺拒絕領受與軍人政府有關人士的布施。9月21日，有3,000人，包括1,500名僧侶在仰光市區遊行。9月23日，緬甸最大城市仰光爆發自1988年以來最大規模的反軍人政權示威遊行，估計有多達2萬人參與了示威，其中半數是佛教僧侶。9月24—26日，約有十萬人在仰光舉行示威，其中包括數萬名和尚。當局在26日開始鎮壓，鎮暴員警向群眾發射催淚彈和開槍示警，結果至少造成七死、百餘傷的慘劇。軍警人員漏夜闖入寺院搜捕熟睡的僧侶，部分僧侶則被軟禁

在寺內。緊接著逐一掃蕩仰光大街小巷，切斷互聯網通訊。由於和尚穿的袈裟顏色為番紅花色，故他們的反政府運動被稱為「番紅花革命」（Saffron Revolution）。

澳洲官方估計緬甸當局殘暴鎮壓示威者，造成至少30人死亡，超過最新非官方估計的13人和緬甸當局宣布

圖 8-9：緬甸和尚反政府示威
資料來源：「2007 年緬甸反軍政府示威」，http://zh.wikipedia.org/wiki/2007%E5%B9%B4%E7%B7%AC%E7%94%B8%E5%8F%8D%E8%BB%8D%E6%94%BF%E5%BA%9C%E7%A4%BA%E5%A8%81 2014 年 2 月 22 日瀏覽。

的 10 人，還有幾千人被捕。緬甸當局只承認軍隊槍殺 9 名示威者和一名日本攝影記者，但目擊者、人權組織和國際組織認為有一百三十多人喪命和數千人被捕。

聯合國安理會針對緬甸違反人權之問題，在 2007 年初提出譴責建議，但中國和俄羅斯否決該項動議。中國之所以支持緬甸，主要原因是需要緬甸供應石油和天然氣來維持其經濟增長，以及中國希望緬甸軍政府維持政權，以便在緬甸進行公路和鐵路建設，開採礦物資源。

美國國務院副發言人凱西（Tom Casey）在 9 月 24 日發表聲明，敦促緬甸政府與民主派領導人和少數民族團體就民主過渡進行「真誠的對話」。美國財政部在 9 月 28 日宣布，凍結緬甸軍人領袖和 13 名高級官員在美國的資產，受影響的包括軍人首領丹瑞、陸軍司令兼緬甸「國家和平與發展委員會」副主席貌埃、代總理登盛和總參謀長都拉瑞曼（General Thura Shwe Mann）。美國財政部已下令凍結這些官員在美國銀行的資金，並禁

止美國公民與這些官員做生意。緬甸和美國沒有外交關係，緬甸對於美國之經濟制裁感到不滿，但緬甸軍政府高層官員之子女，很多在美國留學，因此在美國銀行有戶頭，這些官員涉嫌將貪污所得匯至美國銀行或其他外國銀行帳戶。

9 月 26 日，美國總統布希臨時決定邀請到訪的中國外長楊潔篪在白宮的橢圓形辦公室會談。布希對楊潔篪表示，感謝中國勸說緬甸政府接受聯合國特使甘巴里（Ibrahim Gambari）訪問緬甸，他希望中國繼續發揮影響力，幫助緬甸向民主和平轉型。9 月 29 日，美國國務院宣布，禁止向三十多名緬甸軍官和他們的家人發放入境簽證。

馬來西亞外長賽哈密於 10 月 16 日對聯合國特使甘巴里說，東協將全力支援他規勸緬甸軍人政府與反對派對話的任務，但不贊同對緬甸實施制裁，也不支持暫停緬甸的東協會籍。

此外，聯合國和歐洲聯盟的領導人也呼籲緬甸政府要克制，並敦促他們釋放被拘留和被監禁的民主派政治領導人，包括爭取民主的翁山蘇姬。聯合國還派遣特使甘巴里到緬甸瞭解情況。聯合國人權委員會於 10 月 2 日舉行緬甸問題特別會議，一致通過歐盟提出的議案，嚴厲譴責緬甸軍人政府鎮壓和平示威，要求緬甸允許聯合國人權委員會派人到緬甸調查，並要求釋放反對派領袖翁山蘇姬和其他政治犯。10 月 2 日，「國際特赦組織」（Amnesty International）堅持聯合國人權委員會必須站穩立場和斥責緬甸。該組織呼籲聯合國安理會立即對緬甸實施軍火禁運，指出中國是緬甸主要的軍火供應國。

日本因為一名記者在仰光遇難，除向緬甸提出嚴重抗議外，宣布取消向緬甸提供 5 億 5,200 萬日元的援款，該援款原本是要協助仰光大學設立商業教育中心。

緬甸爆發和尚示威事件的原因，可歸納如下：

(1) **和尚受辱**。和尚上街頭，本來是為民請命，要求改善生活條件，卻遭到軍人毆打，軍人不願為此道歉，毆打和尚是犯了佛教的禁忌，遂引起和尚的不滿。

(2) **經濟惡化**。9 月 29 日，印尼外長哈山（Nur Hassan Wirajuda）指出，依照印尼的看法，僧侶示威，不是因為燃油價格上漲引起的，而是民主過程被壓制的根本問題日益顯露。示威涉及某些很根本的問題，就是有缺陷的民主化過程。哈山說：「如果歸咎於燃油價格上漲，我們必須考慮這些僧侶不是人口中受到最大打擊的群體，他們過著簡樸的生活，沒有汽車，赤足步行。肯定有一些因素迫使這些僧侶冒著生命的危險而採取行動。」據哈山說，緬甸在軍人統治十九年來，民生凋敝和國家停滯不前，才是引發示威的原因。從大英帝國獨立初期曾是亞洲一大富國，到現在淪為人均收入僅 200 美元、名列全球二十個最窮國家。

(3) **統治階層貪污浪費**。軍政府耗資 3 億美元遷都到崇山峻嶺的內比都、養活近 40 萬大軍的巨額開支，都是嚴重耗損國庫。2006 年 11 月當軍人執政團首長丹瑞的女兒豪華婚禮錄影片段外洩時，長期積壓的社會不公怒火開始燃燒。

將這次事件和 1988 年事件作一比較，最大的不同是，這是一次群龍無首的運動。佛教地下組織「全緬佛教僧侶聯盟」，雖誓言將繼續示威，以結束緬甸人民的苦難，但這個組織的主要成員是年輕的僧侶，缺乏有經驗的領導人繼續領導示威。全國有越來越多的佛寺，正式採取「倒缽」運動，下令僧侶沿戶托缽化緣時，必須拒絕領受與軍人政府有關人士和他們家人的布施。佛寺也拒絕為這些人主持任何儀式。但是僧侶只能動員到某個程度，他們不是政治領袖。和尚沒有武器，且以慈悲為懷，又無學生響應，和尚進行的反政府運動，難以成功推翻軍政府。

其次，儘管受到國際的壓力，緬甸軍政府仍堅持不開放、不讓步。在聯合國，緬甸獲得中國和俄羅斯的支持，在安理會的譴責緬甸違反人權案，遭到中國和俄國的否決。緬甸得到兩個毗鄰大國中國和印度以及北韓、俄國和烏克蘭的支持，這些國家繼續與緬甸進行貿易，並售賣武器，因此就算將所有的外國投資者撤出，緬甸軍政府也不會垮臺。保守估計，緬甸在 1988 年至 2006 年期間，從中國進口的武器總值 16 億 9,000 萬美元。這些

軍事器材包括裝甲車、坦克、戰鬥機、雷達系統、地對空導彈及短程空對空導彈系統。

10月12日，蘇溫去世，登盛在10月24日真除成為正式總理，同時擔任「國家和平與發展委員會」第一書記。登盛的領導風格與其前任不同，開始採取開放措施。11月8日，緬甸軍政府突然宣布允許翁山蘇姬同全國民主聯盟領袖會談。軍政府是在聯合國特使甘巴里結束他第二趟的緬甸行程後幾個小時，通過電視與電臺廣播宣布其決定。11月8日，翁山蘇姬也同甘巴里會談。會後，甘巴里經新加坡回美國時，宣讀翁山蘇姬的聲明道：「為了國家的利益，我準備同政府合作，以便使對話取得成果。」這是她自2003年5月開始被軟禁以來，首次公開發表聲明。

11月9日，緬甸軍政府准許翁山蘇姬會見全國民主聯盟的領袖，這是三年多來的第一次。翁山蘇姬在會談中表示，她相信軍人領袖有意邁向落實民主體制。翁山蘇姬建議軍人領袖作出和解姿態，將政治犯釋放出來，但她本人似乎願意讓步，在短期內繼續接受軟禁。她表示將要求政府提供由她自己挑選的兩名聯絡人員，代她同全國民主聯盟進行溝通。如有必要，她也會要求翁吉安排讓她和其他黨領袖見面。11月10日，有關翁山蘇姬的消息首度登上官方報章的封面。

緬甸自1964年起便舉行寶石拍賣會，一向是每年舉辦兩場，但為籌集更多款項，拍賣會的次數越來越密，2006年共有四場拍賣會。2007年舉行第五場拍賣會，有來自二十多個國家的一千五百多人不理會制裁與抵制呼籲，登記參與拍賣會，他們主要來自中國的香港和泰國。

對外關係

緬甸的外交重點是放在東南亞國家，另外也尋求與俄羅斯、印度和巴基斯坦的關係。自1988年緬甸軍政府成立以來，北京是其重要的支持來源，雙方在經濟和軍事關係密切，中國已協助緬甸在墨吉港建設深水港埠。緬甸軍方領袖為了避免過度依賴中國，尋求分散軍備採購來源，已向俄國購

買先進米格戰機，並加強與印度的軍事關係。

1996 年 10 月，緬甸「維持法律與秩序全國委員會」副主席貌埃將軍（General Maung Aye）前往北京，洽談簽署雙邊軍事合作協議。它規定由中國協助訓練緬甸 300 名軍人、交換情報信息、中國協助緬甸改善其信號情報（signals intelligence）設備、以及對緬甸提供經濟援助。據此中國曾協助緬甸在安達曼海的可可島（Coco Island）上建立監聽站，印度在 1998 年5 月指控中國派遣軍艦在印度洋截收印度的通訊信號。

2000 年 5 月，緬甸第二祕書廷宇以陸軍參謀長身分訪問北京。6 月 6 日，中國外長唐家璇和緬甸外長溫昂（Win Aung）在北京簽署了「關於未來雙邊關係合作框架文件的聯合聲明」。6 月 16 日，緬甸「國家和平與發展委員會」副主席貌埃訪問北京。7 月 16 日，國家副主席胡錦濤訪問緬甸，雙方簽署加強經濟及技術合作協議、推動觀光合作協議、以及發展科學與技術合作協議。中國提供通信與橋樑建設等設備與技術人員援助緬甸之無息貸款共 1 億 3 千萬美元。中國並對緬甸提供各項海空軍軍備，包括護衛艦、巡邏艇、飛彈快艇、F-7 型戰機、K-8 型教練機等。

中國為強化與緬甸之關係，國家主席江澤民於 2001 年 12 月 12 日訪問緬甸，會見緬甸「國家和平與發展委員會」主席丹瑞、貌埃副主席、第一祕書長欽紐，這是中國國家主席自 1985 年以來首度訪問緬甸，也是對丹瑞在 1996 年訪問北京的回訪。江澤民表示，將在農業合作、人力資源和自然資源的開發、基礎設施建設三個方面作為今後雙方合作的重點領域。雙方在當天簽訂了「中國緬甸兩國政府科學技術合作協定」、「中國緬甸兩國政府投資保護協定」、「中國緬甸兩國政府漁業合作協定」等七項協定。

1988 年 12 月中國和緬甸正式開展邊境貿易後，雙邊貿易額大幅增加，從原先每年 4,000 萬美元上升到 1995 年的 7.6 億美元。受亞洲金融風暴影響，雙邊貿易額曾一度有所下降，1997 年、1998 年和 1999 年雙邊貿易分別降至 6.4 億美元、5.8 億美元和 5.08 億美元。2000 年中、緬雙邊貿易額大幅增加，達 6.21264 億美元，較 1999 年增加 22.2%，其中中國出口 4.96443億美元，進口 1.2482 億美元，中國享有貿易順差。

在 2006 年 2 月緬甸總理蘇溫訪問中國期間，曾爭取北京武裝協助其掃蕩長期活躍在中、緬邊境一帶的少數民族游擊隊。3 月 8 日至 10 日，印度總統卡拉姆（Dr. A. P. J. Abdul Kalam）成為二十四年以來首位正式訪緬的印度元首。4 月初，緬甸軍人政權二號人物——「國家和平與發展委員會」副主席兼陸軍總司令貌埃上將應俄羅斯總理弗拉德科夫（Mikhail Fradkov）的邀請，率領了一個集海陸空三軍司令、外交、貿易、能源、科技等部部長及軍購專家在內的一個龐大代表團，到莫斯科進行四天正式訪問，成為繼已故強人尼溫在 1965 年之後，逾四十年來首位訪俄的最高層緬甸官員。雙方簽署「石油戰略合作備忘錄」與「禁毒協議」。緬甸高層此行還承諾向俄羅斯購買武器進行軍事現代化，並應允俄國合作開發緬甸的石油與礦業。十幾年來，俄羅斯協助一千五百多名緬甸人員接受現代化的軍事訓練，還向仰光出售了總值 1 億 3,000 萬美元的 10 架 MIG—29 戰鬥機。

2007 年 1 月 12 日，聯合國安理會投票表決緬甸違反人權案，呼籲緬甸釋放所有政治犯、展開普遍對話、結束對少數民族的軍事攻擊及結束迫害人權。結果中國、俄羅斯和南非投反對票，美國和英國等九國投贊成票。印尼、卡達和剛果共和國缺席。同年 6 月 28 日，北京邀請美國負責東亞與太平洋事務的副助理國務卿伊里克（Eric John）以及緬甸外長奈溫（Nay Win）舉行祕密會談。[71] 美國國務院對於此一會議在北京召開做了解釋，國務院副發言人卡賽（Tom Casey）在 6 月 28 日表示，美國對緬甸之長期政策是，若美國官員無法見到翁山蘇姬，則將不會在緬甸與緬甸官員會面。中國提供了場地，讓美國有機會對於緬甸人權問題直接與緬甸官員交換意見。[72]

2011 年 4 月，緬甸與中國達成協議，建造一條從中國西南部直通印度洋的鐵路。這條鐵路將分五階段建造，會從中國雲南省一直延伸至緬甸西

---

71. Robert Sutter, Chin-Hao Huang, "China-Southeast Asia Relations: Myanmar Challenges China's Successes," *Comparative Connections*, A Quarterly E-Journal on East Asian Bilateral Relations, October 2007, p.3.（http://csis.org/files/media/csis/pubs/0703qchina_southeastasia. pdf 2014 年 10 月 10 日瀏覽。）

72. Tom Casey, Deputy Spokesman, U.S. Department of State, "Press Release," June 28, 2007, in http://www.state.gov/dpbarchive/2007/jun/87531.htm 2014 年 8 月 18 日瀏覽。

部的諸省主要城鎮皎漂，全程 1,215 公里，預計需要三年修建。這整個工程還包括修建一條與鐵路平行的高速公路。

新的中、緬高鐵與高速公路將與目在建造的兩條巨型管道平行；這兩條預計在接下來兩年完工的管道，將來每年會從緬甸輸送多達 1,200 萬噸的原油及 120 億立方米的天然氣到中國。2009 年 12 月，中國石油天然氣集團公司與緬甸能源部簽署了中、緬原油管道權利與義務協定，中國從緬甸的實兌港建造輸油管線連接到雲南昆明。中、緬油氣管道境外和境內段分別於 2010 年 6 月 3 日和 9 月 10 日正式開工建設。2013 年 5 月 30 日，中、緬油氣管道全線貫通。中國希望中、緬高鐵修建完畢後，雲南省府昆明將能成為區域自由貿易中心。

緬甸聯邦共和國總統登盛於 2011 年 5 月 26 日至 28 日對中國進行了國事訪問。雙方建立全面戰略合作夥伴關係。登盛與中國簽署了 9 項協議，包括中國國家開發銀行向緬甸稅務與財政部提供 7.65 億美元信貸的合作框架協定。雙方還達成了其他一些協議，包括一個水力發電專案。

中、緬雙邊貿易額逐年遞增。2010 年雙邊貿易額達 44.44 億美元，較去年增長 53.2%。中國對緬甸主要出口成套設備和機電產品、紡織品、摩托車配件和化工產品等，從緬甸主要進口原木、鋸材、農產品和礦產品等。2010 年底，中國已是緬甸第一大外資來源國和第二大貿易夥伴。截至 2011 年 3 月底，據不完全統計，中國對緬甸投資已從 2010 年年底的 123 億美元升至 155 億美元，大都集中在自然資源和能源方面。

中國和緬甸開展關

圖 8-10：中、緬油管路線圖
資料來源：作者自繪。

係，主要是為了打通雲南到緬甸的出海口，以發展其西南邊區。因此，中國在緬甸的投資是偏重從雲南到緬甸的石油輸送管線、高鐵和高速公路。

經濟發展

在 1988 年政治動亂年代，緬甸經濟瀕臨崩潰，緬甸國內生產總額（GDP）經濟成長率為負 12.82%，在這之前，經濟變動幅度很大，不是負成長，就是正成長很高，甚至在 1963 年為 10.96%，1964 年就急速下降至負 7.90%。除了 1991 年為負 2.12% 之外，以後歷年經濟發展頗為平順，2003 年甚至達到 13.26%。以後連續三年都高達 13%。2008 年受金融海嘯影響，降為 3.6%，以後逐漸恢復增長，至 2014 年高達 8.7%，應是東南亞國家中經濟成長速度最快的國家。

表 8-1：緬甸經濟成長率

年 代	GDP 成長率	年 代	GDP 成長率
1987	-5.64	2001	10.44
1988	-12.82	2002	11.32
1989	2.03	2003	13.26
1990	1.23	2004	13.08
1991	-2.12	2005	13.6
1992	8.12	2006	13.1
1993	4.59	2007	12
1994	6.01	2008	3.6
1995	5.47	2009	5.14
1996	4.94	2010	5.35
1997	4.15	2011	5.91
1998	4.42	2012	6.7
1999	9.59	2013	6.5
2000	12.58	2014	8.7

資料來源：1987-2004 年的資料取材自 "Myanmar - GDP per capita growth," Index Mundi, http://www.indexmundi.com/facts/myanmar/gdp-per-capita-growth 2016 年 3 月 25 日瀏覽。2005 年的資料取材自 "Myanmar GDP and economic data," Global Finance, https://www.gfmag.com/global-data/country-data/myanmar-gdp-country-report 2016 年 5 月 24 日瀏覽。2006-2014 年 的 資 料 取 材 自 "Myanmar GDP Annual Growth Rate," Trading Economics, http://www.tradingeconomics.com/myanmar/gdp-growth-annual 2016 年 5 月 24 日瀏覽。

軍政府在 1988 年 11 月制訂外國人投資法，允許外國人百分百擁有投資股份或與緬人合資聯營，特別是出口企業。第一個外資是泰國企業和馬來西亞企業投資沿岸漁業，接著外資投入木材、石油、礦物和旅遊。其次，允許民營企業，國營企業亦逐步民營化。1993 年，允許設立民營銀行，才開始推動人民的經濟活力。對於與中國、泰國、印度和孟加拉之邊境貿易亦制訂新的雙邊貿易協議，有助於促進邊貿，但緬甸政府管制米、柚木、寶石、石油和天然氣等二十八項商品的邊貿。此一管制有助於增加軍政府的財政收入，而減少克倫族、撣族和其他在緬、泰邊界活動的叛軍的經濟來源。軍政府的開放政策，最明顯的效果是稻米增產，以及出口增加。[73]

1992—95 年緬甸經濟得到較快的發展，年均增加率達 6%。1995 年，政府制訂了 1996 ／ 1997 年度至 2000 ／ 2001 年度五年經濟發展計畫，力圖通過優先發展農業，帶動其它產業的發展。同時，繼續加快基礎設施建設，降低通貨膨脹，以維持經濟持續發展。然而，由於美國等西方國家的制裁，特別受到亞洲金融危機的衝擊，導致發展速度放緩，外資遞減，貨幣大幅度貶值，通貨膨脹超過 39%，已有多年未完成年度計畫指標。1997年，積欠外債 50 億 7,400 萬美元。該年 5 月美國因為人權問題對緬甸進行經濟制裁，百事可樂（Pepsi）、李維斯服飾公司（Levi's）等大型公司撤出緬甸。[74]

1999 ／ 2000 年度，緬甸共欠外債 60 億美元。日本是最大債權國，其次是德國。中國亦是緬甸債權國。截至 1997 年 9 月為止，緬甸外匯儲備只

---

73. Langpoklakpam Suraj Singh, *op.cit.*, pp.141-142.

74. Langpoklakpam Suraj Singh, *op.cit.*, p.148.

有 12 億緬元，黃金儲備 5 億緬元，約合 3 億美元。1986 年，緬甸向亞洲
開發銀行貸款 5 億 3,000 萬美元。緬甸向國際貨幣基金組織（IMF）借款，
年年增加，例如 1999 年借 58,554,000 美元；2010 年借 389,651,000 美元；
2011 年借 380,703,000 美元；2012 年借款稍微減少，為 372,952,000 美元；
2013 年再減少為 369,899,000 美元。

表 8-2：緬甸向國際貨幣基金組織貸款額

單位：美元

2000	58,137,000	2007	65,888,000
2001	54,153,000	2008	71,020,000
2002	57,840,000	2009	67,482,000
2003	60,901,000	2010	363,453,000
2004	63,742,000	2011	393,325,000
2005	63,325,000	2012	372,952,000
2006	64,314,000	2013	369,899,000

資料來源："Myanmar - Use of IMF credit," Index Mundi, http://www.indexmundi.
com/facts/myanmar/use-of-imf-credit　2016 年 5 月 24 日瀏覽。

緬甸為了償還外債，以及發展本身經濟，乃向外國尋求經濟援助。主
要官方發展援助在 1988 年最高，有 435,430,000 美元，以後就遞減，直至
2008 年增加至 534,460,000 美元。以後又逐年遞減。至 2013 年，緬甸接受
外援的數額突然增加至 3,934,810,000 美元，應是與西方國家解除經濟制裁
有關連，緬甸的政治和經濟改革獲得西方國家的支持。

表 8-3：緬甸接受外來官方發展援助

單位：美元

年代	接受外來援助額	年代	接受外來援助額
1987	350,270,000	1994	167,070,000
1988	435,430,000	1995	150,160,000
1989	174,570,000	1996	38,920,000
1990	160,770,000	1997	49,380,000
1991	177,010,000	1998	72,140,000
1992	113,980,000	1999	81,050,000
1993	100,150,000	2000	105,640,000

2001	125,670,000	2008	534,460,000
2002	119,030,000	2009	355,830,000
2003	125,020,000	2010	355,080,000
2004	123,450,000	2011	374,290,000
2005	144,830,000	2012	504,050,000
2006	145,710,000	2013	3,934,810,000
2007	195,890,000		

資料來源："Myanmar - Net official development assistance and official aid received," Index Mundi（http://www.indexmundi.com/facts/myanmar/net-official-development-assistance-and-official-aid-received 2016 年 5 月 24 日瀏覽。）

當緬甸軍政府不承認 1990 年國會選舉後，美國對緬甸實施經濟制裁，反對國際金融機構援助緬甸、禁止軍售、終止經濟援助和商業援助計畫、不給緬甸軍方高層入境美國之簽證，將美國駐仰光大使降級為代辦。1997 年 5 月，美國總統發布行政命令（Executive Order），禁止美國商人到緬甸投資。除了美國聯邦政府之制裁外，二十六個州和地方政府制訂「選擇購買法」（selective purchasing law），懲罰與緬甸做生意的美國公司。這些州包括：麻薩諸塞州（Massachusetts）和佛蒙特州（Vermont），還有城市，例如舊金山、柏克萊（Berkeley）、麥迪遜（Madison）、聖塔摩尼卡（Santa Monica）、紐約市（New York City）、洛杉磯（Los Angeles）、波特蘭（Portland）。[75] 歐盟國家、加拿大、澳洲、日本和南韓也制訂對緬甸的制裁措施。

在 1996—1997 年，緬甸經濟成長率放緩，在 1998—1999 年的外國投資也下降 98%，主因是受到亞洲金融危機之衝擊及錯誤的經濟管理。官方匯率高估緬甸緬元 54 倍的市場利率，導致經濟帳和官方數據嚴重失真。政府維持寬鬆的貨幣政策，在過去兩年三次降息，意圖抑制通貨膨脹。武裝部隊最高司令貌埃將軍透過「貿易政策委員會」（Trade Policy Council）執行控制貿易和管制政策。自 1998 年後，貿易政策已變成更限制性，主要原

75. Christopher L. Avery, *Business and Human Rights in a Time of Change*, Chapter 2, Society calls on business to act, 1999.（http://198.170.85.29/Chapter2.htm 2014 年 2 月 20 日瀏覽。）

因是與泰國發生邊境衝突,而關閉數個月的邊境貿易。

新加坡是緬甸最大的外來投資國,主要投資的項目包括旅館、旅遊和輕工業,例如飲料和香菸。其次的外資國是泰國。西方國家的投資主要在石油和天然氣、礦物之開採。單筆最大外資案是從緬甸岸外的亞達那(Yadana)天然氣田建設輸氣管線到泰國,耗資 12 億美元。投資國包括法國的「道達爾芬納石油公司」(Total Fina)、美國的加里福尼亞聯合石油公司(Union Oil Company of California, UNOCAL)、泰國的泰國國家石油公司(或稱泰國石油管理局,Petroleum Authority of Thailand, PAT)和緬甸的「緬甸石油和天然氣公司」(Myanmar Oil and Gas Enterprise, MOGE)。第二條耶塔岡(Yetagun)輸氣管線到泰國尚在建造中,投資國包括英國的「埔里米爾石油公司」(Premier Petroleum)、日本的「日本石油公司」(Nippon of Japan)、泰國的泰國國家石油公司、馬來西亞的「馬來西亞石油公司」(Petronas of Malaysia)和緬甸的「緬甸石油和天然氣公司」。

從 1988 年底起,緬甸政府允許私人貿易和跨境貿易。惟貿易仍是赤字。主要貿易對手國是新加坡、日本、泰國、中國和孟加拉。緬甸對美國貿易量很少,在 1998—1999 年對美出口衣服和紡織品 1 億 8,600 萬美元。緬甸從 1988 年起禁止工會活動。

為了發展農業,增加農業產出,緬甸軍政府先後提出了四項農業政策,包括:「高產品種推廣」(High Yielding Variety Promotion, 1976-82)、「局部解放」(Partial Liberalization, 1987-1995)、「夏季稻米計畫」(Summer Paddy Program,1992 年到現在)和「土地復墾政策」(Land Reclamation Policy,1991 年到現在)。這些政策之主要目標是增加農業產出和生產力,有效執行政府的政策和控制農村人口和生產。「高產品種推廣」之戰略目標是達到其經濟和政治目標,不僅要增加農業生產和生產力,而且要增加政府從鄉下獲取穀物的能力。個別農戶需將其穀物的三分之一以低價賣給稻米收購中心。中央政府利用強力動員機制提高稻米產出。中央政府派遣數百名志願都市工人和軍隊到鄉下協助種稻和收割,舉辦各種競賽促進產

量，增加賣給政府的數額，對模範農民給予技術和政治訓練。這些活動迫使地方官員和模範農民誇大其產出，也壓榨稻農。由於政府以低價收購稻米的比例過高，以及政府嚴格監督耕種過程，因此該項政策並不受農民歡迎，在 1982 年即停止實施。

「局部解放政策」是允許農民將其農產品以市場價格和他們自行決定生產的產品賣到市場，放鬆政府對農業的管制。但到 1995 年政府又限縮市場，要求農民增加稻米生產，然後以比市場還低的價格賣給政府。

1992 年，緬甸政府實施「夏季稻米計畫」，依賴強制勞力執行不同的灌溉體系。目的在將水供應給過去種植單一作物的地區。該項政策是成功的，不僅增加稻米總產量，而且提高許多農民的生活水準。此項政策廣受農民歡迎，因為它不像季風水田（指非實施該項計畫的一般稻田），農民無須將其產品賣給政府，農民可擁有較高比例的稻米產量。

上述的「局部解放政策」和「夏季稻米計畫」，為地方官員帶來貪污和剝削的機會。農民留下許多的穀物和現金，成為地方官員掠奪的對象。此外，中央政府在各地推行「夏季稻米計畫」，無視城鎮和農村的特別環境和需要。無法獲得灌溉水的農民，則不滿該項政策。

「土地復墾政策」從 1991 年開始推動，目的在讓休耕地變成可耕地，這些休耕地面積和目前已播種的土地面積接近。政府透過提供激勵措施，引導私人企業從事這方面的投資。但此一政策的結果是都市企業家掠奪農村土地，地方官在處理該項政策時擁有很大的裁量權，易發生濫權和剝削情事。該項政策有利於私人公司和商人，反而使窮農民受害。[76]

從 1988 年到 2013 年 7 月，緬甸共吸引來自三十二個國家和地區的外資資金 429.5 億美元。緬甸吸引外資最多的領域依次為電力、石油和天然氣、製造業和旅遊業。向緬甸投資最多國家依次為中國、泰國、香港、英國、南韓、新加坡和馬來西亞。中國的公司在緬甸的投資額為 141.8 億美元，占

---

76. Ardeth Maung Thawnghmung, "Politics and Agriculture in Burma," 2003.（http://www.keganpaul.com/articles_main.php?url=/main_file.php/articles/58/ 2014 年 6 月 27 日瀏覽。）

所有外來投資的 33.04%。[77]

表 8-4：1971–2011 年緬甸外來投資額

單位：美元

年代	投資額	年代	投資額	年代	投資額
1971	50,000	1990	162,787,700	2002	152,084,500
1972	280,000	1991	240,411,200	2003	251,452,500
1973	30,000	1992	173,339,700	2004	213,548,500
1974	1,020,000	1993	105,745,300	2005	234,904,400
1975	3,310,000	1994	126,910,300	2006	275,812,600
1977	60,000	1995	279,922,200	2007	709,922,000
1980	380,000	1996	313,412,900	2008	863,880,400
1983	420,000	1997	390,813,500	2009	1,078,972,000
1984	780,000	1998	317,833,800	2010	901,133,500
1986	140,000	1999	255,617,500	2011	2,519,813,000
1987	1,540,000	2000	258,266,400	2012	1,333,856,000
1989	7,890,414	2001	210,318,100	2013	2,254,604,000

資料來源："Myanmar - Foreign direct investment, " Index Mundi, http://www.indexmundi. com/facts/myanmar/foreign-direct-investment 2016 年 5 月 24 日瀏覽。

第四節　少數民族問題

　　非緬族武裝團體與軍政府對抗，其軍隊稱為塔特馬道（Tatmadaw），時間持續超過五十年。在這段期間，反政府的少數民族武裝團體彼此之間分合不已，有些還與軍政府合作，對抗其他的少數民族團體，或彼此間相互爭奪地盤或其他資源。1976 年，十三個少數民族團體組成聯合的「全國

---

77. "Foreign investment in Myanmar hits 42.95 BLN USD," （http://www.investmyanmar.biz/ infoNews.php?id=1413　2014 年 6 月 27 日瀏覽。）

民主陣線」（National Democratic Front, NDF），由「克倫民族聯盟」（Karen National Union, KNU）的邵保耶將軍（General Saw Bo Mya）領導，目的在尋求政治解決族群問題和建立聯邦制度，尋求各邦和民族的平等和代表權。「全國民主陣線」的根據地在泰國邊境的曼納普勞（Manerplaw），成員包括：「阿拉干解放黨」（The Arakan Liberation Party, ALP）、「欽族民族陣線」、「克倫民族聯盟」、「拉胡民主陣線」（Lahu Democratic Front, LDF）、「帕龍解放陣線」（Palaung Liberation Front, PLF）、「帕歐解放組織」（Pa-O Liberation Organization, PLO）、「瓦族民族組織」（Wa National Organization, WNO）。「全國民主陣線」在 1987 年舉行大會，揭示其追求的聯邦目標是讓每個參加的邦擁有充分的自治權，而聯邦中央政府擁有國防、外交、財政、郵政電信、鐵路、水運、鐵路運輸和聯邦司法等權力。自 1989 年後，「全國民主陣線」組成新的核心團體，稱為「緬甸民主同盟」，含納緬甸主要的反對團體。它呼籲「和發會」舉行三邊會議以及宣布全國停火，但為軍政府拒絕。軍政府繼續拒絕與少數民族團體舉行聯合會議，僅願個別地與少數民族團體談判。

「克倫民族聯盟」成立於 1947 年 4 月，是緬甸最早的少數民族叛軍，其武裝力量是「克倫民族解放軍」（Karen National Liberation Army, KNLA）。其創始的領袖是邵保耶將軍，繼任領袖是邵巴新（Saw Ba Thin）。在歷史上，克倫族和緬族是世仇。1950 年，「克倫民族聯盟」被逼退至緬、泰邊境。1970 年代，該一組織與「孟族民族國防組織」（The Mon National Defense Organization, MNDO）有合作關係。「孟族民族國防組織」是「孟族自由聯盟」（Mon Freedom League）的軍事單位，「孟族自由聯盟」後來改名為「孟族聯合陣線」（The Mon United Front），其目標在建立一個獨立的孟族和克倫族國家。

「克倫尼民族進步黨」（The Karenni National Progressive Party, KNPP）成立於 1957 年，在 1960 年代曾控制大部分的卡雅邦。它是非共組織，其軍事組織「克倫尼解放軍」（The Karenni Liberation Army）曾在 1970 年與緬甸共黨、卡雅新土地革命委員會（The Kayah New Land

Revolutionary Council）和「克倫尼人民聯合解放陣線」（The Karenni People's United Liberation Front）發生戰鬥。

「阿拉干民族解放黨」（Arakan National Liberation Party, ANLP）成立於 1960 年，是若開族的叛亂組織。

「克欽獨立組織」或「克欽獨立軍」（Kachin Independence Army, KIA）成立於 1961 年，是緬甸規模最大的和最有組織力的少數民族叛軍組織。

「撣族國家軍」（The Shan State Army, SSA）成立於 1964 年，是由「撣族民族聯合陣線」（The Shan National United Front）和「撣族國家獨立軍」（The Shan State Independence Army, SSIA）合併而成。1972 年，該組織成立「撣族國家進步黨」（The Shan State Progress Party, SSPP）。1980 年代，該兩個組織因為效忠緬甸共產黨問題而分裂。

「羅興亞愛國陣線」（The Rohingya Patriotic Front）成立於 1970年，是由阿拉干的回教徒組成，殖民時期支持英國，緬族不予信任，視之為叛徒。它之另一個派系是「羅興亞團結組織」（Rohingya Solidarity Organization），其敵對者是設在孟加拉的「阿拉干羅興亞伊斯蘭陣線」（The Arakan Rohingya Islamic Front, ARIF）。1978 年，緬甸政府進行清剿羅興亞叛軍葉得哈（Ye The Ha），利用「四切」（Four Cuts）戰略，切斷叛軍的補給。緬政府軍從軍事的「龍王行動」（King Dragon）升高到謀殺、強暴阿拉干人、破壞回教堂，許多回教徒逃到孟加拉。

1970 年，「克欽獨立組織」或「克欽獨立軍」（Kachin Independence Army, KIA）和緬甸共產黨（The Burmese Communist Party, BCP）合作，直至 1980—1981 年。1970 年，「撣族國家軍」和緬甸共產黨合作，後來因為毒品貿易問題雙方出現歧見，於 1976 年二者分裂，隨後又復合。

1980 年，在克欽邦和撣邦的叛軍團體有：「緬甸共產黨」、「克欽獨立組織」、「撣族國家軍」、「撣族聯合革命軍」（The Shan United Revolutionary Army, SURA）、「撣族聯合軍」（The Shan United Army）、「第三華人非正規軍」（The Third Chinese Irregular Forces）、「第五華

人非正規軍」（The Fifth Chinese Irregular Forces）、「撣族國家志願軍」
（The Shan State Volunteer）、「瓦族民族軍一年輕姊妹哈山派」（The Wa
National Army（WNA）-Ma Ha San Faction)、「瓦族國家軍」、「艾蕭西團」
（The Ai Hsiao-shih Group）、「A 畢團」（The A Bi Group）、「拉胡國家
軍」、「聯合帕歐組織」（The United Pa-O Organization）、「泰民族軍」（The
Tai National Army）、「帕龍國家解放組織」（The Palaung State Liberation
Organization）、「楊衛康團」（The Yang Hwe-Kang Group）和「克倫國家
聯盟」。

　　「阿拉干解放組織」（The Arakan Liberation Organization, ALO）是
由克耀拉（U Kyaw Hla）於 1980 年建立，他在 1977 年涉嫌叛亂，逃至克
倫邦的萬克哈（Wankha）。1982 年，建立其武裝軍隊。1987 年，改組為
「緬甸穆斯林解放組織」（The Muslim Liberation Organization of Burma,
MLOB），是「緬甸民主同盟」的建立者，「緬甸聯邦全國委員會」（The
National Council of the Union of Burma, NCUB）之一員。

　　「撣族聯合革命軍」成立於 1980 年，其領袖是毛亨（Mo Heng），主
要從事鴉片貿易。

　　「欽族民族陣線」成立於 1988 年，其軍事武力稱為「欽族國家軍」（The
Chin National Army）。它是 23 個成員的「緬甸民主同盟」之一員。

　　1989 年，「瓦邦聯合軍」（United Wa State Army, UWSA）與軍政府簽
訂停火協議，換取在瓦族地區的控制權。美國國務院指責「瓦邦聯合軍」
為該地區的主要毒品製造者。泰國政府亦指責「瓦邦聯合軍」在泰、緬邊
境設立工廠加工毒品，然後走私到泰國。緬甸政府則加以辯護，認為他們
正致力於地方經濟發展工作。如果泰國軍隊越界進入緬境，緬軍將和「瓦
邦聯合軍」共同對外。[78] 同一年，「撣族國家軍」和軍政府和解，亦與「克
欽獨立組織」結盟，以求取平衡。

　　1992 年 4 月，軍政府邀請非法的團體成立合法的政黨，共同致力於國

---

78. 南洋星洲聯合早報（新加坡），2001 年 5 月 18 日，頁 36。

家的發展計畫。以下的團體接受軍政府的提議：「科康國家團」（Kokang National Group）、「瓦族民族團」（Wa National Group）、「撣族國家軍」、「撣族/阿卡民族團」（Shan/Ahka National Group）、「新民主軍（克欽族）」（New Democratic Army（Kachin）, NDA）、「克欽防衛軍」（Kachin Defense Army, KDA）、「帕歐民族組織」、「帕龍國家解放黨」、「克揚民族衛隊」（Kayan National Guard, KNG）、「克欽獨立組織」、「克衣尼民族人民解放陣線」（Kayini National People's Liberation Front, KNPLF）、「克揚新土地黨」、「撣族民族人民解放組織」（Shan National People's Liberation Organization, SNPLO）。

但「克倫民族聯盟」沒有接受軍政府的邀請，而在曼納普勞組織其他非法的武裝團體，加入由邵保耶領導的「緬甸聯邦全國委員會」。該一組織進行爆炸和攻擊政府設施。1994 年 4 月 10—12 日，「克倫民族聯盟」與昆沙（Khun Sa，或寫為坤沙，中文名為張啟福，後其老師將之改為張奇夫）[79] 的「蒙泰軍」（Mong Tai Army, MTA）在軍事和經濟上合作。但「克倫民族聯盟」的邵保耶將高僧蘇札納（Myaing-gyi-ngu Sayadaw U Thuzana）及其他 40 名和尚驅逐出其控制區，而使雙方之合作瓦解。1994 年 12 月 1 日，「克倫民族聯盟」內部分裂，有 3,000 人另組「民主克倫佛教組織」（Democratic Kayin Buddhist Organization, 又寫為 Democratic Karen Buddhist Organization, DKBO）。1995 年 1 月 1 日，「克倫民族聯盟」攻擊「民主克倫佛教組織」，後者獲得軍政府之支持，而佔領「克倫民族聯盟」在曼納普勞的總部。以後佛教徒、基督教徒和克倫族人民皆從泰國返回緬

---

79. 張奇夫於 1933 年生於緬甸北撣邦山城孟當（Mong Tawn），父為華人，母為緬甸泰族。二十歲時繼承其父的萊莫土司的職位，擁有自衛武裝力量。1967 年擊敗前鴉片大王羅興漢，控制金三角鴉片生產。1969 年 10 月，被政府軍逮捕。1976 年 2 月，從監獄脫逃，重返金三角重整旗鼓，勢力最強時，擁有武裝力量 2 萬人。他控制的金三角，每年生產鴉片 3,000 公噸。1995 年，坤沙軍隊有 1 萬人分裂出去，大大削減其實力。其勢力增強，要歸功於其參謀長張書泉，張書泉原為國民黨軍隊段希文將軍的部屬，其協助坤沙訓練軍隊，使之能在金三角雄視一方。參見段建安，「全世界最危險的農夫：金三角毒王尋蹤」，中央日報（台北），1999 年 4 月 14 日，頁 23。「毒梟坤沙為何放下武器」，南洋星洲聯合早報（新加坡），1996 年 1 月 21 日，頁 37。（「昆沙」，http://zh.wikipedia.org/wiki/%E6%98%86%E6%B2%99 2014 年 2 月 20 日瀏覽。）

甸，至 1995 年 2 月 10 日約有 5,000 人返回緬甸。[80]

　　緬甸軍政府在 1994 年和克欽獨立組織簽署停火協議，給予克欽邦自治地位，增加撥給經濟開發援助和人道援助。但該地人民主要是信仰基督教，經常受到政府軍的欺壓、宗教迫害。

　　1995 年 1 月和 2 月，政府軍分別攻佔克倫族叛軍在曼納普勞和考穆拉（Kawmura）兩個游擊隊基地。在這之前，1994 年 12 月克倫族叛軍已分裂為兩派，「克倫民族聯盟」中的佛教克倫族團體脫離基督教克倫族團體，另成立「民主克倫佛教組織」，據稱係軍政府的間諜假冒和尚從中煽動，導致分裂。另一個原因是佛教徒擬在曼納普勞建立一座佛廟，而與基督教徒意見不和。無論如何，軍政府很快就能針對克倫族叛軍內部分裂之機會，從中爭取「民主克倫佛教組織」之合作，擊敗「克倫民族聯盟」。結果「克倫民族聯盟」的武裝組織「克倫民族解放軍」被迫逃向泰境避難。泰國政府將這些克倫族游擊隊解除武裝，並安置在難民營內。[81] 10 月初，軍政府與「克倫民族聯盟」進行和談，以結束自 1948 年以來半個世紀的對抗。在這漫長的對抗中，有 7 萬克倫族難民逃亡住在泰境內的難民村。[82] 12 月，軍政府亦與「撣族聯合軍」（Shan United Army）領袖、也是販毒大王昆沙和談，1996 年 1 月 8 日，

圖 8-11：昆沙
資料來源：http://www.twwiki.com/wiki/%E5%E5%9D%A4%E6%B2%99　2014 年 2 月 21 日瀏覽。

80."Resource Information Center," U.S. Citizenship and Immigration Services.（http://www.uscis.gov/tools/asylum-resources/resource-information-center-0　2014 年 4 月 9 日瀏覽。）

81. William Ashton, "Karens down but not out," *Asia-Pacific Defence Reporter*, May/June 1995, p.18.

82. *The Straits Times* (Singapore), October 26, 1995, p.26.

雙方達成和解，昆沙在付出一筆鉅額款項後，向政府投降，解散 9,749 名軍隊，將武器 6,004 件移交給政府軍，包括一批地對空飛彈。昆沙由軍政府審判，再將他軟禁在某一安全地方，昆沙在撣邦的大本營賀蒙則移交政府軍控制。[83]「克欽獨立組織」亦於此時與政府達成和解，其約 8,000 名兵力解散。[84]

1996 年 2 月，「民主克倫佛教組織」的游擊隊攻擊泰境的克倫族難民營，並要求所有住在泰境的克倫族人返回緬甸境內「民主克倫佛教組織」控制區內，並指控泰國政府在背後支持「克倫民族聯盟」。泰國政府否認支持「克倫民族聯盟」，表示是基於人道理由允許解除武裝的克倫族游擊隊員入境。[85] 1997 年 2 月 14 日，政府軍進攻緬、泰邊境克倫族游擊隊據點，造成 2 萬名克倫族人逃難進入泰國境內。2 月 19 日，400 名「克倫民族聯盟」的游擊隊向政府軍投降，繳交 280 枝步槍和 15 座迫擊砲。截至此時，已有十五個少數民族游擊隊已與政府軍達成停火協議，唯有「克倫民族聯盟」還在與軍政府對抗。[86]

自 1980 年代以來，泰國在邊境的美梭特（Mae Sot）安置了大約 7 萬名克倫族難民。泰國政府沒收這些克倫族游擊隊的武器，並要求他們自動返回緬甸。不過，泰國政府允許不攜帶武器的游擊隊員家屬及支持者留在泰國。美國和一些人權組織抨擊泰國遣返緬甸難民的行為。美國譴責泰國軍隊強行遣返包括年僅十歲的克倫族小孩，並拒絕數百名婦孺和老人在泰國避難。[87]

2001 年 8 月，由非緬族的政治團體成立「族群國族團結和合作委員會」（Ethnic Nationalities Solidarity and Cooperatojn Committee），包括「全

83. 南洋星洲聯合早報（新加坡），1996 年 1 月 9 日，頁 27；1 月 10 日，頁 27；1 月 13 日，頁 30。

84. Langpoklakpam Suraj Singh, *Movement for Democracy in Myanmar*, Akansha Publishing House, New Delhi, 2006, p.125.

85. 南洋星洲聯合早報（新加坡），1996 年 2 月 12 日，頁 16。

86. *The Straits Times* (Singapore), February 20, 1997, p.23.

87. 南洋星洲聯合早報（新加坡），1997 年 3 月 10 日，頁 25。

國民主陣線」、「民主解放區聯合國族聯盟」（United Nationalities League for Democracy Liberated Areas, UNLD-LA）、不停火團體例如「克倫尼民族進步黨」（Non-ceasefire groups like the Karenni National Progressive Party, KNPP）、「克倫民族聯盟」組織，和停火團體。該組織之目的在推動新的攀龍倡議，它不是政黨，也非正式組織，而是一個協調小組。它代表所有非緬族進行「三方對話」，即軍政府、民主勢力和族群國族三方對話。「三方對話」首度在 1994 年聯合國大會決議上提出，緬甸問題除了民主勢力和軍政府之間的問題外，還必須討論族群國族問題。緬甸問題不是少數民族的問題，而是憲法問題，必須在獲取民主後，以憲法來解決非緬族的族群國族問題。因為緬甸的非緬族約佔總人口 40%，分布的地區佔全國土地 57%。[88] 他們不再主張族群領土之獨立，而是在追求民主和聯邦主義，以逐漸取代個別族群的權利。它將族群團體界定為「族群國族」（Ethnic Nationalities），而非「少數族群」，各族群是平等的。新的攀龍協議必須確立基本的民主原則，包括人權，而非僅是特定的族群權利。它強調國家統一，而非表面以聯邦為名而行使族群分立。[89]

　　在 2002 年初，軍政府和幾個少數民族團體分別簽署停火協議，但「新孟國家黨」（New Mon State Party, NMSP）和「克欽獨立組織」卻破壞停火。「全國民主陣線」的成員不同意停火，繼續與軍政府對抗。至 2003年，已有 17 個族群團體與政府簽署停火協議。但在非停火地區仍有戰鬥在進行，特別是在欽族、克倫族、克倫尼族和撣族交界的地區。由於這些少數民族團體內部變化，有些團體脫離，例如 1995 年，「民主克倫佛教軍」（Democratic Karen Buddhist Army, DKBA）和「撣族國家民族軍」（Shan State National Army, SSNA）分別脫離克倫族和撣族武裝團體，此一發展已

---

88. Chao-Tzang Yawnghwe, Lian H. Sakhong(ed.), *The New Panglong Initiative: REBUILDING THE UNION OF BURMA, Revised and Expanded Version with Road Map for Rebuilding the Union of Burma*, UNLD Press Chiangmai, Thailand, 2003, pp.3-5.（http://www.burmalibrary. org/docs09/Series07-enscc.pdf 2014 年 4 月 5 日瀏覽。）

89. Mikael Gravers, "Introduction: Ethnicity against State-State against Ethnic Diversity?," in Mikael Gravers(ed.), *op.cit.*, pp.23-24.

使得「全國民主陣線」的軍事力量減弱。在 2003 年初，唯一擁有重要軍力的團體是「克倫民族聯盟」、「克倫尼民族進步黨」和「撣族國家軍」。這三個團體聯合組成新的軍事聯盟，他們在泰、緬邊界地區活動。「阿拉干解放黨」則在西部邊境活動，「欽族民族陣線」則在印度和緬甸邊境活動。2005 年 1 月 6 日，政府軍進攻在泰、緬邊境的「克倫尼民族進步黨」，「全緬學生民主陣線」協助「克倫尼民族進步黨」對抗政府軍，在這次衝突中，「克倫尼民族進步黨」有 19 人被打死。[90]

在 2003 年，「克倫民族解放軍」（「克倫民族聯盟」的武裝團體）和「國家和平與發展委員會」與「民主克倫佛教軍」的聯軍在米雅瓦迪市（Myawaddy Township）的馬帕樂（Maepalae）地區發生戰鬥。8 月，在克倫邦的「克倫民族聯盟」基地也遭到攻擊。當地村民和囚犯，被迫為「國家和平與發展委員會」從事掃雷和軍事挑夫。持續的戰鬥導致約有 1,500 名難民離鄉背井，有數百人逃入泰境。12 月，在基亞克基普（Kyauk Khep）和克倫尼邦都發生軍事衝突。[91]

彭家聲原先是果敢土司楊振材的軍隊的隊長，1965 年楊家勢力被軍政府驅逐後，彭家聲加入緬共，組織「果敢人民革命軍」（Kokang People's Revolutionary Army），與政府軍進行游擊戰。1969 年 4 月，彭家聲成為果敢的統治者，控制果敢約二十年。1989 年 3 月，因為山地部落族群之問題以及緬共幹部老化等而引發緬共內部叛變，分裂為四派，彭家聲成立「緬甸民族民主同盟軍」（Myanmar National Democratic Alliance Army, MNDAA），控制蒙科（Mong Ko）。另外三派為：「瓦邦聯合軍」（the United Wa State Army, UWSA）；由彭家聲的女婿賽林（Sai Leün 或 U Sai Lin 或 Lin Mingxian）領導的撣邦以東的軍隊；前緬共在克欽邦的康百替（Kambaiti）和滂瓦（Pangwa）的軍隊。

1989 年，緬甸情報首長欽紐（Gen. Khin Nyunt）派遣楊金秀、羅星漢

---

90. *Keesing's Record of World Events*, Vol.51, No.1, 2005, p.46416.

91. "8.Rights of Ethnic Minorities,"（http://www.ibiblio.org/obl/docs/yearbooks/Rights%20of%20 Ethnic%20Minorities.htm　2014 年 4 月 16 日瀏覽。）

和翁吉（Aung Gyi，為中緬混血兒，全國民主聯盟的創黨人之一）前往果敢，與殘餘緬共叛軍和談。雙方達成停火協議，政府允許緬共各派擁有武力以及控制區，但不得攻擊政府軍。他們還獲允從事商業活動，包括鴉片，以致於緬甸每年鴉片產量從 836 公噸增加到 1995 年的 2,340 公噸。緬甸政府在果敢成立特區政府，保有有限的軍力、獨立的內政、軍事和財政權力，中央政府只派遣少數公務員到果敢服務。

欽紐本想以彭家聲取代楊振聲，但 1992 年彭家聲和楊振聲雙方發生衝突，楊振聲控制果敢，彭家聲避難到中國。1994 年 10 月，果敢的新統治者楊茂良（Yang Molian）的么弟楊茂賢（Yang Muxian）在中國涉嫌走私毒品罪而在昆明被執行死刑。欽紐立即和羅星漢穿針引線，撮合彭家聲和楊家的和解。1995 年 8 月 1 日，「緬甸民族民主同盟軍」第 128 師舉兵反楊茂良，雙方發生內訌，楊茂良勢力退出果敢，彭家聲返回果敢，控制果敢一部分地區。另一部分則為緬軍控制。同年 12 月 20 日，由緬政府和彭家聲組成「果敢臨時政府」。2004 年 10 月，彭家聲的後台靠山欽紐下台，彭家聲也失勢，再度逃亡中國。軍方任命彭家聲的副手白所成（Bai Suoqian, Bai Suocheng）為「緬甸民族民主同盟軍」的新領袖，投靠白所成的「緬甸民族民主同盟軍」也被軍政府承認為邊境警衛隊（Border Guard Force）。

2009 年 8 月 7 日，緬甸軍方以果敢首府老街（Laukkai）槍械修理廠製造毒品為由，派出 30 名警察欲搜查該廠，遭到拒絕。次日，緬甸軍方增派軍隊進入該地，引發其與果敢特區前主席彭家聲所領導的「緬甸民族民主同盟軍」（或稱果敢同盟軍）之衝突，佔領其據點，擄獲其槍械，有 3 萬人逃難進入中國，引起中國的抗議。緬甸軍方驅逐彭家聲之勢力，在 8 月 25 日改組「緬甸民族民主同盟軍」，另成立「果敢地區臨時領導委員會」（Kokang Region Provisional Leading Committee），白所成被任命為委員會主席。緬甸軍政府之所以故意破壞該地的停火協議，目的在測試各方反應，俾作為下次攻擊擁有兩萬兵力的「瓦邦聯合軍」之用。[92]

---

92. Penkyamp, "Beginning of the end," September 11, 2009.（http://www.forum4hk.com/viewthread.php?action=printable&tid=8237　2015 年 3 月 21 日瀏覽。）

　　2010 年 8 月 20 日，緬甸政府在果敢成立自治區，自治區主席由緬甸政府任命，果敢同盟軍被改編成 1006 邊防營，成為第三支被改編的少數民族地方武力。換言之，果敢自治區已成為緬甸政府直接控制區，跟以往間接統治方式不同。

　　彭家聲逃至泰國養病一年，治療其膽結石。大難不死後，2012 年高齡八十二歲的彭家聲前往「克欽獨立軍」在來薩（Laiza）之總部，獲贈 100 枝步槍，「緬甸民族民主同盟軍」重新整軍經武，並與「克欽獨立軍」、「瓦邦聯合軍」和「帕龍民族解放軍」（Palaung National Liberation Army）密切合作。雲南省出於人道主義設置了七個安置點，為難民提供生活保障品和必要的醫療服務。

　　「緬甸民族民主同盟軍」的精神領袖是高齡八十五歲的彭家聲，彭家聲的老家在四川會理（Huili）縣，他說帶有雲南腔的華語、讀寫華文，其四代前祖先到果敢做買賣而定居下來，以後致富。[93]「緬甸民族民主同盟軍」實際的領導人是彭家聲長子彭大春（Peng Daxun, Peng Ta-shun）及彭家聲之女婿祕書長童雅林（Htun Myat Lin），該支游擊隊由新一代領導，正展現旺盛的企圖心，2015 年 2 月攻擊果敢意圖奪回其失去六年的據點，結果失敗。

　　緬甸政府在 2008 年的憲法中規定，凡是與政府達成和平協議的少數民族叛軍，其游擊隊都要改為邊防部隊，由政府軍直接指揮，但「克欽獨立組織」反對該項規定。2010 年 10 月，政府經營的媒體指稱「克欽獨立軍」為叛亂組織。11 月選舉，「克欽獨立組織」被禁止以政黨或個人身分登記參選。親該組織的候選人也被從選票上剔除。克欽邦內由「克欽獨立組織」控制地區的人民，也被禁止投票。政府軍在 2011 年 6 月 9 日攻擊位在克欽邦姆莫克（Momauk）鎮大平河（Taping River）的由中國興建水力發電的

---

93. "Myanmar's 'King of Kokang' returns after five years-His version of the situation in Northern Myanmar-Pheung Kya-shin," Global Times, December 29, 2014.（http://www.burmanet.org/news/2014/12/29/global-times-myanmars-king-of-kokang-returns-after-5-years-his-version-of-the-situation-in-northern-myanmar-pheung-kya-shin/ 2015 年 3 月 21 日瀏覽。）

水壩的地點,該地為「克欽獨立組織」的據點,有許多房子遭摧毀,平民遭殺害,有 3 萬平民流離失所。9 月 30 日,登盛總統終止了在克欽邦的受爭議的價值 36 億美元的水壩建設,該水壩建在伊洛瓦底江上,由中國投資興建。由於該水壩引發破壞環境和社會衝擊之批評,故登盛總統決定予以停止興建。[94] 政府和「克欽獨立組織」總共前後舉行三次正式會談以及數十次非正式會談,都未有結果。

居住在阿拉干省北部的羅興亞人(Rohingya)是一特殊的少數民族,他們的祖先是印度昌德拉人(Chandras)、阿拉伯人、波斯人、孟加拉蘇丹軍人、孟加拉奴隸和葡萄牙人等的混血種,從第八世紀就陸續移入阿拉干地區。1784 年,緬甸征服阿拉干,羅興亞人逃難進入七塔功。1824 年,英國佔領阿拉干,導致該地區因為戰亂而人口變少。英國政府將阿拉干置於孟加拉管轄之下,鼓勵人口回流從事耕種,因此有不少羅興亞人返回阿拉干從事農作。英國政府將阿拉干的羅興亞人認定為印度的回教徒。日本在 1942 年統治緬甸,佛教徒迫害克倫族、孟族和阿拉干的羅興亞人,在日本統治期間,約有 10 萬羅興亞人遭殺害,難民流入七塔功。1958 年,約有 1 萬名羅興亞人避難到東巴基斯坦(今之孟加拉)。1959 年,緬甸和東巴基斯坦總督札克胡笙(Zakir Hossain)達成協議,讓這批羅興亞難民返回七塔功。1960 年 10 月,緬甸最高法院撤銷驅逐阿拉干回教徒的命令。1962 年,尼溫控制政權,採取緬甸化政策,將羅興亞人認定為英國自 1826 年統治阿拉干期間從七塔功移入緬甸的印度孟加拉人。1978 年,緬甸官方統計有 207,172 名羅興亞人居住在七塔功。[95] 在種族屬性上,羅興亞人不屬於若開族,是來自孟加拉的回教徒。

---

94. 該水壩由中國大唐集團公司(China Datang Corporation)和緬甸電力部合作興建。 "Human Rights Watch: Burma: Army committing abuses in Kachin State," BurmaNet News, October 18, 2011.(http://www.burmanet.org/news/2011/10/18/human-rights-watch-burma-army-committing-abuses-in-kachin-state/ 2015 年 12 月 21 日瀏覽。)

95. Arakan Rohingya National Organization(ARNO), "Rohingya History," 10 February 2013.(http://www.rohingya.org/portal/index.php/rohingya-library/26-rohingya-history/487-rohingya-history-.html 2015 年 7 月 2 日瀏覽。)

第九章

邁向民主化

第一節　制訂新憲法

歷經十四年的制憲，緬甸軍政府在國際壓力下終於在 2008 年 2 月完成新憲法草案，在 4 月公布，5 月 10 日舉行公投。孰料在 5 月 3 日發生納爾吉斯（Nargis）風暴，暴風雨在緬甸伊洛瓦底江三角洲登陸，接著撲向最大城市仰光，造成數萬人死亡，另有 150 萬人面臨饑餓和感染疾病的風險。聯合國估計約有 121 萬 5,885 至 191 萬 9,485 人受災，死亡人數在 6 萬 3,290 人至 10 萬 1,682 人，以及 22 萬人失蹤。緬甸政府表示，緬甸的風災，已經有近 13 萬 4,000 人死亡，近 5 萬 6,000 人失蹤。

緬甸軍政府為免除外國干預，採取鎖國政策。直至 1990 年代中期，才開放觀光簽證。緬甸軍政府一直懷疑外國人在緬甸的活動，從事離間人民對政府的服從，散發與緬甸傳統文化不符的民主思想。所以外國人在緬甸的活動都受到政府的監督和限制，援助緬甸的國際非政府組織無法在緬甸境內活動，大都在泰國設立聯絡工作機構，就近支援緬甸的民主活動。

緬甸發生風災，引起國際關切，紛紛表示要前往救援以及提供必要的救災協助，然而，緬甸軍政府對於外來援助只接受救難物資，不接受救難人員。直至 5 月 8 日，聯合國祕書長潘基文致電緬甸軍人政府首長丹瑞，表示應以人道救援為重，緬甸始改變態度，願意接受外來援助。

對緬甸納爾吉斯風災第一個提供援助的是澳洲，開始時承諾提供 300 萬澳元援助，後來又追加 2,200 萬澳元。中國答應援助 530 萬美元。日本也提供 4,300 萬日元救援物資。阿拉伯聯合大公國則宣布將在災區興建 200 所臨時學校。新加坡捐助 20 萬美元。聯合國給予緬甸 1,000 萬美元緊急援助。各國運送救難物資到緬甸海岸的軍艦，美國有四艘軍艦、英國有一艘護衛艦、法國有一艘兩棲攻擊艦「西北風號」（Mistral）。但軍政府拒絕讓一艘載有 1,000 公噸救濟品的法國軍艦進入伊洛瓦底江三角洲重災區，法國軍艦將救災物資送至泰國，交由世界糧食計畫署分配。

美國雖然對緬甸實施經濟制裁，但基於人道理由，美國總統布希也透過中國國家主席胡錦濤向緬甸政府施壓，使緬甸接受救災援助。最後緬甸

在 5 月 12 日同意美軍一架 C-130 運輸機運載 12,700 公斤飲水及蚊帳、毯子等救援物資從曼谷飛入仰光。

美國國務卿賴斯（Condoleezza Rice）也與中國外長楊潔箎會面，並且會見印度外長慕克吉（Pranab Mukherjee），呼籲兩國政府利用他們的影響力，力促緬甸為國際救援人員開放邊境。

第一個非政府組織進入緬甸從事救援工作的是救世軍（Salvation Army）勘察小組大衛・布林加斯和新加坡救世軍成員王德琪以及一名香港救世軍成員組成的三人小組，該小組之主要目的是在勘察災情後，協助當地的救世軍中心制定出一套周詳的計畫，進行救援工作，包括重建和修復災區以及協助災民整頓生活。

5 月 19 日，法國外交部長庫什內（Bernard Kouchner）批評聯合國安全理事會拒絕向緬甸施壓開放外國援助進入緬甸，是「懦弱」的表現。

世界銀行在 5 月 20 日說，由於緬甸軍政府從 1998 年以來沒有償還任何債款，也沒有啟動經濟和其他方面的改革，因此不考慮給予新的貸款。

東協和緬甸在 5 月 21 日達成協議，緬甸同意讓外國醫療隊伍協助其救災。

聯合國祕書長潘基文在 5 月 22 日抵達緬甸災區視察災情，設法協調救援組織的賑濟工作，希望能加速賑災進度。緬甸軍人政府在 2007 年 11 月 2 日驅逐聯合國開發計畫署（The United Nations Development Programme）在緬甸的常駐代表（Resident Representative-Myanmar）皮特里（Charles Petrie），因其發表緬甸「人道情況惡化」的聲明而遭到驅逐。[1] 2008 年 5 月 25 日，聯合國宣布委任外交官比紹・帕拉朱利（Bishow Parajuli）取代皮特里。東協和聯合國於 2007 年 5 月 25 日在仰光召開國際籌賑會議。各國慷慨解囊，澳洲政府承諾捐出 2,400 萬美元；菲律賓將捐出 2,000 萬美元；加拿大政府也承諾再捐出 1,200 萬美元。中國將再向緬甸提供 1,000 萬美元緊急援助。歐洲國家已認捐了 7,250 萬美元。不過，西方國家多數都立下捐

---

1. "Myanmar/Burma expells Petrie - UN Coordinator,"（http://www.flutrackers.com/forum/showthread.php?t=43258 2014 年 2 月 21 日瀏覽。）

款條件，即緬甸當局需保證外國救援人員通行無阻。緬甸則強調援助不應附帶任何條件或政治目的。

緬甸災難發生後，世界各地許多國家有意派遣救援隊前往救援。緬甸開始時拒絕外國非政府組織提供援助。直到三星期後，救難的黃金時間已過，才決定允許外國救難隊前往協助救難，其貽誤救援時機至為愚蠢。

美國繼續對緬甸實施經濟制裁

美國政府在 2008 年 2 月 25 日宣布新一波對緬甸的經濟制裁名單，其中一位受制裁者被美國財政部稱為「海洛因教父」的羅星漢（Lo Hsing Han）[2]。這是 2007 年 9 月緬甸軍政府血腥鎮壓民主活動以來，美國政府宣布的第四波經濟制裁。

美國財政部外國資產管控處在 25 日宣布的經濟制裁對象，包括羅星漢、其妻子 Cecilia Ng、其子史蒂芬‧羅（Steven Law, Tun Myint Naing）以及他們擁有的公司。美國政府凍結他們在美國之資產，並禁止美國公民與公司與他們進行金融與商業往來。美國財政部表示，史蒂芬‧羅和羅星漢不止支持緬甸軍政權，也涉及非法活動。羅星漢被稱為「海洛因教父」，自 1970 年代初一直是世界主要毒販之一。史蒂芬‧羅在 1990 年代加入他父親的毒品帝國，並成為緬甸最富有的人之一。列入制裁名單的包括亞洲

---

2. 羅星漢生於 1934 年，緬甸撣邦果敢人。1948 年羅星漢考入果敢縣公立小學，畢業後進入軍事進修班，1950 年代初，曾替駐留當地的國民黨軍隊軍官跑腿打雜，而被取了「羅星漢」中國名字。從軍事進修班畢業後擔任當地楊家家族武裝的分隊長。他也加入了國民黨軍隊。1961 年 5 月，當國民黨軍隊第二次撤回台灣後，他帶領一部分「楊家軍」回到果敢地區，為鴉片商充當保鏢。1973 年下半年在泰國夜豐頌府被捕，爾後被引渡回仰光，判處死刑，後改為無期徒刑。其部眾有些投向昆沙集團。1980 年，他獲緬甸政府大赦，並得到了 200 萬緬甸元（約 30 萬美元）的退賠款，他很快重整旗鼓，東山再起，在臘戌和南泡附近重建地方武裝，取代七年前被解散的自衛隊。緬甸政府委託他為果敢自衛隊隊長，讓他回果敢鎮壓「叛亂」部隊。出任「果敢縣人民主席」。晚年在仰光居住，從事慈善活動。他於 2013 年 7 月 6 日去世。（「羅星漢」，http://www.twwiki.com/wiki/%E7%BE%85%E8%88%88%E6%BC%A2 2014 年 2 月 21 日瀏覽。「緬甸華人首富羅興漢去世 」，http://dailynews.sina.com/bg/news/int/uslocal/chinapress/20130710/03594729427.html 2014 年 2 月 21 日瀏覽。）

世界公司（Asia World Co. Ltd.）與其子公司亞洲世界港口管理公司（Asia World Port Management）、亞洲世界工業公司（Asia World Industries Ltd）、亞洲世界燈公司（Asia World Light Ltd.）。

圖 9-1：羅星漢
資料來源：「緬甸華人首富羅興漢去世」，僑報，2013 年 7 月 10 日。http://dailynews.sina.com/bg/news/int/uslocal/chinapress/20130710/0359472 9427.html 2014 年 2 月 21 日瀏覽。

　　5 月 1 日，美國總統布希進一步宣布制裁緬甸的新措施，下令財政部凍結那些屬於「軍政府主要財源」的國有公司的資產。在過去八個月，美國政府拒絕簽發入境簽證給緬甸高級將領和他們的親屬、親信等。

　　新法令讓布希政府有權追查那些過去無法查處的緬甸國有公司，美國政府之前已授權追查緬甸的個人和公司。

　　美國參議院在 4 月 24 日通過議案，把國會最高民事獎「國會金獎章」頒發給翁山蘇姬。眾議院已在 2007 年 12 月一致通過了有關議案。

執意逕行公投

　　1988 年 9 月 18 日，國防部長邵茂（Saw Maung）發動政變，廢止憲法，更改國號，以後緬甸便一直沒有憲法。

　　軍政府從 1994 年開始進行制憲工作，一直沒有結果。2007 年在國際壓力下召開國民大會，開始討論制憲。出席大會的代表多數是由政府挑選的，反對黨全國民主聯盟沒有派代表參加。2008 年 2 月草擬完成新憲法草案。

　　聯合國特使甘巴里 3 月初會晤緬甸政府領導人和反對黨領袖翁山蘇姬時，提出了派遣觀察員監督公投的建議。甘巴里認為實行監督將有助於提高公投在國際社會上的公信力。不過，仰光當局認為公投屬於內政，實行監督並無先例，緬甸主權將受到侵犯，而加以拒絕。此外，甘巴里也建議

派技術專家協助公投，但軍政府認為它有足夠的資源應付，亦予以拒絕。

4月3日，聯合國安全理事會由美國、英國和法國合擬一份新聲明草案，呼籲緬甸軍政府在5月新憲法公投前，讓反對黨領袖翁山蘇姬和政界其他人士自由演講和舉行集會，並參與公投，以確保公投是「相容並包和具有公信力」的公投。緬甸軍政府未予接受。

此一新憲法草案共有457條，有以下幾個特點：

第一，將國名從「緬甸聯邦」改為「緬甸聯邦共和國」（Republic of the Union of Myanmar）。

第二，沿用1974年舊憲法條文，規定凡嫁給外國人或子女非緬甸公民的緬甸人，不得參加選舉。此一規定明顯是要阻止民主運動領袖翁山蘇姬參選，翁山蘇姬嫁給英國人，其兩個兒子也是英國公民，所以翁山蘇姬將難以參加2010年舉行的民主選舉。

第三，國會裡的25%議席將保留給軍方。此一規定是模仿以前印尼的辦法，印尼在1999年國會中有38席軍人保障席次。

第四，當國家進入緊急狀態時，憲法授權總統將立法、行政和司法權力移交給軍方參謀總長一年。

第五，只有獲得75%國會議員的同意，才能夠修改憲法，這意味著，除非得到國會軍方代表的支持，否則難以修改憲法。

第六，保障軍政府的官員在執行公職時所採取的任何行動，都免遭起訴。

第七，總統必須對國家事務擁有「軍事視野」。該一條款無疑在暗示軍人才是合適的總統人選。

第八，年滿十八歲以上的緬甸公民都有投票權。

5月8日，聯合國祕書長潘基文致電緬甸軍人政府首長丹瑞，勸他盡力救災，同時也勸請延期舉行新憲法公投。但丹瑞沒有完全接受，只是將災區的公投延後。

軍政府原訂投票採兩階段，第一階段是於4月25日舉行海外投票，第二階段是在5月10日舉行國內投票。但因為5月3日發生風災，所以將災

區改在 5 月 24 日舉行投票，未受害災區則仍按原訂時間舉行。

海外投票主要是在新加坡舉行，因為有不少緬甸工人在新加坡工作。

受風災影響的災區，如伊洛瓦底江三角洲和仰光市附近的四十七個城鎮，在 5 月 24 日舉行公投。仰光市有人口 500 萬人。在最大的投票區仰光的四十五個城鎮當中，只有五個城鎮辦公投。被軟禁在家的翁山蘇姬則在 5 月 23 日由官員將選票送至她家，請她投票。

緬甸全國人口有五千七百多萬，有投票權的公民為二千七百多萬。投票於上午 6 時開始，同日下午 4 時結束。計票工作在投票站關閉後便開始進行，計票不對外公開。票箱先送往地方政府，再轉至首都內比都的公投委員會。

5 月 15 日，緬甸軍政府公布第一輪憲法公投結果，投票率超過 99%，有 92.4% 選民支持新憲法。反對黨不接受該一投票結果，認為受到軍政府的操縱。

5 月 26 日，緬甸軍政府宣布，災區選民的投票率高達 93%，其中 92.93% 投下支持票；全國的投票率為 98%，其中 92.48% 選民支持新憲法。

緬甸軍政府迫於情勢，依照東協國家幫它建議的「民主路線圖」，按圖制憲及辦公投，不過，過程不公開和非民主，引起民主組織，例如全國民主聯盟、「88 世代」學生組織、「全緬甸學生會聯合會」以及「全緬甸僧侶聯盟」（All Burma Monks Alliance）之杯葛，反對該新憲法公投，批評軍政府舉行這一場虛假的投票來使他們的政權永久合法化。

在救災方面，緬甸之作法又違反國際常態，拒絕國際人道援助。緬甸除了遭到聯合國、美國和西歐國家的壓力外，2007 年底印度停止所有對緬甸的軍售與軍事移轉，使緬甸更陷入孤立。

第二節　還政於民

2010 年 3 月，緬甸政府通過聯邦選舉委員會法（Union Election Commission Law），設立負責選務的選舉委員會，委員會總共由總理委任 17 人

組成。其次通過政黨註冊法（Political Parties Registration Law），規定和尚、叛亂團體人員和外國人不可組織和參加政黨。佛教和政治分開，是緬甸長期以來的傳統，1947 年憲法亦有相似的規定。

　　根據緬甸新憲法之規定，在 2010 年 11 月 7 日舉行國會兩院選舉，總共有 37 個政黨參選，另有 82 名獨立人士參選。在選舉之前，緬甸政府於 10 月 21 日根據緬甸聯邦共和國憲法之規定更改國旗和國徽，國旗變成黃、綠、紅三色，中間有一顆白星，代表一個新歷史階段的開始。

　　參議院（House of Nationalities, Amyotha Hluttaw）是由各省和地區之平等席次的議員與軍人代表組成，總席次有 224 席，其中 25% 是軍人代表，即 56 席是由國防最高司令任命產生，另外由民選產生的席次有 168 席，每省或地區各選出 12 席。選舉結果，執政的聯邦團結發展黨（Union Solidarity and Development Party, USDP）在參議院贏得 129 席，

表 9-1：2010 年選舉參議院各黨議席數

政　　　黨	議席數
聯邦團結發展黨（USDP）	129
軍人	56
若開民族發展黨（Rakhine Nationalities Development Partym,RNDP）	7
國家統一黨（National Unity Party, NUP）	5
全國民主勢力（National Democratic Force, NDF）	4
欽族進步黨（Chin Progressive Party, CPP）	4
全孟族地區民主黨（All Mon Region Democracy Party, AMRDP）	4
撣族民主黨（Shan Nationalities Democratic Party, SNDP）	3
攀龍王子民主黨（Phalon-Sawaw Democratic Party, PSDP）	3
欽族國民黨（Chin National Party, CNP）	2
其他	7
合計	224

資料來源："Elections in Myanmar," http://en.wikipedia.org/wiki/Elections_in_Burma
2014 年 2 月 23 日瀏覽。

眾議院（House of Representatives, Pyithu Hluttaw）是由城鎮和人口產生之議員與軍人之代表組成，總席次有 440 席，軍人席次有 25%，即有 110 席軍人席次，是由國防最高司令任命產生，民選產生的席次有 330 席。緬甸採小選舉區制，每一選區產生一名代表，任期 5 年。選舉結果，執政的聯邦團結發展黨贏得 259 席。由於憲法第 59 條 f 款規定，總統和副總統候選人雙親之一、配偶、婚生子女之一或其配偶不應效忠外國，不應是外國之人民或是外國之公民。他們不應享有外國政府之人民或公民之權利和特權。憲法第 121 條與外國人結婚者不能參與選舉，故翁山蘇姬未能登記成為總統候選人。2010 年 3 月制訂的政黨註冊法（Political Party Registration Law）規定犯罪判刑者不能成為政黨黨員，因此全國民主聯盟沒有登記參選，翁山蘇姬亦同時被軟禁中。

選民年滿十八歲有投票權，僧侶、罪犯和心神喪失者，沒有投票權。投票不是強制的。軍警及其眷屬、公務員和國營公司員工，可提前投票，以便他們可以在投票日執行選舉公務，維持投票秩序。約有 10% 的人（約六百萬）提前投票。投票率有 77.26%。投票亦出現投多張票、買票、鬼魂投票和強制投票給執政黨候選人等情事。

11 月 12 日，翁山蘇姬被解除七年的軟禁，在過去二十一年中，她總共被軟禁十五年。

表 9-2：2010 年選舉眾議院各黨議席數

政　　　　黨	議席數
聯邦團結發展黨（USDP）	259
軍人	110
撣族民主黨（Shan Nationalities Democratic Party, SNDP）	18
國家統一黨（National Unity Party, NUP）	12
若開民族發展黨（Rakhine Nationalities Development Partym, RNDP）	9
全國民主勢力（National Democratic Force, NDF）	8
全孟族地區民主黨（All Mon Region Democracy Party, AMRDP）	3

帕歐全國組織（Pa-O National Organization, PNO）	3
欽族國民黨（Chin National Party, CNP）	2
欽族進步黨（Chin Progressive Party, CPP）	2
攀龍王子民主黨（Phalon-Sawaw Democratic Party, PSDP）	2
瓦族民主黨（Wa Democratic Party, WDP）	2
其他	10
合計	440

資料來源："Elections in Myanmar," http://en.wikipedia.org/wiki/Elections_in_Burma
2014 年 2 月 23 日瀏覽。

　　總理登盛（U Thein Sein）是軍方支持的聯邦團結發展黨領導人，在 2010 年 11 月全國大選中贏得絕大多數支持。登盛在 2010 年 4 月退伍，退伍前是軍人執政團的第四號領導。參、眾兩院都是聯邦團結發展黨占主導地位。[3]

　　在 2011 年 1 月 31 日的緬甸聯邦國會（眾議院 440 席和參議院 224 席）第一次會議中，與會代表分別選舉現任第三號領導人、國家和平與發展委員會成員瑞曼（Thura Shwe Mann）為眾議院議長，現任文化部部長欽昂敏（Khin Aung Myint）為參議院議長。根據新憲法之規定，聯邦議會議長則由欽昂敏、瑞曼輪流兼任，任期各為兩年半。

　　依據緬甸憲法第 60 條之規定，總統由總統選舉團（Presidential Electoral College）選出，總統選舉團由國會（Pyidaungsu Hluttaw）（包括眾議院和參議院）三個團體產生，此三個團體分別由省和地區、城鎮和人口與軍人的國會議員組成。此三個團體分別從國會議員或非國會議員選出代表其團體的副總統，總數有三名副總統。總統選舉團再從這三名副總統當選人中選出一名總統。

　　緬甸國會在 2011 年 2 月 4 日以 408 票選舉登盛為總統。兩名副總統分

3.「五副主席候選人中 總理登盛有望成為緬甸首任主席」，南洋星洲聯合早報（新加坡），2011 年 2 月 2 日。

圖 9-3：著傳統服飾的登盛總統
資料來源：https://www.google.com.
tw/search?q=%E7%99%BB%E
7%9B%9B%E7%85%A7%E7%
89%87&tbm=isch&tbo=u&sour
ce=univ&sa=X&ei=YGBBU8v
aL8WnlQWN0oGoBw&ved=0
CEMQ7Ak&biw=800&bih=509
2014 年 6 月 25 日瀏覽。

圖 9-2：緬甸總統登盛
資料來源："Burma President Promises 'Second
Wave' of Reforms," http://www.voanews.com/
content/burma-president-promises-second-
wave-of-reforms/1212750.html　2014 年 2 月
25 日瀏覽。

別是退伍高級將領、丹瑞的親信丁昂敏吳（Tin Aung Myint Oo），以及來
自少數民族撣族的參議院議員賽貌坎（Sai Mouk Kham）。賽貌坎來自撣族，
他是一家私人診所醫生，他當選為第二副總統。總統及副總統任期五年，
都是聯邦團結發展黨黨員。依據 2008 年憲法之規定，總統有權委任武裝部
隊首長、各邦首席部長，以及中央政府內閣部長。

第三節　實踐民主化

　　緬甸新總統登盛之政策作為表現出與過去中央集權式統治有很大的不
同，比較重要的內政改革如下：

　　(1) 緬甸政府放寬民主派領袖翁山蘇姬的活動範圍，翁山蘇姬從 2011
　　　 年 2 月 4 日起和她的兒子金・阿里斯前往位於仰光北部的蒲甘，進

行為期四天的朝聖。

(2) 2011 年 2 月 8 日，反對黨全國民主聯盟發表聲明，希望同西方國家
談判，磋商如何修改經濟制裁緬甸的措施。這一表態顯示如果緬甸
軍政府妥協，全國民主聯盟將採取較靈活的立場。不過，全國民主
聯盟仍然支持西方國家繼續制裁緬甸，並表示制裁措施損害到專制
政權，而不是一般公民，這暗示著西方國家不應過早解除對緬甸制
裁措施。[4]

(3) 4 月 19 日，與緬甸民主運動領袖翁山蘇姬來往密切的一名經濟學家
丹敏透露，緬甸新總統登盛已委任他出任顧問團成員。丹敏是退休
的聯合國亞太經濟與社會理事會的高級經濟學家，他也是翁山蘇姬
的經濟事務顧問。[5]

(4) 8 月 19 日，翁山蘇姬與登盛在首都內比都的總統官邸舉行會談，
還在翁山蘇姬的父親、緬甸獨立英雄翁山的一幅照片底下合影。新
政府對翁山蘇姬的態度軟化，除了要求翁山蘇姬領導的全國民主聯
盟向政府登記，以合法參與政治外，翁山蘇姬也與勞工部長翁基
（Aung Kyi）舉行兩度會談，發表聲明同意避免衝突。她還發表公
開信，提議由她出面協助政府與少數民族叛軍舉行和談。會後雙方
發表聯合聲明說：「為了民主繼續進步、經濟和社會進一步發展，
雙方將進行建設性合作。」[6]

(5) 登盛呼籲少數民族叛軍跟政府進行和平談判，結束國內幾十年來的
內戰。

(6) 緬甸政府邀請國際貨幣基金組織（IMF），研究改革緬甸現行貨幣
流通系統的可能性。

(7) 5 月 18 日，緬甸政府在國營電視臺宣讀總統登盛簽署的大赦令，從

4.「緬甸民盟願同西方 協商修改制裁措施」，*南洋星洲聯合早報*（新加坡），2011 年 2 月 9 日。

5.「翁山密友受委為緬政府顧問」，*南洋星洲聯合早報*（新加坡），2011 年 4 月 29 日。

6.「為和平穩定與經濟發展 翁山淑枝願與緬政府合作」，*南洋星洲聯合早報*（新加坡），
2011 年 8 月 13 日。

全國多座監獄釋放了 1 萬 4,760 名囚犯。緬甸政府宣稱基於人道理由而頒布這道政令，把死刑改判為無期徒刑，其他囚犯的有期徒刑則縮短一年。

(8) 8 月 21 日，聯合國負責緬甸人權事務的特使昆塔納（Tomas Ojea Quintana）訪問仰光，瞭解緬甸人權狀況。緬甸新政府於 9 月 5 日設立國家人權委員會（National Human Rights Commission）。由 15 名退休公務員組成國家人權委員會，將捍衛 2008 年憲法所規定的人民享有的基本權利。[7] 在東南亞國家中，設立有人權委員會的只有菲律賓、印尼、馬來西亞、柬埔寨。雖然難以預估其未來的工作前景如何，但其已邁出第一步，毋寧值得讚揚。

2011 年 1 月 19 日，國際人權組織「人權醫生」（The Physicians for Human Rights）發表「在軍人政府統治下的生活」的報告書，指責緬甸軍人政府一直在東部邊省撣邦侵犯人權，國際社會必須調查這種罪行。「人權醫生」訓練的志願人員，在 2009 年 10 月到 2010 年 11 月調查撣邦全境 621 戶家庭，受訪者揭露他們的許多親人被殺害、慘遭奸辱、酷刑拷打或在槍尖下被迫當奴工。[8]

(9) 9 月 16 日，緬甸政府解除了對幾個重要新聞網站的長期封鎖，其中包括「美國之音」、英國廣播公司網站，以及視頻網站 YouTube。這是緬甸政府放鬆政治控制的最新舉措。據報導，幾個重要區域的新聞機構的網站以及「緬甸民主之聲」也同時解禁。[9]

(10) 2011 年 10 月 18 日，緬甸政府特赦了 6,359 名犯人，根據全國民主聯盟的統計，獲釋的犯人中，僅有 227 人是政治犯。一般相信，監獄裏還關押著大約 2,000 名政治犯。[10] 2012 年 1 月 3 日，緬甸釋放

---

7. "Activities of the Myanmar of Human Rights Commission(5 September 2011 to 31 January 2012," 31 January 2012, Yangon.（http://www.mnhrc.org.mm/assets/uploads/2013/02/Report-from-Myanmar-Commission.pdf 2014 年 8 月 13 日瀏覽。）

8. 「國際『人權醫生』指緬軍政府在撣邦殘害平民」，**南洋星洲聯合早報**（新加坡），2011/1/20。

9. 「緬甸解除對部分新聞網站封鎖」，**南洋星洲聯合早報**（新加坡），2011/9/17。

10. 「美特使：緬釋放政治犯令人鼓舞 解除制裁須做更多改革」，**南洋星洲聯合早報**（新加

1,000 名政治犯，同時將死刑犯減刑為二十年以上不等刑期。1 月 13 日，又釋放 651 名犯人，其中有 130 名政治犯。[11]

(11) 2011 年 11 月 3 日，緬甸總統登盛簽署了修訂政黨註冊法，取消了原先「服刑人員不得加入政黨」的限制。緬甸當局修訂這個法令，顯然是要鼓勵翁山蘇姬的全國民主聯盟接受政治體制和重新註冊成政黨，納入主流政治。如果全國民主聯盟重新註冊為政黨，翁山蘇姬就有資格參加即將舉行的國會補選。[12]

2011 年 8 月 19 日，翁山蘇姬前往內比都會見登盛總統，這也表示翁山蘇姬和軍政府時期的領導人和解，登盛亦利用此一會面向西方國家表示他已盡力在推動民族和解。

聯合國祕書長潘基文的特別顧問藍比雅（Vijay Nambiar）在 2011 年 11 月 3 日訪問緬甸，代表潘基文呼籲緬甸領導人繼續推動改革、進行對話及民族和解。

眾議院在 2011 年 11 月 3 日修改政黨註冊法條文，將犯罪者不得為政黨黨員之條款刪除，同時規定登記的政黨應尊重及遵守憲法，同時規定每個登記參選的政黨必須至少在三個選區提出候選人（舊規定是參選各政黨必須至少提出三名候選人）。於是全國民主聯盟重新登記為合法政黨，翁山蘇姬乃得以參選。全國民主聯盟於 2011 年 12 月 13 日登記參加國會補選。

眾議院在 2011 年 12 月制定和平集會法（Peaceful Assembly Act），規定集會前須獲得許可，違反者最高可判處一年徒刑。在示威時引發動亂，亦可處以兩年有期徒刑。

根據憲法規定，國會議員出任政府部長或高官需辭去國會議員職務，所以必須辦理補選。2012 年 3 月 12 日，聯邦選舉委員會同意政黨派遣監督員在投票所監督。4 月 1 日，舉行補選，緬甸政府特別邀請美國、中國、

坡），2011/10/19。

11. *Keesing's Record of World Events*, Volume 58, January, 2012 Burma, p.50865.

12.「美國肯定緬甸改革 將予以更多新援助」，**南洋星洲聯合早報**（新加坡），2011 年 11 月 6 日瀏覽。

東協國家及東協對話夥伴國的加拿大、俄羅斯、歐盟、印度、澳洲和紐西蘭派遣選舉觀察員。參議院補選 6 席，全國民主聯盟贏得 4 席，聯邦團結發展黨 1 席，撣族國家民主黨（Shan Nationalities Democratic Party, SNDP）1 席。眾議院補選 45 席中，全國民主聯盟提出 44 人競爭，在實階區的候選人因資格不符而棄選，結果贏得 43 席，翁山蘇姬亦獲得當選。[13]

國會完成補選，表示民選機關取得合法性，在此基礎上，緬甸的民選政府的合憲性終於底定。

在緬甸國會補選的次日，立即獲得美國之肯定，總統歐巴馬（Barack Obama）於 2012 年 4 月 2 日宣布，將提名一名大使駐緬甸，及放鬆對緬甸旅遊和財政的限制。4 月 6 日，歐巴馬任命米契爾（Derek Mitchell）為駐緬甸大使。美國和緬甸開展關係正常化，對緬甸之對外關係標誌著新的指標。

根據緬甸新憲法第 320、321、322 條，特別設立一個憲法法院，專司解釋憲法及其他法律之職責。憲法法院設有 9 名法官，分別由總統、眾議院議長和參議院議長各提名 3 人，由總統致送經國會通過。2012 年 3 月下旬，國會要求傳召部長到國會備詢，這在以前從未實施，新憲法亦無相關規定，於是登盛總統將該一問題提請憲法法院解釋，結果憲法法院裁決國會委員會無權傳召政府部長。此一裁決引發國會議員不滿，在 9 月初，參議院以絕對多數票通過決議，要求憲法法院撤銷裁決。9 月 6 日，眾議院再以四分之三多數票通過彈劾 9 名憲法法院法官，只有占國會席次四分之一的軍方代表投下反對票。[14] 從該案之發展來看，國會正積極努力擺脫橡皮圖章的傳統印象。

登盛總統為了爭取國際社會之支持，於 2012 年 8 月廢除新聞檢查，還允許報刊在封面刊登反對派翁山蘇姬和美國總統歐巴馬的照片、以及刊登

---

13. http://en.wikipedia.org/wiki/Burmese_by-elections,_2012; *Keesing's Record of World Events*, Volume 58, April, 2012 Burma, p.51045; Saw Yan Naing, "NLD Claims 43 Seats, "*The Irrawaddy*, April 2, 2012.（http://www.irrawaddy.org/by-elections/nld-claims-43-seats.html 2015 年 3 月 18 日瀏覽。）

14. 「緬國會通過彈劾憲法法院九法官」，**南洋星洲聯合早報**（新加坡），2012 年 9 月 7 日，頁 30。

官員貪污的新聞。隨後有許多流亡外國的新聞媒體返國設立辦事處,例如,流亡泰國北部的「緬甸民主之聲」電台、**伊洛瓦底江月刊**。

2012 年 9 月 25 日,登盛總統前往美國紐約參加聯合國大會,為此美國總統歐巴馬先在 8 月下令解除對緬甸領導人的簽證禁令,俾讓登盛可以入境美國。翁山蘇姬也同時訪問美國,兩人在紐約會面。9 月 26 日,登盛會見美國國務卿希拉蕊(Hillary Clinton),希拉蕊表示美國將廢除對緬甸的進口限制。27 日,登盛在聯大發表演講。翁山蘇姬訪美主要目的是會見歐巴馬總統以及接受美國國會金獎章(Congressional Gold Medal),此獎章是四年前頒給她的,因為遭軟禁故無法領取。

登盛總統為了表現他的政治寬容,於 2013 年 1 月 16 日廢除 1996 年制訂的有關「寫作或發表可能破壞國家和平與穩定言論的人,可最高判處二十年徒刑」之法律。2 月 6 日任命反對黨全國民主力量黨(NDF)參議院議員丁瑞(Tin Shwe)醫生為旅遊部副部長。4 月 1 日,緬甸政府允許民辦報紙。緬甸從 1964 年起就禁止民辦報紙。長期以來只有三家官方報紙。政府總共批准了十六家民營報紙,包括**言論報**(*The Voice*)、**金色新土報**(*The Golden Fresh Land*)、**聯盟報**(*The Union*)、**標準時報**(*The Standard Time*)。緬甸政府也批准「美聯社」和日本「共同社」在仰光設立辦事處。4 月 30 日,緬甸政府同意 10 家民營報紙出版,其中包括美國的**國際前鋒論壇報**(*International Herald Tribune*)按照原版在緬甸印刷出版發行,這是首次允許外國英文報紙在緬甸出版。反對黨全國民主聯盟之週刊**民主浪潮**(*D-Wave*)也獲准改為日報。

2013 年 5 月 20 日,登盛受美國總統歐巴馬邀請訪問美國,這是自緬甸國家元首尼溫於 1966 年訪問美國以來的首次。歐巴馬讚揚在登盛領導下緬甸在民主化所做出的努力,登盛也保證將繼續進行民主改革。最後雙方簽署緬甸與美國貿易投資協議。在登盛訪問美國期間,歐巴馬是以 Myanmar 稱呼緬甸,而非過去慣用的 Burma。[15] 顯然美國已接受現在的緬甸政權。

15. *Keesing's Record of World Events*, Volume 59, May, 2013 Burma, p.52673.

2014 年 6 月 25 日，聯邦國會通過社團註冊法（Association Registration Law），規定當地社團或國際非政府組織（NGO）都可自由登記，沒有刑法的懲罰規定。該一新法律取代了 1988 年的社團組織法（Law Relating to Forming of Organizations No. 6/88）。[16] 此一立法過程還有社團參與，成為東協國家中有關社團立法最為開放民主參與的國家案例。國會還同時修改和平集會法，修改部分文字，新規定是假如集會申請不符合規定，則政府可以決定不發給許可。假如集會遊行計畫可能影響國家、團結、種族、宗教、人類尊嚴和道德原則，則政府當局可以不予核准。此外，將違反該一法律者之刑期減半。[17]

修憲之議

2013 年 3 月 20 日，執政黨國會議員蘇拉艾（Thura Aye Myint）提議設立憲法評析小組，在 7 月 25 日獲允成立，有 109 名成員。2014 年 2 月 3 日，成立憲法評析委員會，有31 名成員。10月22日，該委員會向國會提出報告，在憲法總共 457 條文中，建議修改 210 條。

2014 年 11 月，緬甸政府向國會提出公民複決投票法（National Referendum Law），在 2015 年 2 月 10 日通過，並經總統批准。該法規定在公投前三十天需公布公投主題，公投前十五天公布選民姓名。擁有公投之權利者，包括年滿十八歲者、客籍公民（guest citizens）、白卡持有人〔white card holders，第一次發給在阿拉干省的梅汶（Myebon）地區的 110 萬羅興亞（Rohingya）難民的臨時身分證〕。該項公投法之通過，是為修憲做準備。有人批評該法違反憲法，因為給予非公民公投權。緬甸政府在

16. "The Irrawaddy: Union Parliament passed NGO law," *BurmaNet News*, 1 Jul 2014.（http://www.burmanet.org/news/2014/07/01/the-irrawaddy-union-parliament-passed-ngo-law/ 2014 年 10 月 1 日瀏覽。）

17. "The Irrawaddy: Burma's Parliament amends protest law," *BurmaNet News,* 25 Jun 2014.（http://www.burmanet.org/news/2014/06/25/the-irrawaddy-burma%e2%80%99s-parliament-amends-protest-law/ 2014 年 10 月 4 日瀏覽。）

2010 年給予持白卡者投票權，1982 年公民法並無持白卡者擁有投票權之規定。登盛總統回應說，白卡證將於 2015 年 3 月底屆期，至舉行公投時就無投票權。[18] 緬甸憲法法庭在 2015 年 2 月宣布持白卡者擁有投票權是違憲。

對於憲法第 435 條之修正案為：「假如國會全體議員 20% 提議修改憲法，則應予考慮。」此一規定可便利有關修憲案的提出，然後交由議會討論及通過，再交由公民投票。

緬甸國會在 2014 年 9 月通過國家教育法（National Education Law），遭學生和教育專家批評為限制學術自由。在勃固省的麗塔帕丹（Letapadan）的大學生、和尚和記者從 2014 年 11 月就開始針對國家教育法，進行示威要求改革，提出十一點改革建議，遊行隊伍遭警察毆打。學生和和尚於 2015 年 1 月 20 日在曼德勒進行反國家教育法之示威遊行；3 月 3 日，「民主教育活動家」（Campaigners for Democratic Education）的學生和和尚被包圍在麗塔帕丹的翁雅貝克曼修道院（Aung Myay Beikman Monastery）內，警方阻止他們前進至仰光，學生們開始進行飢餓示威。[19] 國會參議院在 2015 年 3 月 5—15 日討論修改國家教育法，結果在仰光和麗塔帕丹有學生進行示威杯葛，爆發雙方的衝突，有多人受傷。緬甸新政府在 2011 年的教育預算，僅佔 1.2%，而國防預算佔 23%，這還不包括跟國防有關的企業和相關機關的預算。2014—2015 財政年度的國家總預算 190 億美元，其中教育預算佔 5.9%，國防預算為 12—13%，但實際上教育經費只有 1,100 萬美元，而國防經費有 24 億美元，教育經費明顯不足，教育設施落後，少數民族地區更差。而軍方和與軍方有關的朋黨的子女則大都送至外國讀大學。學生聯盟和「全國教育改革網絡」（National Network for Education Reform，NNER）提出十一點改革建議，包括：學術自由、允許學生和教師組織工會、

18. Nay Htun Naing, "Eleven Myanmar: Delayed constitutional amendment places Myanmar in limbo," in *BurmaNet News*, March 19, 2015.（http://www.burmanet.org/news/2015/03/10/eleven-myanmar-delayed-constitutional-amendment-places-myanmar-in-limbo-nay-htun-naing/ 2015 年 10 月 4 日瀏覽。）

19. "Karen Information Center: Karen National Union supports education protesters," in *BurmaNet News*, March 10, 2015.（http://www.burmanet.org/news/2015/03/10/karen-information-center-karen-national-union-supports-education-protesters/ 2015 年 10 月 4 日瀏覽。）

讓因政治因素離校的學生重回學校就讀、教育經費應佔國家總預算 20%。在 2014 年 11 月，學生要求國會在六十天內完成修法。當期限過後，國會未能履行修法要求，學生開始進行示威遊行。[20] 以後緬甸警方陸續逮捕 60 名示威學生領袖。

　　全國民主聯盟的國會議員最關心的是修改憲法第 59(F) 條，它規定總統候選人不得與外國人結婚或其子女具外國國籍。2015 年 6 月 21 日，總共有 298 名國會議員連署修正案，其中包括執政黨聯邦團結發展黨和反對黨全國民主聯盟的國會議員，在兩院 664 席中占 43.52%。[21] 另外有 500 萬人簽名連署支持該修正案，6 月 25 日，國會舉行投票，結果該憲法修正案未獲通過。另一個修憲案是將憲法第 436(a) 條規定之修憲門檻全體國會議員 75% 改為 70%，亦未獲通過。

2015 年國會選舉

　　緬甸在 2015 年舉行第二次國會選舉，從 9 月 8 日到 11 月 6 日為競選期間，11 月 8 日為投票日。總數有九十一個政黨登記參選。這次選舉要選出 330 位眾議院議員、168 位參議院議員、644 位省級和地區眾議院議員、29 位省級和地區參議院議員。緬甸聯邦選舉委員會並安排國際觀選團至各個投票所觀察。緬甸聯邦選舉委員會取消撣邦 Kyethi 和 Mong Hsu 兩個城鎮的選舉，因為發生「北撣邦軍」（Shan State Army-North）的叛亂活動。另外也取消合攀（Hopang）鎮的數個村莊的選舉，因為該一地區為「瓦邦聯合軍」（United Wa State Army）所控制。這些未舉行選舉的地區將使得聯邦眾議院議員少 7 席、撣邦眾議院議員少 14 席。

---

20. Min Zin, "A new generation takes to the streets in Burma," The Irrawaddy, in *BurmaNet News*, March 6, 2015.（http://www.burmanet.org/news/2015/03/06/the-irrawaddy-a-new-generation-takes-to-the-streets-in-burma-min-zin/　2015 年 10 月 4 日瀏覽。）

21. Shwe Aung, " Democratic Voice of Burma: USDP leads push for constitutional reform," *BurmaNet News*, June 22, 2015.（http://www.burmanet.org/news/2015/06/22/democratic-voice-of-burma-usdp-leads-push-for-constitutional-reform-shwe-aung/　2015 年 10 月 4 日瀏覽。）

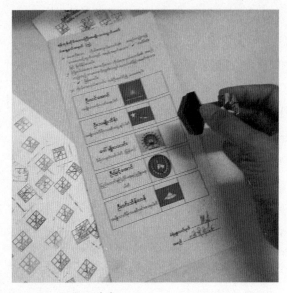

圖 9-4：投票紙樣式
資料來源：File:Myanmar election 2015 ballot paper. jpg ," https://commons.wikimedia.org/wiki/ File:Myanmar_election_2015_ballot_paper.jpg 2015 年 11 月 19 日瀏覽。

聯邦選舉委員會曾在 2014 年 9 月 7 日宣布取消國會議員補選，因為距離 2015 年的選舉太近。總數有 91 個政黨參選，候選人有 6,189 人。[22]

根據緬甸憲法第 64 條規定：「假如總統或副總統是政黨黨員，他不能在選舉期間參與該黨的活動。」反對黨全國民主聯盟據此在 11 月 4 指控登盛總統違反憲法，因為登盛在 10 月份參加執政黨的地方黨部的活動。

聯邦選委會在 11 月 15 日公布選舉結果，在參議院方面，全國民主聯盟贏得 135 席，執政黨聯邦團結發展黨 12 席、阿拉干國民黨（Arakan National Party, ANP）10 席、撣族民主聯盟（Shan Nationalities League for Democracy, SNLD）3 席、卓米民主大會黨（Zomi Congress for Democracy, ZCD）2 席、孟族國民黨（Mon National Party）1 席、帕歐全國組織（Pa-O National Organization, PNO）1 席、塔恩國民黨（Ta'ang National Party, TNP）1 席、國家統一黨（NUP）1 席、獨立人士 2 席，軍人 56 席。

在眾議院方面：全國民主聯盟贏得 255 席，聯邦團結發展黨 30 席、阿拉干國民黨 12 席、撣族民主聯盟 12 席、帕歐全國組織 3 席、塔恩國民黨 3 席、卓米民主大會黨 2 席、里蘇國家發展黨（Lisu National

---

22. Ei Ei Toe Lwin, " More than 100 scrubbed from final candidate list," *Myanmar Times,* September 14, 2015.

Development Party, LNDP) 2 席、克欽國家民主黨（Kachin State Democracy Party, KSDP) 1 席、果敢民主團結黨（Kokang Democracy and Unity Party, KDUP) 1 席、瓦族民主黨（Wa Democratic Party, WDP) 1 席、獨立人士 1 席，叛亂地區被取消議席 7 席，軍人 110 席。在總席次 440 中，全國民主聯盟之得票數已超過半數。

表 9-3：2015 年選舉眾議院、參議院各黨議席數

政　　黨	眾議院議席數	參議院議席數
全國民主聯盟（NLD）	255	135
聯邦團結發展黨（USDP）	30	12
撣族民主聯盟（SNLD）	12	3
阿拉干國民黨（ANP）	12	10
塔恩國民黨（TNP）	3	1
帕歐全國組織（PNO）	3	1
卓米民主大會黨（Zomi CD）	2	2
里蘇國家發展黨（Lisu NDP）	2	0
克欽國家民主黨（KSDP）	1	0
孟族國民黨（Mon NP）	0	1
瓦族民主黨（Wa DP）	1	0
果敢民主團結黨（Kok DUP）	1	0
拉胡國家發展黨（LaHu NDP）	0	0
泰連族發展黨（Tai-Leng）	0	0
緬甸民主黨（DP Myanmar）	0	0
國家統一黨（NUP）	0	1
瓦族國家統一黨（Wa NUP）	0	0
撣族民主黨（SNDP）	0	0
全孟族地區民主黨（All Mon）	0	0
克因人民黨（Kayin PP）	0	0
克欽邦團結民主黨（UDPKS）	0	0
阿卡國家發展黨（Akha NPD）	0	0

獨立人士		1	2
取消席次		7	0
軍人席次		110	56
合計		440	224

資料來源：Guy Dinmore and Wade Guyitt, "Final results confirm scale of NLD election victory," *Myanmar Times*, 23 November, 2015.

在省級和地區眾議院選舉方面，總席次有 880 席，其中選舉席次有 660 席，軍人席次 220 席。選舉結果，全國民主聯盟贏得 476 席、聯邦團結發展黨 73 席、撣族民主聯盟 25 席、阿拉干國民黨 22 席、塔恩國民黨 7 席、帕歐國民組織 6 席、克欽國家民主黨 3 席、里蘇國家發展黨 2 席、孟族國民黨 2 席、瓦族民主黨 2 席、卓米民主大會黨 2 席、全孟族地區民主黨（All Mon Region Democracy Party, AMRDP）1 席。以下民主黨（Democratic Party）、克因人民黨（Kayin People's Party）、果敢民主團結黨、拉胡國家發展黨（Lahu National Development Party, LHNDP）、撣族民主黨（Shan Nationalities Democratic Party, SNDP）、泰連族發展黨（Tai-Leng Nationalities Development Party, TLNDP）、克欽邦團結民主黨（Unity and Democracy Party of Kachin State, UDPKS）、瓦族國家團結黨（Wa National Unity Party）各獲 1 席。獨立人士 1 席。因叛亂被取消議席 14 席。[23]

根據 2008 年憲法之規定，一個特定地區的少數民族人口數達到全國人口 0.1% 以上者（約 51,400 人），則可選出民族事務部長。假如一個省分是以少數民族之族名命名者，則不允許選出民族事務部長。例如孟省就沒有孟族民族事務部長。在該省分或地區不可選出多數民族之民族事務部長。

在民族事務部長選舉方面，全國民主聯盟贏得 21 席，聯邦團結發展黨 2 席。以下阿拉干國民黨、阿卡國家發展黨（Akha National Development Party）、拉胡國家發展黨、里蘇國家發展黨、泰連族發展黨各獲 1 席。獨立人士 1 席。尚未宣布 4 席。總數有 29 席。

---

23. "Myanmar general election, 2015," *Wikipedia*.（https://en.wikipedia.org/wiki/Myanmar_general_election,_2015　2016 年 3 月 3 日瀏覽。）

10 月 30 日，全國民主聯盟國會議員候選人也是現任國會議員奈恩甘林
（Naing Ngan Lin）及該黨黨員郭素（Kyaw Thu）在塔基塔（Tharketa）鎮
競選拉票活動中，遭到一名醉酒男子以刀攻擊，兩人之頭部和手部皆受傷。
該黨選舉委員呼籲各地全國民主聯盟的候選人不要對該次暴力事件採取過
激反應，以使該次選舉和平進行。[24] 此應是這次選舉最為血腥的事件。此外，
雖有傳出威脅全國民主聯盟候選人的情事，但整體而言各地都沒有傳出暴
力事件。投開票都沒有傳出舞弊情事，在一星期內開完票，相當有秩序，
贏得國際觀選團之肯定。

登盛總統 11 月 12 日在他的「臉書」上表示向反對黨全國民主聯盟主席
翁山蘇姬及其政黨致賀勝選，尊重選舉結果，承諾其政府將會和平移轉政
權。緬甸武裝部隊總司令民翁藍（Senior General Min Aung Hlaing）亦在其
「臉書」上恭賀翁山蘇姬勝選，宣誓其軍隊將會與新政府合作。11 月 15 日，
登盛總統召集這次參加大選的九十一個政黨的代表，向他們表示他將保證政
權和平移轉。執政黨聯邦團結發展黨中央執委陳泰（U Than Htay）表示：「他
的黨將與新政府合作，希望下個政府跟我們一樣做得很好。」[25]

2016 年總統選舉

緬甸國會在 2016 年 3 月 10 日提名五位總統和副總統候選人，全國民主
聯盟提名的總統候選人是翁山蘇姬的親密戰友丁喬（Htin Kyaw），副總統
候選人是欽族的基督徒萬秀（Henry Van Thio）。聯邦團結發展黨則從眾議
院提名前副總統也是撣族民主聯盟祕書長的賽貌坎和從參議院提名前參議長
金翁明（Khin Aung Myint）。丁喬具有緬族和孟族的血統，不是國會議員，
他是翁山蘇姬設立的金姬基金會（Daw Khin Kyi Foundation）的執行長，金

24. Ye Aung Thu (AFP), "Myanmar opposition candidate wounded in sword attack at rally," *Mail Online*, October 30, 2015, （http://www.dailymail.co.uk/wires/afp/article-3296267/Myanmar-opposition-candidate-hurt-knife-attack-rally.html 2015 年 11 月 21 日瀏覽。）

25. Ei Ei Toe Lwin, " President to parties: Stability during transition is responsibility of all," *Myanmar Times*, November 16, 2015.

姬是翁山蘇姬的母親名字。丁喬的太太蘇蘇魯溫（Suu Suu Lwin）是全國民主聯盟的兩屆國會議員，在 2012 年補選和 2015 年國會大選當選眾議員，她已故的父親是全國民主聯盟的創黨黨員。萬秀是 2015 年欽省坦特蘭鎮（Thantlang Township）選出的參議員，是一位退役的陸軍少校，曾研習地理和法律。軍方則提名明穗（Myint Swe）參選。3 月 15 日，國會以 360 票選出丁喬為總統，成為緬甸五十四年以來的文人總統（中間有 1988 年 8 月 19 日上台的文人茂茂總統，12 月 18 日因國防部長邵茂發動軍事政變下台）；以 213 票選出明穗為第一副總統；以 79 票選出萬秀為第二副總統。[26]

經濟改革新方向

長期以來，緬甸實行的是小農、自給自足、佛教社會主義路線，以致於缺乏吸引外資的政策和動力，再加上西方國家的經濟制裁，所以其經濟始終無法起飛。平均每人每年國民所得約只有 300 美元，被列為全世界最貧窮國家之一。

跟其他進行改革開放的社會主義國家一樣，緬甸新政府必須制訂使得市場經濟活絡的新法規；申請公司手續的簡化；將高達 90% 國營企業進行民營化；提供低利貸款給公司經營者；起草證券交易法，準備讓大型企業公司股票上市；修改 1988 年外國人投資法，增加獎勵措施來吸引外資。

在 1990 年代，緬甸曾和新加坡合作在仰光港口設立工業園區，因受到美國等西方國家經濟制裁，工業園區的開發成效有限。現在新政府與泰國合作，已簽約在緬甸南部的土瓦地區建設全球最大的經濟特區，預定投入 500 億美元。

緬甸政府為了使其金融改革符合國際金融秩序，要求國際貨幣基金組織協助其進行匯率改革，並提供相關諮詢意見。

緬甸元（Kyat）幣值 2011 年時急速上揚，食品和燃油價格也節節上升。

---

26. Ei Ei Toe Lwin, "Parliament elects Htin Kyaw as president," *Myanmar Times*, March 15, 2016.

緬甸元在過去一年裏升值了 20%，升值速度超過任何一個亞洲國家貨幣。這使得其出口商受到重創，甚至令一些企業陷入破產的邊緣。對於緬甸元的升值，新政府沒有採取有效應對行動，許多出口商、農民、以及那些工資與美元掛鈎的雇員大受打擊。由於生產成本的上揚，一些企業面臨倒閉，員工則面對減薪和裁員等問題。[27]

緬甸的孤立地位，使其對外貿易數額很低，2003 年總對外貿易額才只有 45 億 7,000 萬美元，2009 年總對外貿易額為 117 億 8 萬美元。從 2003 年到 2009 年的對外貿易，緬甸都是順差，顯然緬甸人對於外來商品的興趣不大，主因是購買力不足，應是典型的內需型的自給自足經濟型態。緬甸的主要貿易夥伴也僅限於泰國、中國、新加坡和印度。在 2006—2007 財政年度，緬甸對外貿易額才 81 億 5,100 萬美元，主要原因是還受到美歐國家的經濟制裁。2008—2009 財政年度，增加到 113 億 5,600 萬美元。2014—2015 財政年度，貿易額增加到 291 億 5,600 萬美元，幾乎增加兩倍多，尤可見其對外貿易非常活絡。

表 9-4：2006–2010 年緬甸對外貿易進出口額

財政年度	出口額	進口額	合計（單位：百萬美元）
2006–2007	5222.92	2928.39	8151.31
2007–2008	6413.29	3346.64	9759.93
2008–2009	6792.85	4563.16	11356.01
2009–2010	7568.62	4186.28	11754.90
2010–2011	8196.00	5982.00	14178.00
2011–2012	9135.6	9035.1	18170.70
2012–2013	8977.0	9068.9	18045.90
2013–2014	11204.0	13759.5	24963.50
2014–2015	12523.7	16633.2	29156.90

資料來源：2006-2010 年的資料取材自 "Economy of Burma," http://en.wikipedia.org/wiki/Economy_of_Burma 2015 年 4 月 29 日瀏覽。2010-2011 年的資料取材自 "Trade, foreign investment and foreign companies in Myanmar," Facts and

27.「緬元大幅升值 出口遭受重創」，**南洋星洲聯合早報**（新加坡），2011/7/23。

Details, http://factsanddetails.com/southeast-asia/Myanmar/sub5_5g/entry-3130. html. 2011-2015 年的資料取材自 "Myanmar Foreign Trade Statistics, " AHK-Myanmar News, 2015/11/10, http://myanmar.ahk.de/uploads/media/MM_FT_stats_2014-15.pdf 2016 年 5 月 24 日瀏覽。

　　依據緬甸國家計畫暨經濟發展部中央統計局資料，2011 年緬甸進出口貿易總額約 152.59 億美元，較 2010 年同期成長 30%，其中出口金額 88.56 億美元，成長 17%；進口金額 64.03 億美元，成長 53%。緬甸直到 2012 年 4 月前，因仍受經濟制裁，主要貿易夥伴是亞洲國家。約 70% 的貨品係出口至亞洲國家，主要出口國家或地區：泰國、香港、中國、印度、新加坡、馬來西亞、日本、韓國。約 90% 進口貨品亦來自亞洲國家，主要進口國家：中國、新加坡、泰國、南韓、印尼、日本、印度、馬來西亞。緬甸主要出口貨品為：天然氣、木材、成衣、海產及其製品、稻米、橡膠、豆類、寶石。主要進口貨品為：石油產品、機器及運輸設備、金屬製品、電器用品、塑膠製品、人造纖維、食用油、醫藥製品、水泥、紙類製品。[28]

　　在外來投資部分，近年來稍有增加，2005 ／ 2006 會計年度外來直接投資金額 61 億美元，主要投資來源國為泰國、中國、汶萊、韓國等，尤其是泰國，其單獨投資額已占 2005 ／ 2006 所有外人投資總額的 90%，主要投資項目在能源方面，其他外資的投資項目則大都在礦業、農漁業、交通、觀光及不動產等。2006 ／ 2007 年由於緬甸政府以武力強勢鎮壓僧侶及人民對物價上漲的示威活動，造成動盪，影響外人對緬甸投資意願，故該年外人直接投資大幅下滑為 7 億 5,270 萬美元。2007 ／ 2008 年外人直接投資金額繼續大幅滑落達 1 億 7,272 萬美元。2008/2009 外人投資金額為 9 億 8,499 萬美元。2009 ／ 2010 年外人投資金額為 3 億 235 萬美元。2010 ／ 2011 年外人投資看好緬甸未來政經之正面改變，外人投資金額為 199 億 9,796 萬美元，共有二十五件，為 2006 年以來最多的一年，主要投資在石油、天然氣業（十二件，金額達 101.79 億美元）、電力（三件，金額達 82.18 億美元）、

28. 中華民國駐泰國代表處編印，**緬甸投資環境簡介**，2012 年 5 月，頁 7。（www.taiwanembassy.org/public/Attachment/25415562071.doc 2014 年 5 月 9 日瀏覽。）

礦業（三件，金額 13.96 億美元）、農業（三件，金額 1.38 億美元）、製
造業（四件，金額 0.65 億美元），主要投資來源國為中國（82.69 億美元）、
香港（57.98 億美元）、泰國（29.45 億美元）、韓國（26.75 億美元）、新
加坡（2.26 億美元）等。[29]

　　新政府在市場經濟領域的新措施，包括制定與市場經濟相關的法律和
實施細則；起草建構自由公平的市場經濟制度之法源市場競爭法；加速對
進出口貿易許可證的許可和執照發放；提供新公司註冊單一窗口快速服務；
擴大國有企業（超過 90%）進一步私有化；對中小企業提供低於緬甸央行
規定的貸款利率；起草證券交易法；要求國際貨幣基金組織協助其進行匯
率改革，以及撤銷對緬甸在國際貨幣收支方面之限制；2012 年 9 月 6 日國
會通過新投資法，修正 1988 年版的外國人投資法，允許外資投資電力、石
油和天然氣、礦業、製造業、飯店和旅遊業、房地產、交通運輸、通信、
建築和其他服務業；在高科技領域允許外資擁有 100% 股權，一般領域則
擁有 50% 股權；落實經濟特區法，第一個與外國（泰國）合作推動的經濟
特區已正式簽署合約，將投入 500 億美元在緬甸南部的土瓦地區建設全球
最大的經濟特區。[30]

　　截至 2012 年，緬甸積欠外債高達 110 億美元，日本為了協助緬甸經濟，
於 2012 年 4 月宣布免除緬甸 55 億美元債務中的 33 億美元。挪威也宣布註
銷 5 億 3,400 萬美元的緬甸債務。巴黎俱樂部（Paris Club）[31] 在 2013 年 1
月 25 日議決註銷緬甸的 35 億美元的一半債務，另一半債務重組後分十五

---

29. 緬甸的會計年度為每年 4 月 1 日至次年的 3 月 31 日。中華民國駐泰國代表處編
　　印，**緬甸投資環境簡介**，2012 年 5 月，頁 7-8。（www.taiwanembassy.org/public/
　　Attachment/25415562071.doc 2014 年 5 月 9 日瀏覽。）

30. Julia Hsieh, "Myanmar's New Foreign Investment Law," Yake Law School, Lillian Goldman
　　Law Library, October 2, 2012.（http://library.law.yale.edu/news/myanmars-new-foreign-
　　investment-law 2014 年 5 月 9 日瀏覽。）「緬總統頒布新外國人投資法」，**南洋星洲聯
　　合早報**（新加坡），2012 年 11 月 4 日，頁 25；吳福成，「專家傳真－緬甸東協市場最
　　後處女地」，**工商時報**，2011 年 9 月 9 日。

31. 巴黎俱樂部成立於 1956 年，是一個非正式國際組織，宗旨在為負債國和債權國提供服務
　　安排，包括債務重組、債務寬免、債務撤銷。其成員包括美國、澳洲、加拿大、日本、
　　俄羅斯等十九個國家。

年攤還。同一天，亞洲開發銀行和世界銀行宣布給緬甸低利貸款 9 億 5,200 萬美元。這是亞銀自 1986 年以來首次恢復對緬甸貸款。這一筆錢主要在協助緬甸攤還其積欠日本國際協力銀行的債務。世界銀行在 1987 年關閉其在仰光的辦事處，並停止借貸給緬甸。2012 年世銀借貸給緬甸 8,000 萬美元，用於建造道路、橋樑、灌溉系統、學校、診療所和農村市場。[32]

緬甸外海近年發現石油和天然氣，為了加緊開發，在 2013 年初宣布開放十八個岸外油區供國際招標，並準備陸續開放五十多個岸外油區。

與少數民族和解

登盛政府分別與十一個擁有武裝力量的少數民族進行和談，最後簽署停火協議。2012 年 1 月 12 日，緬甸政府與克倫民族聯盟簽署臨時停火協議，結束了六十三年的衝突。4 月 6 日，雙方代表在仰光舉行高層會談，討論停火後如何成立克倫族自治區問題。登盛總統於 4 月 7 日在總統府接見克倫民族聯盟六名代表，這是自 1949 年克倫族發動叛亂以來，緬甸總統和克倫民族聯盟領袖的首次會談。

2 月 27 日，緬甸政府也與新孟邦黨達成停火協議，進行政治對話；並在教育和保健方面進行合作，政府同意釋放關在牢獄中的新孟邦黨成員。新孟邦黨的游擊軍事武力是孟族民族解放軍，其根據地在緬甸東南部山區，兵力約 1,000 人，是規模較小的少數民族武裝力量。

從 2011 年 6 月緬甸政府軍與克欽叛軍發生衝突以來，緬甸政府與克欽叛軍展開十多次和談。2013 年 1 月，緬政府軍進攻克欽獨立軍基地拉咱（Laiza）鎮，造成三名平民喪生，一萬多人流離失所，有些難民越界進入中國境內。3 月 11 日，緬甸總統府部長昂敏率代表團前往中國雲南的瑞麗鎮，與克欽獨立組織（Kachin Independence Organization, KIO）和其附屬軍事團體克欽獨立軍進行談判。5 月，緬甸政府與克欽獨立組織[33]簽署和平協

---

32. 「多數債權國同意 緬甸一半外債獲註銷」，**南洋星洲聯合早報**（新加坡），2013 年 1 月 29 日，頁 12。

33. 其戰鬥部隊稱為「克欽獨立軍」（Kachin Independence Army, KIA）。

議，8 月 27 日聯合國緬甸特使藍比雅首度到達克欽邦克欽獨立組織的總部拉咱的難民安置區，會見克欽獨立組織的領袖。緬甸政府與克欽獨立組織之和平談判是由聯合國和中國居間協調。藍比雅亦前往密支那與撣族部落領袖會談，有關在克欽邦撣族少數民族之地位問題，他很驚訝地表示：在克欽獨立組織內沒有撣族的代表。在克欽邦內撣族有 30 萬人，但在克欽邦的戰亂中，有 2 萬撣族人流離失所，他們大都信奉基督教。但聯合國提供的援助，是給予信奉基督教的克欽族，而非撣族。[34] 2013 年 9 月 2 日，政府軍進入克欽邦的 Nhka Ga 村，迫使駐守當地的 200 名克欽獨立軍撤走，政府軍逮捕及拷打兩名村民，強姦兩名婦女。10 月 8 日，政府代表和克欽獨立組織在密支那舉行和談。[35]

10 月 10 日，總統府部長翁民（Aung Min）和克欽獨立組織的代表在密支那簽署初步停火協議，規範政府軍和克欽獨立軍之間的行為，以及安置遭戰火破壞而流離失所的平民。[36]

11 月，各武裝民族叛軍團體聯合組成「全國停火協調團隊」（Nationwide Cease-fire Coordination Team, NCCT），以協調與政府談判停火事宜，結果該組織與政府的談判沒有結果。主要原因是「全國停火協調團隊」建議組成「聯邦軍」，及要求有更大的自治權，但不為政府所接受。[37]

2014 年 2 月 16 日，聯合國緬甸人權事務特使昆塔納到密支那會見克欽邦首席部長甘賽（La John Ngan Hsai），亦到拉咱和克欽獨立組織領袖會晤。原因是該地區在上週再度爆發軍事衝突，使情勢趨於緊張。2015 年 4 月中旬，克欽獨立軍在克欽邦的帕康特（Hpakant）鎮再度和政府軍駁火。

---

34. "UN Special Envoy Makes First Visit to Kachin Headquarters," August 28, 2013.（http://www.rfa.org/english/news/myanmar/envoy-08282013180211.html 2014 年 2 月 26 日瀏覽。）

35. "KIC: Kachin conflict: Burma army accused of raping villagers," *BurmaNet News*, November 11, 2013.（http://www.burmanet.org/news/2013/11/11/kic-kachin-conflict-burma-army-accused-of-raping-villagers/ 2015 年 5 月 21 日瀏覽。）

36. *Keesing's Record of World Events*, Volume 59, October, 2013 Burma, p.52959.

37. "Myanmar Rebel Groups Want Foreign Observers in Cease-fire Monitoring Teams," January 21, 2014.（http://www.rfa.org/english/news/myanmar/ethnic-01212014172636.html 2014 年 2 月 26 日瀏覽。）

在英國統治孟加拉時，阿拉干是由英屬孟加拉統治。緬甸獨立後，阿拉干歸屬緬甸，有不少回教徒從孟加拉移入阿拉干，居住在阿拉干省北部，七塔功南部，以致於緬甸軍政府稱這批難民為來自孟加拉的「七塔功人」（Chittagongnian people）。在 1986 年，羅興亞的回教徒占阿拉干總人口的 56%。1992 年，羅興亞的回教徒人數占阿拉干 400 萬人口的 70%。[38] 這些早期定居在阿拉干省西北部的少數民族羅興亞族是信仰回教，他們成為阿拉干居民應無問題。1978 年，這些羅興亞人持有緬甸政府發的國民登記卡（National Registration cards）。1991—1992 年，緬甸軍政府採取種族區別政策，沒收羅興亞人的國民登記卡，約有 26 萬 8,000 人被驅離緬甸，進入孟加拉。[39] 新近從孟加拉移入緬甸境內的 80 萬羅興亞人，大多數是無國籍者，緬甸政府視他們是孟加拉國的非法移民，孟加拉政府也不承認他們，禁止他們入境。他們與信仰佛教的若開族在 2012 年 6 月爆發宗教衝突，「特赦國際」（Amnesty International）和「人權觀察」（Human Rights Watch）等人權組織指控政府軍逮捕羅興亞族，加以拷打及強姦其婦女。在 6 月暴動中，有 78 人死亡。約有 9 萬名羅興亞難民住在聯合國設立的難民營裡。7 月 11 日，登盛總統發表一項聲明，他同意將羅興亞難民問題交由聯合國難民高級專員（UN High Commissioner for Refugees）負責。[40] 2013 年 11 月 19 日，聯合國大會第三次委員會專門討論人權、社會和文化事務，全體做成決議，呼籲緬甸政府給予羅興亞族公民權，停止對羅興亞族的暴力行為。緬甸政府發言人於 11 月 21 日拒絕此項決議，認為此侵犯緬甸的主權。1982 年公民法已排除羅興亞族為緬甸的少數民族之一，將之歸類為新近從孟加拉移入緬甸的孟加拉人（Bengali）。[41]

「阿拉干軍」（Arakan Army）在 2015 年 4 月 17 和 18 日在若開

---

38. Andrew Selth, *op.cit.*, p.7.

39. Arakan Rohingya National Organization(ARNO), "Rohingya History," 10 February 2013.（http://www.rohingya.org/portal/index.php/rohingya-library/26-rohingya-history/487-rohingya-history-.html 2015 年 7 月 2 日瀏覽。）

40. *Keesing's Record of World Events*, Volume 58, July, 2012 Burma, p.52119.

41. *Keesing's Record of World Events*, Volume 59, November, 2013 Burma, p.53011.

邦的克約克頭（Kyauktaw）以西 14 英里的平隆（Pinlon）村及翁蘭中（Aunglanchaung）村和政府軍發生戰鬥。

撣邦北部果敢特區少數民族叛軍「緬甸民族民主同盟軍」（Myanmar National Democratic Alliance Army, MNDAA）在 2014 年 12 月 9—13 日和政府軍發生戰鬥，政府軍死 100 人。28 日雙方再度駁火。[42]

2015 年 2 月 9 日，爆發政府軍和撣邦北部果敢特區少數民族叛軍在果敢首府老街（Laukkai）的戰爭，「緬甸民族民主同盟軍」企圖攻佔老街，政府軍除了增援陸軍軍隊外，亦出動空軍直昇機和戰機轟炸叛軍，才嚇阻叛軍進佔老街，政府在 17 日宣布果敢地區戒嚴三個月。至 3 月 8 日止，造成軍人總數死 73 人、傷 184 人，叛軍死 86 人，5 萬人逃入中國境內，亦有約 1 萬人逃難至南部中緬甸地區。[43] 這些少數民族叛軍組織有「緬甸民族民主同盟軍」、「塔安全國解放軍」（Ta'ang National Liberation Army, TNLA）和「克欽獨立軍」（Kachin Independence Army, KIA）。[44]「緬甸民族民主同盟軍」是緬甸共產黨的殘餘軍隊，從 1989 年後就與緬甸政府軍作戰。該支游擊隊在這次衝突中退入中國境內，緬甸政府軍越界轟炸，引起中國抗議。雙方官員在 3 月 7 日在邊境小鎮謬司（Muse）舉行會談，以恢復邊境的穩定和安全。3 月 8 日，流彈落入中國境內，一處民房受損。12 日緬甸一軍機在中國境內投下兩枚炸彈，後墜毀，殘骸於 13 日下午 4 時左右在薄刀山被中國民眾發現。13 日 16 時 30 分左右，緬軍空軍第四次侵入中國境內，第三次對中國境內投彈。造成雲南省臨滄市耿馬傣族佤族自治縣孟定鎮河外大水桑樹正在砍甘蔗的中國平民五死八傷。緬甸官員懷疑有

---

42. "Kokang chief Pheung Kya-shin returns to fight Myanmar government," *China Times*, December 30, 2014.

43. "Army says 8 soldiers dead, 51 injured fighting Kokand rebels," *The Irrawaddy*, 10 March, 2015, in BurmaNet News.（http://www.burmanet.org/news/2015/03/10/the-irrawaddy-army-says-8-soldiers-dead-51-injured-fighting-kokang-rebels/ 2014 年 3 月 26 日瀏覽。）

44. Nang Seng Nom, "Group Alleges Burma Army rights abuses in Kokang," *The Irrawaddy*, 10 March, 2015, in BurmaNet News.（http://www.burmanet.org/news/2015/03/10/the-irrawaddy-group-alleges-burma-army-rights-abuses-in-kokang-nang-seng-nom/ 2014 年 3 月 26 日瀏覽。）

中國雇傭兵協助叛軍，敦促中國合作防止「恐怖分子」從中國境內向緬甸發動攻擊，中國外交部予以否認。[45]「瓦邦聯合軍」跟「緬甸民族民主同盟軍」關係密切，曾提供軍火給後者。它從中國獲得地對空飛彈及其他精密武器。「緬甸民族民主同盟軍」領袖彭家聲於 10 日發表「泣血告全球華人」公開信，指控緬甸政府實施種族滅絕鎮壓，同時中國拋棄果敢，令果敢蒙受異族欺凌，他呼籲全球華人關注果敢 20 萬華人的命運，以同根同族為念，出手相助。[46] 彭家聲高齡八十五歲，由其長子彭大春（Peng Daxun, Peng Ta-shun）領導「緬甸民族民主同盟軍」。「緬甸民族民主同盟軍」的祕書長童雅林（Htun Myat Lin），為彭家聲之女婿，曼德勒藝術和科學大學畢業生。[47] 該支游擊隊由新一代領導，正展現旺盛的企圖心，這次攻擊事件意圖奪回其失去六年的據點。

　　總結這次攻擊事件，有以下幾個原因：一是彭家聲年事已高，亟欲重回果敢。二是報復其在 2009 年遭緬甸軍方逐出果敢。三是緬甸近年與美國和聯合國合作積極進行反毒，影響彭家聲的鴉片收入。2014 年緬甸和聯合國反毒和犯罪辦公室（Burma-UN Office of Drugs and Crime, UNODC）公布的報告稱，緬甸種植鴉片的土地面積有 57,600 公頃，比起 2013 年的 57,814 公頃少了 0.3%。此外，緬甸在 2014 年的鴉片產量為 670 公噸，比起 2013 年的 870 公噸少 23 %。從 2011 年 12 月以來，緬甸和美國在反毒的合作日有增強進步。2014 年 9 月，美國和緬甸簽署反毒和跨國犯罪協議，美國支持緬甸政府對該一政策的執法和法治。[48] 四、中國可能利用該支游擊隊對緬

---

45. Sean Gleeson, "Chinese, Burmese officials meet to defuse Kokang tensions," *The Irrawaddy*, 10 March, 2015, in BurmaNet News.（http://www.burmanet.org/news/2015/03/10/the-irrawaddy-chinese-burmese-officials-meet-to-defuse-kokang-tensions-sean-gleeson/ 2014 年 3 月 26 日瀏覽。）

46. 「緬甸內戰激烈 10 萬難民湧入中國」，*自由時報*，2015 年 2 月 14 日。

47. Bertil Lintner, "Kokang:the backstory," *The Irrawaddy*, in *BurmaNet News*, March 10, 2015.（http://www.burmanet.org/news/2015/03/10/the-irrawaddy-kokang-the-backstory-bertil-lintner/ 2015 年 3 月 20 日瀏覽。）

48. "Country report: Burma,"（http://www.state.gov/j/inl/rls/nrcrpt/2015/vol1/238952.htm 2015 年 5 月 26 日瀏覽。）

甸政府施壓，因為緬甸近年在民主化後向美國和西方國家越走越近。

「瓦邦聯合軍」是緬甸少數民族叛軍中兵力最強者，其武裝軍隊約有2—3萬人，擁有人員運兵車、地對空飛彈等先進武器，曾在 2011 年和政府簽署和平協議，但並非是「全國停火協調團隊」之成員。該組織和中國關係密切，據稱中國協助訓練該組織之軍人以及直昇機駕駛員。[49] 2015 年 2月果敢事件爆發後，該組織反駁政府的指控，認為他們沒有介入果敢事件，反而希望和政府和談，該組織曾在 2 月致函登盛總統，要求會面以解決自治問題。[50] 但政府軍認為他們和「緬甸民族民主同盟軍」都是過去緬共的殘餘份子，在中、緬邊境從事毒品買賣。[51]

經過兩年多的談判，緬甸政府和八個少數民族叛軍達成和解，在 2015年 10 月 15 日簽署停火協議，另外還有七個少數民族叛軍則拒絕和解，其中包括克欽族、果敢族、蒙拉族（Mongla）、北方撣族（northern Shan）、唐恩族（Ta'ang）和瓦族。緬甸政府藉此簽約儀式進行國際宣傳，邀請聯合國、中國、日本、印度和歐盟國家代表觀禮。翁山蘇姬拒絕出席，她認為此種和平協議不是真正的和平，應由未來全國民主聯盟領導的政府所簽訂的和平協議才是真正的全國和平協議。[52] 11 月 2—4 日，由力量最大的武裝反政府組織「瓦邦聯合軍」在撣邦東北部的攀康（Pangkham）根據地召開十二個武裝反政府民族組織領袖的會議，呼籲政府立即停止攻擊各民族游

49. "Eleven Media Group: UWSA denies sending Wa soldiers to China for training," *BurmaNet News*, February 13, 2014.（http://www.burmanet.org/news/2014/02/13/eleven-media-group-uwsa-denies-sending-wa-soldiers-to-china-for-training/ 2015 年 5 月 26 日瀏覽。）

50. "The Irrawaddy: Government wrong to suggest Wa, China involvement in Kokang conflict: UWSA-Lawi Weng," *BurmaNet News*, February 27, 2015.（http://www.burmanet.org/news/2015/02/27/the-irrawaddy-government-wrong-to-suggest-wa-china-involvement-in-kokang-conflict-uwsa-lawi-weng/ 2015 年 5 月 26 日瀏覽。）

51. "Shan Herald Agency for News: Burma army commander wants to attack UWSA, NDAA and RCSS/SSA," *BurmaNet News*, March 10, 2015.（http://www.burmanet.org/news/2015/03/10/shan-herald-agency-for-news-burma-army-commander-wants-to-attack-uwsa-ndaa-and-rcssssa/ 2015 年 5 月 26 日瀏覽。）

52. "Myanmar (partial) peace agreement signed between government and minorities," *AsiaNews.it.*, October 15, 2015.（http://www.asianews.it/news-en/Myanmar-(partial)-peace-agreement-signed-between-government-and-minorities-35588.html 2015 年 10 月 16 日瀏覽。）

擊隊、拒絕簽署 10 月 15 日停火協議、要求與緬甸下一個政府對話,與政府之和平過程應邀請中國參加。[53]

　　緬甸的少數民族問題之所以會如此難以處理,關鍵在於軍方和少數民族團體對於「聯邦」(federalism)有不同看法,軍方認為實施「聯邦」之概念就是要脫離聯盟(union)關係,對緬甸國家主權有損,而少數民族團體則主張是各個民族團體的聯合,但憲法只允許全國只有一個軍隊,各土著邦將喪失武力,以致於無法自治。[54]換言之,各少數民族要求的是擁有高度自治權的聯邦,而非中央集權的聯邦。

宗教衝突

　　緬甸是個佛教國家,回教徒僅佔 4%,在緬甸史上,發生宗教衝突的案例不多,畢竟大多數族群都是信奉佛教。除了阿拉干外,回教徒大都是外來族群,主要來自印度和孟加拉一帶。前述的羅興亞人就是一個例子。2013 年 3 月 20 日,中部曼德勒南方的美克替拉(Meiktila)小鎮一名佛教徒到一家回教徒開的金飾店變賣金飾,雙方發生衝突,結果佛教徒糾眾砸毀該金飾店。有些僧侶介入該一事件,煽動佛教徒只到貼有「969」貼紙的商店購物,所謂「969」就是尊奉三大寶石:指佛教、正法和僧伽。[55]「969」運動就是佛教徒進行反回教的運動,批評回教是殺生的宗教,自 2007 年蕃紅花革命後激進佛教僧侶旅遊緬甸各地宣傳反對向回教徒商店購物、通婚、雇用或將財產賣給回教徒。[56] 貼有「969」貼紙之商店就是由佛教徒經營的

53. Ye Mon, "Myanmar Times: Armed groups detail Pangkham demands," *BuemaNet News*, November 5, 2015.(http://www.burmanet.org/news/2015/11/05/myanmar-times-armed-groups-detail-pangkham-demands-ye-mon/ 2015 年 11 月 9 日瀏覽。)

54. Saw Yan Naing, "Analysis: Suu Ki bound to face barriers in peace process," *The Irrawaddy*, November 18, 2015.(http://www.irrawaddy.org/election/news/analysis-suu-kyi-bound-to-face-barriers-in-peace-process 2015 年 11 月 21 日瀏覽。)

55. Cherry Thein, "Sayadaw slams '969' campaign," 22 April 2013.(http://www.mmtimes.com/index.php/national-news/6458-sayadaw-slams-969-campaign.html 2015 年 5 月 26 日瀏覽。)

56. "Inside the 969 movement, The story of the Myanmar's Buddhist radicals," (http://www.

商店。該場衝突導致四十多人死亡。在勃固也發生兩座回教堂和十幾棟房子遭燒毀的暴力衝突。

　　4 月底，位在仰光以北 100 公里的小鎮奧坎（Oakkan）有一名回教徒婦女不小心撞落和尚手中的化緣鉢，一群佛教徒隨後攻擊當地和附近三個村莊的回教堂和商店，縱火燒毀 77 棟房子、157 所房子和商店遭破壞。

　　激進和尚偉拉蘇（Wirathu）在 2013 年成立保守的和尚組織「保護種族和宗教協會」（Association for the Protection of Race and Religion, Ma-Ba-Thay），在 2014 年接獲 10 萬人簽署贊成種族保護的相關立法，登盛總統立即下令起草改變宗教法（Religious Conversion Bill）、一夫一妻法（Monogamy Bill）、人口控制健康保健法（Population Control Healthcare Bill）、和佛教婦女特別婚姻法（Buddhist Women's Special Marriage Bill）。人口控制健康保健法，規定婦女每三年才能生一胎。佛教婦女婚姻法規定佛教徒婦女需經過同意後才能與回教徒男性結婚。2015 年 1 月，有 180 個婦女團體簽署反對種族保護相關立法，認為違反憲法以及國際保護婦女的公約，例如「消除各種歧視婦女公約」（Convention Eliminating All Forms of Discrimination Against Women, CEDAW）和「世界人權宣言」（the Universal Declaration on Human Rights）。[57] 由於該項法律是由和尚組織提出的，所以被認為是用來控制回教徒的生育率，以降低回教徒人數的擴增。其實回教徒在整個緬甸才占 4%，不足以構成人口壓力。這樣的說法都是因為前述發生的佛教徒和回教徒衝突後衍生的相互猜疑和不信任的結果。

　　激進的佛教組織「969 運動」（969 Movement）的領袖偉拉蘇主張驅逐緬甸境內的回教徒，他在十四歲曼德勒學校畢業後即出家當和尚，2003 年因為煽動種族衝突被逮捕入監，2012 年跟其他政治犯一起被釋放，出獄後帶頭抵制回教徒商業，到處演講煽動反回教徒，反對佛教徒改變宗

thomascristofoletti.com/portfolios/inside-the-969-movement/ 2015 年 5 月 28 日瀏覽。）

57. Shwe Aung, "Democratic Voice of Burma: Upper house approves population control bill," *BurmaNet News*, Feb. 20, 2015.（http://www.burmanet.org/news/2015/02/20/democratic-voice-of-burma-upper-house-approves-population-control-bill-shwe-aung/ 2015 年 10 月 26 日瀏覽。）

教、反對佛教徒和回教徒通婚，故被稱為「拉登的佛教徒」（Buddhist bin Laden）。[58] 登盛總統已在 2015 年 8 月 31 日批准上述四項法律。[59]

第四節　發展多邊開放外交

緬甸的改革開放政策，已贏得西方國家的讚揚，鼓舞其繼續採取較為開放的政策，特別是在人權和政治民主化方面。緬甸將可能恢復中立不結盟路線，採取類似新加坡的作法，引進各種勢力並使之相互平衡。

緬甸對外關係長期維持孤立，很少參加亞太的區域活動，也不是亞太區域組織的成員。過去長期以來緬甸只與中國、泰國、印度等少數國家來往，在改革開放後，緬甸或許能拓展與西方國家的關係，從而提升緬甸的經濟體質，以改善人民的生活水準。如果能有進一步的民主化措施，則將獲得美國和西歐國家的經濟援助。

緬甸與美國關係

美國國務卿希拉蕊在 2009 年 9 月 24 日在聯大宣布美國將改變對緬甸之政策，光是制裁以及孤立「國家和平與發展委員會」並不能為緬甸人民獲取更大的自由和憲政民主。美國對於緬甸軍事政權之政策很清楚，即在緬甸改革之前制裁仍將繼續維持。[60]

美國助理國務卿康貝爾（Kurt Campbell）於 2010 年 5 月 8 日訪問緬甸，會見政府高層官員、翁山蘇姬及全國民主聯盟十名領袖，翁山蘇姬等人要求美國對軍政府採取強硬態度。該項訪問之目的在探詢翁山蘇姬等領袖對

---

58. "Democratic Voice of Burma: Website launches dedicated to Wirathu," *BurmaNet News*, September 8, 2015.（http://www.burmanet.org/news/2015/09/08/democratic-voice-of-burma-website-launches-dedicated-to-wirathu/　2015 年 10 月 10 日瀏覽。）

59. "Interfaith Marriage and Conversion Controversy," in *Network Myanmar*,（http://www.networkmyanmar.org/index.php/human-rights/interfaith-marriage　2015 年 10 月 10 日瀏覽。）

60. *Keesing's Record of World Events*, Volume 55, September, 2009 Burma, p.49413.

於美國對緬甸之經濟制裁之態度，隨後美國國務院宣布將在 5 月 20 日後繼續延長對緬甸之經濟制裁一年，其理由是緬甸政府對於美國之國家安全和外交政策仍構成不尋常的和特別的威脅。[61]

2011 年 2 月 23 日，美國駐緬甸代辦丁格（Larry M. Dinger）表示曾與反對派領袖翁山蘇姬會談，討論美國應該為緬甸提供哪些援助。翁山蘇姬在過去不希望西方國家過快解除對緬甸的經濟制裁，才能對軍政府施壓，因此美國政府必須先與翁山蘇姬會談瞭解其看法。在此時美國對緬甸仍使用 Burma 之舊國名，而不願使用軍政府更改的 Myanmar 新國名。[62]

美國負責東亞及太平洋事務副助理國務卿約瑟夫・尹（Joseph Y. Yun）在 4 月 12 日在華盛頓霍普金斯大學高等國際研究院舉行的「緬甸與兩韓：危險與機會」（Myanmar and the Two Koreas: Dangers and Opportunities）會議上說，緬甸解除對民主派領袖翁山蘇姬的軟禁是重要的一步，他呼籲緬甸採取進一步的行動，釋放其餘的兩千多名政治犯。他表示美國將繼續對緬甸採取雙軌政策，一方面對緬甸實施制裁，另一方面尋求同緬甸接觸。[63]

歐巴馬（Barack Obama）總統於 5 月 16 日決定對緬甸的經濟制裁再延長一年。他在當天致函國會，使用的措辭與前幾次延長制裁聲明所用的語辭大致相同，聲明嚴斥緬甸「對民主派反對人士的大規模壓迫」等行動，是對「美國利益」的敵視行動。

5 月 18 日，約瑟夫・尹前往緬甸，與緬甸新成立的文人政府舉行會談。[64] 5 月 20 日，美國駐緬甸大使館說，美國副助理國務卿已向緬甸新政府指出，美國關注他們與朝鮮（北韓）建立的軍事聯繫。美國懷疑緬甸獲得平壤政

61. "US Extends Sanctions on Burma," May 14, 2010.（http://www.voanews.com/content/us-extends-sanctions-on-burma-93842244/165690.html 2014 年 2 月 28 日瀏覽。）

62. "US talks with Myanmar's Suu Kyi about aid," February 23, 2011.（http://www.foxnews.com/world/2011/02/23/diplomat-suu-kyi-talk-aid-myanmar/ 2014 年 2 月 28 日瀏覽。）

63. Matthew Pennington, "US urges Myanmar to free political prisoners," *The Seattle Times*, April 11, 2011.（http://seattletimes.com/html/nationworld/2014741365_apususmyanmar.html 2014 年 4 月 20 日瀏覽。）

64.「美副助理國務卿訪問緬甸」，*南洋星洲聯合早報*（新加坡），2011 年 5 月 19 日。

府支持祕密展開核子計畫已經很多年。約瑟夫·尹在這次訪問中，也會見了緬甸新政府外長吳貌倫（Wunna Maung Lwin），這是新政府成立以來兩國舉行的最高層會談。[65] 美國對於長期遭到國際孤立的緬甸，卻與北韓關係密切，故懷疑緬甸和北韓在核武上進行合作。這可能是美國對於它所謂的「流氓國家」（rogue states）的一種心戰策略。

美國參議員麥凱恩（John McCain）在 6 月 2 日前往緬甸訪問，會見緬甸反對派領袖翁山蘇姬，也會見國會兩院主席、少數民族領袖。麥凱恩在新聞記者會上表示，美國將繼續對緬甸進行制裁，直至緬甸採取具體行動改善人權和政治情勢，他警告假如緬甸沒有任何民主進展，將會面臨阿拉伯方式的革命。他呼籲釋放政治犯，保證翁山蘇姬在全國旅行的安全、全國和解的民主過程、完成國際法的義務。[66]

6 月 29 日，美國政府提名的緬甸問題協調員資深的亞洲政策專家米契爾說，他會尋求全球力量的支持，推動緬甸的民主進程。他也對於東協考慮讓緬甸在 2014 年擔任輪值主席表示不安。美國任命緬甸問題協調員，這是歐巴馬政府要對緬甸投以更多關注的安排。[67]

由於緬甸軍人在北部少數種族地區攻擊武裝分子時，姦淫當地婦女。美國政府在 8 月 12 日表示，已經對軍方支持的緬甸政府施壓，要求他們停止把強姦作為戰爭武器。美國還提出設立一個國際調查委員會，調查緬甸的戰爭罪行和違反人道罪。13 名美國女參議員譴責緬甸當局把姦淫婦女當做「戰爭武器」，並向國務卿希拉蕊提交一封信，要求她施壓制止緬甸的這種行為。[68] 9 月，美國邀請緬甸外長吳貌倫到紐約參加聯大後順道到國務院訪問，也邀請緬甸參加其他國際會議。

9 月 14 日，在上月受委為美國第一位協調對緬政策的美國新任緬甸特

65.「美國特使向緬甸新政府施壓」，*南洋星洲聯合早報*（新加坡），2011 年 5 月 21 日。

66. "US Senator McCain's Calls for 'Concrete Action' Distorted by Regime," June 6, 2011.（http://www.burmapartnership.org/tag/us-senator-john-mccain/ 2014 年 2 月 28 日瀏覽。）

67.「回應緬軍方警告將有騷亂 翁山：到仰光北部純是宗教之旅」，*南洋星洲聯合早報*（新加坡），2011 年 7 月 1 日。

68.「美要求緬軍停止姦淫婦女」，*南洋星洲聯合早報*（新加坡），2011/8/13。

使米契爾，在結束首次訪問時表示，緬甸必須先釋放將近 2,000 名政治犯、同反對派對話、結束與少數民族的衝突和調查侵犯人權的事件，尤其是在少數民族地區發生「包括對婦孺在內的嚴重侵權行徑」，藉以「證明懷疑論者是錯誤的」。[69]

助理國務卿波斯納（Michael Posner）在 11 月 5 日陪同美國緬甸問題特使米契爾一道訪問緬甸。這是米契爾 9 月份以來第三次訪緬。波斯納說，緬甸出現了令人鼓舞的跡象，必須給予肯定，從而激勵緬甸在這些基礎上做出更多努力。這兩位美國高級官員強調，美國歡迎緬甸在上個月釋放了二百多名政治犯，但強烈呼籲緬甸立刻無條件釋放所有的其他政治犯，以及允許新政黨和獨立團體註冊、有集會自由等。波斯納在緬甸也和翁山蘇姬討論了擴大小額貸款。這是向農民和低收入人群提供的貸款，目的是幫助他們改善生計。[70]

美國國務卿希拉蕊於 2011 年 11 月 30 日至 12 月 2 日訪問緬甸，是美國國務卿五十五年來對緬甸的第一次訪問，上一次是國務卿杜勒斯（John Foster Dulles）於 1955 年訪問緬甸，政治意義非比尋常。希拉蕊也兩度會見反對派領袖翁山蘇姬，會後翁山蘇姬呼籲外國政府支持緬甸的改革。美國和緬甸改善關係，勢必影響緬甸的對外關係。

緬甸是否發展核武，成為美國在未來對緬甸解除經濟制裁的重要參考。因此緬甸眾議院議長瑞曼在 12 月 9 日對外公開表示，他在 2008 年底率領一支高層代表團訪問北韓，簽署兩國武裝部隊的合作備忘錄，不是核武合作。

在西方集團中，澳洲和歐盟在 2012 年 4 月率先解除對緬甸的經濟制裁，歐盟只保留武器禁運。5 月 17 日，美國國務卿希拉蕊宣布因為緬甸的民主進步，將解除對緬甸的經濟制裁，將放寬美國公司對緬甸的投資，但美國公司必須向美國政府報告其投資不會助長政治壓制或族群衝突。美國政府

69.「美新任緬甸特使：緬若推行真改革 美將積極回應」，**南洋星洲聯合早報**（新加坡），2011 年 9 月 15 日。

70.「美國肯定緬甸改革 將予以更多新援助」，**南洋星洲聯合早報**（新加坡），2011 年 11 月 6 日。

也宣布提名米契爾為自 1990 年以來的駐緬甸大使。7 月 3 日，澳洲解除對緬甸之自主旅行和金融制裁，但武器仍禁運。[71] 美國亦同時允許美國公司在緬甸投資及提供金融服務，惟需向美國政府報告交易詳情。11 月 17 日，美國國務院和財政部發表聯合聲明，除了產自和加工於緬甸的硬玉和紅寶石以及內含緬甸珠寶的產品之外，緬甸所有產品將可以重新入口美國市場，另外也宣布對七家與前軍人政權有關的人所擁有的公司仍保留制裁。

對於緬甸內部的族群衝突，美國也開始關心，並表示意見，2012 年 5 月 28 日，若開邦首府實兌（Sittwe）爆發回教徒和佛教徒之衝突，起因是一名佛教徒婦女遭三名羅興亞回教徒姦殺。雙方衝突導致 31 人死亡。6 月 11 日，聯合國從該地撤出 40 名工作人員。美國駐緬甸代辦佘斯敦（Michael Thurston）在仰光會見若開邦回教組織和若開國家發展黨（Rakhine National Development Party）的代表，呼籲雙方冷靜處理此事。[72] 美國官員在緬甸調解族群衝突，並不被認為是干涉內政，反而是受到歡迎，時代已有所改變。

11 月 19 日，美國總統歐巴馬訪問緬甸，成為美國首位訪問緬甸的總統。他在緬甸僅停留六小時，會見登盛總統，也登門拜訪翁山蘇姬。他在仰光大學對大學生演講。歐巴馬宣布美國國際開發總署（United States Agency for International Development）將在未來兩年提供緬甸 1 億 7,000 萬美元援助。人權團體批評歐巴馬到訪緬甸過早，因為緬甸還有 200 名政治犯被拘禁，政府軍以殘酷手段對付克欽邦叛軍，阿拉干邦的羅興亞回教徒的住家遭到焚燬和驅趕。18 日歐巴馬在緬甸之行的前一站泰國時，立即辯護稱，他到訪緬甸並非在為緬甸政府撐腰，而是因為體認到緬甸內部已有所改善，這是過去兩年或一年半大家未能預見的。他補充說：「我不認為有人會幻想緬甸已到達他們應該必須到的地方。換言之，假如我們要等待直至他們達到完美的民主才去交往，我懷疑我們可能要等待一個可怕的漫長歲

---

71. http://www.dfat.gov.au/geo/burma/burma_brief.html 2014 年 2 月 28 日瀏覽。

72. "US charge d'affaires urges dialogue in Myanmar's Rakhine State," June 15, 2012.（http://www.nationmultimedia.com/breakingnews/US-charge-daffaires-urges-dialogue-in-Myanmars-R-30184247.html 2014 年 2 月 28 日瀏覽。）

月。」[73]

　　2013 年 2 月 23 日，美國放寬對緬甸四家大銀行的制裁，包括緬甸經濟銀行、緬甸投資和商業銀行、亞洲綠色發展銀行和伊洛瓦底銀行，允許美國公民和企業同他們進行交易。5 月 4 日，美國國務院宣布解除 1996 年對緬甸的政府領導人及其商業夥伴和家屬的入境簽證禁令，但所有緬甸人入境美國還是需申請簽證，之前被禁的緬甸官員仍須受審查。歐巴馬總統將「關於緬甸的國家緊急法令」（National Emergency with Respect to Burma）延長一年，該法令禁止美國企業和個人與涉及 1990 年代中期鎮壓民主運動的緬甸人，進行投資或有生意上的往來。2015 年 5 月 15 日，歐巴馬總統鑑於緬甸的情勢對於美國的國家安全和外交政策仍有不尋常的和極大的威脅，而再度延長 1997 年 5 月 20 日經濟制裁法令一年。主要指的是緬甸在少數民族地區和若開邦還有族群衝突和違反人權情事、緬甸軍人行事不受文人政府監督及經常為所欲為。[74]

　　美國民主、人權和勞工助理國務卿（Assistant Secretary of State for Democracy, Human Rights and Labor）馬林諾斯基（Tom Malinowski）和美國大使米契爾率領一個包括國務院、國防部、和美國援外機構高級代表團於 2015 年 1 月 11—17 日訪問緬甸，進行第二次美、緬人權對話會議，討論人權、民主改革，包括政治犯、媒體自由、土地權利、勞工權利、在衝突地區保護平民及獲取人權協助、法律和憲法改革對抗歧視和軍事改革。在對話會議前，美國代表團訪問密支那（Myitkyina）、克欽邦和仰光，與緬甸非政府組織、宗教領袖、政治領袖和國際人權組織進行討論。「果敢民族民主同盟軍」指責該次美國國防部官員與密支那緬軍方會談，是造成此次衝突的原因之一。

　　人口、難民和移民助理國務卿（Assistant Secretary of State for Popu-

---

73. Peter Beker, "Obama, in an emerging Myanmar, Vows support," *The New York Times*, November 18, 2012.

74. The White House, "Message-Continuation of the National Emergency with Respect to Burma", May 15, 2015.（https://www.whitehouse.gov/the-press-office/2015/05/15/message-continuation-national-emergency-respect-burma 2015 年 11 月 28 日瀏覽。）

lation, Refugees, and Migration)理查（Anne C. Richard）於 1 月 16-20 日訪
問緬甸，隨後於 20—23 日訪問孟加拉。理查訪問若開邦，會見該邦和地方
政府官員、羅興亞人的代表和若開社群（Rakhine communities）、國際和非
政府組織，討論若開邦的政治和人權情勢。

美國武器管制助理國務卿（Assistant Secretary for Arms Control, Verifi-
cation and Compliance）羅斯（Frank Rose）於 2015 年 1 月 27—2 月 6 日訪
問緬甸、南韓、中國和英國，他於 1 月 27 日抵達緬甸，與緬甸外長簽署化
學武器公約，以及討論武器管制問題。

美國國務院鑑於緬甸北部連續發生少數民族的反抗活動，因此在 3 月
12 日警告美國公民從現在到 11 月大選之前應注意在緬甸的人身安全。由於
緬甸政府對於美國外交官員活動地點有所限制，因此，偏遠地區若發生美
國人的安全問題，這是美國駐緬甸大使館無法立即給予救援的。[75]

緬甸與日本之關係

自 1988 年緬甸軍政府上台後，日本和西方國家一樣對緬甸實施經濟制
裁，但 1989 年 2 月，日本承認了緬甸軍政府，並恢復部分經濟援助。日本
成為西方陣營中首個承認緬甸軍政府的國家。

緬甸自 2007 年 8 月 19 日起爆發了多起民眾抗議政府的示威活動（袈
裟革命），東京 APF 通訊社的簽約攝影記者長井健司於 27 日被緬軍人射殺。
日本政府 10 月 3 日開始就縮小日、緬經濟合作範圍一事展開討論。高村正
彥彥外相表示，「目前的經濟合作僅限於人道領域，今後考慮進一步縮小
範圍。」為表示對此事件的憤慨，日本政府 10 月 4 日決定在近期凍結總值
達 5 億 5,000 萬日元的緬甸建設人才培訓中心經援項目。日本表面上對緬政
府提出抗議，並揚言要採取強制措施，以附和歐美等國，但實際上並沒有
追隨歐美等國對緬實施制裁的主張，甚至罕見地和西方盟友意見分歧，在

---

75. http://travel.state.gov/content/passports/english/country/burma.html

某些方面唱反調，拒絕停止對緬甸提供援助。日本已成為緬甸最大的援助國和債權國。

　　為了維持在東南亞地區特別是在緬甸的傳統影響力，保持日本在東南亞地區的主導地位，防止中國勢力的滲透，日本不得不對緬甸實行懷柔政策。因此，日本和歐美保持一定的距離，和緬甸軍政府來往密切，並試圖用胡蘿蔔而非大棒政策來誘導緬甸與中國保持一定的距離。

　　日本政府於 2011 年 6 月派遣外務政務官菊田真紀子出訪緬甸。10 月 21 日，十六年來緬甸外交部長吳貌倫首次訪日，日、緬雙方就推動實施官方發展援助（ODA）一事達成共識。10 月 22 日，**朝日新聞**報導稱：「中國與緬甸具有深厚的關係，日本希望通過此舉與『親日國』緬甸重新構築關係。日本外務省官員稱：『緬甸政權內部有人擔心中國的影響力過於強大。所以，日本可以伸出援助之手。』」[76] 日本希望獲得緬甸的稀有礦藏（稀土）。

　　2012 年 4 月，登盛訪問日本，日本宣布將免除緬甸欠債和利息 5,000 億日圓中的 3,000 億日圓、恢復 1987 年因緬甸政變而凍結的貸款，以及將協助策劃迪拉瓦（Thilawa）[77] 經濟特區的發展藍圖。11 月 18 日，日本首相野田佳彥在金邊舉行的東協高峰會場外會見登盛，宣布將貸款給緬甸 500 億日圓，將用於三項工程計畫。第一項工程計畫是由三菱、住友和丸紅等公司組成財團主導迪拉瓦經濟特區建設基礎設施。第二個工程計畫是在仰光附近修復一座地熱發電站。第三項工程計畫是在十四個農村地區興建基礎設施。

緬甸與印度之關係

　　緬甸總統登盛是在 2011 年 10 月 12 日到 15 日訪問印度。雙方同意增強在石油和天然氣勘探的合作。登盛說，他鼓勵印度對緬甸的能源建設增加投資。印度總理辛哈（Manmohan Singh）則表示願意提供緬甸 5 億美元基礎

76.「日本對緬甸重啟 ODA 意在牽制中國」。（http://www.cn1n.com/economy/wnp/20111026/222219902.htm　2014 年 2 月 28 日瀏覽。）
77. 迪拉瓦位在仰光地區的丁茵（Thanlyin）和皎丹（Kyauktan）鎮之間。

建設貸款。印度在緬甸建設道路和海港，將使印度邊遠的東北部各邦，更容易取得出口海港設施並且激勵當地的經濟發展。兩國並且同意，將目前每年12億美元的雙邊貿易額，到2015年的時候增加到30億美元。[78] 2012年，辛哈訪問緬甸，是二十五年來印度首位總理訪問緬甸，他也會見翁山蘇姬。2014年，印度總理穆迪（Narendra Modi）訪問緬甸，也會見翁山蘇姬。

印度很關心緬甸倒向中國，而努力與緬甸拉近關係。緬甸亦致力於與印度維持關係，將實兌港的建設工程交由印度公司承造。緬甸將從實兌到中國雲南昆明的石油和天然氣管線、從皎漂到昆明的鐵公路交由中國興建，而實兌港由印度承建，可看出緬甸謹慎地在中國和印度之間維持平衡。

2014年11月，緬甸和印度、泰國協議預備開築一條從印度的古瓦哈地（Guwahati）經由曼德勒、仰光到泰國美梭（Mae Sot）的公路，預定在2016年完工。印度亦計畫從其東境的米卓蘭（Mizoram）省的羅恩特來（Lawngtlai）鎮到緬甸實兌港開築一條公路，預定在2017年完工。[79]

2015年7月16日，緬甸外長吳貌倫訪問印度，與印度外長蘇司瑪（Sushma Swaraj）舉行緬、印聯合諮商會議，在聯合聲明中表示，印度將協助緬甸武裝部隊現代化，協助緬甸建立一支專業的和有能力的海軍，以保障其海洋安全；雙方將加強軍事訓練合作，共同維護邊境安全，對付跨境活動的叛亂團體。[80] 武裝部隊總司令民翁藍亦訪問印度，並前往果阿造船廠參觀，緬甸考慮購買印度海岸巡邏艦，雙方將在軍事防務上進行合作，印度支持緬甸軍事現代化，將給予必要的協助。

在印度之「東望政策」（Look East Policy）下，緬甸是其第一個要建

---

78. 帕斯里恰，「為增進雙邊關係 緬甸總統訪問印度」，美國之音，2011年10月14日。（http://www.voacantonese.com/content/article-20111014idia-burma-131852223/934542.html 2014年4月25日瀏覽。）

79. Julien Bouissou, "India's long highway to Myanmar starts to take shape," The Guardian, September 27, 2015.（http://www.theguardian.com/world/2015/sep/27/india-myanmar-road-mizoram-tribal-areas-modi 2015年12月25日瀏覽。）

80. Ankit Panda, "India and Myanmar Deepen Defense Cooperation," The Diplomat, July 18, 2015.（http://thediplomat.com/2015/07/india-and-myanmar-deepen-defense-cooperation/ 2015年11月25日瀏覽。）

立關係的國家，印度對緬甸提供軍事援助和其他開發計畫，目的在使緬甸降低依賴中國，並意圖從緬甸獲取更多的天然資源，據估計緬甸蘊藏有 32 億桶原油、2.5 兆立方公尺天然氣，排名全球第十大。[81]

緬甸與中國之關係

　　緬甸與中國維持密切的經貿關係，中國是緬甸第一大外來投資國、第二大貿易伙伴國。緬甸與中國在戰略合作上令人注意的發展是由中國建造從緬甸實兌港到中國昆明的輸油管線。2011 年 4 月 28 日，緬甸又與中國達成協議，將建造一條從中國西南部直通印度洋的鐵路。這條鐵路將分五個階段建造，從中國雲南省一直延伸至緬甸西部的若開省主要城鎮皎漂，全程 1,215 公里，預計需要三年修建。該整個工程還包括修建一條與鐵路平行的高速公路。

　　上述的輸油管線、鐵路和公路都具有重要的戰略意義，而引起西方國家的關切，以為緬甸過度倒向中國。因此對於美國強化與緬甸之關係，被認為美國有意改變緬甸偏向中國的外交路線。

　　2011 年 9 月 30 日，緬甸總統登盛在國會出人意表地宣布中止在克欽邦興建的密松（Myitsone）水壩及水力發電廠工程，該一工程獲中國資助 36 億美元，從 2005 年在伊洛瓦底江北部興建，由緬甸軍政府、中國電力投資公司和中國南方電網公司聯合建造。這座大壩就建在梅開江（Maykha）與邁麗開江（Malikha）兩條河流的交會點下方約 1.6 公里。登盛說，他的政府必須按民意做事。民運組織和環保分子一直反對這個專案，新政府上臺後更是頻頻舉行抗議活動，要求停建。

　　環保團體反對該一水壩的主要理由是，這個水壩建好後大水將淹沒面積相等於新加坡的大片地區，數十個鄉村將沉入水底，迫使至少 1 萬人、

81. Jeremie P. Credo, "Myanmar and the Future of Asia's New Great Game, *The Diplomat*, July 24, 2015, http://thediplomat.com/2015/07/myanmar-and-the-future-of-asias-new-great-game/ 2015 年 11 月 25 日瀏覽。

主要是少數民族克欽族流離失所，也永遠摧毀熱帶雨林，擾亂當地農業賴以為生的河流水系，破壞那裏豐富的生物多樣性。密松水壩建成後，所發電力的 90% 將出口到中國。[82] 緬甸每年可獲得十多億美元稅收。

美國讚揚緬甸政府中止密松水壩工程的決定。中國外交部發言人洪磊10 月 1 日回答記者時說：「中國政府敦促有關國家政府保障中國企業的合法和正當權益。密松電站是中、緬兩國的合資專案，經過了雙方的科學論證和嚴格審查。對專案實施過程中的有關事宜，應由雙方通過友好協商妥善處理。」[83]

緬甸終止此一水壩工程，可能係想藉此向西方國家表態，它會不惜與中國中止合約關係，目的在獲取西方國家解除對它的經濟制裁、獲取經援。緬甸派遣外交部長吳貌倫為總統特使，專程前往中國進行解釋。緬甸副總統丁昂敏吳於 10 月 21 日前往中國北京參加中國東協博覽會，他的另一項任務是解釋緬甸為什麼要決定停建密松水壩工程。此外，中國與緬甸合建油氣管道緬甸段第四標段於 10 月 1 日開工，顯見雙方關係並未受到影響。後來兩國同意設立「電力合作委員會」，以確保未來計畫不會遭遇類似命運。

另一個中國的商業利益引發克欽獨立軍和政府軍的衝突案例，是 2011年中國國營的大唐集團公司（China Datang Corporation）為了在克欽邦興建大平（Taping）水力發電廠，而與緬甸北方軍區司令和克欽獨立軍進行談判，由中國公司付給克欽獨立軍 240 萬美元，換取工程不受阻礙地進行的承諾，克欽獨立軍另要求輸送電力到克欽獨立軍控制的地區，中國公司只做口頭承諾，而不願簽署正式協議。隨後政府軍攻擊克欽獨立軍的前哨據點和平民住區，破壞了雙方在 1994 年簽署的停火協議。政府軍亦進入撣邦北部，奪取土地，以便做為中國正在建造的石油和天然氣管線之用。[84]

82.「緬甸水壩項目突喊停」，*南洋星洲聯合早報*（新加坡），2011 年 10 月 1 日。

83.「美讚緬甸停建密松水壩」，*南洋星洲聯合早報*（新加坡），2011 年 10 月 2 日。

84. Matthew Smithmarch, "How China fuels Myanmar's wars," *The New York Times*, March 3, 2015.（http://www.burmanet.org/news/2015/03/04/the-new-york-times-how-china-fuels-myanmars-wars-matthew-smithmarch/ 2015 年 4 月 25 日瀏覽。）

　　2012 年 11 月 18 日，緬甸軍方和中國兵工企業中國北方工業公司旗下的萬寶礦產有限公司和緬甸聯邦經濟控股公司（Union of Myanmar Economic Holding Ltd., UMEHL）在緬甸西北部實階區摩尼瓦（Monywa）鎮聯營的雷特帕東銅礦場（Letpadaung Copper Mine），因為擴場需要徵用 7,800 英畝土地及搬遷二十六個村莊，且影響當地環境品質和居民健康，引起當地居民一千多人抗議，導致銅礦場被民眾佔領關閉。29 日，警方以水砲、催淚瓦斯和煙幕彈驅散示威民眾，造成一百多村民和僧侶受傷。約有 50 名民眾在仰光中國大使館外示威，約 40 名僧侶和 60 名民眾在仰光蘇萊寶塔示威，一百多名民眾在瓦城示威。摩尼瓦亦有和尚示威。登盛總統任命翁山蘇姬領導一個30 人委員會進行調查。僧侶要求政府道歉，12 月 1 日，大約百名警察在摩尼瓦一座寺院向僧侶致歉，但不被接受，認為層級太低。12 月 8 日，宗教事務部長敏特茂（Thura Myint Maung）向仰光 29 位高僧致歉。12 月 11 日，仰光、曼德勒和其他城市再度有和尚上街遊行，要求政府正式道歉。他們要求向所有緬甸和尚致歉，而非僅向少數高僧致歉。12 月 16 日，總統府部長拉吞（U Hla Tun）、衛生部長佩代欽（Dr Pe Thet Khin）、曼德勒區首席部長葉民特（U Ye Myint）、內政部次長兼警察首長覺覺吞（Kyaw Kyaw Tun）和實階區首席部長塔艾（U Tha Aye）在瓦城向資深和尚和受傷和尚道歉。[85] 此一衝突才告結束。

　　中國總理李克強在 2014 年 11 月 14 前往緬甸參加東協加三高峰會[86]和東亞高峰會[87]，同時和緬甸發表「中華人民共和國與緬甸聯邦共和國關於深化兩國全面戰略合作的聯合聲明」，「緬方歡迎中方提出的『共建絲綢之路經濟帶和二十一世紀海上絲綢之路』的倡議。雙方同意將繼承和弘揚和

85. "Authorities Arrest Mine Activists," *Radio Free Asia*, November 27, 2012.（http://www.rfa.org/english/news/myanmar/mine-11272012184954.html 2014 年 4 月 25 日瀏覽。）"Burma apologizes for violence against monks," AP News, Dec 09, 2012.（http://asiancorrespondent.com/93210/myanmar-apologizes-for-violence-against-monks/ 2014 年 4 月 25 日瀏覽。）
86. 東協加三高峰會指東協十國和中國、日本和南韓的政府領袖舉行的會議。
87. 東亞高峰會指東協十國和中國、日本、南韓、印度、澳洲、紐西蘭、美國和俄羅斯的政府領袖舉行的會議。

平合作、開放包容、互學互鑒、互利共贏的絲路精神，加強海洋經濟、互聯互通、科技環保、社會人文等各領域務實合作，推動中、緬及與其他沿線國家間的合作共贏、共同發展。」雙方決定成立「中緬農業合作委員會」。中國支持緬甸農村和農業發展，決定繼續向緬方提供小額農業優惠貸款。李克強在這次訪緬時，中、緬簽署合作專案金額約 80 億美元，涉及農業、能源、金融、教育、衛生等多個領域。[88]

　　緬甸改革開放多少影響其跟北京的關係，尤其在 2015 年 2 月果敢地區發生反緬甸政府的軍事叛亂活動，緬甸軍機越界進入中國境內轟炸避難到中國雲南境內的果敢民主同盟軍的游擊隊，引發中國的抗議。再加上緬甸停建中國投資的水壩，這些事件導致雙方關係降溫。然而從 2015 年 2 月起，中國在緬甸境內建造的兩條輸油管線和輸氣管線正式運作，為了維護該一商業運轉，中國必須維持與緬甸各黨派的友好關係。故中國邀請翁山蘇姬在 6 月 10 到 14 日訪問北京，這對中國而言，頗不尋常，因為過去中國很少邀請外國的反對黨到北京訪問，現在中國邀請緬甸反對黨領袖訪問北京，是否預見該年 11 月緬甸國會選舉反對黨可能大舉獲勝而事先作的準備？另一方面亦有可能藉此對登盛政府施加壓力。

　　中國石油天然氣集團公司在 2001 年 11 月從 TG 世界能源公司（TG World Energy Corp, TGWEC）購得蒲甘 Block IOR-3、TSF-2 和 RSF-3 區塊的三個油田為期二十五年的生產分潤合約。同年 11 月又與緬甸石油與天然氣公司合作簽署在南緬甸 Block IOR-4 區塊之油田為期二十年的探勘開採合約，2005 年開始生產天然氣。2007 年 1 月，與緬甸石油與天然氣公司簽署合約，在若開省岸外 Block AD-1、AD-6 和 AD-8 區塊三個油氣田探勘，範圍廣達 1 萬平方公里。[89]

　　在西方國家解除對緬甸的經濟制裁後，緬甸政府在 2014 年 10 月宣布

88. 吳小憶，「細數總理訪緬『情』節 道一句『胞波』情深」，中國日報（中文網），2014 年 11 月 15 日。（http://world.chinadaily.com.cn/2014-11/15/content_18919892.htm 2014 年 11 月 25 日瀏覽。）

89. "CNPC in Myanmar,"（http://www.cnpc.com.cn/en/Myanmar/country_index.shtml 2015 年 12 月 25 日瀏覽。）

將招標 9 個岸外油氣田。英國歐菲爾能源公司（Ophir Energy）與緬甸能源部簽約取得若開省岸外第 Block AD-03 區塊的油氣田開採權，該公司可取得 95% 的生產利潤。泰國國家石油公司旗下公司（PTTEP）也準備在馬塔班灣（Gulf of Martaban）的卓替卡（Zawtika）油氣田開採。[90] 在緬甸投資開發油氣田的國家包括中國、英國、印度、日本、馬來西亞、泰國、南韓、俄羅斯和美國等國。

緬甸與東協之關係

緬甸原該在 2006 年輪到擔任東協相關會議之主席，但在國際社會反對的壓力下，緬甸同意延後擔任主席。美國駐東協大使大衛・卡登（David Lee Carden）則表示，緬甸是否應該擔任主席的這個決定將由東協來決定。但他表示，美國政府希望緬甸能認真對待新的東協憲章，其中就包括推動人權。英國政府跟隨美國的政策，也在 2011 年 5 月 18 日警告東南亞國家，不要允許緬甸擔任 2014 年的東協輪值主席國。它說，緬甸必須在政治改革方面顯示出「巨大的進展」，才有資格擔任東協主席。[91]

隨著緬甸持續民主化改革，東協同意緬甸在 2014 年主辦東協會議，美國和西歐國家不再有意見。緬甸終於結束其孤立外交，加入區域經濟組織，此不僅有助於東協內部更具整合性，而且緬甸可獲取其他東協成員國的協助。

---

90. "Join local and international industry experts at the Myanmar Oil & Gas,"（http://www.myanmar-oilgas.com/Home.aspx 2015 年 12 月 25 日瀏覽。）

91. "UK cautions ASEAN from allowing Myanmar leadership," Inquirer Global Nation, May 18, 2011.（http://globalnation.inquirer.net/news/breakingnews/view/20110518-337211/UK-cautions-ASEAN-from-allowing-Myanmar-leadership 2014 年 5 月 19 日瀏覽。）

第十章 緬甸的文化

第一節　語言與文字

緬甸官方語言是緬語，屬於藏緬語系，是主要族群緬族使用的語言。緬甸憲法規定以緬語為官方語言，因此各級學校都需教授緬語和文字，其他族群的學生在學校中需學習緬語和文字。緬文字母從一塊石碑上的記載得知約從 984 年開始使用，從 1058 年起採用孟族（Mon, Talaing）字母〔即巴利文字（Pali）〕拼寫其文字，成為緬文的濫觴。[1]

早期緬甸南部的孟族約在 387 年引進巴利文，以後甚至錫蘭（以後改名為斯里蘭卡）還從緬南學習正確的巴利文。[2] 第十二世紀引進南印度錫蘭的小乘佛教後，而使得佛經使用的巴利文一直流傳至今。在緬文中夾有巴利文語彙。1192 年後，蒲甘國王納拉帕地西素禁止巴利文、梵文和孟族文，改用緬文，作家們首度使用「緬瑪」（Mranma）或「緬甸」（Burma）一詞。

在英國統治時，編纂緬文字典，緬文文字和發音達成標準化。

緬文字之外觀形狀接近圓形，早期使用刀子在棕櫚葉上刻寫，跟早期印度和其他東南亞國家之書寫方式相同。緬文是從左到右書寫，字間沒有空格。後來為了閱讀之方便，字間有了間隔。

目前保存的最早的緬文文字是 1113 年的拉加庫馬拉的麥亞熱迪石碑文（Myazedi Inscription of Rajakumara），拉加庫馬拉是國王克揚西塔（King Kyansittha）的兒子，該石碑在蒲甘以南麥因卡巴（Myinkaba）村的麥亞熱迪寺廟被發現。石柱高 55 英吋、寬 14 英

၁၉၄၈ ခုနှစ်ဒီဇင်ဘာလ ၁၀ ရက်နေ့တွင် ကမ္ဘာ့ကုလသမဂ္ဂအဖွဲ့ညီ ကြေညာစာတမ်းကြီးကို အတည်ပြု၍ ကြေညာလိုက်ရာထိုကြေညာ၊ အပြည့်အစုံပါရှိသည်။ ၍ကဲ့သို့ရာဇဝင်တင်မည့် ကြေညာချက်ကို [

圖 10-1：緬文字
資料來源："ScriptScource, Myanmar," http://scriptsource.org/cms/scripts/page.php?item_id=script_detail&key=Mymr 2014 年 4 月 23 日瀏覽。

---

1. G. E. Havey, *op.cit.*, p.29.
2. REV. Franceis Mason, D.D., "The Pali Language from a Burmese Point of View," *Journal of the American Oriental Society*, Vol. 10 (1872 - 1880), pp. 177-184.

吋，是個四方柱，有四面，每面分別刻上巴利文、驃文、孟文和緬文四種文字。[3]

　　緬甸在 1767 年滅暹羅後，從暹羅俘虜許多文學著作和學者，其中有**拉瑪耶那**（*Ramayana*）的史詩故事都被緬甸吸收。早期文學著作的內容偏重佛教作品和地方故事。[4]

第二節　服飾

　　緬甸是多元種族國家，各族有其服飾，差異頗大。在緬族、撣族、孟族、若開等信奉佛教的地區，居民的服飾有一個共同點，就是在正式集會或舉行儀式時會使用布料包頭（Gaung baung）。約在 1800 年代末，人民習慣以布或絲綢包頭，將結打在右邊。從打結的形狀即可看出其種族別，例如緬族和孟族的結是向下傾斜和貼著頭，而若開族和撣族則是散開的。英國統治時期，除了節慶、婚禮或官式儀式外，緬甸人已很少再戴該種包頭，而戴現成的或編織的帽子。在緬北山區，拉胡族、阿卡族（Akka）和帕龍族等仍戴相同的包頭，因為每天戴，頭巾是以毛巾作的。[5]

　　其次，緬甸因為天氣熱，人民不習慣穿包著腳的鞋子，而是穿著拖鞋（Hnyat-phanat）或夾腳拖。在正式場合，穿著拖鞋參加，是合乎禮節的。從總統到一般人都是穿著拖鞋。

　　緬甸人不穿類似西褲的長褲子，而是使用一塊長 2 公尺、寬 80 公分的布，這塊布縫成圓筒形，將它穿到腰間，下襬直到腳踝，打摺繫在腰間，有時會將之打結。此一服飾也見於印度和其他東南亞國家。在馬來半島稱此一下襬為「沙龍」（Saaram）。緬語稱為「隆怡」（longyi），男性的稱為「巴索」

3. "Bagan: Ancient capital of Myanmar, Stone Inscriptions," （http://bagan.travelmyanmar.net/stone-inscriptions.htm 2015 年 1 月 22 日瀏覽。）

4. Geoffrey E. Marrison, "Literature," in Mohammed Halib and Tim Huxley, *An Introduction to Southeast Asian Studies*, I.B. Tauris & Co. Ltd., 1996, pp.70-100, at p.77.

5. "Gaung baung," （http://en.wikipedia.org/wiki/Gaung_baung 2014 年 5 月 12 日瀏覽。）

圖 10-2：1800 年代末期男性之服飾
資料來源："ScriptScource,
Myanmar," http://scriptsource.
org/cms/scripts/page.php?item_
id=script_detail&key=Mymr
2014 年 4 月 23 日瀏覽。

（pasoe），女性稱為「塔曼」（htamein）。一般習慣上，以前的緬人不穿內褲。

男性上半身的穿著，則顯然受到殖民時期英國人之影響，大都穿著襯衫，因此出現一個很有趣的現象，即上半身是西化服飾、下半身是傳統服飾，這是半現代化的結果。筆者對於緬人此一穿著頗感興趣，在 2005 年訪問緬甸時，曾詢問緬人為何會出現半現代化的穿著？他們的答覆莫衷一是，筆者提出的看法是，統治者為了怕人民造反作亂，所以讓人民下襬穿沙龍、腳穿拖鞋，這樣就無法快步行動，不利於運動衝撞。此可證諸緬甸每次街頭示威運動與軍警衝撞後，街上總是留下一大堆的拖鞋。

在登盛總統時期，政府官員似乎有制服，上半身是白色長衫，衫前不是使用西式的鈕釦，而是類似中國的布釦。

緬甸婦女之服飾更具多樣化和多彩化，充分表現各族群和各地區的特

圖 10-3：登盛總統之服飾

色，基本上，上身穿著短衫或夾衣，類似中國旗袍的上半部，一般有五顆鈕釦，為了顯示高貴身分，有些富有女性，會使用金鈕釦或使用寶石作為裝飾。在二戰前，上身衣衫大都是長袖和寬鬆，在袖口會有刺繡花邊。以後亦流行短袖。

圖 10-4：著傳統服裝的登盛總統與翁山蘇姬

圖 10-5：政府官員穿著傳統服裝

資料來源：https://www.google.com.tw/search?q=%E7%99%BB%E7%9B%9B%E7%85%A
7%E7%89%87&tbm=isch&tbo=u&source=univ&sa=X&ei=YGBBU8vaL8WnlQWN0o
GoBw&ved=0CEMQ7Ak&biw=800&bih=509 2014 年 4 月 8 日瀏覽。

時髦女性還會披上披巾。有些族群會在上身穿戴銀飾品，以顯示其高貴。不論各族群，下擺為「隆怡」（longyi，類似沙龍），從單色到多彩顏色都有。女性工作時穿著的「隆怡」都是直筒狀，頗具便利性。時髦的女性穿著的沙龍，則盡量表現其身材的特點，就是在膝部較窄，下擺較寬，可顯出其玲瓏的身材。緬甸各族群，無論男女，歷來沒有發明長褲。女性的沙龍有各種材質、顏色和樣式。現代女性，已改變穿著，上身改穿西式的 T 衫，下擺仍穿「隆怡」。[6] 有些還露出肚子，引來保守派和尚的批評。

圖 10-6：1920 年女性穿著傳統服飾

資料來源：http://en.wikipedia.org/wiki/Women_in_Burma 2014 年 4 月 8 日瀏覽。

6. "Myanmar longyi," （http://myanmartravelinformation.com/2012-03-20-05-40-54/traditional-culture/34-about-myanmar/traditional-culture/211-myanmar-longyi.html 2014 年 4 月 23 日瀏覽。）

圖 10-7：傳統的女性服飾
資料來源："Classical Ladies' Fashion Design and The Society Changing (7):
Myanmar Htamein,"（http://hui.hubpages.com/hub/Classical-Ladies-
Fashion-Design-7-Myanmar-Htamein-hui　2014 年 4 月 23 日瀏覽。）

第三節　表演藝術

在中國的文獻中，記載了早期驃國的音樂，「唐德宗貞元十七年
（801），驃國王雍羌遣其弟悉利移城主舒難陀獻其國樂，至成都，韋皋復
譜次其聲，又圖其舞容、樂器以獻。凡工器二十有二，其音八：金、貝、絲、
竹、匏、革、牙、角，大抵皆夷狄之器，其聲曲不隸於有司，故無足采云。」[7]
當時驃國擁有樂團，且引以為傲，才會派遣其樂團和舞蹈團到中國成都表
演，802 年，驃國再度遣使到中國，其帶至中國的樂曲，經過五次翻譯才看
得懂。「唐德宗貞元十八年（802），驃國王雍羌聞南詔歸唐，有內附心，
遣其弟悉利移來朝獻國樂，凡十曲，與樂工三十五人，其曲皆演梵音經論
詞意。每為曲齊聲，一低一仰，未嘗不相對。凡五譯而至中國。」[8]

驃國使用的樂器在**新唐書**中有詳細記載，如：「鈴鈸四，制如龜茲部，

7.〔宋〕歐陽修、宋祁撰，**新唐書**，卷二二禮樂志，中華書局，1975 年版，第 480 頁。

8.〔清〕顧炎武撰，**天下郡國利病書**，原編第三十二冊，雲貴交阯，「緬甸始末」，四部叢刊，
　臺灣商務印書館印行，台北市，1980 年，頁 25。

周圓三寸，貫以韋，擊磕應節。鐵板二，長三寸五分，博二寸五分，面平，背有柄，系以韋，與鈴鈸皆飾條紛，以花疊縷為蕊。螺貝四，大者可受一升，飾條紛。有鳳首箜篌二：其一長二尺，腹廣七寸，鳳首及項長二尺五寸，面飾虺皮，弦一十有四，項有軫，鳳首外向……有龍首琵琶一，如龜茲制，而項長二尺六寸餘，腹廣六寸，二龍相向為首；有軫柱各三，弦隨其數，兩軫在項，一在頸，其覆形如獅子。」其中還記載了蘆笙一類的樂器：並說它是完全符合古代「八音」古制，是驃國獨有的樂器：「有大匏笙二，皆十六管，左右各八，形如鳳翼，大管長四尺八寸五分，餘管參差相次，制如笙管，形亦類鳳翼，竹為簧，穿匏達本。上古八音，皆以木漆代之，用金為簧，無匏音，唯驃國得古制。」還有一種用象牙製作的牙笙更是珍貴：「有牙笙，穿匏達本，漆之，上植二象牙代管。」[9]

由於早期緬甸與中國來往的關係，其音樂受到中國西南地區的音樂的影響。此外，在政治上緬族王朝統治南方的孟族，甚至十六世紀時兼併暹羅的阿瑜陀耶，所以雜揉了孟族和暹羅的音樂色彩。緬甸的古典音樂，可分為室內和室外兩種演奏性質。在室外的稱為 sidaw 或 sidawgyi，它是皇家舉行重要慶典時演奏的樂團，例如皇家農耕節，演奏的樂器包括大型雙管蘆笙（hnegy）、一對鼓（sidaw）、鈴（si）、手板（wa）和雙面鼓（gandama）；

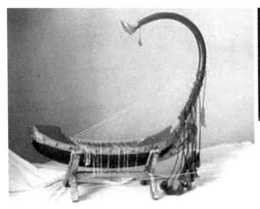

圖 10-8：緬甸豎琴
資料來源："Saung," http://en.wikipedia.org/wiki/Saung 2014 年 4 月 20 日瀏覽。

9.〔宋〕歐陽修、宋祁撰，**新唐書**，卷二百二十二下，列傳第一百四十七下，南蠻下，驃。

圖 10-9：在內比都舉行的國宴上的迎賓表演
資料來源："Music of Burma," http://en.wikipedia.
 org/wiki/Music_of_Burma 2014 年 4 月 20 日
 瀏覽。

亦有使用現代的豎琴（saung）
和木琴（pattala）。室內的
音樂，主要是為女性歌者
伴奏，其樂器包括：緬甸
豎 琴（saung , saung-gauk,
Burmese harp, Burma harp）、
竹琴（pattala）、孟族人使
用的鱷魚形狀的三弦琴（mi
gyaung）、 長 笛（palwe）、
小 提 琴（tayaw） 和 口 簧 器
（hnyin）。緬甸豎琴是緬甸

獨特的樂器，緣起於第九世紀，其造型有所改變，從三弦變成十六弦。[10]

舞蹈

緬甸有悠久的、具有民族特色的舞蹈，西元前二世紀孟族和驃族即有
舞蹈，此時受到印度舞蹈的影響。考古學者在斯里克序特拉（Srikshetra）
挖掘出第 13 世紀銅製佛陀、吹長笛者、鼓手、鈸、鈴、舞者、背上背著袋
子的小矮人。這名舞者穿戴首飾，正在舞蹈。[11] 當 1767 年緬甸滅阿瑜陀耶
王朝時，擄掠許多暹羅舞蹈家，將暹羅的**拉瑪耶那**史詩帶回緬甸，發展成
緬甸式的**拉瑪耶那**（Yama Zatdaw），有些表現形式受到泰國舞蹈的影響。
拉瑪是英雄，西塔（Sita）是女英雌，達沙基里（Dasa-Giri）是惡魔。拉瑪
被金鹿所誘惑，金鹿是隱士達沙基里之惡魔妹妹的化身。

在歷史上，通常會在宮廷宴會、佛寺慶典、戰鬥開始、婚禮等場合表
演舞蹈，無論是民俗舞蹈和宮廷舞蹈都伴隨著音樂。最傳統的緬甸舞蹈是

---

10. "Music of Burma,"（http://en.wikipedia.org/wiki/Music_of_Burma 2014 年 4 月 20 日瀏覽。）
11. Noelle Carver, "Myanmar Traditional Dance," （http://www.ehow.com/about_6772641_
 myanmar-traditional-dance.html 2014 年 4 月 30 日瀏覽。）

阿普約道舞（Apyodaw dance）
或稱為女子榮耀舞（maids
honor dance）。英國統治初期，
曾出現吳司威耀舞（U Shway
Yoe dance），是喜劇舞蹈，男
舞者蓄鬍子，脖子圍著圍巾，
戴頭巾，腰圍沙龍，一手拿著
女性小傘舞蹈，動作誇張，逗
引觀眾歡笑。女性舞者大多穿
連身長衫，有長袖和短袖，顏
色華麗，很像中國的服飾，此
與泰國女性舞者的服飾有很大
的不同，泰式服裝大都露肩、
無袖。

圖 10-10：傳統舞蹈
資料來源："Music of Burma," http://en.wikipedia.
org/wiki/Music_of_Burma 2014 年 4 月 20
日瀏覽。

　　在緬甸傳統戲劇中，沒有
戰鬥舞蹈。在佛教戲劇中的極
致表現，是英雄離開社會進入
森林悟道。與小乘佛教教義不
同，該名英雄不會返回社會對抗邪惡。[12]

　　緬甸獨立後，民族主義升高，意圖建構本身的文化，乃於 1953 年在曼
德勒設立國立音樂學校（State School of Music），當時名舞蹈家歐巴松（Oba
Thaung）編纂了緬甸舞蹈劇目。[13]

---

12. A. L. Becker, "Journey Through the Night: Notes on Burmese Traditional Theatre," *The
Drama Review: TDR*, Vol. 15, No. 2, Theatre in Asia (Spring, 1971), pp. 83-87, at p.83.

13. "Burmese dance," （http://en.wikipedia.org/wiki/Burmese_dance 2014 年 4 月 20 日瀏覽。）

第四節　佛教信仰

西元前第三世紀，印度阿育王（Asoka, ?-252 B.C.，改信佛教並將其普及推廣，佛教成為印度國教）的佛教傳教士到「黃金之地」（Suvarna-bhumi）傳教，其地點可能在今天的下緬甸。[14] 另有越南學者明齊（Minh Chi）、哈文堂（Ha Van Tan）、阮台壽（Nguyen Tai Thu）等人亦認為：「在西元前三世紀，阿育王攻佔印度東海岸的訶陵迦（Kalinga），造成該地人口外移。他召開第三次佛教大會，採用佛教經典。他即派遣信徒四出傳教。其中由巫塔拉（Uttara）和松納（Sona）所率領的傳教隊伍被派到『黃金之地』。緬甸佛教史即稱他們兩人來到緬甸傳教。」[15]

由於印度的婆羅門教遭到佛教的壓迫，大概在西元前二世紀婆羅門教隨著印度南部淡米爾商人傳入緬甸南部，印度人將宗教和商業帶入緬甸南部，使得南部地區很早就進入文明狀態。南印度人除了移入打端外，也進入卑謬，例如卑謬又稱為瓦那迪西（Vanadesi），這是南印度的卡丹巴（Kadamba）國的首都的名字。在卑謬發現的早期的碑文，是第五世紀南印度卡丹巴國的碑文。在第五世紀，從南印度的淡米爾國的甘吉（Kanchi或 Kanchipuram）發展小乘佛教，然後傳入緬甸南部。[16]

第九世紀初的驃國，其演奏的音樂是充滿佛教色彩的音樂。北方的緬族，當他們從緬北南下時，可能並非信仰佛教，而是信仰拜物教（animism）。835 年驃國亡國後，其人民流亡到蒲甘，而此時蒲甘也有不少移入的緬族，在族群交流過程中，緬族開始信奉佛教。1057 年，蒲甘國王阿奴律陀滅了打端，將僧侶和佛經擄往蒲甘，傳播較深的佛教教義和經典，以後蒲甘歷任國王都以大興佛寺為己任，遂創造了輝煌的蒲甘王朝，

---

14. Brian Harrison, *Southeast Asia: A Short History*, Macmillan & Co., Ltd., London, 1954, p.10.

15. Minh Chi, Ha Van Tan, Nguyen Tai Thu, *Buddhism in Vietnam*, The Gioi Publishers, Hanoi, 1993, pp.11-13.

16. S.J.Gunasegaram, "Early Tamil Cultural Influences in South East Asia," Selected Writings published 1985.（http://www.tamilnation.org/heritage/earlyinfluence.htm　2014 年 11 月 18 日瀏覽。）

也奠定了佛教在緬甸的基礎。也應該是從該一時期開始，蒲甘王朝實施寺院教育，由有學問的和尚教授一般學生。不過孟族統治地區的王朝，實施寺院教育可能更早好幾個世紀。寺院教育的學生只限於男性，女性不能進寺院就讀。因此女性只好去讀俗人辦的私塾。[17]

出身孟族的烏塔拉吉瓦（Uttarajiva）高僧，他在 1180 年前往錫蘭朝聖，獲得「錫蘭第一朝聖者」（First Pilgrim of Ceylon）之頭銜。他在錫蘭停留時間短暫就返回蒲甘，其同行者之一查帕塔（Chapata）和尚則停留錫蘭十年，查帕塔於 1190 年返回蒲甘，被尊稱為「錫蘭第二朝聖者」（Second Pilgrim of Ceylon）之頭銜。與他同行到緬甸的有四位有學問的外國和尚，一位是南印度康澤維藍（Conjeveram）的和尚阿南達（Ananda），一位是柬埔寨王子。他們住在蒲甘北方的揚烏（Nyaung-u）的查帕塔佛寺，屬於辛哈利族（Cingalese）型式的建築。他們所引進的錫蘭小乘佛教，視當地緬甸佛教經文為無效的，違反佛教經文律法（Vinaya）。1192 年，緬甸佛教分裂為兩派，傳統的一派係源自辛阿拉漢（Shin Arahan）和打端，被稱為舊派（Former Order），新派源自錫蘭，被稱為新派（Latter Order）。[18]

納拉帕地西素支持佛教新派的主張，他任命有學問的和尚為長老，由長老率領一個代表團到錫蘭，同時攜帶由蒲甘學者以巴利文寫的佛經，呈送給錫蘭的佛教學者。他建造許多佛廟，在他的保護下，小乘佛教傳布在緬甸，甚至遠至柬埔寨。他禁止巴利文、梵文和孟族文，改用緬文，作家們首度使用「緬瑪」或「緬甸」一詞。

世界佛教大會（Great Synod of Buddhism）曾舉行過四次，第一次是在佛陀去世後不久舉行的，第二次是在佛陀去世一百多年後，第三次是在西元前第三世紀印度阿育王舉行的，第四次是在西元前數年在錫蘭舉行，小乘佛教派承認該次大會。但大乘佛教派僅承認西元 78 年在印度舉行的才是第四次佛教大會。曼同國王為小乘佛教派，1871 年他邀請各地佛教派，包

---

17. Nick Cheeseman, "School, State and Sangha in Burma," *Comparative Education*, Vol. 39, No. 1 (Feb., 2003), pp. 45-63, at p.48.

18. G. E. Havey, *op.cit.*, pp.55-56.

括大乘佛教派出席第五屆世界佛教大會。在會後，曼同國王被尊稱為「第五次世界佛教大會召集人」。

緬甸和尚介入政治約從 1930 年代反抗英國統治起，該運動帶有民族主義色彩，鼓動婦女不穿英國製衣服和布料，而僅穿緬甸人生產的土布。對於不聽該勸告的婦女，和尚給予譴責，而且在這些喜歡時髦的女性的肩上綁了根長木棍，以羞辱這些女性。[19]

在軍政府統治期間，和尚成為重要的一股勢力，由於和尚在社會享有特殊地位，他們的言行動向，對社會有牽引力，1988 年和 2007 年的反政府運動，和尚都是參與者，他們為民請命，沒有獲得回應，且遭到軍警的鞭打，才會激起和尚的反抗。跟泰國相較，緬甸和尚介入政治之深，遠非泰國和尚所能比擬。在泰國歷史上，和尚很少參與政治，在歷次社會動亂中，和尚也很少走上街頭。主要的原因是泰國奉行佛教和泰王二元並行制，各有管轄領域。而緬甸在君王制度瓦解後統治者已非佛教之保護人，在英國統治期間，佛教失去保護人；在獨立後，憲法並無規定總統是佛教保護人，因此當和尚參加街頭示威後，立即遭到武力鎮壓。

緬甸奉行小乘佛教，它與大乘佛教不同之處在於大乘佛教重視未來的彌勒菩薩（Meitrya, Maitreya；巴利文：Metteyya）扮演重要的角色，而小乘佛教重視釋迦牟尼佛（Gautama Buddha）的教示。帝帝拉（Agga Mha Panditta Ashin Thittila）說：「小乘佛教不是一般意義的宗教，不是信仰和崇拜的體系，而是通往和諧生活之路，其本質是仁慈（Metta），即對萬物和自己的仁慈。」[20] 在緬甸，佛教信仰也攙雜了迷信，人民相信星象和手相算命、以及民俗故事中的迷信成分，這些算命師會告訴其顧客實行某種儀式以去除災厄，例如要求其以某種顏色的花到佛陀前敬獻，佛寺被認為是具有魔法的場所，可以消災解厄。同樣地，念佛經也具有安定心理、消災

---

19. Khin Win Thanegi, "The Influence of Theravada Buddhism on Myanmar Society," p.13.（http://www.phil.uni-passau.de/fileadmin/group_upload/45/pdf/conferences/paper_mathanegi.pdf 2014 年 4 月 23 日瀏覽。）

20. Khin Win Thanegi, *op.cit.*, p.1.

祈福等功效。這類佛經大都使用巴利文寫的，一般人讀這類經文，並不解其意。通常念經時也會手數 108 顆佛珠，相信可以消災、帶來健康和財富。

　　和尚之日常生活必須遵守獨身主義、化緣為生、住在僧院中、除了八樣必需品外不可擁有任何私產、過午不食、終生致力於佛法研究。必須遵守上述規約，才能被稱為「和尚」（pongyi），才能獲得村民之尊敬，以及聽取他們的意見。[21]

　　緬甸人跟泰國人一樣，男子一生需出家（Shin Pyu）一次，多則不限。出家是獲取啟發（進入涅槃）的必經之路。此可為其以後的生命帶來功德，最後成佛。不僅出家者可以獲得功德，其父母也可獲得功德。出家的年齡約在十歲到十九歲三個月（超過該年齡就被認為成年）之間。出家時間很具有彈性，由父母親決定，約在一星期或一個月或以上。小孩出家，父母親感到驕傲，必須張羅舉行慶祝活動，宴請親朋好友，然後將出家小孩用車或騎馬送至附近佛寺。有錢的家庭，甚至辦流水席，大宴賓客。當兒子在佛寺中剃度時，父母親會持一塊白布接下其兒子的頭髮，然後將之埋在住家附近一處祕密地點。父母手捧黃色袍子請求和尚許可其兒子出家，和尚收下這一塊黃布後，其兒子就成為和尚。在初當和尚時，他需過午不食，需遵守十戒，研究佛經、冥想。男子短暫出家，是為了瞭解自然規律，使其生活有意義、和平與成功。[22]

　　跟泰國一樣，緬甸人進出佛廟需脫鞋和脫襪，穿著也需整齊，不可穿短褲，女性不可穿露肩、背衣衫。禮佛敬拜時，不可將腳朝向佛陀像方向。除了貼金箔紙外，不可用手碰觸佛陀像。不可用手指向佛陀像。

　　緬甸和尚跟泰國和尚最大的不同是，泰國和尚較遵守教規，不會抽煙和嚼檳榔，而緬甸的和尚會。

　　緬甸人對和尚或佛寺會布施（ah-lhu）食物或供品，通常會在婚禮、紀

---

21. Manning Nash, "Burmese Buddhism in Everyday Life," *American Anthropologist*, New Series, Vol. 65, No. 2 (Apr., 1963), pp. 285-295, at p.285.

22. "Myanmar culture and tradition," （http://sstmyanmar.com/tourism/Interest/Myanmar_Culture. htm　2014 年 4 月 24 日瀏覽。）

圖 10-11：歡送男孩出家及落髮

資料來源："Shinbyu," http://en.wikipedia.org/wiki/Shinbyu 2014 年 7 月 23 日瀏覽。

念會或悼念亡者等重要活動時進行布施。布施時會邀請和尚到家裡來，在領受食物或供品後，和尚會念經文或講道。和尚將食物攜回佛寺後，會分給其他出家眾。布施在緬甸人的日常生活中，是一個很受重視的佛教生活之一部分。

第五節　風俗習慣

緬甸人沒有家族姓名，通常是單名，例如吳努，就是只有 Nu 單名。取名字也沒有一定的規則，類似印尼人的取名法，例如蘇卡諾（Sukarno）、蘇哈托（Suharto）。1930 年代，仰光大學的校長及教授多是英國人，他們自視為優於緬人，而且教育內容經常出現若非英國統治，則緬甸將更為落後之說法，學生們對於英國式教育感到不滿。尤其英國人自視為主人〔Thakin，指先生（Sir）、仕紳之意思〕，引起緬甸青年領袖不滿，也在他們的姓名前加上 Thakin 一詞，挑戰英國官員和英國商人。1947 年 10 月 17 日，吳努與艾德禮正式簽署緬甸獨立條約，隨後他將姓名前的 Thakin 改為 U，故以後稱為 U Nu。

緬甸人不論男女，都是有名無姓，通常會在名字前冠上一個稱呼，以

便表示性別、長幼、社會和官階的區別。對長輩或有地位的人則稱「吳」（U），意思是伯伯或叔叔，以示尊敬。對更年老者，稱「A Ba」；對祖父，稱「A Phoe」。對平輩或年輕人則稱「郭」（ko），意思是哥哥；或「貌」（Maung），以表示謙虛。對小弟弟稱「Nyi Lay」。

女性長輩或身分較高者，會在名字前加上「朵」（Daw），對祖母稱「A Phwar」。對平輩或晚輩，則加上「媽」（Ma）字。對小妹妹稱「Nyi Ma」。

緬人稱老師為「Sayar」，亦用以指政府官員、居高位者或醫生。[23]

緬人父母在幫孩子取名字時，會聽取占星師的意見，因為他們相信名字會影響小孩的一生。名字會配合孩子出生的星期幾，例如，星期日出生者，名字第一個字會使用 A、E、O，他的名字就是 Aye、Ei、或 Oo。星期一出生者，名字第一個字會使用 K，他的名字就是 Khin 或 Khine。星期二出生者，名字第一個字會使用 S 或 Z，他的名字就是 San 或 Zaw。星期三出生者，名字第一個字會使用 Y 或 R，他的名字就是 Yamin 或 Rarzar。星期四出生者，名字第一個字會使用 M、P 或 B，他的名字就是 Myo、Poe 或 Ba。星期五出生者，名字第一個字會使用 Th 或 H，他的名字就是 Thiha、Thura 或 Han。星期六出生者，名字第一個字會使用 T、Ht、D 或 N，他的名字就是 Tun、Htoo、Dwae 或 Nandar。緬人可以隨時改名字，以尋求好運。[24]

緬人結婚大都穿著傳統服飾，很少穿著西方服飾。基本上各族群、城鄉和地區間之婚禮各有其特色，不盡相同。舉行婚禮的場地有自家、法院和大飯店，視各地情況而異。在仰光、曼德勒等大城市，大都選擇在大飯店舉行婚禮，同時宴請賓客。鄉下地區缺乏這一類大飯店，通常都是在法院舉行，請法官主持及官員證婚。新郎和新娘在婚禮中需向父母拜別，而

圖 10-12：傳統服飾婚禮
資料來源："Myanmar cul-
ture and tradition,"
http://sstmyanmar.
com/tourism/Interest/
Myanmar_Culture.htm
2014 年 4 月 24 日瀏覽。

不是向佛祖或僧侶叩頭。新娘不一定攜帶嫁妝到男方家，新郎則需籌措婚禮所有花費，致送禮物給新娘。

緬甸人習慣上對別人不說「不」字，尤其對愈熟悉之朋友，愈難以說「不」。若你邀請緬甸朋友晚餐，他若有事不能來，也不會事先告訴你，可能第二天才會跟你道歉不能來的理由。或者，當你邀請緬甸人晚餐，他說盡量會到，十之八九他是不會到的。換言之，緬甸人不太會當面拒絕你的。

緬甸人跟泰國人一樣，重視頭部，認為是最尊貴之處，腳是最卑下的，因此坐在椅子上，將腳放在桌上，是最不禮貌的行為。亦不可用腳指著人，進佛廟，行跪拜禮時，腳指尖需朝後擺放。

東皮雍（Taung Pyone, Taung Byone）精靈節

位在曼德勒附近的東皮雍每年 7 月底舉行精靈節慶，活動長達一週。相傳在阿奴律陀國王統治時期，有兩位兄弟民吉（Min Gyi）和民雷（Min Lay），他們是英勇的武士，因被派去修造佛寺，喝醉酒而誤事，遭國王處死。後來國王宣布他們為精靈，遂有人供奉他們在佛寺內。但該兩兄弟並非佛教徒，而是回教徒。全緬各地的信徒前往東皮雍，供奉以珍貴禮物和酒類，慶典儀式是由靈媒（nat-ka-daw，或精靈之太太）主持，她們穿著奇裝異服。信徒向該兩兄弟精靈祈求財富和好運。[25]

---

25. "News: Start of Taung Pyone spirit festival,"（http://www.myanmar2day.com/myanmar-culture-custom/2009/07/news-start-of-taung-pyone-spirit-festival/ 2014 年 4 月 28 日瀏覽。）

占卜（Yadayar）

占卜是緬人增進運勢
的習俗，最早是印度婆羅
門的信仰，後來變成緬人
的信仰，甚至加入佛教的
色彩。例如你想賣掉一部
不太吸引人的舊車，你去
請教占星家，他會問明你
的生辰日期，然後幫你占
卜（Yadayar）。這個占卜
可能是個簡單的行為，例
如用七朵玫瑰輕打你的車

圖 10-13：東皮雍精靈節
資料來源："News: Start of Taung Pyone spirit festival,"
（http://www.myanmar2day.com/myanmar-culture-
custom/2009/07/news-start-of-taung-pyone-spirit-
festival/ 2014 年 4 月 28 日瀏覽。）

子，或以你的年齡輕打車子的次數，或以椰子水澆在車上七次，而輕打的
時間必須選在你出生的星期幾的早上七點半。經過此一行為，你的車子很
快就賣出了。此一行為聽起來荒謬，但許多緬人相信此一習俗。[26]

向大金塔佛陀像灑水

在大金塔佛寺敬佛的善男信女習慣上會向佛陀像灑水，一般人以為是
以乾淨的冷水灑水是一種作功德，但實際上這是婆羅門教的儀式。佛教不
相信一個人的生日會影響他的以後的生命。影響他的生命的是他的因果報應
（karma）、生時作的好事或壞事。大多數緬甸佛教徒相信印度婆羅門教有
關於星象會影響一個人生命的觀念。他們特別相信一個人的生日會影響一個
人的一生。在緬甸王朝時期，印度婆羅門教徒因出任王朝占星師，而將此觀
念引入緬甸。雖然此與佛教教義不符合，但緬甸人將它融入日常生活中。緬

---

26. "Make Yadayar to promote your luck,"（http://www.myanmar2day.com/myanmar-culture-
custom/2009/01/make-yadayar-to-promote-your-luck/ 2014 年 4 月 28 日瀏覽。）

東北 星期日 太陽 神秘鳥	東 星期一 月亮 虎	東南 星期二 火星 獅
北 星期五 金星 天竺鼠		南 星期三 水星 長牙的大象
西北 星期三晚 星期三晚星 無牙的象	西 星期四 木星 鼠	西南 星期六 土星 蛇

圖 10-14：緬甸一週八天及其代表的方位
資料來源："Eight Days a Week,"（http://www.myanmar2day.com/myanmar-culture-custom/2008/12/eight-days-a-week/ 2014 年 4 月 28 日瀏覽。）

甸人在佛寺中擺設了從星期一到星期日八個神祇（一週有八天，也代表八個方向）[27]，給民眾膜拜。[28] 這一點很像泰國的佛寺，筆者在泰南猜耶（Chaiya）的一座佛寺內也看到類似的星象神祇。

根據緬甸的星象論，一週有八天，即星期一、星期二、星期三（到正午為止）、星期三晚上（Rahu，從星期三正午到星期四早上）、星期四、星期五、星期六、星期日。緬甸人相信哪個星期幾出生會影響他的個性或一生。例如，星期一出生者善妒，星期二出生者誠實，星期三出生者脾氣暴躁但很快就恢復，星期四出生者溫和，星期五出生者愛嘮叨，星期六出生者暴躁和愛爭吵，星期日出生者吝嗇。緬甸人甚至相信星期幾出生者會有相剋的情況發生，例如，星期一和星期五出生者難以相處，星期一和星期三、星期三晚上出生的人相處最為融洽。[29]

不論緬甸人或泰國人很重視是在哪個星期幾出生，到佛寺禮佛時，就會順便敬拜他出生星期幾的神祇，敬獻鮮花、清水、香或蠟燭。以後取名字、公司行號名稱、結婚對象之生日等都會請占星師占卜是否與他的生日相合。一般緬人認為星期六是不吉祥的日子，因此，大多數人會敬拜廣受

---

27. "Eight days a week,"（http://www.myanmar2day.com/myanmar-culture-custom/2008/12/eight-days-a-week/ 2014 年 4 月 28 日瀏覽。）

28. "Planetary posts in Myanmar pagodas,"（http://www.myanmar2day.com/myanmar-culture-custom/2009/01/planetary-posts-in-myanmar-pagodas/ 2014 年 4 月 28 日瀏覽。）

29. "Eight days a week,"（http://www.myanmar2day.com/myanmar-culture-custom/2008/12/eight-days-a-week/ 2014 年 4 月 28 日瀏覽。）

歡迎的土星神衹，而不管他是在哪個星期幾出生。

緬甸人住家

訪客訪緬甸人住家，進門前需脫鞋，因為一般住家都使用木板地板，打掃很乾淨。即使是水泥地板，也是要脫鞋。拜訪不一定要攜帶禮物。客廳若有佛陀像，需注意腳不要指向佛陀。

欽族女性臉面刺青

欽族女性刺青不知從何時開始，有一個傳說，早期緬甸國王和貴族若聽說欽族有哪個女性長得美貌，就會派人抓回當作妾，因此欽族習慣上女性臉面刺青，讓緬甸國王和貴族對欽族女性沒有興趣。緬甸政府在 1960 年代禁止臉面刺青。

男性生殖器官入珠

在第十四到十九世紀，東南亞流行在男性生殖器官植入珠子（入龍珠），目的在行房時增加女性的性快感。中國約在第十四世紀末葉從暹羅知悉當地男性有在生殖器官植入珠子之習俗，元朝周致中的**異域志**曾記載：「暹羅國，國在海中，民多作商尚利，其名姓皆以中國儒名稱呼。其風俗男子皆割陰嵌八寶，人方以女妻之。」[30] 明朝馬歡在**瀛涯勝覽**，暹羅國條亦有如下記載：

> 「男子年二十餘歲，則將莖物週迴之皮，如韮菜樣細刀挑開，嵌入錫珠十數顆皮肉，用藥封護，待瘡口好，纔出行走，其狀纍纍如葡萄一般。自有一等人開舖，專與人嵌銲，以為藝業。如國王或大頭目或

30.〔元〕周致中，**異域志**，卷上，暹羅國條。

富人，則以金為虛珠，內安砂子一粒，嵌之行走，玎玎有聲，乃以為美，不嵌珠之男子，為下等人，此最為可怪之事。」[31]

有關男性生殖器官植珠之故事，從緬甸傳入中國之起源，是見於**金瓶梅詞話**一書第十九回中提及的「初時蔣竹山圖婦人喜歡，修合了些戲藥部，門前買了些甚麼景東人事，美女相思套之類，實指望打動婦人心。」文中所講的「景東人事」，景東即是明朝時的孟艮，或稱為景棟（Keng Tong），位在今天緬甸東北部。「景東人事」指景東地方有假男性生殖器官（性玩具）的情形。1573 年，中國明朝和緬甸作戰，在逮捕的緬甸軍人中發現他們生殖器官植珠，在 1583 年的**西南夷風土記**一書有記載：「緬人男女，自生下不剃頭髮，以白布纏之。陽物嵌緬鈴，或二或三。三宣、六慰、酋目，亦有嵌之者。男子皆黥其下體成文，以別貴賤。部夷黥至腿，目把黥至腰，土官黥至乳。」[32] 可見在緬甸北部和泰國北部的泰族、撣族和寮族流行此一風俗。此後它流傳入中國，中國文獻稱之為「緬鈴」或「勉鈴」。

義大利威尼斯旅行家康悌（Nicolò de Conti）在 1435 年抵達阿瓦，就記載他在當地見到男性在生殖器官植入珠子之習俗。

從以上中國和西方的文獻記載中可知，在第十四和十五世紀緬甸就流行有男性在生殖器官植入珠子之習俗，約在第十六世紀傳入中國。[33]

其他習俗

緬甸人認為九是吉祥數字，在 1987 年發行的鈔票面額有 90 元和 45 元，

---

31. 〔明〕馬歡，**瀛涯勝覽**，暹羅國條。見馮承鈞校注，**瀛涯勝覽校注**，臺灣商務印書館，台北市，2005 年，頁 20。

32. 〔明〕朱孟震撰，**西南夷風土記**，遊覽，頁 6，收藏於〔清〕曹溶撰，**學海類編**，第 120 冊，頁 50。

33. 有關緬甸的男性生殖器官植珠之習慣傳入中國之部分，大都參考自 Sun Laichen, "Burmese bells and Chinese eroticism: Southeast Asia's cultural influence on China," *Journal of Southeast Asian Studies*, Vol.38, No.2, June 2007, pp.247-273.

前者 9 和 0 加起來是 9，後者 4 和 5 加起來也是 9。國防部長邵茂在 1988年 9 月 18 日發動政變，18 的 1 和 8 兩數字相加是 9。軍政府選在 1990 年 5月 27 日舉行選舉，也是考慮到 27 的 2 和 7 兩數字相加是 9。[34] 軍政府預期此一幸運日子可讓執政黨獲勝，但結果卻是相反，執政黨落敗，而不願將政權交出。

緬甸人對於身體上半身和下半身有尊貴和低下之分，上半身使用的毛巾，不可和使用擦洗腳的毛巾混用。因此洗臉和洗腳的臉盆不可混用。也不用飲用水壺倒水出來洗腳。

禁將內衣放在頭上。

禁將腳放在枕頭上；或坐在枕頭上。

除了理髮和美容之外，禁用手碰觸別人的頭髮、頭部或臉頰。

禁碰觸女性身體任一部位。

一般婦女和小女生習慣在臉頰塗抹樹木頭磨成的粉，作為防曬的皮膚霜，製造該塗料的是檀娜卡（Thanaka）樹，該樹之香味類似檀香。早在第十四世紀，緬甸孟族文獻就有此一記載。市面上有銷售一捆一捆的檀娜卡樹木頭，也有已磨成粉的。

圖 10-15：少女臉頰上塗抹防曬粉
資料來源："Burmese culture,"（http://www.sanctuaryretreats.com/myanmar-culture-heritage-tradition 2014 年 4 月 28 日瀏覽。）

---

34. Mya Maung, "The Burma Road to the Past," *Asian Survey*, Vol. 39, No. 2 (Mar. - Apr., 1999), p.276.

圖 10-16：檀娜卡樹木頭
資料來源："Thanaka,"（http://en.wikipedia.org/wiki/Thanaka　2014 年
　　4 月 28 日瀏覽。）

第十一章　結論

在印度古書中，緬甸被稱為「黃金之地」，可見在西元前第六世紀緬甸已出現國家型態，且喜用黃金作為交易媒介。直至西元前第一世紀，中國漢朝亦派遣使節前往緬甸伊洛瓦底江下游的黃支國訪問，當時中國使節攜帶黃金和雜繒交易，更證明早期緬甸人愛用黃金的習慣。此證諸今天，似乎沒有多大改變，人們交易仍使用黃金，更把佛寺和佛陀的外觀貼以金箔紙，以彰顯佛陀的神聖偉大輝煌。

最早在下緬甸居住的族群是孟族，他們可能是從印度移去，沿著海岸線居住，因此主要依賴商業貿易，成為印度和中國之間的貿易商人。他們從印度帶去佛教信仰，在他們居住的幾個城市，包括打端、勃固，或者更往南邊的墨吉和土瓦，以及往西的仰光和卑謬，都成為信仰佛教的城市。

卑謬是驃族的首都，驃族從何處遷移而至？史載缺如。他們都是靠海邊居住的族群，可能跟印度和孟加拉沿岸民族或分布在馬來半島的海人雒族（Laut）有關聯。雒族是印度支那半島沿海地帶居住的族群，其最北分布在越南沿岸，中國古書稱之為雒越或駱越，即是雒族和越族混合之種族。

緬族則是在西元後初期從印度阿薩姆省進入緬甸境內，然後順著伊洛瓦底江南下，而進入緬境伊洛瓦底江河谷及平原地帶。約分布在北緯24—28度之間，其南部和驃族、孟族接壤。

南詔在835年攻擊驃國首都漢蘭後，驃國因此亡國，其人民流離失所。緬族當時還未形成統一國家，他們從南詔學習新的戰爭技術，等南詔兵撤退後，緬族才在蒲甘建立城市據點。有些驃族移居蒲甘，與緬族融合，以後以緬族自居，驃族因此從歷史上消失。

緬族在蒲甘建立王朝，透過對外戰爭，擴張版圖。最重要的，它在征服打端後，掠奪佛寺內的文物，帶回蒲甘，使蒲甘成為佛教的中心。更重要的，緬族從1058年起採用孟族字母（即巴利文字）拼寫其文字，成為緬文的濫觴。此後，緬甸成為佛國以及有文明的族群，蒲甘王朝成為緬甸上古史中最為輝煌的朝代。

在第十二世紀，緬甸派遣和尚前往錫蘭學習佛法，帶回小乘佛教，以後緬甸即流行小乘佛教。緬甸為何在此時改變佛教宗派，最主要原因是當

時的印度盛行印度教，佛教受到壓制。而錫蘭成為南亞地區唯一信奉佛教的地區，其流行的小乘佛教，遂成為緬甸、泰國和柬埔寨和尚學習的對象。以後如我們見到的，印度支那國家包括緬甸、泰國、柬埔寨和寮國都信奉小乘佛教。從印尼群島的角度來看，當時正是回教開始在印尼群島扎根奠基之時，印尼群島上的人開始放棄佛教信仰而改信回教，因此，從錫蘭到緬甸、泰國、柬埔寨和寮國一帶，就成了東南亞地區殘餘的佛教勢力。

正當緬甸勢力興起、佛教鼎盛之時，不幸地，遇到了勢力向外擴張的蒙古。蒙古為了包圍南宋，在 1268 年攻擊緬甸，1271 年，蒙古軍包圍襄、樊二城時，遣使至緬甸，要求其國王內附。緬甸遣使价博到當時元朝首都北京。1273 年，元朝又再度遣使至緬甸，要求其國王親至中國朝貢。然而緬甸國王拒絕到中國朝貢，於是元朝於 1275 年遣使至緬甸，遭逮捕處死，雲南省官員建議出兵征討。因為局勢不明，元世祖決議暫緩。1277 年元朝大理總督派遣 12,000 名軍隊攻打緬甸，緬甸有 6 萬步兵和少數騎兵及 2,000 隻戰象應戰，兩國展開長期的戰爭。1287 年 2 月，元兵佔領蒲甘，損失七千兵力，終於滅了蒲甘國。中國立其酋長為帥，令三年一入貢。

蒲甘淪陷後，阿拉干、勃固和其他孟族小國相繼獨立，唯獨下緬甸的孟族支持克耀斯瓦回到蒲甘。以後蒲甘王朝遭三位撣族兄弟把持，內亂頻仍。到了 1326 年，緬甸動亂仍未平息，遣使到中國請求派兵協助，中國只是安撫，並未應允出兵。1338 年 12 月，元朝在邦牙等處設立宣慰司都元帥府並總管府。但時間很短，在 1342 年 6 月即予廢除。

1364 年，撣族在阿瓦新建王朝，統一上緬甸。阿瓦成為以後五百年緬甸的首都。有些大臣不接受阿瓦的統治，他們夥同志同道合者遷移到西坦河谷的小鎮東吁，另成立小王朝。緬族統治下的阿瓦是一個文化燦爛的朝代，佛教興盛，典章制度完備。但在撣族統治下的阿瓦，則是遭野蠻民族蹂躪，有學問的和尚和學者逃至東吁，許多典章文物遭破壞，以致於沒有留下重要的紀錄。

下緬甸的勃固王朝，延續孟族的文化，從印度引進**曼奴（Manu）法典**，然後和孟族王朝的法令結合出版了**瓦里魯法典**。重修仰光的大金塔佛寺，

傳揚佛教。但因與阿瓦經常戰爭，導致國力衰弱，1539 年，緬族人攻陷勃固。

整體而言，下緬甸的文明水準超過上緬甸，上緬甸還有野蠻的習性。那是因為下緬甸是從印度到中國必經之路，透過對外貿易和交流，接觸外在世界之知識和訊息較快，而且最重要的，下緬甸的知識份子和尚，經常前往錫蘭學習新的佛教經義，引進新知識，產生新的文化要素。

緬甸西部的阿拉干位在山區，因為靠近印度，故很早印度人就移入該地，並從印度傳入婆羅門教和佛教。在第十三世紀初，傳入回教，並散布在阿薩姆到馬來亞海岸地帶。阿拉干雖偏促一隅，經常受到緬族、孟族和北印度的回教徒的攻擊入侵，而陷於戰爭。1784 年，終被緬甸兼併，成為緬甸之一部分。

當 1527 年撣族攻陷阿瓦時，很多緬族人流亡到東吁，東吁一時成為緬族復興基地。國王莽瑞體雄才大略，1538 年佔領勃固，擊敗卑謬、阿瓦和勃固的聯軍。1541 年，莽瑞體占領馬塔班。1549 年，莽瑞體從馬塔班出發，經由三佛塔道進至阿瑜陀耶，因傳來緬甸內部不安的消息，緬軍兵力不足以長期包圍阿瑜陀耶，遂決定退兵。1558 年，緬甸征服清邁。1563 年，莽應龍揮軍越過薩爾溫江，進攻阿瑜陀耶，滅暹羅，俘虜暹羅國王、王后、王子和大臣們，任命暹羅王子為副王統治暹羅，暹羅成為緬甸屬國。被擄到勃固的暹羅國王出家為和尚，後來以年老以及想回家探望其廟宇之理由，在 1567 年返回暹羅，陰謀與其兒子暹羅副王脫離緬甸而獨立。1568 年，莽應龍再度引兵進攻暹羅，隔年 8 月 31 日，攻陷大城，暹羅亡國。

1752 年，緬族領袖甕藉牙在瑞保登基為王，開啟貢榜王朝的序幕。1760 年 4 月起包圍阿瑜陀耶，甕藉牙因為受到自己操控的大砲膛炸受傷而去世，只好退兵。1767 年 4 月，緬軍佔領阿瑜陀耶，俘擄國王及大臣們、舞者、音樂家、工匠、藝術家、詩人等，此一作法使得緬甸文學和藝術得以復興。從暹羅的角度來看，緬甸入侵猶如一場災難，其典章文物、歷史文獻都毀於戰火，使得在此時之前的泰國歷史出現空窗遺漏，以後重新建構困難重重。

　　第十八世紀下半葉，英國商人前往仰光經商，開始與緬甸政府打交道，要求與緬甸簽訂商業條約以及要求緬甸國王關閉讓法國使用的港口，均未獲緬甸政府同意，英國商人開始批評緬甸政府，種下以後英國和緬甸之間的不信任和衝突。

　　1819 年，孟既登基，阿薩姆和曼尼普爾兩個屬國國王皆未遣使出席，亦未致送貢物，於是他出兵曼尼普爾，曼尼普爾國王逃到隔壁的卡查王國，驅逐卡查國王，佔地為王。卡查國王逃到隔壁的詹替爾王國，向英國和緬甸求援。英國迅速宣布卡查和詹替爾為其保護國。緬甸不承認英國該一主張，引發雙方在阿薩姆和孟加拉的邊境衝突。1824 年 1 月，英軍佔領卡查。3 月 5 日，英國正式向緬甸宣戰。緬甸戰敗，1826 年簽署揚達坡和平協議，緬甸除了賠款外，亦割讓阿拉干、廷那沙林和阿薩姆土地給英國；緬甸承認曼尼普爾、卡查、詹替爾為英國領土。英國控制了緬甸的所有海岸地帶，英國此時控制了檳榔嶼、新加坡和馬六甲，因此從印度、孟加拉、緬甸海岸到馬來半島西海岸都在英國控制之下，孟加拉灣成為英國的內海。

　　1852 年 4 月，緬甸和英國第二度發生戰爭，經過一番苦戰後英軍攻佔馬塔班和仰光。5 月，英軍又佔領巴生港。6 月，英軍佔領勃固，導致蒲甘國王下台，曼同繼位。英國在下緬甸開辦加爾各答、檳榔嶼、新加坡和仰光之間的定期蒸汽船運和郵政服務。英國私人亦開辦伊洛瓦底江航運公司，在塔耶特苗和仰光之間航行定期蒸汽船，也航行到卑謬和附近城市。

　　受到英國在下緬甸的現代化建設之影響，曼同國王也派學生到加爾各答和仰光學習電報技術，然後在緬甸設立電報局，發展緬甸語文的摩斯碼。他引進歐洲技術專家在緬甸進行礦物調查、開礦及伐木。在歐洲人協助下，建設了約 50 座紡織、碾米、磨麥、製糖的小型工廠。他任命幹練的長子美卡拉王子為工業部長。緬甸這些現代化努力，卻遭到在緬甸經商的英國商人的批評，他們批評緬甸國王獨佔控制進出口貿易，而且直接從加爾各答進口商品而不經過在仰光的英國商人，使他們商業利益受損。

　　英國在 1862 年迫使緬甸簽署商業條約，取得在緬甸經商的自由權；英國亦得派駐紮官駐守緬甸首都。1867 年，緬甸和英國簽署第二個商業條約，

英國獲得更多的商業利益，除了木材、石油和寶石外，緬甸國王將廢除所有專賣權。

緬甸為了應付英國的壓迫，意圖尋求法國的協助，但法國不想為了緬甸問題而與英國開戰，而只想與緬甸進行商業貿易關係，特別是緬甸生產的紅寶石。緬、法雙方未能簽署貿易條約。緬甸亦向美國尋求援助，未獲回音。

英國為了獲取緬甸的商業利益，以商業糾紛之理由，於 1885 年 11 月 14 日對緬甸發動第三次戰爭，11 月 28 日緬甸投降。緬甸最後一位國王錫袍被放逐到印度，而結束了緬甸王朝。英國為何在此時滅緬甸？主要原因如下：第一，是為了獲取緬甸的商業利益，包括獲取各種天然資源及控制進出口權。第二個原因是法國在 1884 年與越南簽署第二次順化條約，將越南變成法國的保護國，法國勢力逐漸控制印度支那半島的東半部。面臨法國在印度支那之擴張，英國在馬來半島的殖民地將無法自保，因此透過對緬甸的控制，可作為南北突進，然後以泰國作為與法國對抗的緩衝地帶。緬甸應是英、法在印度支那半島角力的犧牲品，也是英國利用作為對抗法國的據點。

回顧過去二千多年的緬甸王朝的歷史，可歸結出幾個特點：第一，各王朝國王喜佛，樂建佛寺，派遣和尚前往錫蘭求佛法。第二，緬族、孟族和撣族是緬甸的主要控制族群，彼此爭鬥不已，種族問題是緬甸史的中心議題。第三，為爭奪白象而屢爆發戰爭，白象象徵純潔神聖，得之者，象徵祥瑞。儘管如此，為了爭奪白象，每每引發戰爭，白象反而是一種不祥之徵。第四，戰爭結果常擄掠大批人口，以充實本國的人口數量。甚至經常擄掠有學問的和尚、學者、藝術工作者、舞蹈家，而形成文化之交流。第五，各地朝貢部落需敬獻女子給國王。第六，王朝首都經常搬遷，除了風水寶地之考慮外，就是要避開城市日久後所產生的垃圾和髒亂。

緬甸對於英國而言，並不具有重要的戰略地位，英國只想取得其經濟利益，因此對於如何治理緬甸並沒有整體的考慮，結果英國採取草率的決定，將緬甸劃歸英屬印度管轄，成為英屬印度一個省份。這樣可免除重新

規劃治理政府結構的問題。所以英國統治緬甸初期，現代化改革進展緩慢，緬甸不過是換了統治者而已。

自 1885 年起，英國對於緬甸即採取「分而治之」政策，將山地民族和緬族區別治理。此一政策獲得基督教傳教士的支持，他們認為緬族是反基督教的，很難將他們變為基督教徒，因此將注意力轉到山地民族，例如欽族、克倫族，他們原先是信仰拜物教，較容易接受基督教信仰。英國也不對緬族和撣族施予軍事訓練，而只對欽族、克倫族和克欽族徵兵。英國也將住在平原地帶的族群劃分為緬人、英國人、英國和印度混血種人、克倫族人，理由是少數民族需要英國政府特別保護。

英國在 1897 年首度在緬甸設立小規模的立法委員會。1909 年稍予增加人數。1920 年，立法委員會人數增加到 30 人，其中 28 人為委任，2 人為民選。1923 年，立法委員會人數增加到 103 人，其中 79 人為民選。

英國統治緬甸初期也甄選緬甸人出任地方公務員，大都是低階職務，直至 1908 年才任命第一個緬甸人擔任副專員，1917 年任命高等法院第一個緬甸人法官。

1923 年，英國政府通過「雙頭憲法」，給予緬人雙頭治理的權利，就是緬甸屬於英屬印度管轄，而英國另派一名總督治理緬甸，讓緬人參與行政管理工作，過去英國已給予印度人此一權利。英國在緬甸派駐省級的總督。在行政委員會中，僅設立農業、貨物稅、衛生、公共建設、森林和教育等部，它們需對立法委員會負責。至於其他政務、法律和秩序、土地歲入、勞工和財政等部則直接向總督負責。國防、對外關係、通貨和鑄幣、交通和運輸、所得稅、民法和刑法則由英屬印度的中央印度政府負責。緬甸總督對於緬甸周邊地區，例如克倫尼、撣族、克欽、欽族等地區擁有單獨的立法權。緬甸總督對於立法委員會之法案擁有否決權或增補預算權。

緬甸民族主義運動之推動者「緬甸各協會大會」對於英國給予緬甸的「雙頭憲法」體制感到不滿，要求緬甸與印度分開獨立。1932 年 1 月 12 日，在倫敦舉行緬甸問題圓桌會議，英國首相麥克唐納在會中表示同意緬甸脫離印度之統治體系。至 1935 年 5 月 30 日，英國國會才通過緬甸政府法。

1937年4月1日，緬甸政府法正式生效，緬甸脫離印度，成為一個獨立的政治實體，但歸由英國殖民部管轄。以後兩年，緬甸政局混亂，緬人和印度人經常發生衝突，緬人佛教徒和印度回教徒亦發生衝突，再加上勞工罷工和學生罷課，抗英活動日熾，英緬當局愈來愈難以應付日漸高漲的緬甸民族主義運動。

英國對於緬甸之經濟亦作了重要的調整，過去緬甸的自足經濟已變成生產稻米以及出口稻米的經濟型態。英國鼓勵緬甸與印度和其他國家貿易。英國將緬甸視為供應印度米糧的來源地。在兼併勃固後，英屬印度政府鼓勵印度勞工移民下緬甸人口稀少的三角洲地區，從事開墾。1876年後十年，英屬印度政府還津貼前往緬甸做工的印度勞工。此乃因為英國將緬甸訂為印度之一省，沒有移民之限制。

在英國統治下，因為英國人數少，也無心完全改變緬甸的文化傳統，例如緬人仍維持佛教信仰，依然穿沙龍和夾裳。較重要的改變是教育制度，英國興辦公立學校和教會學校，而這些學校大都設在城市和鎮，鄉下則無此類學校。由於教師許多是英國人，他們不瞭解緬甸文化，常引起緬甸學生不滿，後來許多高中和大學發動罷課和杯葛事件。

第二次世界大戰爆發後，緬甸青年受到影響，為了取得獨立地位，擺脫英國的統治，有少數青年包括翁山等人前往台灣，尋求日本的協助。日本遂將這些緬甸青年施予軍事訓練，成立「緬甸獨立軍」。1941年12月底，日軍從毛淡棉以東的毛瓦地隘道進入下緬甸，「緬甸獨立軍」也隨之跟進，有許多緬甸年輕人加入「緬甸獨立軍」，其人數日漸增加。

日本佔領緬甸後，因為有不少前英國時期的公務員逃難到印度，所以需從當地甄選人員進入政府機關工作。日本在東亞的一貫政策是扶植當地人成立獨立政府，緬甸也是一樣，日本於1943年8月1日宣布緬甸為獨立主權國家，扶植巴莫為總統兼總理。日本在緬甸各級政府安排日本顧問，凡重大政策皆須日本顧問同意。日本控制政治和經濟部門兩個領域。新聞報紙和電台須經日本官員審查。最高法院受制於日本軍事法院。恢復使用傳統緬文和緬語。

在二戰結束日本投降後，而英國尚未返回緬甸之前，日本控制區被「反法西斯人民自由聯盟」接管。當「反法西斯人民自由聯盟」決定與英國合作後，其地方領袖和軍事指揮官反對，認為放棄了真正獨立的機會。此一與英國合作之政策，亦導致緬甸共黨和「反法西斯人民自由聯盟」之間的衝突。

緬甸民族主義情緒日益高昂，要求脫離英國獨立之聲不絕，「反法西斯人民自由聯盟」籌款派遣五到七人代表團前往倫敦，直接訴諸於倫敦和英國人民認同支持他們的主張。在緬甸內部亦進行杯葛行政運作和進行街頭示威、罷工，終於迫使英國讓步，翁山等人在 1947 年 1 月 27 日和英國政府達成倫敦協議，同意緬甸獨立。2 月 7 日，翁山和撣族、克欽族、欽族的代表達成共組聯邦的攀龍協議。但在緬甸獨立之前，從事獨立運動的領袖、也是當時緬甸內閣副主席翁山及其 7 名部長在 7 月 19 日在內閣會議中遭前總理吳紹密派的三名槍手擊斃。英國駐緬總督立即邀請制憲會議主席及「反法西斯人民自由聯盟」副主席吳努組織新內閣。1948 年 1 月 4 日，緬甸正式獨立，成為英國在東方地區第一個獨立的殖民地，不像馬來亞至 1957 年才獨立，主要原因是英國在緬甸獲取的經濟利益有限，緬甸不具有東亞貿易的樞紐地位，能夠獲取的資源主要是木材、棕櫚和橡膠，金屬礦有限，再加上緬甸民族主義運動興起，愈來愈難治理，最後才迫使英國退出緬甸。

緬甸獨立後，遭逢內部族群之衝突、公務員行政能力不足和貪污、土地分配不公等問題，在 1953 年頒布第二個土地國有化法案，以消除共黨的威脅。經濟建設需要龐大經費，但國會由社會主義黨控制，遲未能通過外國人投資法，無法吸引外商投資。在政局緊張紛擾的情況下，1958 年武裝部隊總司令尼溫將軍被任命為總理。在軍人支持之下，他組織一個看守政府，開啟了軍人干政的序幕。1960 年，結束軍政府，還政於民事政府。隨後吳努政府仍難以穩定政局，尼溫將軍為首的軍方指控政府貪污、無效率，藉口為維護國家統一及阻止非緬族脫離聯邦，而於 1962 年 3 月發動政變，以後一直到 2011 年緬甸都是由軍人執政。

　　緬甸是一個佛教國家，人民受佛教信仰薰陶，愛好和平以及傾向馴服，是一相當自然的社會特性。尼溫統治初期，採取社會主義式經濟制度，而且採取鎖國政策，將緬甸和外在世界隔絕，以便於其社經體制可以順利推行。這種小農和自足經濟的社會體制初期具有穩定社會之作用，當然軍政府採用高壓統治亦是穩定政局之手段之一，所以在尼溫統治期間，儘管人民之經濟生活不是很充裕，大抵上還能維持穩定，其中立不結盟外交路線，更使之成為一個與世無爭的隱士之國。

　　固然種族和地方勢力是影響政局穩定的因素，但國際經濟的變動，根本無法使緬甸自外於外在世界的變動，社會主義經濟制度在 1970 年代末開始遭到嚴峻的挑戰，先是實施社會主義經濟制度的中國在 1978 年改革開放，越南是在 1986 年改革開放，柬埔寨是在 1987 年改革開放，緬甸也在 1987 年 9 月經濟惡化，通貨膨脹嚴重，軍政府無意改革，民眾則要求改革，學生和和尚進行街頭示威遊行，亂事持續到 1988 年 8 月遭軍警鎮壓，導致三千多人喪生。軍人政府被迫在 1990 年舉行民主選舉，又不承認選舉結果，繼續執掌政權。這就造就了反對派的英雄人物翁山蘇姬的出現，她不畏權勢的個性，西方社會的加持和保護，使她很快的成為黑暗社會的一盞明燈，軍政府明知其為芒刺，卻無法將她拔除，只好將她長期軟禁。

　　軍政府長期執政仍要面對國內經濟問題，這是軍人執政最弱者，跟其他軍事政府一樣，發展經濟並非軍人之專長，緬甸遂成為世界上少數幾個最貧窮國家之一。從 1988 年以後，西方國家就對緬甸進行經濟制裁，迫使緬甸尋求中國和印度的支援。西方國家亦以人權理由要求東協放棄同意緬甸入會，東協不接受西方國家的反對，在 1997 年同意緬甸入會，但同意會說服緬甸開放民主和尊重人權。2003 年 6 月，泰國政府幫緬甸擬定了一份「民主路線圖」，緬甸政府乃於 8 月 30 日公布了其「民主路線圖」計畫。

　　然而，緬甸的民主進程緩慢，經濟也沒有起色，2007 年 8 月 15 日突然宣布調高汽油價格，引起民怨，抗議示威四起，最後引發和尚上街遊行，在軍警鎮壓下至少造成七死、百餘傷的慘劇。和尚只有上街示威，沒有拿起武器抗爭，所以很快就被鎮壓。儘管受到國際的壓力，緬甸軍政府仍堅

持不開放、不讓步。在聯合國，緬甸獲得中國和俄羅斯的支持，在安理會的譴責緬甸違反人權案，遭到中國和俄國的否決。緬甸得到兩個毗鄰大國中國和印度以及北韓、俄國和烏克蘭的支持，這些國家繼續與緬甸進行貿易，並售賣武器，因此就算將所有的外國投資者撤出，緬甸軍政府也不會垮台。

緬甸強調採取獨立的、積極的外交政策，宣稱將與周邊國家以及該地區其他國家間維持密切的關係。它的外交政策已脫離過去的不結盟和孤立路線，它在 1997 年加入東協和東協區域論壇，也想參與亞歐會議，正朝與周邊國家改善關係的方向邁進。它與印度、巴基斯坦、俄國和中國都維持來往，而且向俄國和中國購買軍火。

緬甸位在中國和印度周邊，中國想利用緬甸取得從其西南地區進出印度洋的途徑，以及維持與緬甸的密切關係來牽制其他東協國家；而印度並不想利用緬甸制衡中國，只是擔心中國利用緬甸對其進行包圍，或利用其作為在印度洋活動的基地。因此，印度非常關心緬甸與中國關係的動向。緬甸對該兩國都保持密切的關係，尤其當它受到西方國家經濟制裁時期更是如此。

歷經十四年的制憲，緬甸軍政府在國際壓力下終於在 2008 年 2 月完成新憲法草案，5 月 10 日公投通過。2010 年 11 月舉行全國大選，選出新國會，緬甸開始進入新的政治發展階段。緬甸國會在 2011 年 2 月 4 日選舉登盛為總統。以登盛為首的民選政府立即進行民主改革，釋放政治犯，包括翁山蘇姬、解除報禁、開放媒體、廢除新聞檢查、與少數民族叛軍和談、修訂政黨註冊法，取消了原先「服刑人員不得加入政黨」的限制、與美國關係正常化。緬甸快速的改革步伐，給其帶來經濟動力，外商公司爭相進入緬甸投資，各行各業呈現活潑景象。緬甸正朝市場經濟方向前進，過去所制訂的約束性法令都將一一修正。

緬甸過去迷戀於社會主義之理想，以為佛教信仰加上小農經濟體制將是緬人邁入安和樂利之路。結果證明，該種烏托邦式建國理念，難以滿足人民的需求，這種過於穩定甚至是停滯沒有進步的自足自給經濟生活，若

周遭國家都是如此，還可以勉強維持，但世界文明進步，咫尺天涯，資訊交互流通快速，在與外在世界比較之下，緬甸在各方面，包括精神和物質層面，顯然落後許多，此必然引起人民不滿。人民除了經濟需求外，還要有民主權利，而這是長期軍人政府所忽略的。在內外壓力下緬甸終於回到正常民主體制，而這正是二戰結束後緬甸菁英所追求的目標，經過一番折騰後，浪費了半個世紀的時間，緬甸才又走回到民主之路，期望它是筆直往前邁進。

徵引書目

一、官方檔案

國立故宮博物院藏，**清代宮中檔奏摺及軍機處檔摺件**，文獻類名：軍機處檔摺件，文獻編號：006369，事由：奏報籌辦緬甸貢使到境事。乾隆15 年 12 月 21 日。

國史館清史組製作，**新清史**，紀，高宗本紀，本紀十七，高宗六，乾隆五十三年九月，緬甸條。

二、中文專書

〔三國東吳〕康泰，**扶南傳**。

〔元〕脫脫等撰，**宋史**，卷二〇徽宗本紀，中華書局，1977 年。

〔元〕脫脫等撰，**宋史**，卷四八九。

〔元〕周致中，**異域志**，卷上，暹羅國條。

〔民國〕趙爾巽等撰，**清史稿**，卷十五，本紀十五，高宗本紀六。

〔宋〕王欽若等編，**冊府元龜**，卷九七二，中華書局，1960 年。

〔宋〕王溥，**唐會要**，卷一〇〇，中華書局，1955 年版。

〔宋〕王應麟撰，**玉海**（六），卷第一百五十四，崇寧蒲甘入貢，大化書局重印，台北市，1977 年。

〔宋〕王應麟撰，**玉海**（六），朝貢，玉海卷百五十三，唐驃國內附。

〔宋〕馬端臨撰，**文獻通考**，卷一四八，萬有文庫本。

〔宋〕歐陽修、宋祁撰，**新唐書**，卷二二禮樂志，中華書局，1975 年版。

〔宋〕歐陽修、宋祁撰，**新唐書**，卷二百二十二下，列傳第一百四十七下，
　　南蠻下，驃。

〔明〕王圻，**續文獻通考**，卷之二百三十六，四裔考，明萬曆刊本，文海
　　出版社重印，1979 年，第一輯。

〔明〕朱孟震撰，**西南夷風土記**，遊覽，頁 6，收藏於〔清〕曹溶撰，**學海
　　類編**，第 120 冊，頁 50。

〔明〕宋濂等撰，**元史**，本紀第十二，世祖九，楊家駱主編，**新校本元史
　　並附編二種**，鼎文書局，台北市，1977 年。

〔明〕宋濂等撰，**元史**，本紀第十四，世祖十一。

〔明〕宋濂等撰，**元史**，卷一二五，忽辛傳。

〔明〕宋濂等撰，**元史**，卷一二世祖本紀。

〔明〕宋濂等撰，**元史**，卷二十，本紀第二十，成宗三。

〔明〕宋濂等撰，**元史**，卷二十一，本紀第二十一，成宗四。

〔明〕宋濂等撰，**元史**，卷二十九，本紀第二十九，泰定帝一。

〔明〕宋濂等撰，**元史**，卷二百十，列傳第九十七，緬條。

〔明〕宋濂等撰，**元史**，卷十九，本紀第十九，成宗二。

〔明〕宋濂等撰，**元史**，卷十三，本紀第十三，世祖十。

〔明〕宋濂等撰，**元史**，卷三十，本紀第三十，泰定帝二。

〔明〕宋濂等撰，**元史**，卷三十九，本紀第三十九，順帝二。

〔明〕胡廣等修，**太祖洪武實錄**，中央研究院歷史語言研究所校印，台北
　　市，1984 年。

〔明〕馬歡，**瀛涯勝覽**，暹羅國條。見馮承鈞校注，**瀛涯勝覽校注**，臺灣
　　商務印書館，台北市，2005 年。

〔明〕陳邦瞻編輯，**元史紀事本末**，卷六，西南夷用兵。

〔明〕楊士奇等纂修，**太宗文皇帝實錄**，卷之三十一。

〔明〕楊士奇等纂修，**宣宗章皇帝實錄**，卷之三十一。

〔明〕溫體仁等纂修，**神宗顯皇帝實錄**。

〔南朝宋〕范曄撰，**後漢書**，卷八十六，南蠻西南夷列傳第七十六，哀牢條。

〔後晉〕劉昫等撰，**舊唐書**，列傳，卷一百九十七，列傳，第一百四十七，
　　南蠻，西南蠻，驃國。

〔唐〕杜佑纂，**通典**，卷一百八十八，邊防四，南蠻下，多蔑條。

〔唐〕顏師古注，班固撰，**漢書**，地理志，粵地條。

〔唐〕顏師古注，班固撰，**漢書**，卷十二，平帝紀第十二。

〔晉〕袁宏撰，**後漢記**，卷十五。

〔清〕王之春輯，**國朝柔遠記**，卷五。

〔清〕毛奇齡撰，**蠻司合志**，卷十，雲南三。

〔清〕文慶等撰，**大清文宗顯（咸豐）皇帝實錄（三）**，卷一百十五。

〔清〕邵星巖，**薄海番域錄**，京都書業堂藏板，文海出版社，台北市，
　　1971 年重印，卷十一。

〔清〕邵遠平撰，**元史類編（續弘簡錄）**，卷四十二，緬國條，廣文書局
　　重印，台北市，1968 年。

〔清〕徐松輯，**宋會要輯稿**，番夷七，中華書局，1957 年。

〔清〕張廷玉等撰，**明史**，卷一一景帝本紀。

〔清〕張廷玉等撰，**明史**，卷二一神宗本紀。

〔清〕張廷玉等撰，**明史**，第四六卷，志第二十二，地理七。

〔清〕陳夢雷編，**古今圖書集成**，方輿彙編山川典，海部彙考，考，乾象
　　典 第 309 卷，第 208 冊第 6 頁之 2。

〔清〕陳夢雷編，**古今圖書集成**，方輿彙編邊裔典，南方諸國總部，彙考，
　　乾象典 第 89 卷，第 216 冊第 48 頁之 1。

〔清〕陳夢雷編，**古今圖書集成**，方輿彙編邊裔典，黃支部，彙考，乾象
　　典 第 96 卷，第 217 冊第 30 頁之 1。

〔清〕陳夢雷編，**古今圖書集成**，瓦部／紀事，紀事，乾象典 第 139 卷，
　　第 791 冊第 38 頁之 2。

〔清〕曾廉撰，**元書**，緬條，南蕃列傳第七十五，宣統三年撰，文海出版社，
　　台北市，1991 年重印。

〔清〕談遷，**國榷**，卷五三，古籍出版社，上海市，1958 年。

〔清〕劉錦藻撰，（清）**皇朝續文獻通考**，卷三百三十七，外交考一，新
　　興書局，台北市，1963 年重印，緬甸條。

〔清〕慶桂等撰，**大清高宗純（乾隆）皇帝實錄**（二十七），卷一千三百
　　五十一。

〔清〕慶桂等撰，**大清高宗純（乾隆）皇帝實錄**（二十六），卷一千三百
　　六十。

〔清〕慶桂等撰，**大清高宗純（乾隆）皇帝實錄**（十七），卷八百四十八。

〔清〕慶桂等撰，**大清高宗純（乾隆）皇帝實錄**（十七），卷八百六十二。

〔清〕魏源撰，陳華、常紹溫、黃慶雲、張廷茂、陳文源點校註釋，**海國
　　圖志**（上），岳麓書社，湖南，1998 年。

〔清〕覺羅勒德洪等撰，**大清德宗景（光緒）皇帝實錄**（四），卷二百
　　二十八。

〔清〕顧炎武撰，**天下郡國利病書**，原編第三十二冊，雲貴交阯，「緬甸
　　始末」，四部叢刊，臺灣商務印書館印行，台北市，1980 年。

〔漢〕班固等撰，**東觀漢記**，卷三，帝紀三，敬宗孝順皇帝。

王彥威編，**清季外交史料**，文海出版社，台北縣，1963 年。

余定邦和黃重言編，**中國古籍中有關緬甸資料匯編**，上冊，中華書局，北
　　京市，2002 年。

吳迪著，陳禮頌譯，**暹羅史**，臺灣商務印書館，台北市，1988 年修訂重排
　　初版。

胡慶蓉，**滇邊游擊史話**，中國世紀雜誌社，台北市，1967 年 10 月印行。

清史稿校注編纂小組編纂，**清史稿校註**，卷五百三十五，屬國三，緬甸。

清高宗敕撰，**清朝文獻通考**，卷二百九十六，四裔考四，緬甸條。

陳佳榮、謝方和陸峻嶺等編，**古代南海地名匯釋**，中華書局，北京，1986。

傅應川、陳存恭、溫池京訪問，**滇緬邊區風雲錄—柳元麟將軍八十八回憶**，
　　國防部史政編譯局，台北市，1996 年。

景振國主編，**中國古籍中有關老撾資料匯編**，河南人民出版社，中國，
　　1985 年。

黃祖文編譯，**緬甸史譯叢**，南洋學會，新加坡，1984 年。

錢基博修訂，**清鑑**（上冊），卷七高宗乾隆，啟明書局，台北市，1959 年 7 月初版。

羅香林，「宋代注輦國使娑里三文入華行程考」，**宋史研究集**，第十輯，國立編譯館中華叢書編審委員會印行，台北市，1978 年 3 月，頁 371-385。

三、英文專書

2008 Constitution of Republic of Union of Myanmar.

Aung, Maung Htin, *A History of Burma*, Columbia University Press, New York and London, 1967.

Aung-Thwin, Michael, *Pagan, The Origins of Modern Burma*, University of Hawaii Press, U.S.A., 1985.

Banks, Arthur S. and William Overstreet(ed.), *Political Handbook of the World: 1981*, McGraw-Hill Book Company, New York, 1981.

Butwell, Richard, *U Nu of Burma*, Stanford University Press, Stanford, California, second printing, 1969.

Cady, John F., *A History of Modern Burma*, Cornell University Press, Ithaca, New York, 1958.

Cec, John Nisbet D., *Burma Under British Rule-And Before*, The Selwood printing works, Prome and London, 1901.

Charney, Michael W., *A History of Modern Burma*, Cambridge University Press, Cambridge, 2009.

Chi, Minh, Ha Van Tan, Nguyen Tai Thu, *Buddhism in Vietnam*, The Gioi Publishers, Hanoi, 1993.

Christie, Clive J., *A Modern History of Southeast Asia: Decolonization, Nationalism and Separatism*, Tauris Academic Studies, New York, 1996.

Clinton, William J., "Letter to Congressional Leaders reporting on the National Emergency with Respect to Burma, December 9, 1997," in William J. Clinton, *Public Papers of the Presidents of the United States: William J. Clinton*, 1997, Federal Register Division, National Archives and Records Service, General Services Administration, Best Books on, 1998.

Coedès, G., *The Making of Southeast Asia*, University of California Press, Berkeley and Los Angeles, 1969.

Colbert, Evelyn, *Southeast Asia in International Politics, 1941-1956*, Cornell University Press, Ithaca and London, 1977.

Dapice, David, *Rice Policy in Myanmar: It's Getting Complicated*, Harvard University School, ASH Center for Democratic Governance and Innovation, 2013.

Enriquez, Major C. M., *Races of Burma*, Ava publishing house, Bangkok, Thailand, 1997, reprinted.

Fifield, Russell H., *The Diplomacy of Southeast Asia:1945-1958*, Harper & Brothers, Publishers, New York, 1958.

Gravers, Mikael, " Introduction: Ethnicity against State-State against Ethnic Diversity?," in Mikael Gravers(ed.), *Exploring Ethnic Diversity in Burma*, NIAS Press, Copenhagen, Denmark, 2007, pp.1-33.

Halib, Mohammed and Tim Huxley, *An Introduction to Southeast Asian Studies*, I.B. Tauris & Co. Ltd., 1996.

Harrison, Brian, *Southeast Asia: A Short History*, Macmillan & Co., Ltd., London, 1954.

Harvey, G. E., *History of Burma, From the Earliest Times to 10 March 1824 The Beginning of the English Conquest*, Octagon Books, New York, 1983.

Jagan, Larry, "Burma's Military: Purges and Coups Prevent Progress Towards Democracy," in Trevor Wilson(ed.), *Myanmar's Long Road to National Reconciliation*, Institute of Southeast Asian Studies, Singapore, 2006, pp.29-37.

Naw, Angelene, *Aung San, And The Struggle for Burmese Independence*, Silkworm Books, Chiang Mai, Thailand, 2001.

Phayre, Arthur P., *History of Burma, From the Earliest Time to the End of the First War With British India*, Routledge, London, 2000.

Rajshekhar, *Myanmar's Nationalist Movement(1906-1948) and India*, South Asian Publishers, New Delhi, 2006.

Seekins, Donald M., *Burma and Japan Since 1940, From 'Co-prosperity' to 'Quiet Dialogue'*, Nias Press, SRM Production Services Sdn Bhd, Malaysia, 2007.

Selth, Andrew, *Burma's Muslims: Terrorists or Terroristed?*, Strategic and Defence Studies Centre, The Australian National University, Canberra, 2003.

Singh, Langpoklakpam Suraj, *Movement for Democracy in Myanmar*, Akansha Publishing House, New Delhi, 2006.

Smith, Martin, *Burma: Insurgency and the Politics of Ethnicity*, Zed Books Ltd., London, 1991.

Stuart-Fox, Martin, *The Lao Kingdom of Lan Xang Rise and Decline*, White Lotus Press, Bangkok, 1998.

Taylor, Robert H., *The State in Burma*, University of Hawaii Press, Honolulu, 1987.

Yearbook of the United Nations 1953, Department of Public Information, United Nations, New York, 1954.

四、中文期刊論文

何新華，「關於『十年一貢』的爭論：十九世紀末晚清政府在緬甸問題上與英國的交涉」，**南洋問題研究**，廈門，第4期，2005年12月，頁71-76，75。

梁晉雲，「緬甸果敢的歷史與現狀」，**中國邊疆史地研究**，第10卷，第2期，

2001 年 6 月，頁 87-94。

陳鴻瑜，「1953 年緬甸在聯合國控告中華民國軍隊入侵案」，*海華與東南亞研究*，第 4 卷第 3 期，2004 年 7 月，頁 1-34。

陳鴻瑜，「西元初期至第七世紀環馬來半島港市國家、文明和航線之發展」，*政大歷史學報*，第 28 期，2007 年 11 月，頁 131-188。

五、英文期刊論文

"Jan 1957 - Border Dispute," *Keesing's Contemporary Archives*, Volume XI, January, 1957 Burma, China, Chinese, p.15334.

"Jun 1949 - The Karen Revolt," *Keesing's Contemporary Archives*, Volume VII, June, 1949 Burma, Burma, p.10041.

"Nov 1952 - The 'Welfare State' Policy. Statement by U Nu," *Keesing's Contemporary Archives*, Volume VIII-IX, November, 1952 Burma, p.12549.

Ashton, William, "Karens down but not out," *Asia-Pacific Defence Reporter*, May/June 1995, p.18.

Aung-Thwin, Michael, "History Spirals in Early Southeast Asian and Burmese History," *The Journal of Interdisciplinary History*, Vol. 21, No. 4 (Spring, 1991), pp. 575-602.

Becker, A. L., "Journey Through the Night: Notes on Burmese Traditional Theatre," *The Drama Review: TDR*, Vol. 15, No. 2, Theatre in Asia (Spring, 1971), pp. 83-87.

Cheesman, Nick, "School, State and Sangha in Burma," *Comparative Education*, Vol. 39, No. 1 (Feb., 2003), pp. 45-63.

Hillman, Owen, "Education in Burma," *The Journal of Negro Education*, Vol. 15, No. 3, The Problem of Education in Dependent Territories (Summer, 1946), pp. 526-533.

Keesing's Contemporary Archives, Volume VI, July, 1947 Burma, p.8735.

Keesing's Contemporary Archives, Volume VI-VII, January, 1948 Burma, Burma, p.9035.

Keesing's Contemporary Archives, Keesing's Publications Limited of London, March 28-April 4, 1953, p.12838.

Keesing's Contemporary Archives, Volume XI, April, 1957 Burma, Burma, p.15492.

Keesing's Contemporary Archives, Volume XI, September, 1958 Burma, p.16393.

Keesing's Contemporary Archives, Volume 15, May, 1969 Burma, p.23332.

Keesing's Contemporary Archives, December 18, 1981, pp.31251-31252.

Keesing's Record of World Events, Volume 31, June, 1985 Burma, p.33663.

Keesing's Record of World Events, Volume 42, October, 1996 Burma, p.41324.

Keesing's Record of World Events, Vol.46, No.7/8, 2000, p.43677.

Keesing's Record of World Events, Vol.48, No.12, 2002, p.45145.

Keesing's Record of World Events, Vol.50, No.5, 2004, p.46009.

Keesing's Record of World Events, Vol.50, No.10, 2004, p.46257.

Keesing's Record of World Events, Vol.51, No.1, 2005, p.46416.

Keesing's Contemporary Archives, Volume 51, February, 2005 Burma, p.46471.

Keesing's Record of World Events, Volume 53, July, 2007 Burma, p.48045.

Keesing's Record of World Events, Volume 55, September, 2009 Burma, p.49413.

Keesing's Record of World Events, Volume 58, January, 2012 Burma,p.50865.

Keesing's Record of World Events, Volume 58, April, 2012 Burma, p.51045.

Keesing's Record of World Events, Volume 58, July, 2012 Burma, p.52119.

Keesing's Record of World Events, Volume 59, May, 2013 Burma, p.52673.

Keesing's Record of World Events, Volume 59, November, 2013 Burma, p.53011.

Keesing's Record of World Events, Volume 59, October, 2013 Burma, p.52959.

Marrison, Geoffrey E., "Literature," in Mohammed Halib and Tim Huxley, *An Introduction to Southeast Asian Studies*, I.B. Tauris & Co. Ltd., 1996, pp.70-100.

Mason, REV. Franceis, D.D., "The Pali Language from a Burmese Point of View," *Journal of the American Oriental Society*, Vol. 10 (1872 - 1880), pp. 177-184.

Maung, Mya, "The Burma Road from the Union of Burma to Myanmar," *Asian Survey*, Vol. 30, No. 6 (Jun., 1990), pp. 602-624, at p.612, note 17, p.612.

Maung, Mya, "The Burma Road to the Past," *Asian Survey*, Vol. 39, No. 2 (Mar. - Apr., 1999), pp. 265-286.

Nash, Manning, "Burmese Buddhism in Everyday Life," *American Anthropologist*, New Series, Vol. 65, No. 2 (Apr., 1963), pp. 285-295.

Solomon, Robert L., "Saya San and the Burmese Rebellion," *Modern Asian Studies*, Vol. 3, No. 3 (1969), pp. 209-223.

Steinberg, David I., "Burma: Ne Win After Two Decades," *Current History*, Vol.79, No.461, December 1980, pp.180-184.

Sun Laichen, "Burmese bells and Chinese eroticism: Southeast Asia's cultural influence on China," *Journal of Southeast Asian Studies*, Vol.38, No.2, June 2007, pp.247-273.

六、中文報紙

「五副主席候選人中 總理登盛有望成為緬甸首任主席」，**南洋星洲聯合早報**（新加坡），2011 年 2 月 2 日。

「回應緬軍方警告將有騷亂 翁山：到仰光北部純是宗教之旅」，**南洋星洲聯合早報**（新加坡），2011 年 7 月 1 日。

「為和平穩定與經濟發展 翁山淑枝願與緬政府合作」，**南洋星洲聯合早報**（新加坡），2011 年 8 月 13 日。

「美要求緬軍停止姦淫婦女」，**南洋星洲聯合早報**（新加坡），2011/8/13。

「美特使：緬釋放政治犯令人鼓舞 解除制裁須做更多改革」，**南洋星洲聯合早報**（新加坡），2011/10/19。

「美副助理國務卿訪問緬甸」，**南洋星洲聯合早報**（新加坡），2011 年 5
月 19 日。

「美國肯定緬甸改革 將予以更多新援助」，**南洋星洲聯合早報**（新加坡），
2011 年 11 月 6 日。

「美國特使向緬甸新政府施壓」，**南洋星洲聯合早報**（新加坡），2011 年
5 月 21 日。

「美新任緬甸特使：緬若推行真改革 美將積極回應」，**南洋星洲聯合早報**
（新加坡），2011 年 9 月 15 日。

「美贊緬甸停建密松水壩」，**南洋星洲聯合早報**（新加坡），2011 年 10 月 2 日。

「翁山密友受委為緬政府顧問」，**南洋星洲聯合早報**（新加坡），2011 年
4 月 29 日。

「國際『人權醫生』指緬軍政府在撣邦殘害平民」，**南洋星洲聯合早報**（新
加坡），2011/1/20。

「緬元大幅升值 出口遭受重創」，**南洋星洲聯合早報**（新加坡），2011/7/23。

「緬甸水壩項目突喊停」，**南洋星洲聯合早報**（新加坡），2011 年 10 月 1 日。

「緬甸民盟願同西方 協商修改制裁措施」，**南洋星洲聯合早報**（新加坡），
2011 年 2 月 9 日。

「緬甸解除對部分新聞網站封鎖」，**南洋星洲聯合早報**（新加坡），
2011/9/17。

「緬國會通過彈劾憲法法院九法官」，**南洋星洲聯合早報**（新加坡），
2012 年 9 月 7 日，頁 30。

「緬總統頒布新外國投資法」，**南洋星洲聯合早報**（新加坡），2012 年 11
月 4 日，頁 25。

台灣日報，1998 年 9 月 6 日，頁 13。

吳福成，「專家傳真－緬甸東協市場最後處女地」，**工商時報**，2011 年 9
月 9 日。

南洋星洲聯合早報（新加坡），1991 年 4 月 25 日，頁 11。

南洋星洲聯合早報（新加坡），1995 年 10 月 15 日，星期副刊，頁 18。

南洋星洲聯合早報（新加坡），1996 年 1 月 9 日，頁 27；1 月 10 日，頁 27；1 月 13 日，頁 30。

南洋星洲聯合早報（新加坡），1996 年 2 月 12 日，頁 16。

南洋星洲聯合早報（新加坡），1996 年 6 月 8 日，頁 29。

南洋星洲聯合早報（新加坡），1996 年 12 月 14 日，頁 31。

南洋星洲聯合早報（新加坡），1996 年 12 月 19 日，頁 36。

南洋星洲聯合早報（新加坡），1996 年 12 月 9 日，頁 21。

南洋星洲聯合早報（新加坡），1997 年 1 月 19 日，頁 26。

南洋星洲聯合早報（新加坡），1997 年 3 月 10 日，頁 25。

南洋星洲聯合早報（新加坡），1997 年 3 月 20 日，頁 22；3 月 24 日，頁 1。

南洋星洲聯合早報（新加坡），2001 年 5 月 18 日，頁 36。

南洋星洲聯合早報（新加坡），2005 年 7 月 23 日。

段建安，「全世界最危險的農夫：金三角毒王尋蹤」，中央日報（台北），1999 年 4 月 14 日，頁 23。

魯居士撰，「緬甸新憲法與新政府」，中央日報（台灣），1974 年 3 月 30 日。

聯合日報（菲律賓），1989 年 6 月 20 日，頁 11。

聯合報（台北），1997 年 5 月 22 日，頁 10。

聯合報（台北），2004 年 11 月 21 日，頁 A14。

七、英文報紙

Beker, Peter, "Obama, in an emerging Myanmar, Vows support, " *The New York Times*, November 18, 2012.

Dinmore, Guy and Wade Guyitt, "Final results confirm scale of NLD election victory," *Myanmar Times*, November 23, 2015.

"Kokang chief Pheung Kya-shin returns to fight Myanmar government," *China Times*, December 30, 2014.

Lwin, Ei Ei Toe, " President to parties: Stability during transition is responsibility of all," *Myanmar Times*, November 16, 2015.

Lwin, Ei Ei Toe, "Parliament elects Htin Kyaw as president," *Myanmar Times*, March 15, 2016.

The Straits Times (Singapore), February 20, 1997, p.23.

The Straits Times (Singapore), October 26, 1995, p.26.

The Straits Times (Singapore), October 8, 1997, p.30.

八、網路資源

"Myanmar culture and tradition," http://sstmyanmar.com/tourism/Interest/Myanmar_Culture.htm 2014 年 4 月 24 日瀏覽。

"Myanmar Etiquette – How to properly address a person in Myanmar ," http://www.myanmar2day.com/myanmar-culture-custom/2008/12/myanmar-etiquette-how-to-properly-address-a-person-in-myanmar/ 2014 年 4 月 24 日瀏覽。

"Burmese (Myanmar) Names ," http://www.myanmar2day.com/myanmar-culture-custom/2008/12/burmese-myanmar-names/ 2014 年 4 月 24 日瀏覽。

"News: Start of Taung Pyone spirit festival," http://www.myanmar2day.com/myanmar-culture-custom/2009/07/news-start-of-taung-pyone-spirit-festival/ 2014 年 4 月 28 日瀏覽。

"Make Yadayar to promote your luck," http://www.myanmar2day.com/myanmar-culture-custom/2009/01/make-yadayar-to-promote-your-luck/ 2014 年 4 月 28 日瀏覽。

"Eight days a week," http://www.myanmar2day.com/myanmar-culture-custom/2008/12/eight-days-a-week/ 2014 年 4 月 28 日瀏覽。

"Planetary posts in Myanmar pagoda," http://www.myanmar2day.com/myanmar-culture-custom/2009/01/planetary-posts-in-myanmar-pagodas/ 2014 年 4 月 28 日瀏覽。

"Devan ā gar ī ," http://www.omniglot.com/writing/devanagari.htm 2014 年 3 月 7 日瀏覽

"Kadamba dynasty," http://en.wikipedia.org/wiki/Kadamba_dynasty 2014 年 5 月 15 日瀏覽。

"Pallava dynasty," http://global.britannica.com/EBchecked/topic/439993/ Pallava-dynasty 2014 年 5 月 15 日瀏覽。

「說一切有部」，http://zh.wikipedia.org/wiki/%E8%AA%AA%E4%B8%80% E5%88%87%E6%9C%89%E9%83%A8 2014 年 3 月 28 瀏覽。

"The Development of the Printed Atlas, Part 2: Ptolemaic Atlases," http:// www.ptolemaic atlases.htm 2013 年 9 月 15 日瀏覽。

"The three Padodas Pass," http://www.bangkoksite.com/Kanchanaburi/ ThreePagodas.htm 2014 年 3 月 28 瀏覽。http://www.mssu.edu/project southasia/tsa/VIN1/Mishra.htm 2013 年 9 月 10 日瀏覽。https://www. myanmarevisa.gov.mm/naturalresources.aspx 2013 年 9 月 17 日瀏覽。

Sophie Song, "Myanmar's Target Of Exporting 3 Million Tons Of Rice During Fiscal 2014 Is Impossible To Achieve: Experts," International Business Times, August 29 2013, in http://www.ibtimes.com/myanmars-target- exporting-3-million-tons-rice-during-fiscal-2014-impossible-achieve- experts-1401514 2014 年 9 月 29 日瀏覽。

S.J. Gunasegaram, "Early Tamil Cultural Influences in South East Asia," Selected Writings published 1985. http://www.tamilnation.org/heritage/ earlyinfluence.htm 2013 年 9 月 17 日瀏覽。 https://www.myanmarevisa. gov.mm/ 2014 年 9 月 17 日瀏覽。

"8.Rights of ethnic minorities," http://www.ibiblio.org/obl/docs/yearbooks/ Rights%20of%20Ethnic%20Minorities 2014 年 4 月 15 日瀏覽。

"Burma," https://www.cia.gov/library/publications/the-world-factbook/geos/ bm.html 2014 年 4 月 15 日瀏覽。

Tim Lambert, "A Brief History of Burma," http://www.localhistories.org/

burma.html 2014 年 9 月 21 日瀏覽。

"Union of Myanmar," Atalapedia online, http://www.atlapedia.com/online/ countries/myanmar.htm 2014 年 4 月 15 日瀏覽。 http://www.triplegem. plus.com/shwesanp.htm 2007 年 5 月 29 日瀏覽。

"Mottama," http://en.wikipedia.org/wiki/Martaban 2014 年 5 月 29 日瀏覽。

「元朝之征伐緬國」，南怮網，http://www.world10k.com/blog/?p=707 2014 年 3 月 1 日瀏覽。

「元朝之征伐緬國」，南怮網，http://www.world10k.com/blog/?p=707 2014 年 3 月 1 日瀏覽。

陳佳榮，古代南海地名匯釋，"南溟網，迷郎崇城條。http://www.world10k. com/blog/?p=1252 2014 年 3 月 1 日瀏覽。

緬甸貢榜王朝皇家歷史委員會（The Royal Historical Commission of the Konbaung Dynasty of Burma） 出 版。http://en.wikipedia.org/wiki/ Hmannan_Yazawin 2014 年 3 月 2 日瀏覽。

"War Cabinet, White Paper for Burma Policy, Memorandum by the Secretary of State for Burma," Presented by the Secretary of State for Burma (L. S. Amery) to Parliament, Copy No. Secret. W.P. (45) 290, 8th May, 1945, Printed and Published by His Majesty＇s Stationery Office, p.4. http://filestore.nationalarchives.gov.uk/pdfs/small/cab-66-65-wp-45-290-40.pdf 2014 年 3 月 21 日瀏覽。

日本國立公文書館，「標題：7・東条総理大臣「バーモー」ビルマ 行政府長官会見記録」，檔案編號：B02032944300 。http://www. jacar.go.jp/DAS/meta/image_B02032944300?IS_STYLE=default&IS_ KIND=SimpleSummary&IS_TAG_S1=InfoD&IS_KEY_S1=aung%20 san&IS_LGC_S32=&IS_TAG_S32=& 2014 年 12 月 9 日瀏覽。

"The Thai–Burma Railway and Hellfire Pass," in http://hellfire-pass.commemor- ation.gov.au/ 2015 年 3 月 12 日瀏覽。

"101. Memorandum From Secretary of State Rusk to President Johnson,"

Foreign Relations of the United States, 1964–1968, Volume XXVII, Mainland Southeast Asia; Regional Affairs, Document 101,pp.240-247. http://history.state.gov/historicaldocuments/frus1964-68v27/d101 2014 年 3 月 24 日瀏覽。

Aung Lwin Oo, "Aliens in a bind," The Irrawaddy, Vol.12, No.7, July 2004. http://www.irrawaddy.org/print-article.php?art-id=3795 2014 年 11 月 18 日瀏覽。

"Burma's 1988 protests," BBC News, September 25, 2007, http://news.bbc. co.uk/2/hi/asia-pacific/7012158.stm 2014 年 4 月 26 日瀏覽。

Mya Maung, "The Burma Road from the Union of Burma to Myanmar," pp.614-615. http://www.southcn.com/news/international/gjkd/ 200410200066.htm 2014 年 4 月 15 日瀏覽。

"Burma's 1988 protests," BBC News, September 25, 2007, http://news.bbc. co.uk/2/hi/asia-pacific/7012158.stm 2014 年 4 月 26 日瀏覽。

"Aung San Suu Kyi," http://en.wikipedia.org/wiki/Aung_San_Suu_Kyi 2014 年 4 月 15 日瀏覽。

「緬甸突然換政府總理 稱欽紐因健康原因退休」，新京報，2004 年 10 月 22 日，http://www.southcn.com/news/international/gjkd/200410200066. htm 2014 年 4 月 15 日瀏覽。

Chao-Tzang Yawnghwe, "Burma's Military Politics," http://www2.irrawaddy. org/article.php?art_id=946 2014 年 4 月 15 日瀏覽。

"Newswires on the Nichols case," http://www.burmalibrary.org/reg.burma/ archives/199606/msg00287.html 2014 年 4 月 5 日瀏覽。

"Burma - Support for Dialogue," Press Statement, Richard Boucher, Spokesman, Washington, DC, January 2, 2003. http://2001-2009.state.gov/r/ pa/prs/ps/2003/16292.htm 2014 年 4 月 15 日瀏覽。

"Burmese Freedom and Democracy Act of 2003," http://www.gpo.gov/fdsys/pkg/ PLAW-108publ61/pdf/PLAW-108publ61.pdf 2014 年 4 月 15 日瀏覽。

"Burma today news," http://www.burmatoday.net/burmatoday2003/ 2004/02/040218_khinmgwin.htm 2014 年 2 月 20 日瀏覽。

2005 Burma Report by Human Rights Watch, http://www.burmalibrary.org/ docs09/WorldReport2005-burma.pdf 2014 年 4 月 15 日瀏覽。

Larry Jagan, "POLITICS: Hardliners Could Isolate Burma Further," http:// www.ipsnews.net/2004/11/politics-hardliners-could-isolate-burma-further/ 2014 年 4 月 15 日瀏覽。

"The Irrawaddy: Union Parliament passed NGO law," BurmaNet News, 1 Jul 2014, http://www.burmanet.org/news/2014/07/01/the-irrawaddy-union- parliament-passed-ngo-law/ 2014 年 10 月 1 日瀏覽。

"The Irrawaddy: Burma's Parliament amends protest law," BurmaNet News, 25 Jun 2014 , http://www.burmanet.org/news/2014/06/25/the-irrawaddy- burma%e2%80%99s-parliament-amends-protest-law/ 2014 年 10 月 4 日 瀏覽。

C. S. Kuppuswamy, "Myanmar : Will it quit ASEAN?," Paper no. 1781,28.04. 2006. South Asia Analysis Group. http://www.saag. org/%5Cpapers18%5Cpaper1781.html 2014 年 10 月 4 日瀏覽。

Robert Sutter, Chin-Hao Huang, "China-Southeast Asia Relations: Myanmar Challenges China's Successes," Comparative Connections, A Quarterly E-Journal on East Asian Bilateral Relations, October 2007, p.3. http://csis. org/files/media/csis/pubs/0703qchina_southeastasia.pdf 2014 年 10 月 10 日瀏覽。

Tom Casey, Deputy Spokesman, U.S. Department of State, "Press Release," June 28, 2007, in http://www.state.gov/dpbarchive/2007/jun/87531.htm 2014 年 8 月 18 日瀏覽。

Christopher L. Avery, Business and Human Rights in a Time of Change, Chapter 2, Society calls on business to act, 1999, http://198.170.85.29/Chapter2.htm 2014 年 2 月 20 日瀏覽。

Ardeth Maung Thawnghmung, "Politics and Agriculture in Burma," 2003, http://www.keganpaul.com/articles_main.php?url=/main_file.php/articles/58/ 2014 年 6 月 27 日瀏覽。

"Foreign investment in Myanmar hits 42.95 BLN USD," http://www.investmyanmar.biz/infoNews.php?id=1413 2014 年 6 月 27 日瀏覽。

「毒梟坤沙為何放下武器」，南洋星洲聯合早報（新加坡），1996 年 1 月 21 日，頁 37。 http://zh.wikipedia.org/wiki/%E6%98%86%E6%B2%99 2014 年 2 月 20 日瀏覽。

"Resource Information Center," U.S. Citizenship and Immigrant Services, http://www.uscis.gov/tools/asylum-resources/resource-information-center-0 2014 年 4 月 9 日瀏覽。

Chao-Tzang Yawnghwe, Lian H. Sakhong(ed.), "The New Panglong Initiative: REBUILDING THE UNION OF BURMA, Revised and Expanded Version with Road Map for Rebuilding the Union of Burma", UNLD Press Chiangmai, Thailand, 2003, pp.3-5. http://www.burmalibrary.org/docs09/Series07-enscc.pdf 2014 年 2 月 20 日瀏覽。

"Activities of the Myanmar of Human Rights Commission(5 September 2011 to 31 January 2012," 31 January 2012, Yangon, http://www.mnhrc.org.mm/assets/uploads/2013/02/Report-from-Myanmar-Commission.pdf 2014 年 8 月 13 日瀏覽。

"Myanmar by-elections, 2012," http://en.wikipedia.org/wiki/Burmese_by-elections,_2012 2015 年 3 月 18 日瀏覽。

Saw Yan Naing, "NLD Claims 43 Seats, " The Irrawaddy, April 2, 2012. http://www.irrawaddy.org/by-elections/nld-claims-43-seats.html 2015 年 3 月 18 日瀏覽。

"Myanmar/Burma expells Petrie - UN Coordinator," http://www.flutrackers.com/forum/showthread.php?t=43258 2014 年 2 月 21 日瀏覽。

「羅星漢」， http://www.twwiki.com/wiki/%E7%BE%85%E8%88%88%E6%

BC%A2 2014 年 2 月 21 日瀏覽。

「緬甸華人首富羅興漢去世」，僑報，2013 年 07 月 10 日。http://dailynews.
　　sina.com/bg/news/int/uslocal/chinapress/20130710/03594729427.html
　　2014 年 2 月 21 日瀏覽。

中華民國駐泰國代表處編印，緬甸投資環境簡介，2012 年 5 月，頁 7-8。
　　www.taiwanembassy.org/public/Attachment/25415562071.doc 2014 年 5 月
　　9 日瀏覽。

Julia Hsieh, "Myanmar's New Foreign Investment Law," Yake Law School,
　　Lillian Goldman Law Library, October 2, 2012, http://library.law.yale.edu/
　　news/myanmars-new-foreign-investment-law 2014 年 5 月 9 日瀏覽。

「多數債權國同意 緬甸一半外債獲註銷」，南洋星洲聯合早報（新加坡），
　　2013 年 1 月 29 日，頁 12。 http://www.rfa.org/english/news/myanmar/
　　envoy-08282013180211.html 2014 年 2 月 26 日瀏覽。

"Myanmar Rebel Groups Want Foreign Observers in Cease-fire Monitoring
　　Teams," January 21, 2014, http://www.rfa.org/english/news/myanmar/
　　ethnic-01212014172636.html 2014 年 2 月 26 日瀏覽。

Cherry Thein, "Sayadaw slams '969' campaign," 22 April 2013. http://
　　www.mmtimes.com/index.php/national-news/6458-sayadaw-slams-969-
　　campaign.html 2014 年 5 月 26 日瀏覽。

"Inside the 969 movement, The story of the Myanmar's Buddhist radicals,"
　　http://www.thomascristofoletti.com/portfolios/inside-the-969-movement/
　　2014 年 5 月 28 日瀏覽。

"US Extends Sanctions on Burma," May 14, 2010, http://www.voanews.com/
　　content/us-extends-sanctions-on-burma-93842244/165690.html 2014 年 2
　　月 28 日瀏覽。

"US talks with Myanmar's Suu Kyi about aid," February 23, 2011, http://
　　www.foxnews.com/world/2011/02/23/diplomat-suu-kyi-talk-aid-myanmar/
　　2014 年 2 月 28 日瀏覽。

Matthew Pennington, "US urges Myanmar to free political prisoners," The Seattle Times, April 11, 2011, http://seattletimes.com/html/nationworld/2014741365_apususmyanmar.html 2014 年 4 月 20 日瀏覽。

"US Senator McCain's Calls for 'Concrete Action' Distorted by Regime," June 6, 2011, http://www.burmapartnership.org/tag/us-senator-john-mccain/ 2014 年 2 月 28 日瀏覽。

"Burma country brief," http://www.dfat.gov.au/geo/burma/burma_brief.html 2014 年 2 月 28 日瀏覽。

"US charge d'affaires urges dialogue in Myanmar's Rakhine State," June 15, 2012. http://www.nationmultimedia.com/breakingnews/US-charge-daffaires-urges-dialogue-in-Myanmars-R-30184247.html 2014 年 2 月 28 日瀏覽。

「日本對緬甸重啟 ODA 意在牽制中國」, http://www.cn1n.com/economy/wnp/20111026/222219902.htm 2014 年 2 月 28 日瀏覽。

帕斯里恰,「為增進雙邊關係 緬甸總統訪問印度」,美國之音,2011 年 10 月 14 日。http://www.voacantonese.com/content/article-20111014idia-burma-131852223/934542.html 2014 年 4 月 25 日瀏覽。

"Authorities Arrest Mine Activists," Radio Free Asia, November 27, 2012, http://www.rfa.org/english/news/myanmar/mine-11272012184954.html

"Burma apologizes for violence against monks," AP News, Dec 09, 2012, http://asiancorrespondent.com/93210/myanmar-apologizes-for-violence-against-monks/ 2014 年 4 月 25 日瀏覽。

"Myanmar monks protest to demand crackdown apology," Yahoo News, December 12, 2012, http://news.yahoo.com/myanmar-monks-protest-demand-crackdown-164400288.html 2014 年 4 月 25 日瀏覽。

"Union Minister U Hla Tun makes apology to monks," New Light of Myanmar(Myanmar), 16 December 2012, p.9. http://www.burmalibrary.org/docs14/NLM2012-12-16.pdf 2014 年 4 月 20 日瀏覽。

吳小憶，「細數總理訪緬『情』節 道一句『胞波』情深」，**中國日報**（中文網），2014 年 11 月 15 日。http://world.chinadaily.com.cn/2014-11/15/content_18919892.htm 2014 年 11 月 25 日瀏覽。

"UK cautions ASEAN from allowing Myanmar leadership," Inquirer Global Nation, May 18, 2011, http://globalnation.inquirer.net/news/breakingnews/view/20110518-337211/UK-cautions-ASEAN-from-allowing-Myanmar-leadership 2014 年 5 月 19 日瀏覽。

"Gaung baung," http://en.wikipedia.org/wiki/Gaung_baung 2014 年 5 月 12 日瀏覽。

"Myanmar longyi," http://myanmartravelinformation.com/2012-03-20-05-40-54/traditional-culture/34-about-myanmar/traditional-culture/211-myanmar-longyi.html 2014 年 4 月 23 日瀏覽。

"Music of Burma," http://en.wikipedia.org/wiki/Music_of_Burma 2014 年 4 月 20 日瀏覽。

Noelle Carver, "Myanmar Traditional Dance," http://www.ehow.com/about_6772641_myanmar-traditional-dance.html 2014 年 4 月 30 日瀏覽。

"Burmese dance," http://en.wikipedia.org/wiki/Burmese_dance 2014 年 4 月 20 日瀏覽。

S.J.Gunasegaram, "Early Tamil Cultural Influences in South East Asia," Selected Writings published 1985. http://www.tamilnation.org/heritage/earlyinfluence.htm 2014 年 11 月 18 日瀏覽。

Khin Win Thanegi, "The Influence of Theravada Buddhism on Myanmar Society," p.13. http://www.phil.uni-passau.de/fileadmin/group_upload/45/pdf/conferences/paper_mathanegi.pdf 2014 年 4 月 23 日瀏覽。

"Bago, Myanmar," http://en.wikipedia.org/wiki/Bago,_Myanmar 2014 年 5 月 29 日瀏覽。

Arakan Rohingya National Organization(ARNO), "Rohingya History," 10 February 2013, http://www.rohingya.org/portal/index.php/rohingya-library/26-rohingya-history/487-rohingya-history-.html 2015 年 7 月 2 日瀏覽。

"Myanmar (partial) peace agreement signed between government and minorities," AsiaNews.it., October 15, 2015, http://www.asianews.it/news-en/Myanmar-(partial)-peace-agreement-signed-between-government-and-minorities-35588.html 2015 年 10 月 16 日瀏覽。

Ye Mon, "Myanmar Times: Armed groups detail Pangkham demands," BuemaNet News, November 5, 2015. http://www.burmanet.org/news/2015/11/05/myanmar-times-armed-groups-detail-pangkham-demands-ye-mon/ 2015 年 11 月 9 日瀏覽。

" File:Myanmar election 2015 ballot paper.jpg ," https://commons.wikimedia.org/wiki/File:Myanmar_election_2015_ballot_paper.jpg 2015 年 11 月 19 日瀏覽。

The White House, "Message-Continuation of the National Emergency with Respect to Burma, May 15, 2015, https://www.whitehouse.gov/the-press-office/2015/05/15/message-continuation-national-emergency-respect-burma 2015 年 11 月 28 日瀏覽。

Saw Yan Naing, "Analysis: Suu Ki bound to face barriers in peace process," The Irrawaddy, November 18, 2015. http://www.irrawaddy.org/election/news/analysis-suu-kyi-bound-to-face-barriers-in-peace-process 2015 年 11 月 21 日瀏覽。

Ankit Panda, "India and Myanmar Deepen Defense Cooperation," The Diplomat, July 18, 2015, http://thediplomat.com/2015/07/india-and-myanmar-deepen-defense-cooperation/ 2015 年 11 月 25 日瀏覽。

Jeremie P. Credo, "Myanmar and the Future of Asia's New Great Game", The Diplomat, July 24, 2015, http://thediplomat.com/2015/07/myanmar-and-the-future-of-asias-new-great-game/ 2015 年 11 月 25 日瀏覽。

"Bagan: Ancient capital of Myanmar, Stone Inscriptions," http://bagan.

travelmyanmar.net/stone-inscriptions.htm 2015 年 1 月 22 日瀏覽。

羅伯特譯,「緬甸公民法(1982 年人民議會第 4 號法令)」,緬華網,
　　http://www.mhwmm.com/Ch/NewsView.asp?ID=1433 2016 年 1 月 24 日
　　瀏覽。

"8888 uprising," http://en.wikipedia.org/wiki/8888_Uprising 2014 年 3 月 16 日
　　瀏覽。

"ScriptScource, Myanmar," http://scriptsource.org/cms/scripts/page.php?item_
　　id=script_detail&key=Mymr 2014 年 4 月 23 日瀏覽。

"Longyi," http://en.wikipedia.org/wiki/Longyi 2014 年 4 月 27 日瀏覽。

"Classical Ladies' Fashion Design and The Society Changing (7): Myanmar
　　Htamein," http://hui.hubpages.com/hub/Classical-Ladies-Fashion-Design-
　　7-Myanmar-Htamein-hui 2014 年 4 月 23 日瀏覽。

"Saung," http://en.wikipedia.org/wiki/Saung 2014 年 4 月 20 日瀏覽。

"Myanmar dance," http://myanmartravel.org/arts/dance.html 2014 年 4 月 23
　　日瀏覽。

"Myanmar culture and tradition," http://sstmyanmar.com/tourism/Interest/
　　Myanmar_Culture.htm 2014 年 4 月 24 日瀏覽。

"Shinbyu," http://en.wikipedia.org/wiki/Shinbyu 2014 年 7 月 23 日瀏覽。

"Burmese culture," http://www.sanctuaryretreats.com/myanmar-culture-heritage-
　　tradition 2014 年 4 月 28 日瀏覽。

"Thanaka," http://en.wikipedia.org/wiki/Thanaka 2014 年 4 月 28 日瀏覽。

"Elections in Myanmar," http://en.wikipedia.org/wiki/Elections_in_Burma 2014
　　年 2 月 23 日瀏覽。

"Burma President Promises 'Second Wave' of Reforms," http://www.voanews.
　　com/content/burma-president-promises-second-wave-of-reforms/1212750.
　　html 2014 年 2 月 25 日瀏覽。

"Economy of Burma," http://en.wikipedia.org/wiki/Economy_of_Burma 2014 年
　　4 月 29 日瀏覽。

Ei Ei Toe Lwin , " President to parties: Stability during transition is responsibility of all," Myanmar Times, November 16, 2015, http://www.mmtimes.com/index.php/national-news/17640-president-to-parties-stability-during-transition-is-responsibility-of-all.html　2015 年 11 月 21 日瀏覽。

"CNPC in Myanmar," http://www.cnpc.com.cn/en/Myanmar/country_index.shtml 2015 年 12 月 25 日瀏覽。

"Join local and international industry experts at the Myanmar Oil & Gas," http://www.myanmar-oilgas.com/Home.aspx 2015 年 12 月 25 日瀏覽。

索引

三劃

五劃

六劃

八劃

十五劃

十六劃

十七劃

歷史，
世界史

緬甸史

作者	陳鴻瑜
發行人	王春申
編輯指導	林明昌
副總經理兼任副總編輯	高　珊
責任編輯	徐　平
校對	趙蓓芬
封面設計	吳郁婷
印務	陳基榮
出版發行	臺灣商務印書館股份有限公司
地址	23150 新北市新店區復興路43號8樓
電話	(02) 8667-3712　傳真：(02) 8667-3709
讀者服務專線	0800056196
郵撥	0000165-1
E-mail	ecptw@cptw.com.tw
網路書店網址	www.cptw.com.tw
網路書店臉書	facebook.com.tw/ecptwdoing
臉書	facebook.com.tw/ecptw
部落格	blog.yam.com/ecptw

局版北市業字第 993 號
初版一刷：2016 年 7 月
初版二刷：2017 年 4 月
定價：新台幣 420 元

緬甸史／陳鴻瑜 著. -- 初版. -- 新北市：臺灣
商務, 2016.07
　　面 ；　公分. --（歷史 世界史）

ISBN 978-957-05-3048-3（平裝）

　1. 緬甸史

738.11　　　　　　　　　　　　105007717